E-BRETAGNE
Manche
Nord-Pas-de-Calais
Lille
Bruxelles
BELGIQUE
ALLEMAGNE
LUXEMBOURG
Luxembourg
Haute Normandie
Picardie
Basse Normandie
Paris
Reims
Metz
Ile-de-France
Champagne-Ardenne
Lorraine
Strasbourg
Alsace
Centre
Pays-de-la-Loire
Orléans
antes
Bourgogne
Dijon
Franche-Comté
SUISSE
Poitou-Charentes
Limousin
Lyon
Auvergne
Grenoble
Rhône-Alpes
ITALIE
Bordeaux
Aquitaine
Midi-Pyrénées
Languedoc-Roussillon
Aix-en-Provence
Provence-Alpes-Côte d'Azur
MONACO
Nice
Toulouse
Marseille
ANDORRE
Corse
Barcelona
la Mer Méditerranée

Tous ensemble 5

von Ricarda Gümbel, Siegen; Laurent Jouvet, Talencieux; Muriel Latapie, Tarbes; Anne Löcherbach, Stuttgart; Frank Maurer, Stuttgart; Marceline Putnai, Maulévrier Ste Gertrude; Brigitte Schröder, Freiburg; Gudrun Tegethoff, Hannover; Kerstin Theinert, Schwäbisch Gmünd

Weitere Mitarbeit: Valérie Drevault, Herschbach; Wolfgang Froese, Oldenburg; Andreas Nieweler, Detmold; Dagmar Odenthal, Berlin; Heidrun Randrianarisoa, Wutha-Farnroda; Tobias Schnitter, München; Silke Zacher, Lengefeld

Begleitende Materialien für Schülerinnen und Schüler:

Cahier d'activités, Klettnummer 523983
Vokabellernheft, Klettnummer 523325
Schüler-CD mit Lektionstexten, Gedichten und Liedern, Klettnummer 523986

1. Auflage 1 5 4 3 2 1 | 2012 11 10 09 08

Alle Drucke dieser Auflage sind unverändert und können im Unterricht nebeneinander verwendet werden. Die letzten Zahlen bezeichnen jeweils die Auflage und das Jahr des Druckes.

www.klett.de

Redaktion: Anne-Sophie Guirlet-Klotz, Burgunde Niemczyk, Christine Séguret

Medien- und Umschlaggestaltung: Birgit Gaab
Illustrationen: Christian Dekelver, Weinstadt; Helga Merkle, Albershausen; Myrtia Wefelmeier, Berlin
Layout und Kartographie: Christian Dekelver, Weinstadt
Satz: media office gmbh, Kornwestheim
Reproduktion: Meyle + Müller, Medien-Management Pforzheim
Druck: Himmer AG, Augsburg

Printed in Germany
ISBN 978-3-12-523981-4

9 783125 239814

Tous ensemble 5

für den schulischen
Französischunterricht

von

Ricarda Gümbel
Laurent Jouvet
Muriel Latapie
Anne Löcherbach
Frank Maurer
Marceline Putnai
Brigitte Schröder
Gudrun Tegethoff
Kerstin Theinert

Ernst Klett Verlag
Stuttgart Leipzig

INHALTSVERZEICHNIS

Erläuterungen

on dit – „Was sagt man, wenn …“: Die *On dit*-Übersicht fasst **Redemittel** für bestimmte Situationen noch einmal zusammen.

S1 – Verweis auf den ***Stratégie*-Pool** im Anhang.

Der Bleistift zeigt an, dass diese Übung **schriftlich** gemacht werden kann oder dass etwas notiert werden soll.

An dieser Stelle bietet es sich an, Informationen im **Internet** zu suchen.

Der Text bzw. die Übung ist auf der **Schüler-CD** (Klettnummer 523986) zu hören.

Der Text bzw. die Übung ist auf der **Lehrer-CD** (Klettnummer 523988) zu hören.

Diese Übung bzw. dieser Übungsteil wird am besten in **Partnerarbeit** durchgeführt.

Online-Link: 523981-0002 – Um weitere **Informationen** zum Thema zu erhalten, einfach den entsprechenden Online-Link auf www.klett.de eingeben.

An dieser Stelle bietet sich **Gruppenarbeit** an.

(G 1) – Verweist auf die entsprechenden Ziffern im **Grammatischen Anhang** im Buch.

Auto-contrôle-Übung: die **Lösung** ist im Anhang zu finden.

▽ – Diese Übung / dieser Übungsteil ist ziemlich **leicht** und kann zur Differenzierung eingesetzt werden.

△ – Diese Übung / dieser Übungsteil ist ziemlich **schwierig** und kann zur Differenzierung eingesetzt werden.

VOC – In dieser Übung (bzw. diesem Übungsteil) ist ein Schwerpunkt **Vokabelarbeit**.

DICO – Hier empfiehlt es sich, ein **Wörterbuch** zu benutzen.

Plan du centre de Paris

Salut!

Liebe Schülerinnen und Schüler,

nun haltet ihr den letzten Band von **Tous ensemble** in den Händen. Das Lehrwerk ist damit abgeschlossen.
Band 5 ist etwas anders aufgebaut als die bisherigen Bände.
Statt umfangreicher Lektionen findet ihr nun kurze Dossiers mit vielen interessanten Themen.
Reihenfolge und Auswahl sind nicht vorgeschrieben, sondern können von euch und euren Lehrern selbst festgelegt werden.

Keine Angst vor Vokabeln und Grammatik!
Die grammatischen Schwerpunkte kennt ihr bereits aus den vorangegangenen Bänden, in Band 5 habt ihr die Möglichkeit, diese zu wiederholen und zu vertiefen.
Außerdem könnt ihr euch dabei selbst überprüfen und die Lösungen zu den Grammatik-Übungen im Anhang des Schülerbuches nachschlagen.
Dort findet ihr auch den *Stratégie*-Pool, eine Zusammenstellung von wichtigen Lern- und Arbeitsmethoden.

Selbstverständlich gibt es auch wieder die DELF-Seiten, mit denen ihr euch auf die Sprachprüfung vorbereiten könnt.

Wir hoffen, dass euch das Lernen der französischen Sprache weiterhin viel Spaß macht und dass wir euch dabei gut unterstützen können.

Euer *Tous Ensemble*-Team

Dossier 1

La musique que j'aime!

Avant la lecture

Quelle est votre musique préférée? Quel(le) est votre chanteur/chanteuse préféré(e)? Quel est votre groupe préféré? Quel style de musique est-ce que vous n'aimez pas du tout/n'écoutez jamais? *Racontez.*

Fan de rock

Julie, 15 ans, n'écoute que du rock. Quand elle préparait ses examens, elle écoutait Nirvana. Elle a découvert le rock avec les CD de son père, grand fan des Rolling Stones et des Beatles. «En ce moment, j'écoute le dernier album de Superbus, j'adore le son du groupe. Les textes de Jennifer sont marrants, et en plus elle est jolie! Il faut voir leurs clips en gris et rouge!»

Superbus

Le groupe Superbus est l'un des groupes de rock français les plus connus. Jennifer, la chanteuse, écrit les textes et compose la musique. Elle s'inspire[1] souvent de groupes anglophones.

L'histoire du rock

Le rock, c'est le mouvement musical le plus important de ces cinquante dernières années.

1 **s'inspirer** sich inspirieren lassen

Fan de world

Joseph, 14 ans: «La world, c'est un vrai mélange! Mes parents m'ont d'abord fait écouter Youssou N'Dour. Depuis deux ans, ma mère adore Susheela Raman, une fille indienne avec une très belle voix. C'est un mélange de culture anglaise et indienne. C'est très rythmé. Génial!»

La world, c'est quoi?

Dans la musique world il y a beaucoup de styles de musique différents. On y trouve des artistes qui mélangent la musique folklorique de leur pays avec la musique d'aujourd'hui. Maintenant, les artistes font le tour du monde, rencontrent d'autres musiciens et jouent avec eux, inventent de nouveaux styles. Dans la world, on trouve des musiques du Maghreb (Faudel), des musiques «latinos» (Manu Chao) et beaucoup d'autres.

Manu Chao

Avant de commencer une carrière solo en Amérique du Sud, Manu Chao était le chanteur de la Mano Negra, un groupe de rock français. Depuis, il mélange beaucoup d'autres styles: reggae, musique «latino», rythmes brésiliens … Ses trois albums *Clandestino, Próxima estación esperanza* et *La Radiolina* sont connus dans le monde entier.

Online-Link: 523981-0001

La chanson française

Fan de chanson française

Margaux, 16 ans, écoute beaucoup la radio. «C'est là que je découvre de nouveaux artistes. Quand une chanson me plaît, je la télécharge sur Internet. J'aime beaucoup Camille. Ses textes et sa façon de chanter sont marrants. Elle est assez discrète et fait ce qu'elle aime.
Dans ma classe, je pense être la seule à écouter ce genre de musique. J'aime bien aussi Carla Bruni, Mickey 3D, Goldman et Vincent Delerm.»

L'histoire de la chanson française

La chanson française a une longue tradition. Dans les années 50, il y avait Brel, Brassens, Barbara, qui étaient des chanteurs engagés. Quand le rock est arrivé, les jeunes se sont tournés vers cette musique plus dynamique et plus dansante.

Puis, il y a eu la génération Renaud-Souchon-Cabrel-Goldman, engagés pour les Restos du cœur ou contre le SIDA[1].
Il y a eu aussi Gainsbourg: chanteur-compositeur qui a flirté avec le jazz et le reggae. Aujourd'hui, Vincent Delerm, Zazie, De Palmas, Camille représentent la «nouvelle chanson française».

1 **le SIDA** Aids

RAP

Fan de rap

Simon, 14 ans, écoute du rap depuis plusieurs années. «Au départ, c'est mon grand frère qui m'a filé[2] ses vieux CD d'IAM et de NTM. Depuis deux ans, je suis[3] tout ce qui se passe à Paris et à Marseille. Je ne lis pas la presse spécialisée, mais j'écoute LA radio du rap: Skyrock. J'aime surtout le rap français, des groupes comme 113, des mecs comme Passi. Je comprends ce qu'ils disent et j'aime leur style excessif. J'aime bien l'humour de 113 même s'ils m'énervent un peu avec leurs clips et leurs textes trop machos.»

Emilie, 15 ans, n'écoute pas de rap sauf Diam's. «Je n'aime pas le rap. Je trouve ça trop violent et souvent macho. Diam's est la seule chanteuse de rap que j'écoute. J'ai tous ses CD. Ses chansons sont engagées. Elle lutte contre la violence, le racisme. Elle représente vraiment bien les jeunes: ce qu'ils pensent, ce qu'ils font.»

L'histoire du rap

Le rap appartient à la culture hip-hop. Dans les années 70, il remplace le rock comme musique contestataire: les chanteurs parlent de la vie difficile des banlieues. Le rap commence à avoir du succès vers la fin des années 80 aux Etats-Unis. En France, il faut attendre MC Solaar ou IAM en 1994–1995. Aujourd'hui, le monde du rap est très actif, il est souvent mélangé à d'autres styles musicaux comme le reggae, la soul …

Gérard Dhôtel et Emmanuelle Skyvington, *Le Monde des ados* n° 26/29-Juillet 2003.

2 **filer** *donner*
3 **je suis** *hier* von *suivre*

1 Comprendre le texte

Répondez aux questions.

1. Comment est-ce que Julie trouve le dernier album de Superbus?
2. Pourquoi est-ce que Joseph aime la chanteuse Susheela Raman?
3. Qu'est-ce que Margaux aime chez Camille?
4. Pourquoi est-ce que Simon aime surtout le rap français?
5. Emilie n'écoute que la chanteuse Diam's. Pourquoi?

2 A partir du texte

a *Relisez le texte. Faites une grille dans votre cahier et classez les informations.*

genres de musique	chanteur/chanteuse/groupe	d'autres infos
– le rock	– Rolling Stones, …	– le mouvement musical le plus important des années …
– la world	…	…
…	…	…

b Quels autres genres de musique connaissez-vous?
Cherchez des informations et complétez la grille.

c Quels genres de musique est-ce que votre famille/vos amis aiment/écoutent?
Pourquoi? *Faites un sondage et présentez vos résultats en classe.*

3 Un peu d'histoire …

S8 écrire

Choisissez un chanteur/une chanteuse ou un groupe que vous aimez et écrivez sa biographie. Utilisez des connecteurs tels que: ***Avant de … Ensuite … Depuis …*** *pour structurer votre texte.*

4 Les adjectifs *(G 1)*

a *Relisez les textes et cherchez tous les adjectifs. Classez-les d'abord dans une grille, puis regardez leurs terminaisons.* Que remarquez-vous?

m. sg.	*f. sg.*	*m. pl.*	*f. pl.*
musical	musicale	musicaux	musicales
important	…	…	…
dernier	…	…	**dernières**
…	…	…	**connues**

b *Lisez les expressions suivantes.* Que remarquez-vous? *Traduisez-les en allemand.*

Les cinquante **dernières** années …
La world, c'est un **vrai** mélange …
Ma **chère** amie, …
C'est un chanteur **pauvre**, car il n'a pas d'argent.

L'année **dernière** …
C'est une histoire **vraie**.
C'est une guitare **chère**.
Pauvre rappeur: il n'a pas de succès.

5 Fais ton choix! *(G 1)*

Ecoutez les extraits de musique et décrivez-les à l'aide de ces adjectifs.

fort	dansant	doux	rythmé	violent
dynamique	lent	monotone	rapide	original

Jeune demoiselle

▶ *Avant l'écoute:*
Cherchez des informations sur Diam's (origine, âge, succès, albums ...).

Refrain
Jeune demoiselle recherche un mec mortel[1]
Un mec qui pourrait me donner des ailes[2]
Un mec fidèle et qui n'a pas peur qu'on l'aime
Donc si t'as les critères[3] babe laisse-moi ton e-mail
Jeune demoiselle recherche un mec mortel
Un mec qui pourrait me donner des ailes
Un mec qui rêve de famille et de toucher le ciel
Donc si t'as les critères babe laisse-moi ton e-mail

Dans mes rêves mon mec à moi ...
Il a du charme et du style à la Beckham
Il a la classe et le feeling tout droit sorti d'un film
Le charisme[4] de Jay-Z et le sourire de Brad Pitt
Mon mec à moi n'aime pas les bimbos[5]
Nan[6] il aime les formes de J-Lo
Il a le torse[7] de D'Angelo
Dans mes rêves mon mec me fait rire comme Jamel
Et me fait la cour[8] sur du Cabrel

Pom pom pom pom
Dans mes rêves mon mec m'enlève[9] et m'emmène
Pom pom pom pom
Dans mes rêves mon mec m'aime et me rend belle[10]
Pom pom pom pom
Dans mes rêves mon mec m'enlève et m'emmène
Si t'as les critères babe laisse-moi ton e-mail

Jeune demoiselle. Diam's: «Dans ma bulle».

1 **mortel(le)** *(fam.)* sterblich, *hier:* super – 2 **donner des ailes à qn** jdm Flügel verleihen – 3 **un critère** ein Kriterium – 4 **le charisme** die Ausstrahlung – 5 **une bimbo** *(fam.)* ein Modepüppchen – 6 **nan** nein – 7 **le torse** der Oberkörper – 8 **faire la cour à qn** jdm den Hof machen – 9 **enlever qn** jdn entführen – 10 **rendre qn beau/belle** jdn schön machen

1 Comprendre le texte

◀ *Pendant l'écoute*

a *Ecoutez la chanson une première fois.* Que cherche la jeune demoiselle? **S1 écouter**

b *Ecoutez-la une deuxième fois. Prenez des notes pendant l'écoute.*
Comment devrait être le mec de cette jeune demoiselle? De quoi est-ce qu'elle rêve?

VOC 2 A partir du texte

Après l'écoute

Dans sa chanson, Diam's mélange les genres. Elle utilise beaucoup de mots de la langue des jeunes mais aussi de la langue standard.

a *Parmi les mots suivants, cherchez les synonymes.*

jeune demoiselle · mec · feeling · mortel · nan · bimbo · faire rire · faire la cour

meuf · très bien · jeune homme · une très jolie fille · les manières · faire marrer · non · draguer

b *Classez ces mots en deux catégories: langue des jeunes / langue standard.*

3 Les jeunes donnent leur avis.

Quand les jeunes français discutent entre eux, ils utilisent souvent des expressions bien à eux (de la langue des jeunes).

Français des jeunes	*Français standard*
Je kiffe (trop)!	J'aime beaucoup / J'adore!
C'est de la balle! / C'est trop bien! / Ça déchire (grave)! / C'est mortel!	C'est excellent!
C'est (trop) naze! / C'est de la daube! / Ça craint!	C'est vraiment nul / mauvais!
Ils assurent (grave)!	Ils sont vraiment bons!
Ils assurent que dalle!	Ils sont vraiment nuls / mauvais!

A vous

Utilisez ces expressions pour donner votre avis sur une chanson / un groupe / un chanteur / une chanteuse de votre choix.

VOC 4 Vous connaissez la musique?

a Vous connaissez déjà beaucoup de mots pour parler de la musique.

Faites un cluster dans votre cahier.

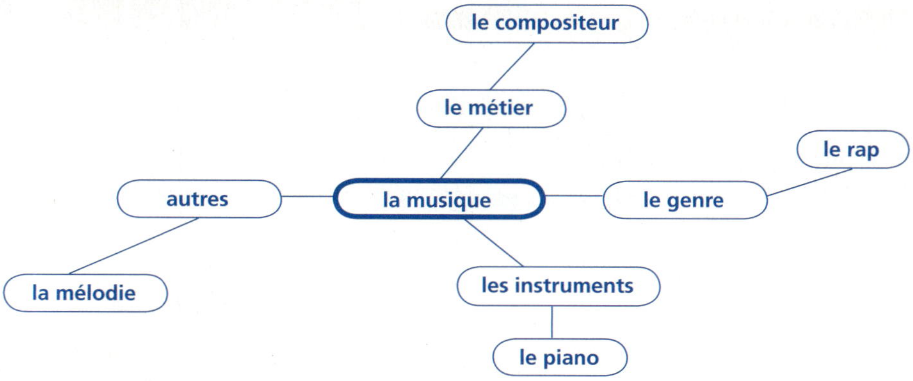

DICO **b** *Complétez votre cluster avec la liste des mots de votre livre et / ou à l'aide d'un dictionnaire.*

5 Tu joues du piano?

a *Faites des phrases. Utilisez **jouer à/du, faire du**.*

▽

jouer à + (jeu)
jouer de + (instrument)
faire de + (sport/instrument)

Exemple:
– Moi, je joue **au foot**, mais je ne joue pas **aux boules**. Et toi?
– Moi, je ne fais **pas de sport**, je fais **de la guitare**. Et vous? …

b *Vous choisissez 5 mots sur le thème de la musique. Votre partenaire écrit une petite histoire avec ces mots et le verbe **jouer**. Changez de rôle et présentez vos textes.*

Dossier 2

Famille, je vous aime!

750 000

La famille recomposée, ce n'est vraiment plus une exception[1] aujourd'hui! On en compte 750 000 en France. Un couple sur trois divorce et beaucoup reforment une famille.

Ma sœur avait huit ans et moi six quand mon beau-père est arrivé à la maison. J'étais très contente qu'il vive avec nous, et je lui ai vite demandé si je pouvais l'appeler papa. Il a un fils de 16 ans qui habite aussi avec nous. Maintenant, nous avons une demi-sœur qui a cinq ans.

Clarisse, 13 ans

22 ans

En moyenne, les jeunes quittent le domicile familial vers l'âge de 22 ans. Le départ se fait assez tard, car souvent, ils n'ont pas assez d'argent pour se payer un loyer.

J'habite chez mes parents et je m'y sens assez bien. Ma mère aimerait que je parte parce que l'appart[2] est un peu petit. Mais je ne gagne pas assez d'argent pour payer un loyer à Paris. Elle dit aussi qu'il faudrait que j'apprenne à faire une lessive[3] tout seul! Là, elle n'a pas tout à fait tort.

Arthur, 24 ans

1528 euros (net)[4]

C'est le salaire médian[5] en France en 2005, c'est-à-dire qu'il y a autant de Français qui gagnent plus que de Français qui gagnent moins.

(©) estimations provisoires pour l'année 2005
Source: Insee – Section Synthèse et Conjoncture de l'Emploi

Je suis infirmier, j'ai fait trois ans d'études et je gagne seulement 1970 euros par mois. C'est difficile de faire vivre ma petite famille. J'ai deux enfants et ma femme travaille à mi-temps pour le moment. Il faut vraiment que nous fassions attention à nos dépenses.

Karim, 34 ans

1 **une exception** eine Ausnahme
2 **l'appart** l'appartement
3 **faire la lessive** waschen
4 **net** netto
5 **médian** zentral-/mittel-

5 semaines

Les Français ont cinq semaines de congés payés par an. Les écoliers, collégiens et lycéens, eux, ont deux mois de vacances en été. Généralement, les Français partent en août. Ils ne vont pas souvent à l'étranger, mais préfèrent rester en France, sur les plages.

En juillet, je vais travailler dans un supermarché pour que ma copine et moi, nous puissions nous payer deux semaines de vacances à Biarritz. Ses parents nous laissent leur maison début août. Après, mes parents veulent que je les retrouve en Bretagne, où ils font du camping avec ma petite sœur.

Jules, 19 ans

57 millions

Pas de doute[1]: en France, on aime les animaux! Parmi eux, on compte 27,8 millions de poissons, 9,7 millions de chats, 8,8 millions de chiens, 8 millions d'oiseaux et 2,3 millions de rongeurs.

Mon mari et moi, nous nous occupons d'un refuge pour animaux abandonnés. Nous sommes très contents qu'il y ait maintenant des lois qui condamnent l'abandon. Deux ans de prison et 30 000 euros d'amende, ça fait réfléchir! Mais pourtant, chaque année, ce sont encore 60 000 animaux qu'on laisse sur le bord des routes, surtout pendant les vacances d'été!

Margot, 44 ans

1 **pas de doute** keine Frage

1 Comprendre le texte

a ***Vrai*** *ou* ***faux****? Justifiez vos réponses en citant le texte.*

1. La famille de Clarisse est une famille recomposée.
2. La mère d'Arthur ne veut pas le laisser partir.
3. Karim est content de son salaire d'infirmier.
4. Au mois de juillet, Jules part avec des copains, et en août il part avec ses parents.
5. Chaque année, en été, on abandonne beaucoup d'animaux sur le bord des routes.

b *Relisez le texte encore une fois et répondez aux questions.*

1. Une famille recomposée, qu'est-ce que c'est?
2. Pourquoi est-ce que les jeunes Français restent chez leurs parents jusqu'à l'âge de 22 ans en moyenne?
3. Quel est le problème de Karim?
4. Où vont les Français en vacances? Quand partent-ils?
5. Pourquoi y a-t-il des lois qui condamnent l'abandon des animaux en France?

2 A partir du texte

Travaillez à quatre. Choisissez un des sujets suivants et préparez un dialogue. Partagez-vous d'abord les rôles, puis définissez votre position. Ensuite, trouvez des arguments qui correspondent à votre position. Discutez.

a Clarisse aimerait avoir un animal. Elle discute avec ses parents et son demi-frère.

Exemple:
La mère: Qui va s'en occuper?
Clarisse: .../Le beau-père: ... / Le demi-frère: ...

S6 parler

△ **b** Quitter le domicile familial? Arthur discute avec ses parents et sa sœur.

Exemple:
Arthur: Je ne pourrai jamais payer mon loyer, il faut que vous me donniez plus d'argent ...
Le père: .../La mère: .../La sœur: ...

3 Nos vacances *(G 2)*

Mettez les verbes entre parenthèses au ***subjonctif****.*

Exemple:
Mes parents sont contents que mes frères *(faire)* un camp de jeunes cet été.
Mes parents sont contents que mes frères **fassent** un camp de jeunes cet été.

1. Moi, j'aimerais qu'on *(partir)* à la mer.
2. Mais ma mère a peur que ce *(être)* trop tard pour réserver un hôtel.
3. Elle veut qu'on *(aller)* à la campagne.
4. Il faut que, mon père et moi, nous la *(faire)* changer d'avis.
5. Je voudrais que ma copine *(venir)* avec nous en vacances.
6. C'est dommage que nous ne *(pouvoir)* pas partir plus souvent.
7. Pour ça, il faudrait qu'on *(avoir)* plus d'argent.

4 En situation …

a *Regardez les photos et décrivez-les. Trouvez un titre pour chaque photo.*

A

B

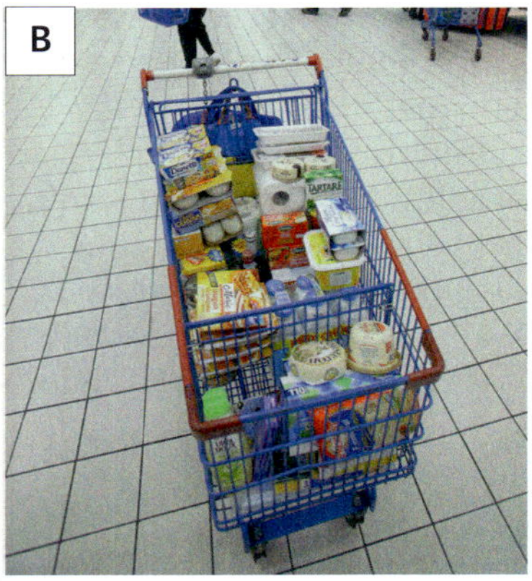

C

b *Ecoutez le texte 1* et décrivez la situation.* Comment réagit le père?

c *Ecoutez le texte 2** et répondez aux questions.*

1. Pourquoi est-ce que la mère donne 200 euros à son mari?
2. Comment réagit-il?
3. Avec qui est-ce que la fille préfère faire les courses? Pourquoi?
4. A la caisse, ils ont une mauvaise surprise. Pourquoi?

* Extrait du roman d'Azouz Begag, *Une semaine à Cap Maudit*
** Extrait du roman de Mikaël Ollivier, *Papa est à la maison*

Sans famille

Thomas a perdu son père dans un accident de voiture. Il a honte parce que, lui, il a survécu. Alors, il fuit[1] les autres: sa mère dépressive[2], son grand-père … Mais un jour, il rencontre quelqu'un qui est encore plus malheureux que lui.

J'ai mis une bouteille de vin et un fromage au fond de mon cartable[3], après avoir retiré[4] mon livre de maths. […]
A midi, j'ai attrapé le bus et je suis descendu devant le McDo. Je n'étais pas pressé de rentrer. […]
– Merlin?
– C'est toi, Thomas?
Il se souvenait de mon prénom. Ça m'a plu. Comme lorsqu'il m'a tendu la main, cette fois pour que je la lui serre.
– Excuse-moi pour hier, j'ai dit en ouvrant mon cartable, j'ai pas pu venir.
– Tu n'étais pas obligé.
– Tiens, je t'ai apporté ça.
Un vieux matelas occupait[5] la moitié de la cabane[6]. On s'est assis dessus.
Le sol[7] était recouvert[8] de cartons humides. Merlin s'est penché pour attraper une demi-baguette de pain dans un sac en plastique, rangé à côté d'une valise. Voilà ce qu'il y avait dans cette cabane. Rien d'autre.
Il a agité[9] le pain comme une épée[10]. […]
– Tu te rends compte de ce que jettent les gens? Enfin, heureusement pour nous …
Je me taisais. […] J'observais Merlin. Il a ouvert son couteau et, après avoir fendu[11] le pain, il a disposé avec précaution[12] les morceaux de fromage à l'intérieur[13]. […]
– Plus tu mâches[14], plus tu as l'impression de manger … […] Il m'a proposé la bouteille:
– T'en veux?
– J'aime pas ça. […]
– Pourquoi tu me regardes comme ça? Ton père ne boit jamais de vin?
Il a continué à manger, sans me regarder, sans rien ajouter, comme s'il se moquait complètement de la réponse.
– Je n'ai pas de père, j'ai répondu du bout des lèvres[15]. […]
– Ça n'existe pas.
– Quoi? […]

– Les gens qui n'ont pas de père. Ça n'existe pas. Tout le monde a un père.
– Peut-être. Mais le mien est mort.
– Et alors? C'est encore ton père quand même, non?
Il a de nouveau porté le goulot à sa bouche[16]. […]
– Et toi, tu as des enfants?
Son regard[17] s'est assombri[18].
– Il faut que tu t'en ailles maintenant. Au revoir, Thomas. Reviens me voir.
Ce n'était plus le vin qui faisait briller[19] ses yeux, mais les larmes. Je me suis levé. J'aurais bien aimé lui dire quelque chose de gentil. Mais quoi?

Extrait du roman de Thierry Lenain, *Thomas la Honte*, texte © Editions Nathan (Paris-France), 2006

1 **fuir qn** jdn. fliehen
2 **dépressif(ve)** depressiv
3 **au fond de mon cartable** unten in meinem Schulranzen
4 **retirer** rausnehmen
5 **occuper** *hier:* einnehmen
6 **une cabane** eine Hütte
7 **le sol** der Boden
8 **recouvert** bedeckt
9 **agiter** hin und her schwenken
10 **une épée** ein Schwert
11 **fendre** spalten
12 **disposer avec précaution** mit Vorsicht richten
13 **à l'intérieur** innen
14 **mâcher** kauen
15 **du bout des lèvres** widerwillig
16 **porter le goulot à sa bouche** die Flasche zum Mund führen
17 **un regard** ein Blick
18 **s'assombrir** sich verfinstern
19 **briller** glänzen

1 Comprendre le texte

Vrai, faux ou **pas dans le texte?** *Relisez le texte et corrigez les phrases qui sont fausses.*

1. Thomas a mis une bouteille de coca et des gâteaux au fond de son cartable.
2. Après l'école, Thomas a pris son vélo pour aller retrouver un copain.
3. Merlin lui a donné rendez-vous dans sa cabane.
4. Thomas et Merlin se sont assis sur des cartons humides.
5. Avec son pain et son fromage, Merlin boit du vin.
6. Thomas a raconté à Merlin que son père était parti.
7. Merlin a demandé à Thomas, en souriant, de revenir le voir.

2 A partir du texte

a *Notez tous les mots et toutes les expressions du texte qui expriment la pauvreté dans laquelle vit Merlin.*

b *Relisez le texte encore une fois et répondez aux questions.*
Est-ce que Thomas et Merlin se connaissent depuis longtemps?
A votre avis, qui est Merlin?

3 Thomas et Merlin

écrire

△ *Choisissez un des deux sujets suivants:*

a *Continuez l'histoire de Thomas et de Merlin.*

b Thomas tient un journal intime.
Mettez-vous à sa place et décrivez sa première rencontre avec Merlin.

4 Après avoir retiré son livre ... *(G 3)*

✔ Reliez les phrases avec ***sans + infinitif, après avoir/après être + participe passé.***

Exemple:
Thomas retire son livre de maths de son cartable. Puis il y met une bouteille de vin.
⟶ **Après avoir** retiré son livre de maths de son cartable, Thomas y met une bouteille de vin.
Thomas sort de la classe. Il ne regarde pas ses copains.
⟶ Thomas sort de la classe **sans** regarder ses copains.

1. Thomas descend devant le McDo. Puis il retrouve Merlin dans sa cabane.
2. Thomas observe Merlin. Il ne parle pas.
3. Les gens passent à côté de Merlin. Ils ne le regardent pas.
4. Merlin trouve une demi-baguette. Puis il rentre dans sa cabane.
5. Il mange sa baguette. Puis il boit du vin rouge.
6. Thomas et Merlin se regardent, mais ils ne se parlent pas.

Dossier 3

Le cinéma en fête

Tous les ans en juin, c'est la Fête du Cinéma en France.
Sur Europe 2, la radio partenaire de la Fête, vous pouvez suivre l'événement en direct.

Europe 2: … Comme annoncé au début de notre journal, nous allons revenir sur …

> **▶ *Avant la lecture***
> Quels films avez-vous vu ces dernières semaines? Pourquoi est-ce qu'ils/il vous ont/a plu? Faites votre hit-parade!

Online-Link: 523981-0002

Rencontre cinéma

Europe 2: Leïla Bekhti, vous faites partie de la jeune génération d'acteurs français. Vous faites de la télévision et du cinéma. Comment en êtes-vous arrivée là?

Leïla Bekhti: J'ai toujours adoré le cinéma. Alors au lycée, j'ai commencé à faire du théâtre, pendant deux ans, puis j'ai passé mon bac. Après le bac, j'ai suivi des cours de théâtre à Paris.

Europe 2: Et quand a vraiment commencé votre carrière?

Leïla Bekhti: Un jour, je me suis présentée au casting du film «Sheitan». J'ai eu de la chance. On m'a demandé de jouer quelqu'un de timide, et je suis *vraiment* timide! Tout est allé très vite. On m'a engagée et j'ai rencontré mon agent. Après, j'ai tourné «Quais de Seine».

Europe 2: Dans «Quais de Seine», vous jouez le rôle d'une jeune musulmane qui porte le voile. Qu'est-ce qui vous a plu dans ce rôle, cette histoire?

Leïla Bekhti: Cette jeune musulmane porte le voile parce qu'elle en a envie. Elle est fière de ses origines, mais surtout elle est libre. Comme moi.

Europe 2: Vous êtes née en France, mais vous êtes algérienne d'origine kabyle. Est-ce que cela a beaucoup d'influence sur les rôles qu'on vous a proposés jusqu'ici? Je pense aux rôles que vous avez eus dans les téléfilms «Harkis» et «Pour l'amour de Dieu» qui sont passés sur ARTE.

Leïla Bekhti: C'est sûr qu'on me propose beaucoup de rôles comme ceux-là. Mais je ne les accepte pas tous parce que je ne veux pas jouer dans des films où il n'y a que des clichés sur les beurettes. Moi, je ne peux jouer que des rôles qui touchent parce qu'ils sont vrais. Je ne suis pas une algérienne que les parents gardent à la maison et que les frères surveillent. Il y en a, d'accord, mais je ne veux pas montrer ce cliché.

Europe 2: Qu'est-ce qui est le plus important dans votre vie?

Leïla Bekhti: Ma famille. C'est mon plus beau film! Elle a toujours été là, et elle m'a toujours soutenue. Je sais que le jour où je n'aurai plus de rôles, elle sera là. Si je suis actrice aujourd'hui, c'est grâce à ma famille. Elle m'a donné confiance en moi. Mon rêve, ce serait d'ouvrir un petit restaurant avec mes frères et sœurs. On a déjà ouvert un magasin de fringues ensemble qui marche bien, alors pourquoi pas un resto?

Europe 2: Leïla, nous vous remercions pour cette interview. Encore une question, est-ce que vous allez profiter de la Fête du Cinéma dans une semaine?

Leïla Bekhti: Oui bien sûr, c'est l'occasion pour moi d'aller voir plein de films, en famille!

1 Comprendre le texte

S1 écouter

a *Ecoutez d'abord la première partie de l'émission d'Europe 2. Puis lisez les phrases suivantes et corrigez-les.*

1. Les cinémas français ouvrent leurs salles au public dans un mois.
2. La première Fête du Cinéma a eu lieu en 1994.
3. Le carnet-passeport permet de passer deux jours dans les salles pour seulement 12 euros.
4. On peut télécharger le programme sur Internet à l'adresse suivante: www.feteducinema.com
5. Le film «2 jours à Paris» a été choisi pour l'ouverture du festival de Cannes.

b *Lisez maintenant l'interview de Leïla Bekhti.* Qu'est-ce que Leïla a fait pour devenir une actrice connue? *Notez les différents moments de sa carrière.*

2 A partir du texte

Travaillez à deux. Cherchez des informations sur un acteur/une actrice que vous aimez. Puis faites une liste des questions que vous voulez lui poser et jouez l'interview.

3 Cinéfête

lire et communiquer

Dans votre ville, il y a aussi une fête du cinéma français: Cinéfête. Vous proposez à vos correspondants d'aller voir un film.
Vous regardez les affiches et lisez leurs résumés.
Dites quel sujet vous intéresse et quel film vous aimeriez voir.

Online-Link: 523981-0003

A Paris dans les années 60, Momo, un jeune garçon juif, traîne dans les rues parce que sa famille ne s'occupe pas de lui. Il a un seul ami, M. Ibrahim, l'épicier arabe de la rue Bleue, qui va lui faire découvrir les femmes, l'amour et les grands principes de la vie …

Stéphane découvre qu'il a un fils, Mimi Siku, qui a grandi chez les Indiens, dans la forêt amazonienne. Il part le chercher et il rentre à Paris avec lui. Mais Mimi n'a jamais vu la ville. Une aventure commence …

«Tu es tellement mignon … Si tu veux, tu pourras rester à la maison toute ta vie …» Les parents de Tanguy ne peuvent pas imaginer que cette déclaration d'amour à leur bébé va devenir vraie: 28 ans plus tard, Tanguy est toujours là, chez eux …

Amélie, 22 ans, travaille dans un bar de Montmartre. Elle passe son temps à regarder les gens et à imaginer des histoires. Un jour, elle rencontre Nino, un «prince charmant» un peu bizarre …

4 Un week-end à la Fête du Cinéma *(G 4)*

Vous avez passé le week-end à Strasbourg chez vos correspondants. Vous avez visité la ville et vous êtes allés à la Fête du Cinéma. Lundi matin vous racontez votre week-end à votre professeur de français.

a *Racontez au* ***passé composé****. Choisissez le bon verbe:* ***avoir*** *ou* ***être****?*

1. – Samedi après-midi, nous *(aller)* en ville. Il y avait beaucoup de monde.
2. – Qu'est-ce que vous *(faire)*?
3. – D'abord, on *(visiter)* la cathédrale et la vieille ville.
4. – Ensuite, on *(prendre)* le bateau jusqu'au Parlement européen.
5. – Vous *(aller)* à la Fête du Cinéma?
6. – Oui, le soir. Nous *(acheter)* des billets plein tarif et on *(recevoir)* un carnet-passeport.
7. – Quels films est-ce que vous *(voir)*?
8. – Les copains de mon correspondant *(choisir)* un film de science-fiction et une comédie.
9. – Quand est-ce que vous *(rentrer)*?
   – Très tard, mais c'était génial!

b *Racontez au* ***passé composé*** *une journée de votre dernier voyage.*

5 Le casting de Malik *(G 4)*

Racontez l'histoire du premier casting de Malik au ***passé composé****.*

Paris je t'aime: Quais de Seine

Dans les jardins des quais de Seine, trois garçons s'amusent à draguer les filles.

Avant l'écoute

Regardez ces photos du court-métrage «Quai de Seine». Qu'est-ce qui se passe?

François attend Zarqa devant la mosquée.

1 Comprendre le texte

S1 S2 écouter et regarder

Ecoutez le texte en regardant les photos pages 22/23 ou regardez la scène (DVD) plusieurs fois et prenez des notes:

a Que font les personnages dans le film?

b Qu'est-ce qu'ils pensent?

	actions	pensées
François		
Zarqa		
les deux copains		
le grand-père		

2 A partir du texte

a Les copains de François ne comprennent pas pourquoi Zarqa porte un voile. *Travaillez à quatre. Chacun choisit un rôle (Zarqa, François, les deux copains) et cherche des arguments. Discutez.*

Exemple:
François: T'as des super beaux cheveux, pourquoi tu dois porter ce voile?
Zarqa: Mais personne ne m'oblige, c'est moi qui l'ai voulu.
…

b A votre avis, est-ce que Zarqa et François peuvent devenir amis?

c *Imaginez une suite à l'histoire.*

VOC

3 Quiz sur le cinéma

a *Faites le quiz.*

1. Comment est-ce qu'on appelle quelqu'un qui joue dans un film?
2. Qu'est-ce qu'un téléfilm?
3. Qu'est-ce qu'on organise pour choisir les acteurs d'un film?
4. Comment s'appelle un film qui ne dure que quelques minutes?
5. Avant de tourner un film, il faut écrire les dialogues et décrire les situations et les personnages. Comment est-ce qu'on appelle cette description?
6. Trouvez le nom pour dire: «tourner un film».
7. Quel appareil utilise-t-on pour filmer?

DICO

b *Utilisez les réponses du quiz pour faire un filet de mots autour de «cinéma». Complétez votre filet. Vous pouvez aussi utiliser le dictionnaire.*

4 on dit — Pour parler d'un film

C'est un film policier/d'aventures/de science-fiction/d'amour/de guerre …
C'est une comédie/une tragédie.
C'est un dessin animé.

L'action se passe à … (lieu) en … (date).
C'est l'histoire de …
L'histoire est logique/claire/bien construite …/monotone/idiote …

… est l'acteur/l'actrice principal(e).
Il/elle est beau/belle; moche; naturel(le)/artificiel(le); nul(le); touchant(e) …

Les effets spéciaux sont/ne sont pas très bons.
Ce film a eu un prix (oscar/palme …) au festival de …

Choisissez un film que vous avez aimé et présentez-le.

5 Bon ou bien? *(G 5, 6)*

Complétez avec un ***adjectif*** *ou un* ***adverbe****.*

1. Leïla est une ? actrice, elle joue très ? . J'ai ? aimé son dernier film. — bien/bon
2. A Cannes, le ? film reçoit la palme d'or. Leïla joue ? que Lola. Elle est ? . — mieux/meilleur
3. Dans ce film, les scènes s'enchaînent[1] ? . Les dialogues sont ? . — rapide/vite
4. Ce scénario est ? . Il est très ? écrit. Le film n'est pas ? , mais l'acteur joue très ? . — mal/mauvais

1 **s'enchaîner** *hier:* aufeinander folgen

Solutions: (3a)
1. un acteur/une actrice 2. un film pour la télé; 3. un casting; 4. un court-métrage; 5. un scénario; 6. un tournage; 7. une caméra.

Dossier 4

Paris ne s'est pas construite en un jour[1] …

Au début, Paris n'était qu'un petit village qui s'appelait Lutèce.
Aujourd'hui, c'est une métropole de 10 millions d'habitants où habite un Français sur six.
Les Parisiens passent beaucoup de temps dans le métro, souvent entre une et trois heures par jour. Ils n'ont pas toujours le temps de profiter de la ville et ils oublient souvent que beaucoup de stations de métro rappellent l'histoire de Paris.

Saint-Michel-Notre-Dame

Le Moyen-Âge[2]

Notre-Dame a été construite entre 1163 et 1345. La partie principale de la cathédrale est plus grande qu'un terrain de foot et peut accueillir 6500 personnes.
Dans la tour sud, on trouve la grosse cloche[3] Emmanuel. Elle pèse 13 tonnes! On ne l'utilise que pour les fêtes.
Devant la cathédrale, on peut voir par terre une étoile en bronze qui représente le kilomètre zéro. C'est de là qu'on mesure la distance entre Paris et les autres villes françaises.

Saint-Paul

Le XVIe siècle

Henri IV est devenu roi de France en 1589. Mais comme il était protestant, les Parisiens ont refusé pendant longtemps de le laisser entrer dans la capitale. Il a donc décidé de devenir catholique en expliquant: «Paris vaut bien une messe[4]».

Pour améliorer la ville, Henri IV a fait construire de nouvelles rues et des places, comme la place des Vosges. Autour de cette place carrée, on trouve trente-six maisons identiques.

1 **Paris ne s'est pas construite en un jour.** Paris wurde nicht an einem Tag erbaut.
2 **le Moyen-Âge** das Mittelalter
3 **une cloche** eine Glocke
4 **Paris vaut bien une messe.** Paris ist eine Messe wert.

Avant la lecture

Grâce à *Tous ensemble*, vous connaissez déjà bien Paris. Vous y êtes peut-être même déjà allés!
Travaillez en petits groupes et faites un filet de mots autour de Paris.

Pendant la lecture

«Métropole, cathédrale, terrain de foot ...» Dans ce texte, il y a beaucoup de mots que vous comprenez sans les avoir appris.
Faites une liste de ces internationalismes (au moins 10!) avec leur traduction allemande.

S12 lire

M Bastille

1789: la Révolution française

La Bastille était une vieille forteresse[1] qui servait de prison. Elle était aussi le symbole de la puissance[2] du roi. En 1789, les Parisiens, qui voyaient tous les jours les prix monter et la vie devenir plus difficile, ne voulaient plus donner leur argent au roi. Le 14 juillet, ils ont «pris» la Bastille. Cela a été un moment important dans l'histoire de la France: le signal du début de la Révolution. Un an plus tard, la prison de la Bastille a été détruite. Le roi Louis XVI et sa femme Marie-Antoinette ont été guillotinés en 1793.

Le jour du bicentenaire[3] de la Révolution, le 14 juillet 1989, on a inauguré l'Opéra Bastille.

M Charles de Gaulle-Etoile

Paris sous l'empire de Napoléon

Napoléon Ier a marqué le début du XIXe siècle avec ses grands projets, comme par exemple l'Arc de Triomphe. Celui-ci a été construit entre 1806 et 1836 en hommage[4] à l'armée napoléonienne. Il est situé en haut des Champs-Elysées, la «plus belle avenue du monde», au milieu de la place de l'Etoile qui s'appelle maintenant place Charles de Gaulle. (C'est le nom du premier président de la Ve République).

Avant, elle avait le nom de place de l'Etoile parce qu'avec ses 12 avenues, elle a la forme d'une étoile.
Aujourd'hui, les événements parisiens les plus importants, comme le défilé[5] du 14 juillet et l'arrivée du Tour de France, ont lieu sur la place Charles de Gaulle et sur l'avenue des Champs-Elysées.

1 **une forteresse** eine Festung
2 **la puissance** die Macht
3 **le bicentenaire** die Zweihundertjahrfeier
4 **en hommage à** zu Ehren von
5 **un défilé** eine Parade

Abbesses

Le XIXe siècle: la butte Montmartre

Pour aller à Montmartre, il faut descendre à la station Abbesses et monter à pied. En haut des 130 m de la butte, au pied du Sacré-Cœur, la vue sur Paris est fantastique.
Montmartre fait partie de Paris depuis 1860; avant, c'était un petit village où l'on trouvait des moulins[1] et de la vigne[2].

Au XIXe siècle, beaucoup d'artistes-peintres s'y sont installés parce que la vie y était moins chère.

Même aujourd'hui, Montmartre avec sa place du Tertre a gardé une ambiance de village.

A voir aussi: le mur des «Je t'aime» sur la place des Abbesses (à côté de la station de métro). Ces trois mots sont écrits en 280 langues différentes!

La Défense

Paris au XXe siècle

François Mitterrand, président de la République entre 1981 et 1995, a organisé de grands travaux qui ont modernisé Paris. L'Institut du monde arabe, la pyramide du Louvre, l'Opéra Bastille, la Grande Arche de la Défense et la BNF (Bibliothèque Nationale de France) datent de ces années-là.

La construction de la Grande Arche de la Défense a duré de 1985 à 1989. Elle se trouve dans le quartier d'affaires de la Défense. L'Arche est haute de 110,90 m et compte 36 étages.
Depuis la terrasse, on a une vue magnifique sur Paris!

1 **un moulin** eine Mühle – 2 **la vigne** der Wein(berg)

1 Comprendre le texte

S3 lire

Vrai, faux ou **pas dans le texte**? *Corrigez les phrases fausses.*

1. La cloche de Notre-Dame est tellement grosse qu'on ne l'utilise pas souvent.
2. Henri IV a changé de religion pour pouvoir entrer dans Paris.
3. Le 14 juillet 1789, les Parisiens ont pris l'opéra Bastille.
4. Le roi Louis XVI a été guillotiné en janvier 1792.
5. L'Arc de Triomphe a été construit par Henri IV.
6. L'arrivée du Tour de France a lieu sur les Champs-Elysées.
7. On peut monter en haut de la butte Montmartre en métro.
8. A Montmartre, on se croirait dans un village.

2 A partir du texte

a *Cherchez dans les textes tous les mots (noms, adjectifs, verbes) qui ont un rapport avec l'architecture et faites un filet de mots.*

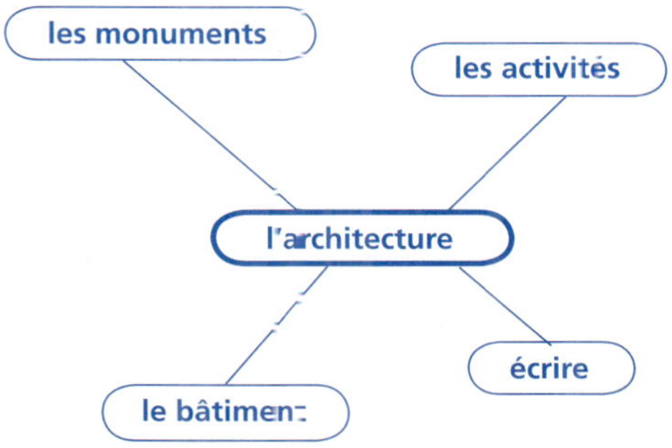

b *Choisissez une station de métro de la liste. Faites des recherches sur la personne/le monument qui a donné son nom à la station. Faites une affiche avec les informations et les photos trouvées et organisez une exposition.*

c *Vous choisissez ensuite trois affiches et vous les commentez.*

Ligne 1: Louvre-Rivoli
Ligne 2: Alexandre Dumas, Victor Hugo
Ligne 3: Père Lachaise
Ligne 5: (Bobigny-) Pablo Picasso
Ligne 6: Pasteur
Ligne 7: Pierre et Marie Curie
Ligne 9: Robespierre
Ligne 10: Avenue Emile Zola, Javel-André Citroën
Ligne 12: Assemblée nationale
Ligne 13: Basilique de Saint-Denis
Ligne 14: Bibliothèque François Mitterrand

3 Les records de Paris *(G 7)*

a *Pour chaque record de Paris, choisissez un adjectif de la liste et mettez-le au superlatif* ***(le plus …/ le moins …/la plus …/la moins …/les plus …/les moins …)*** *pour compléter les phrases suivantes.*

ancien | **beau** | **chic** | **court** | **grand** | **large** (3x) | **long** | **petit** (2x) | **vieux**

1. L'arbre ? de Paris se trouve dans le square René-Viviani (5ᵉ): il date de 1601.
2. La maison ? est dans la rue du Château-d'eau (10ᵉ). Elle fait 1,40 m de large.
3. La maison ? est celle de l'alchimiste Nicolas Flamel au 51, rue Montmorency, dans le 3ᵉ arrondissement. Elle date de 1407.
4. Avec seulement 99 hectares, le 2ᵉ arrondissement est ? de Paris.
5. Mais le 15ᵉ est l'arrondissement ? : il fait 848 hectares.
6. La rue ? est la rue des Degrés (2ᵉ): c'est un escalier long de 5,75 mètres.
7. La rue ? est la rue Vaugirard dans le 6ᵉ et le 15ᵉ arrondissement: elle fait 4,360 kilomètres.
8. La rue ? est la rue du Chat-qui-Pêche (5ᵉ). Elle fait 1,80 mètre de largeur.
9. La rue ? est l'avenue Foch, dans le 16ᵉ arrondissement, avec ses 120 mètres de largeur. C'est aussi l'une des plus chic.

10. Le toit ?, c'est le dôme des Invalides qui est couvert de 555 000 feuilles d'or, ce qui fait 12,650 kg d'or.
11. Les toilettes publiques ? de Paris sont place de la Madeleine. Elles ont des fleurs sur les murs et de belles portes.

b Les records de Berlin. Quelle est la maison la plus grande, …?
Faites des recherches sur la capitale de l'Allemagne et trouvez les records de Berlin. Puis écrivez des phrases au superlatif comme dans la partie a (au moins 5).

✔ 4 Historiettes parisiennes *(G 8, 9)*

△ Imparfait ou passé composé? *Complétez les textes en utilisant le bon temps.*

Le Zouave du pont de l'Alma
Le célèbre Zouave du pont de l'Alma (c'est le nom d'une statue) permet aux Parisiens de voir si la Seine est plus haute que d'habitude. En 1910, quand la Seine *(sortir)* de son lit et *(arriver)* presque sous la bouche du Zouave, on *(comprendre)* qu'il y *(avoir)* un problème! Les Parisiens *(circuler)* en bateau dans les rues!

On a volé la Joconde!
Le 22 août 1911, grosse émotion au musée du Louvre: Le tableau que Léonard de Vinci avait lui-même donné à la France, la Joconde, *(disparaître)*! On *(retrouver)* le tableau deux ans plus tard, à Florence, chez un Italien qui *(vouloir)* rendre à son pays les peintures italiennes du musée. La Joconde *(retourner)* au Louvre où elle est maintenant protégée.

Les petits de Poulbot
Francis Poulbot (1879–1946) *(être)* un artiste qui *(vivre)* à Montmartre. Il *(devenir)* célèbre parce qu'il peignait[1] les enfants du village. Dans les magasins de cartes postales, on trouve toujours ses dessins qui montrent l'époque où on *(laisser)* volontiers les enfants jouer dans la rue.

1 **peignait** *imparfait* von *peindre* malen

Paris bouge: Plus d'un siècle de métro

Avec ses 212 km de lignes, ses 297 stations et ses 688 trains, le métro parisien est l'un des plus connus du monde. Découvrez son histoire et des détails intéressants sur le métro d'aujourd'hui!

19 juillet 1900

Le métro de Paris est inauguré[1] après 17 mois de travaux suivis par[2] l'ingénieur Fulgence Bienvenüe. C'est un métro électrique qui relie l'est à l'ouest de la capitale.

La ligne 14

La ligne 14 qui conduit à la BNF a été inaugurée en 1998. C'est la ligne la plus moderne: elle est automatique et marche donc sans conducteur. Ce métro peut rouler jusqu'à 80 km / heure, ce qui est un record mondial. La ligne 14 peut accueillir jusqu'à 25 000 personnes par heure dans chaque direction.

3,9%

Selon la RATP, on «resquille[7]» moins qu'avant dans le métro parisien. En 1991, il y avait 7,1% de voyages non payés, contre 3,9% en 2005. Si tous les voyageurs payaient leur place, la RATP pourrait acheter chaque année 3000 bus neufs en plus!

10 lignes

A la veille[3] de la guerre de 1914–1918, il y avait 10 lignes de métro à Paris. Un siècle plus tard, on n'en compte que six de plus. La dernière, la ligne 14, Météor *(Métro Est-Ouest Rapide)*, date de 1998.

1,6 milliard

C'est le nombre de passagers comptés en 1946, l'année record. Depuis, les Parisiens ont d'autres moyens de transport (voiture, RER). La fréquentation actuelle est d'environ 1,3 milliard de personnes par an.

15 centimes

C'est le prix (en anciens francs[6]) du premier ticket de métro vendu en 1900. C'était un ticket de 2e classe (jusqu'aux années 1970, le métro avait une 1ère et une 2e classe). En 2007, le ticket de métro coûte 1,50 €.

Des petits trous ...

Jusqu'en 1974, les tickets de métro étaient poinçonnés[4] à la main. Aujourd'hui, il faut introduire le ticket dans une machine pour le valider[5].

44 860

C'est le nombre de personnes qui travaillent à la RATP. Les femmes représentent 20% des employés. Elles étaient 596 conductrices (métro ou bus) en 2005. La première d'entre elles a commencé à travailler en 1982.

1 **inaugurer** einweihen – 2 **suivi par** beaufsichtigt von – 3 **la veille** der Vorabend – 4 **poinçonner** lochen, entwerten – 5 **valider** entwerten – 6 **les anciens francs** étaient la monnaie avant le nouveau franc puis l'euro – 7 **resquiller** *hier:* schwarzfahren

1 Comprendre le texte

Répondez aux questions.

1. Comment s'appelle l'ingénieur qui a fait construire la première ligne de métro à Paris?
2. Combien de lignes de métro est-ce qu'il y a aujourd'hui à Paris?
3. Pourquoi est-ce que le nombre de voyageurs en métro a baissé depuis 1946?
4. Quel est le prix du premier ticket de métro?
5. En 2005, quel pourcentage de trajets en métro se fait sans ticket?
6. Quand est-ce que la première conductrice de la RATP a commencé son travail?

2 A partir du texte

a *Faites trois groupes (A, B, C) et partagez-vous les recherches sur les métros de Londres (groupe A), de New York (groupe B) et sur la U-Bahn de Berlin (Groupe C). Faites une grille et notez vos résultats.*

	Paris Métro (2007)	Londres Underground	Berlin U-Bahn	New York Metro
date de naissance	1900	1863		
km de lignes	212			
nombre de stations	297			
nombre de voyageurs par an	1,3 milliard			
prix du ticket simple	1,50 €			

b *Mettez en commun tous vos résultats (des groupes A, B, C), puis comparez-les en vous posant des questions.*

Exemple: – Quel est le métro le plus ancien?
– C'est le métro de Londres.

c *Utilisez ensuite vos informations pour faire des phrases au **comparatif** et au **superlatif**.*

Exemple: Le métro de Paris est **plus ancien que** le métro de Berlin.
Mais **le plus ancien**, c'est le métro de Londres.

3 Des annonces dans le métro

*Lisez les phrases suivantes. Puis écoutez les annonces et dites si c'est **vrai** ou **faux**.*

1. Le métro ne s'arrêtera pas à la station Louvre-Rivoli jusqu'à la fin du mois de septembre.
2. Il y a moins de métros sur plusieurs lignes parce que les contrôleurs sont en grève.
3. Si on trouve un bagage dans le métro, il faut le ramener au service de sécurité du métro.
4. Il n'y aura pas de métro aujourd'hui sur la ligne 9 entre République et Nation à cause d'un problème technique.
5. Il y a eu beaucoup de problèmes avec les pickpockets ces derniers temps, mais la situation s'améliore.

4 Tu prends le bus ou le métro?

Qui trouve un maximum de mots en 3 minutes?

Faites un filet de mots sur les «moyens de transport». Comparez vos résultats en classe.

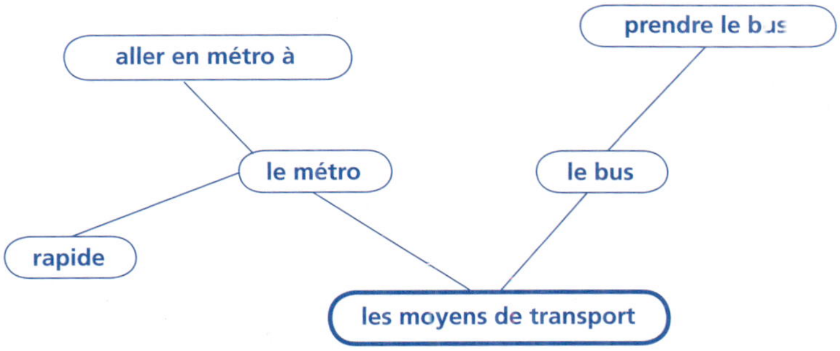

5 Atelier écriture: Une journée dans la vie de …

S8 écrire

a *Choisissez une personne et décrivez-la en répondant aux questions suivantes. Notez des mots-clés.*

D'où vient la personne? Quel est son nom?
A-t-elle une famille?
Qu'est-ce qu'elle fait dans la vie?
Qu'est-ce qu'elle vient de faire?
Quels sont ses sentiments en ce moment?

b *Mettez-vous maintenant à la place de cette personne et racontez cette journée dans votre journal intime.*

«Aujourd'hui, c'était une journée (pas) comme les autres. … »

⟨On prépare le DELF.⟩

Auf diesen Seiten könnt ihr euch auf das DELF B1 vorbereiten.

1 René Goscinny

Hören und verstehen

Vous allez entendre deux fois ce reportage radio. Vous avez d'abord une minute pour lire les questions. Entre les deux écoutes, vous aurez une minute de pause pour commencer à répondre. A la fin de l'écoute, vous aurez encore une minute pour compléter vos réponses.

Répondez en notant la bonne réponse ou en écrivant les informations demandées dans votre cahier.

1. Pourquoi parle-t-on de René Goscinny dans ce reportage?
a) Ce serait son anniversaire. b) C'est l'anniversaire de sa mort. c) Sa biographie vient de sortir.

2. Il est mort en …
a) 1967. b) 1977. c) 1997. Il avait ? ans.

3. René Goscinny est l'auteur français le plus lu au monde.
a) Vrai. b) Faux.

4. Parmi ces personnages de BD, quatre ont été créés par René Goscinny. Lesquels?
a) Astérix
b) Titeuf
c) Snoopy
d) le petit Nicolas
e) Iznogoud
f) Tintin
g) Lucky Luke

5. Pour son personnage le plus célèbre, Goscinny a écrit 34 albums. En combien de langues sont-ils traduits?
a) 107 b) 117 c) 217

6. Combien d'exemplaires ont déjà été vendus?
a) 3 000 000 b) 30 000 000 c) 300 000 000

7. Qui est la femme interviewée?
a) la femme de Goscinny.
b) la fille de Goscinny.
c) la sœur de Goscinny.

8. Elle n'avait jamais lu les livres de Goscinny avant sa mort parce qu'elle …
a) n'avait pas le temps de les lire.
b) n'avait aucun livre de lui chez elle.
c) n'avait pas le droit d'y toucher.

2 Les jeunes et l'ennui

Lesen und verstehen

C'est dimanche, il pleut, vos copains sont partis en week-end et la télé ne marche plus! Voici bien la situation la plus terrible … Pourquoi? Parce que beaucoup de personnes ont peur de l'ennui, ce sentiment que l'on éprouve quand on n'a rien à faire.
Mais entre les cours, les devoirs, les sorties avec les amis, les activités sportives et culturelles, il est presque difficile de n'avoir rien à faire … Souvent même, ce sont vos parents qui vous poussent dans cette «suractivité»: ils n'aiment pas vous voir ne rien faire car ils s'inquiètent pour votre santé. En 2003, l'université de Columbia a fait une enquête sur 2000 jeunes de 12 à 17 ans. Ses résultats montrent que ceux qui trouvent souvent le temps long ont plus de risque (50%) de fumer, de boire ou de se droguer.
Il semble bien que certains d'entre vous connaissent quand même l'ennui … dans les salles de classe. Selon un sondage réalisé en 1998 par le Comité français d'éducation pour la santé (CFES), les deux tiers des jeunes de 11 à 15 ans s'ennuient à l'école. Ce n'est pas nouveau: il y a un siècle, les professeurs avaient déjà remarqué la même chose. Mais aujourd'hui, la situation est différente: au lieu de rêver, les élèves discutent, écoutent de la musique ou jouent avec leur téléphone … bref: ils font encore quelque chose. Dommage! Car les psychologues pensent que l'ennui a du bon quand il ne dure pas trop longtemps. Il permet de développer son imagination et son indépendance. Sans ça, pas de création.

Répondez en notant la/les bonne(s) réponse(s) ou en donnant les informations demandées dans votre cahier.

1. Selon le texte les jeunes d'aujourd'hui …
a) s'ennuient de plus en plus. b) ont tendance à être «suractifs». c) ont des difficultés à s'occuper.

2. Le sondage de 2003 montre que l'ennui peut être mauvais pour la santé.
Vrai. Faux. Justification ________

3. Qu'est-ce que l'enquête de 1998 a montré?

4. Quelle est la différence entre les élèves aujourd'hui et il y a un siècle?

5. Selon les psychologues l'ennui peut avoir des effets positifs.
Vrai. Faux. Justification ________

3 Et vous, l'ennui … vous connaissez?

Schreiben

L'ennui est-il un sentiment qui vous fait peur? Vous arrive-t-il de vous ennuyer? Souvent, rarement? Où? Quand? Que faites-vous dans ces cas-là?
Racontez une situation concrète pendant laquelle vous vous êtes ennuyé(e). Ecrivez comment vous avez réagi. Ecrivez un texte de 150 mots environ.

4 Jeu de rôle

Sprechen

Tes parents trouvent que tu as passé trop de temps devant ton ordinateur et devant la télévision. Alors, ils te proposent de pratiquer un sport de ton choix ou de jouer d'un instrument de musique. Tu leur expliques pourquoi tu étais souvent devant l'ordinateur et la télévision ces dernières semaines et tu leur dis pourquoi tu n'es pas d'accord avec eux.

Dossier 5

Tous «accros» aux médias?

▶ *Avant la lecture*

Faites la liste de tous les médias que vous connaissez. Quels médias avez-vous utilisés la semaine dernière? Pendant combien de temps? *Comparez avec votre voisin / votre voisine.*

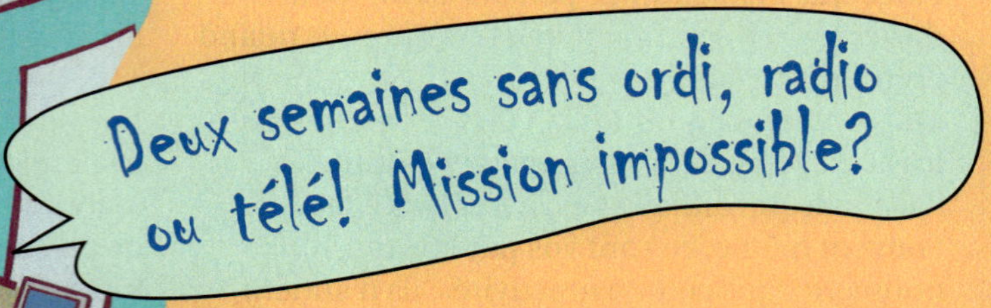

Un magazine pour les jeunes a demandé à ses lecteurs s'ils pourraient vivre sans leur média préféré. Trois ados ont accepté de faire l'expérience:

Adam
J'écoute Europe 1 tout le temps. Mon radio-réveil s'allume à 6 h 50 et je l'éteins en me couchant. J'aime beaucoup les infos et les actualités humoristiques de Laurent Ruquier. Pendant les 15 jours, j'ai remplacé ma radio en écoutant de la musique sur mon lecteur mp3 et en jouant sur ma console. Mais sans infos, c'est comme si le temps s'était arrêté. Alors j'ai compensé en lisant l'actualité dans les journaux. Honnêtement[1], ça n'a pas été trop dur.

Marion
Tous les soirs, quand j'ai fini mes devoirs, j'ai l'habitude de me jeter sur la télécommande. Ce que je préfère, c'est le sport et l'actualité. Pour éviter le salon où se trouve la télé, je suis restée dans ma chambre et je me suis rattrapée[2] sur mon ordinateur. Un soir, j'ai même proposé à ma famille de jouer à un jeu de société. A la fin, j'étais fière d'avoir réussi à me passer de télé. Mais heureusement que l'expérience n'a duré que deux semaines.

Julie
L'ordinateur, j'y passe au moins une heure par jour. Mais je peux rester devant pendant cinq heures. Je me connecte à MSN pour chatter avec mes copines ou je joue en ligne. Dès le début, je me suis demandé si j'arriverais à tenir deux semaines. C'était dur. Le pire, c'était de voir que mon frère continuait d'aller sur l'ordinateur. Le 4e jour, j'ai craqué. Je n'ai pas supporté de ne plus chatter. Je suis vraiment accro!

Internet, le «supermédia»
Toutes les enquêtes montrent que les Français, et surtout les jeunes, se priveraient plus facilement de la télévision et de la radio que du net. Et ils sont de plus en plus accros. En 2005, quand on leur demandait de quel média ils ne pourraient pas se passer pendant six mois, c'est le téléphone portable qui arrivait en tête. En 2007, Internet a pris la première place. Les jeunes vont sur Internet pour s'informer, mais ils l'utilisent surtout comme moyen de communication et d'échange dans les blogs, les chats ou les forums.

1 **honnêtement** ehrlich gesagt – 2 **je me suis rattrapée sur** … ich habe mich als Ersatz auf … gestürzt

1 Comprendre le texte

a *Trouvez les médias préférés d'Adam, Marion et Julie:*

le téléphone portable / l'ordinateur / la radio / le lecteur mp3 / les magazines / la télé la console de jeux / les journaux.

b *Relisez le texte: quelle personne remplace **il / elle**?*

1. Il / Elle adore jouer en ligne.
2. Pendant deux semaines, il / elle n'a plus passé ses soirées au salon.
3. Normalement, il / elle écoute la radio du matin au soir.
4. C'était dur pour lui / elle de voir que son frère utilisait son média préféré.
5. Il / Elle a lu des journaux pour compenser.
6. Il / Elle a allumé son ordinateur, mais pas son média préféré.
7. Quand il / elle allume la télé, c'est surtout pour regarder le sport et les infos.
8. Il / Elle n'a pas réussi à vivre sans ordinateur pendant deux semaines.

c Pour lequel/laquelle des trois jeunes est-ce que cette expérience a été très dure, assez dure, pas trop dure? *Répondez et justifiez.*

2 A partir du texte *(G 11)*

a *Dites quel est votre média préféré. Puis cherchez des alternatives et faites une liste dans votre cahier.*

Voilà quelques idées pour commencer:

faire du sport	faire les devoirs
faire la cuisine	rendre visite à un copain / une copine
garder des enfants	promener le chien …

b Et si vous deviez vivre sans votre média préféré pendant deux semaines, comment est-ce que vous compenseriez?
*Faites des phrases avec **si**, comme dans l'exemple. Attention au temps des verbes!*

Exemple: Si je **devais** vivre sans portable pendant deux semaines, j'**enverrais** plein d'e-mails à mes copains.

c Seriez-vous prêts à vous priver de votre média préféré pour un certain temps? *Discutez en classe.*

3 Quels sont les résultats? *(G 10)*

Quels sont les résultats de l'expérience «deux semaines sans ton média préféré»?
Accordez les verbes et trouvez une fin logique à chaque phrase.

1. Le magazine *Okapi*	demander à ses lecteurs …
2. Après cette expérience, Adam	penser que …
3. Marion	trouver que …
4. Julie	apprendre que …
5. Les enquêtes sur les jeunes et les médias en France	montrer que …
6. Grâce à ces enquêtes, on	savoir que …

4 Comment les jeunes français utilisent-ils Internet? *(G 10, 12)*

a *Lisez les statistiques.*

Les jeunes utilisent Internet pour ... (en %)	15–19 ans	20–24 ans	25 ans et +
échanger sur messagerie instantanée (MSN, ICQ ...)	74	65	41
rechercher des informations pratiques	56	70	75
rechercher des infos liées à l'actualité	52	58	60
échanger des photos	46	38	35
écouter la radio en ligne	43	39	34
regarder des bandes-annonces de cinéma	39	37	30
télécharger des logiciels	35	33	31
télécharger de la musique (mp3 ...)	39	28	15
laisser des commentaires sur un blog	51	21	7
participer à un forum	32	27	17
jouer en ligne	25	18	13

b *Choisissez cinq lignes de ces statistiques et commentez les chiffres.*

Exemple:
Trois quarts des 15 à 19 ans **disent qu'**ils utilisent Internet pour chatter sur MSN ou ICQ.
Plus de la moitié **expliquent qu'**ils recherchent des informations pratiques sur Internet. [...]
Voilà des mots et expressions pour vous aider:

25 % (pour cent) / Un quart des personnes 33 % / Un tiers des personnes interrogées 50 % / La moitié des élèves Plus (moins) de la moitié des gens Une (grande) majorité de jeunes Une minorité de jeunes	dit / disent pense / pensent affirme / affirment explique / expliquent	que ...

5 Un sondage dans la classe

parler

Etes-vous accros à Internet? Dans quelles situations est-ce que vous l'utilisez?
Faites un sondage dans votre classe et utilisez le tableau de l'exercice 4.

a *Formez des groupes de 3 à 4 élèves. Un/Une élève fait l'enquête et demande à ses camarades comment ils utilisent Internet. Il/Elle note aussi les résultats.*

Exemple: – Patrick, est-ce que tu vas sur ICQ et MSN? – Oui, j'y vais tous les jours.

	oui, au moins une fois par semaine	oui, au moins une fois par mois	rarement	non jamais
Echanger sur messagerie instantanée (MSN, ICQ ...)	X			

b *Puis mettez vos résultats en commun et faites les statistiques pour la classe.*

Attention à l'œil du net!

Attention à ce que vous écrivez!

Quand vous écrivez un blog ou un message sur un forum de discussion, n'oubliez pas que n'importe qui peut le lire. Pas seulement vos amis ou votre famille. Une entreprise par exemple, peut se renseigner sur vous si vous êtes candidat à un stage ou à un emploi. Il suffit d'écrire vos nom et prénom sur un moteur de recherche pour trouver votre site. En effet, dès sa publication, votre site est archivé par les moteurs de recherche. Trop tard pour regretter ce que vous avez écrit des années plus tôt ou pour effacer les photos stupides que vous avez mises en ligne pour votre bande de copains …

Impossible d'effacer

Vous croyez qu'il suffit de supprimer votre site sur le serveur pour qu'il disparaisse? Erreur! Les moteurs de recherche conservent plusieurs années les traces de votre site. Ils en gardent des copies. Pour les obtenir, il faut cliquer dans les résultats de *Yahoo* ou de *Google* sur «en cache». Ces moteurs conservent aussi vos messages sur les forums de discussion. Comme ils indiquent même votre adresse courriel, on peut trouver tous les messages que vous avez laissés sur différents forums. Alors attention à ce que vous écrivez dans un forum ou sur un blog!

La loupe du marketing

Savez-vous qu'on s'intéresse à vous et à votre avis? Quand vous parlez d'un groupe de musique, d'une marque de vêtements ou encore d'un film sur un forum de discussion ou sur un blog, des sociétés de veille recopient toutes vos opinions. Elles les analysent et revendent leurs enquêtes à de grosses entreprises. On appelle cette méthode le «buzz marketing».

(Emmanuel Deslouis / *Science & Vie Junior* 201, texte adapté)

En résumé: pourquoi on vous espionne sur le net?

Pour savoir qui vous êtes, avant de vous proposer un emploi.
Pour savoir si vous avez laissé des traces.
Pour savoir à quoi vous vous intéressez et pour envoyer des publicités.

1 Comprendre le texte

Relisez le texte et trouvez les réponses.

1. Quelle traces est-ce que vous pouvez laisser quand vous utilisez Internet?
2. Pourquoi une entreprise peut-elle s'intéresser à vous sur Internet?
3. Si on clique sur «en cache» dans un moteur de recherche, qu'est-ce qu'on trouve?
4. Quelles sont les activités des «sociétés de veille»? Comment gagnent-elles de l'argent?

2 A partir du texte

communiquer

a *Travaillez à trois. Chacun choisit un paragraphe du texte et le raconte aux autres en allemand.*

b Que pensez-vous des «sociétés de veille»? Etes-vous d'accord avec la méthode du «buzz-marketing»? *Cherchez des arguments pour et contre et discutez en classe.*

3 Autour d'Internet

S6 parler

VOC *Relisez le texte et cherchez tous les mots qui ont un rapport à Internet. Faites un filet de mots autour du terme «Internet». Vous pouvez, bien sûr, ajouter d'autres mots qui vont avec ce sujet.*

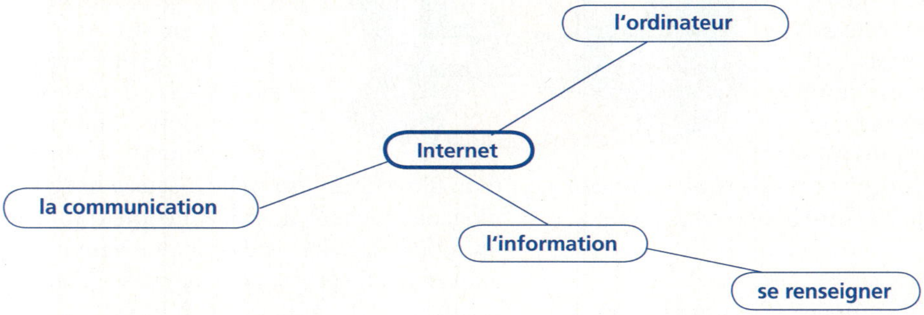

4 Internet: chance ou danger?

S6 parler

Aujourd'hui, on ne peut plus se passer d'Internet: trouver des amis, des informations, du travail, un stage, jouer, discuter en ligne … Mais si Internet devient plus important que la vie réelle? Quelles sont les chances et les dangers d'Internet? *Discutez en classe.*

Dossier 6

«C'est écrit dans les journaux ...»

A chaque journal sa particularité: *Le Monde*, *Le Figaro* et *Libération* sont des quotidiens d'actualité, le journal *L'équipe* est spécialisé en sports, alors que *Marie-Claire* ou *Elle* sont des magazines de mode.

La hiérarchie de l'information

Comment faire des choix parmi toutes les informations du monde entier et comment décider qu'un événement est plus important qu'un autre? Dans un journal, un rédacteur en chef et son équipe de journalistes choisissent ce qui doit être annoncé, comment et dans quel ordre. Ils fabriquent l'actualité en espérant plaire à leur public.

Les journalistes

Le travail des journalistes consiste à chercher l'information, parfois dans des conditions très difficiles, voire[1] dans un contexte[2] de guerre. Dans leurs articles, les journalistes ont la responsabilité de transmettre des informations justes. Mais dans l'urgence[3], l'information n'est pas toujours vérifiée, car pour bien vendre leurs articles, les journalistes doivent rapporter le «scoop»[4] avant les autres.

Plus important

Pendant l'hiver 2007, un fait qui touche la vie privée du Président de la République fait la une de tous les médias: le nouveau couple Sarkozy – Bruni fait l'actualité principale pendant plusieurs semaines. Au même moment, on parle moins d'autres événements, comme par exemple la guerre civile[5] au Kenya.

Ecrire librement

Dans les pays démocratiques comme la France, la liberté d'opinion et d'expression[6] est un droit fondamental[7] pour tous. La loi sur la liberté de la presse permet aux journalistes de donner leur opinion sur les faits et de les critiquer. Mais cette liberté a des limites[8]: par exemple, un journaliste n'a pas le droit de diffamer quelqu'un. Inversement[9], une personne attaquée a le droit de porter plainte pour se défendre. Selon la loi, elle peut aussi exiger que le journal publie sa réponse.

L'opinion des lecteurs

Comme les médias nous informent chaque jour, ils agissent fortement sur[10] notre opinion. Un thème prendra de l'importance si on en parle tous les jours dans la presse. Alors soyons prudents[11]! Analysons les infos et rendons-leur leur véritable importance. Mais il n'y a pas que les journaux. La radio, la télé, les livres, Internet, les discussions, les voyages, etc. offrent d'autres possibilités de s'informer. Soyons curieux et faisons-nous notre propre opinion!

1 **voire** sogar – 2 **un contexte** ein Zusammenhang – 3 **dans l'urgence** in der Hektik – 4 **un scoop** *(fam.)* ein Knüller – 5 **une guerre civile** ein Bürgerkrieg – 6 **la liberté d'opinion et d'expression** die Meinungsfreiheit – 7 **fondamental(e)** Grund- – 8 **avoir des limites** Grenzen haben – 9 **inversement** umgekehrt – 10 **agir sur** beeinflussen – 11 **prudent(e)** vorsichtig

1 Comprendre le texte

S3 lire

a *Cherchez tous les mots (noms, verbes) dans le texte qui ont un rapport avec les médias. Ecrivez-les dans une grille.*

les médias	les personnes	les activités	le travail
– un journal …	– un rédacteur …	– annoncer …	– une information …

b *Répondez aux questions. Justifiez vos réponses.*

1. Qu'est-ce qu'on entend par «hiérarchie de l'information»?
2. Quel est le travail d'un journaliste?
3. Est-ce qu'un journaliste a le droit d'écrire ce qu'il veut?
4. Comment les médias agissent-ils sur notre opinion?
5. Qu'est-ce qu'on peut faire pour se faire sa propre opinion?

2 A partir du texte

a Comment est-ce que vous vous informez? Lisez-vous des journaux ou des magazines? Lesquels?

b Quels événements font la une des journaux en ce moment? *Informez-vous et racontez.*

3 Les titres à la une

Regardez la une des deux journaux (page 43) et répondez aux questions. Vous pouvez utiliser les expressions ci-dessous.

1. Combien voyez-vous de titres à la une de ces journaux? Quelle place prennent-ils?
2. Combien y a-t-il d'articles?
3. Quelle est la taille des photos et des dessins? Quelle place prennent-ils?
4. Est-ce qu'il y a de la publicité? Où?
5. A votre avis, qu'est-ce qui est important pour les lecteurs du *Monde* / d'*Aujourd'hui en France*?

On dit — **Comparer la une des journaux**

Le titre Le sous-titre	est écrit	en gros caractères. en caractères de taille moyenne. en petits caractères.		la une le nom du journal
Il y a	une photo une illustration une caricature	en haut au milieu en bas	de la page.	le titre le sous-titre l'article
Le titre L'article La photo	prend	une grande partie de la page. beaucoup / peu de place.		les rubriques la publicité

A vous

Maintenant, faites la une de votre journal.
Choisissez quelques articles de la presse française actuelle sur papier ou sur Internet et faites la maquette (Entwurf) de votre une. Vous pouvez aussi prendre des textes de votre livre (par ex. Dossier 1, 3 ou 10). Quel est l'événement le plus important? Comment voulez-vous le présenter? Vous pouvez inventer vos titres et choisir vos illustrations.

4 Trouvons des slogans. *(G 13)*

Demain, il y aura une manifestation d'étudiants. Les journaux vont en parler. Les étudiants se retrouvent pour créer leurs slogans. D'abord ils écrivent leurs idées.
Transformez ces idées en slogans à l'impératif.
Ecrivez vos slogans dans votre cahier.

Exemple:
se mobiliser pour une université gratuite – **Mobilisons-nous** pour une université gratuite.
– **Mobilisez-vous** pour une université gratuite.

1. se battre pour une université ouverte à tous
2. faire changer les choses
3. avoir du courage
4. ensemble, être forts
5. ne pas accepter la nouvelle loi
6. la critiquer
7. ne pas faire confiance au ministre
8. l'écouter
9. ne pas le croire
10. lui répondre
11. organiser une pétition
12. la signer

Rodéo d'or

Avant la lecture
Ecoutez le texte.

Vendredi 2 h 15

Jean-Luc Godillard et Yvan Chobral arrivèrent aux abords[1] du groupe scolaire[2] Alfred-de-Vigny juste à temps[3] pour enregistrer le départ des voitures de pompiers.
Ils interviewèrent le commissaire de police d'Epinay-la-Jolie sur fond de[4] carcasses noircies, dégoulinantes[5] d'eau et de mousse[6].

– Nous avons affaire à des bandes de casseurs professionnels dont les membres, pour l'essentiel, n'ont rien à voir avec les habitants de cette cité. […]
– Vous pensez que les incidents sont terminés ou qu'il est possible qu'ils reprennent dans la nuit?
– Mes hommes viennent de patrouiller[7] dans la cité. […] Je crois que tout le monde va pouvoir aller se coucher et dormir tranquille[8].

Les deux reporters montèrent à l'avant[9] de leur Nevada de service. […] Jean-Luc Godillard roulait au pas[10] […]
Soudain le cameraman attira son attention.
– Pss, pss … […] là-bas, dans le hall du petit bâtiment. On dirait qu'il y a du monde. On va voir. […]
Ils dépassèrent les poubelles, contournèrent[11] les boîtes aux lettres pour tomber sur un groupe de cinq Blacks, Blancs, Beurs.
[…]

Salut. On est de la télé …
Ils poussèrent une sorte de grognement[12] collectif. Jean-Luc sortit son paquet de clopes[13] et offrit une tournée[14] de Winston.
– Vous avez assisté à la course de bagnoles[15] tout à l'heure?
Michaël, un jeune Antillais, […] le toisa[16] en rejetant[17] un nuage de fumée.
– Qu'est-ce que ça peut te foutre?[18]
– Beaucoup de choses … On a des images de la cité, […] des carcasses fumantes … Si on peut se faire un peu de son en plus pour que les gens comprennent bien … […]
Celui qui semblait diriger le groupe, Fred, un grand type blond, […] s'avança.
– Tu veux qu'on fasse les ânes[19], pour avoir du son … D'accord. […]
Le regard de Fred […] se posa sur le badge[20] «Numéro vert»[21] que Jean-Luc Godillard avait oublié d'enlever.
– Tu veux qu'on te parle du rodéo de tout à l'heure. C'est du réchauffé.[22] Je crois que je viens d'avoir une meilleure idée …
[…]

1 **aux abords** *près de*
2 **le groupe scolaire** das Schulzentrum
3 **juste à temps** gerade rechtzeitig
4 **sur fond de** vor dem Hintergrund
5 **dégouliner** tropfen
6 **la mousse** der Schaum
7 **patrouiller** Streife fahren
8 **dormir tranquille** *(fam.) dormir tranquillement*
9 **à l'avant** vorne
10 **rouler au pas** Schritt fahren
11 **contourner** um etwas herumfahren
12 **un grognement** ein Knurren
13 **les clopes** *(fam.) les cigarettes*
14 **une tournée** eine Runde
15 **une bagnole** *(fam.) une voiture*
16 **toiser qn** jdn verächtlich mustern
17 **rejeter** *hier:* ausstoßen
18 **Qu'est-ce que ça peut te foutre?** *(fam.)* Was geht dich das an?
19 **un âne** ein Esel
20 **un badge** ein Button
21 **un numéro vert** *un numéro de téléphone gratuit*
22 **C'est du réchauffé.** *(fam.)* Das ist kalter Kaffee.

Si vous avez de la thune[23], on peut vous organiser une petite séance supplémentaire[24] …
Le journaliste posa une question qui sonnait[25] comme une réponse.
– Quand? […]
– Un quart d'heure, le temps de trouver une caisse[26]. Comme on est cinq, ça fera cinq mille balles[27].

Jean-Luc, soucieux[28] des budgets de TV 5, essaya sans succès de réduire la note à trois mille. Les deux reporters […] insistèrent pour qu'on s'en tienne au rodéo et que, contrairement à[29] ce qui s'était déroulé plus tôt, les voitures ne soient pas brûlées. Michaël, qui avait filé[30] au début de la négociation[31], réapparut[32] au volant d'une Golf GTI rouge, suivi de Kaleb dans une Renault Cinq Turbo. Ils s'enveloppèrent la tête dans un foulard, ne laissant qu'une fente[33] pour les yeux.
– Quand vous voulez.
[…]
A trois heures les deux reporters euphoriques rentrèrent sur Paris.

Didier Daeninckx: *Rodéo d'or*, Editions Denoël 1992

23 **la thune** *l'argent*
24 **une séance supplémentaire** eine Zusatzvorstellung
25 **sonner** klingen
26 **une caisse** *(fam.) une voiture*
27 **cinq mille balles** *(fam.) 5000 francs = env. 710 euros*
28 **soucieux de** besorgt, bedacht um
29 **contrairement à** im Gegensatz zu
30 **filer** (fam.) verschwinden, sich verziehen
31 **la négociation** die Verhandlung
32 **réapparaître** wieder auftauchen
33 **une fente** eine Spalte, ein Schlitz

1 Comprendre le texte

S3 S4 lire

Vrai ou **faux**? *Justifiez vos réponses et corrigez les phrases quand c'est nécessaire.*

1. Quand les reporters de TV5 arrivent à 2h15 au groupe scolaire, les pompiers ont déjà terminé leur travail.
2. Le commissaire dit que dans les bandes de casseurs, il y a surtout des habitants de la cité.
3. Les deux reporters remontent dans leur voiture, et en chemin, ils tombent sur un groupe de cinq jeunes.
4. Les images de carcasses fumantes ne suffisent pas. Les reporters veulent que les jeunes leur parlent du rodéo pour avoir du son.
5. Les jeunes proposent aux reporters de refaire un rodéo gratuitement.
6. Les reporters ne veulent pas que les jeunes brûlent les voitures après le rodéo.

2 A partir du texte

a Quels sont les dangers d'un rodéo? *Expliquez-les.*

b Que pensez-vous du comportement de Jean-Luc Godillard et d'Yvan Chobral? *Trouvez des arguments et discutez en classe.*

✔ 3 Le passé simple *(G 14)*

a *Cherchez tous les verbes au passé simple.*

Exemple: Jean-Luc Godillard et Yvan Chobral **arrivèrent** aux abords du groupe scolaire (l. 1).

b *Transformez-les au passé composé.*

Exemple: Jean-Luc Godillard et Yvan Chobral **sont arrivés** aux abords du groupe scolaire …

Dossier 7

Enfants d'ici, parents d'ailleurs

La France, comme beaucoup d'autres pays européens, voit arriver des hommes, des femmes et des enfants d'Afrique et d'Asie. En quittant leur pays et parfois aussi leur famille, ces hommes et ces femmes cherchent ce qu'ils n'avaient pas chez eux: la paix et l'espoir d'une vie meilleure.

Abou

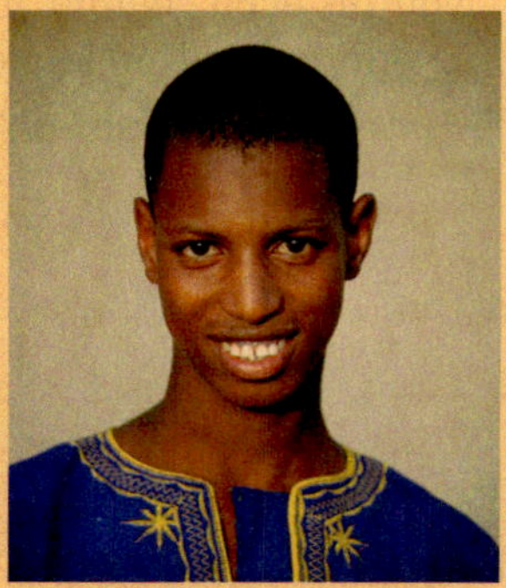

Cet été, je rentre au pays. C'est comme ça que je l'ai annoncé à mes professeurs, qui nous avaient demandé ce qu'on allait faire pendant les vacances. Ça fait maintenant trois ans que je suis en France. […]

(Avant de partir) je ne parlais pas français mais mon père a demandé à des cousins qui avaient vécu à Paris de m'apprendre le minimum pour me présenter, quelques mots. Et c'est comme ça que je suis arrivé à Paris, un jour tout gris, j'avais appris par cœur : «Bonjour, je m'appelle Abou, je suis malien, j'ai 9 ans!» Le reste, je l'ai appris ici, à l'école.

Chez nous, grandir, ça veut dire partir. Et revenir aussi parfois. On racontait plein de choses sur Paris, sur les Français, sur l'école, mais, une fois ici, ça n'avait rien à voir avec tout ce que j'avais imaginé. […] Mon père a vécu pendant des années dans un foyer à Montreuil. […] Quand je suis arrivé, il a quitté le foyer et il a obtenu des papiers. On est allés vivre à Paris, dans l'appartement de mon oncle et ma tante. […]

L'école, ça a été le meilleur et le plus difficile. Très vite j'ai eu de nouveaux amis, j'ai fait des progrès en français, je me suis bien amusé. […] Au collège, c'est moins drôle, j'ai du mal à suivre avec tous ces professeurs, mais je m'accroche, j'aimerais vraiment réussir, aider mon père à faire venir le reste de la famille.

Tamoor

Je suis arrivé en France il n'y a pas un an[1] et pendant plusieurs mois, j'ai suivi des cours intensifs de français au collège. Dans ma classe, il y a d'autres élèves comme moi qui viennent d'arriver et qui ne parlent pas français, ou à peine. Il y a des Tamouls, des Ukrainiens, des Algériens, des Chinois, des Irakiens …
C'est le monde entier. Il y a Ricky aussi, qui est bangladais, et qui est devenu mon meilleur ami. Ensemble, on est les rois du cricket[2]. Au Pakistan, à Lahore, j'y jouais beaucoup et ici, personne ne connaît ce sport, sauf Ricky.
Ricky aussi est arrivé cette année en France. Son père a dû partir du Bangladesh parce qu'il avait peur pour sa vie et celle de sa famille. […]
Il y en a d'autres aussi qui sont venus en France parce que, dans leur pays, c'est la guerre, ou alors parce qu'ils y sont persécutés[3].
[…]

J'aime bien Paris et la vie qu'on a ici. Mon père était déjà en France depuis cinq ans quand il nous a fait venir tous, ma mère, mes deux petits frères et moi. Il tient un bazar où il vend des jouets, des parfums, des savons, des journaux, des DVD de Bollywood. […]
Lahore me manque un peu, surtout ma grand-mère qui est très âgée et qui ne viendra jamais nous voir. On lui téléphone et puis j'envoie des mails à mes cousins et à mes oncles, mais c'est pas pareil.

Yan Yu

Mes parents sont en France depuis 1990. Ils sont partis tous les deux de Whenzou parce qu'en Chine, il n'y avait pas de travail pour les jeunes et que tôt ou tard[4], tout le monde quitte Wenzhou.
Je ne suis jamais allée en Chine et je ne sais pas si j'irai un jour. Mes parents […] sont heureux que je sois née en France : ils ont pu m'épargner[5] le long voyage qu'ils ont dû faire pour venir ici. Ils ont pris l'avion jusqu'en Roumanie ou en Turquie, je ne sais plus; ensuite, ils se sont cachés pour attendre la nuit et passer les frontières. […] Mon père a dû travailler presque jour et nuit pour rembourser sa dette, d'abord dans un atelier de confection[6] et après dans un restaurant; ils étaient clandestins, ça n'arrangeait rien. Ma mère faisait des petits boulots, des ménages et du baby-sitting. Quand je suis née, c'est devenu plus difficile. Ils habitaient un tout petit appartement, les toilettes étaient sur le palier[7], mon père était épuisé[8] par son travail. Ils n'avaient pas encore de papiers. […] Soutenus[9] par des associations, ils ont fini par être régularisés[10]. Depuis un an, ma mère apprend le français et suit une formation pour être

assistante maternelle. Je ne serai plus la seule à pouvoir lire le courrier, à pouvoir discuter avec la pharmacienne ou le facteur.

1 **il n'y a pas un an** vor kaum einem Jahr – 2 **le cricket** das Kricketspiel – 3 **être persécuté (e, s)** verfolgt werden – 4 **tôt ou tard** früher oder später – 5 **épargner** *hier:* ersparen – 6 **un atelier de confection** eine Schneiderei – 7 **sur le palier** auf dem Gang – 8 **épuisé(e)** erschöpft – 9 **soutenu(e) par** unterstützt durch – 10 **régulariser** *hier:* legalisieren

1 Comprendre le texte

S3 lire

a *Relisez les textes. Faites une grille et classez les informations sur les jeunes.*

prénom	pays d'origine	en France depuis …	connaissance du français	statut
Abou	le Mali			
Tamoor			au début, il ne parlait pas …	–
Yan Yu				elle est née clandestine, …

b *Relisez les textes et répondez aux questions.*

1. Quel rôle joue l'école pour Abou?
2. Avec qui est-ce que Tamoor habite à Paris? Dans sa famille, qui est resté au Pakistan?
3. Les parents de Yan Yu étaient des clandestins. Qu'est-ce que ça veut dire?

c Quitter son pays, qu'est-ce que ça signifie? *Cherchez dans les textes.*

2 A partir du texte

Répondez aux questions.

1. Qu'est-ce qui vous a touché dans les histoires d'Abou, de Tamoor et de Yan Yu? Pourquoi?
2. Comment comprenez-vous la phrase d'Abou: «Chez nous, grandir, ça veut dire partir.»
3. Combien de nationalités y a-t-il dans votre classe? Lesquelles?
4. Si vous étiez obligé(e) de quitter votre pays, qu'est-ce que vous regretteriez?

3 Etre sans-papiers, qu'est-ce que ça veut dire?

DICO

a *Lisez le texte suivant.*

S14

Qu'est-ce qu'un sans-papiers? C'est un étranger en situation irrégulière. Un clandestin qui a brûlé toutes les preuves de son identité pour rendre impossible son renvoi dans son pays.
Mais ça peut être aussi un étranger légalement entré sur le territoire qui n'a plus de permis de travail, plus de carte de séjour et plus de raison de rester dans le pays.

Extrait de: Tahar Ben Jelloun, *Partir*, © Editions Gallimard

b Qu'est-ce qu'un sans-papiers selon Tahar Ben Jelloun?
Expliquez à votre partenaire.

4 L'histoire de Djamila *(G 9, 15)*

*Mettez les verbes entre parenthèses au **passé composé** (5x), à **l'imparfait** (4x) ou au **plus-que-parfait** (5x).*

Exemple:
Quand j'*(arriver)* en France, mes amies algériennes *(me manquer)* encore beaucoup.
→ Quand **je suis arrivée** en France, mes amies algériennes me **manquaient** encore beaucoup.

1. Quand je *(avoir)* 10 ans, mon père *(être)* déjà en France.
2. Trois ans avant, il *(partir)* d'Algérie parce qu'il *(perdre)* son travail.
3. Il *(chercher)* un nouvel emploi pendant des semaines, mais il *(ne rien trouver)*.
4. Comme deux de ses frères *(vivre)* déjà en France, ils *(pouvoir)* l'aider à trouver du travail.
5. Quelques mois plus tard, mon père *(commencer)* à travailler dans le bâtiment.
6. Ses frères *(l'aider)* à louer un appartement.
7. Alors, ma mère et moi, nous *(arriver)* en France.
8. Mon père *(déjà demander)* des papiers pour nous.
9. Comme je *(parler)* bien le français, je *(pouvoir)* aller tout de suite au collège en France.

5 Nous n'avions pas de papiers. *(G 16)*

Faites des phrases avec les négations suivantes:

ne … pas | **ne … plus** | **ne … rien** | **ne … jamais** | **personne ne …**

1. Abou **parlait** très bien le français, quand il est arrivé en France.
2. Il **comprenait tout**.
3. Dans la classe de Tamoor, **tout le monde vient** du Bangladesh, sauf Ricky.
4. La famille de Tamoor **se retrouve une fois par semaine**.
5. Yan Yu **est souvent** allée en Chine avec ses parents.
6. Elle **est encore** la seule à pouvoir lire le courrier.
7. Les immigrés clandestins **ont** des papiers.

Des sans-papiers dans une église à Paris

Kiffe kiffe[1] demain

Doria, quinze ans, jeune française d'origine marocaine, vit seule avec sa mère dans une cité de la banlieue parisienne. Dans son journal, elle raconte sa vie à la maison, dans son quartier … Elle fait le portrait des personnes qui l'entourent: sa mère, femme de ménage[2] dans un hôtel, Hamoudi, son ami, la psychologue, Mme Burlaud, Nabil le nul, Aziz l'épicier[3] ou encore sa Tante Zohra.

C'est déjà les grandes vacances. Cet après-midi, j'ai vu la famille Ali embarquer pour le Maroc. Ils ont une grande camionnette rouge et tous les ans, ils traversent la France et l'Espagne pour rejoindre le bled[4] et y passer deux mois. Je les regardais depuis ma fenêtre. Ils ont mis au moins une heure à tout préparer. Les enfants étaient bien habillés. On lisait sur leur gueule[5] la joie et l'excitation de partir. Je les enviais. En tout cas, ils ont emmené une tonne de[6] bagages. Les trois quarts des sacs devaient être remplis de cadeaux pour la famille, les amis et les voisins.
[…]

Bref, en attendant, tout le monde se casse et moi, je vais rester au quartier pour surveiller la cité comme un chien de garde[7] en attendant que les autres reviennent de vacances tout bronzés. Même Nabil a disparu. Peut-être que lui aussi est parti avec ses parents en Tunisie.
En tout cas, comme l'école est terminée, il reviendra plus m'aider à faire mes devoirs ou rédiger mes dissertations[8].
Ah oui, je vous avais pas dit: au lycée, ils ne peuvent pas me faire redoubler parce qu'il n'y a pas assez de places pour tout le monde. Et dans ce «tout le monde», il y a moi. Alors ils m'ont trouvé une place à la dernière minute dans un lycée professionnel pas trop loin de la maison, en CAP coiffure. Hamoudi était très en colère quand je lui ai raconté.
[…]
Je lui ai dit que de toute façon, je savais pas quoi faire et qu'on m'a jamais expliqué dans quoi il fallait que je m'oriente. Et puis, si ça se trouve, la coiffure, je vais adorer …

1 **kiffer** *(fam.) aimer,* **kif-kif** *aus dem Arabischen: la même chose*
2 **une femme de ménage** eine Putzfrau
3 **un épicier/une épicière** ein/e Lebensmittelhändler/in
4 **un bled** *aus dem Arabischen: un village, hier: pays natal* Heimatland
5 **une gueule** *(fam.) hier: un visage*
6 **une tonne de** *hier: plein de*
7 **un chien de garde** ein Wachhund
8 **rédiger une dissertation** einen Aufsatz verfassen

1 Comprendre le texte

Lisez les phrases suivantes et corrigez-les.

1. C'est les grandes vacances, et Doria part comme tout le monde.
2. La famille Ali reste à la cité avec ses enfants.
3. Les enfants sont contents parce qu'ils vont pouvoir surveiller le quartier.
4. Doria est bonne élève et va sauter une classe.
5. Après les grandes vacances, Doria va rester au lycée pour passer le bac.
6. Elle sait exactement ce qu'elle va faire dans la vie.

2 A partir du texte

S 4

a *Travaillez à deux. Cherchez sur Internet des infos sur l'auteur Faïza Guène (son origine, son âge, son début d'écrivain, ses succès). Présentez son portrait en classe.*

b De quoi s'agit-il dans le texte de Faïza Guène?

c Comment traduiriez-vous le titre «Kiffe kiffe demain»?

d Vous avez un auteur préféré? *Faites un résumé d'un de ses livres.*

3 Vu de ma fenêtre

a *Ecoutez le texte slam «Vu de ma fenêtre» de Grand Corps Malade. Dites de quel genre de texte il s'agit.*

b *Lisez le texte.*

Vu de ma fenêtre, y'a que des bâtiments[1]
Si j'te disais que je vois de la verdure[2], tu saurais que je mens
Et puis pour voir un bout de ciel[3], faut se pencher[4] franchement
…

Parce que oui, vu de ma fenêtre, je vois pas mal d'espoir
Quand je vois le petit blond jouer au foot avec le petit noir
Quand je vois des gens qui se bougent, quand je vois des gens qui se mettent
des coups de pied[5] au cul[6],
Pour sortir de la zone rouge, et pour que la vie vaille le coup[7] d'être vécue
Quand je vois ces deux hommes qui boivent un coup ensemble en riant,
alors qu'ils sont soi-disant[8] différents,
Parce que l'un dit «Shalom» et l'autre dit «Salam» mais putain[9] ils se serrent
la main, c'est ça l'âme[10] de mon slam
Je prends ça comme un bon signe, c'est peut-être un espoir infime[11]
Mais je te jure[12] que je l'ai vu, c'est pas pour la rime
Bon c'est vrai que vu de ma fenêtre, je vois aussi la galère[13], la misère[14], les
suicidaires[15], et les retours au pays en charter

Mais je suis un putain de rêveur[16], un grand optimiste, c'est une philosophie
qui me suit,
alors je me dis que ça peut s'arranger. J'espère donc je suis. […]

Vu de ma fenêtre. Paroles: Grand Corps Malade: *«Midi 20»*

1 **un bâtiment** ein Gebäude
2 **la verdure** das Grün
3 **un bout de ciel** ein Stück Himmel
4 **se pencher** sich beugen
5 **un coup de pied** ein Fußtritt
6 **le cul** *(fam.)* der Hintern
7 **valoir le coup** wert sein
8 **soi-disant** angeblich
9 **putain** *(fam.) hier:* verdammt
10 **une âme** eine Seele
11 **infime** winzig
12 **jurer** schwören
13 **la galère** die Plackerei
14 **la misère** die Not
15 **un suicidaire** ein Selbstmordgefährdeter
16 **un rêveur** ein Träumer

c *Comparez-le avec le texte de Faïza Guène.* Est-ce qu'il y a des parallèles?

d Quel texte préférez-vous? Pourquoi?

Dossier 8

Etre ado, c'est quoi?

1 Du côté des jeunes

Les ados, c'est nous. On change, c'est vrai, ça peut inquiéter nos parents. Mais si les adultes ne nous laissent pas de liberté ou s'ils ne nous font pas assez confiance, tout devient difficile. Nous ne sommes plus des enfants et nous voulons devenir autonomes, nous retrouver entre copains, discuter, faire du sport ou faire la fête ensemble. Il faut que nos parents acceptent qu'on fasse nos expériences nous-mêmes.

2 Du côté des parents

Les adolescents soignent leur apparence et mettent un temps fou à se préparer le matin … Ils ont un avis sur tout, et souvent un avis tout à fait différent du nôtre! C'est comme ça que les conflits apparaissent dans la famille. Les jeunes ont l'impression que personne ne les comprend lorsqu'on leur refuse des libertés.
L'autonomie, c'est très bien, mais seulement si nos enfants savent prendre les responsabilités qui vont avec, et s'ils ont le courage de dire parfois «non» à leurs copains. Leurs «découvertes» vont souvent trop loin et elles peuvent mettre leur santé ou leur vie en danger.

3 Quelques chiffres

Même si, en France, la consommation d'alcool et de cigarettes est réglementée (on ne peut vendre ni alcool, ni cigarettes aux moins de 16 ans), les jeunes commencent de plus en plus tôt à boire et à fumer. A 17 ans, 33 % des jeunes fument tous les jours, 21 % des garçons et 8 % des filles consomment régulièrement de l'alcool, c'est-à-dire au moins 10 fois par mois.
Bien sûr, il n'y a pas que l'alcool et la cigarette qui posent un problème de santé chez les adolescents. 48 % des garçons et 41 % des filles de 16–17 ans avouent avoir déjà pris du cannabis. Le cannabis passe souvent pour être une drogue «douce», mais on oublie que ses effets sont très dangereux, et qu'il peut pousser à la consommation d'autres drogues dites «dures».

4 Les sentiments

Pendant l'adolescence, les jeunes vivent beaucoup de changements qui les rendent souvent très sensibles. Leur corps se transforme, ils découvrent leur sexualité et se retrouvent confrontés à la question de la contraception ou au problème du SIDA.
Le temps des ces premiers amours est aussi le temps des déceptions et des chagrins que rien ne peut consoler et qui, dans le cas extrême, peuvent même mener jusqu'au suicide.
En France, le suicide fait 1000 morts par an chez les jeunes de 18 à 24 ans.
Quand un jeune refuse de voir ses copains, d'aller en cours, de parler, c'est que quelque chose va mal et qu'il faut l'aider.
Mais la plupart des jeunes vivent bien l'adolescence. Ils découvrent de nouvelles sensations et de nouvelles capacités, tout en essayant de se faire une place dans notre société qui, elle aussi, change très vite.

1 Comprendre le texte

a **Vrai, faux** ou **pas dans le texte?** *Corrigez les phrases fausses.*

1. Tout est plus facile quand les parents font confiance aux ados.
2. A l'adolescence, les jeunes ne veulent plus qu'on les prenne pour des enfants.
3. Les jeunes deviennent autonomes, ils préfèrent rester seuls plutôt que de voir leurs copains.
4. En France, les jeunes ont le droit d'acheter des cigarettes à partir de 16 ans.
5. En France, 1/3 (un tiers) des jeunes fume tous les jours.
6. L'alcool et la cigarette sont aussi dangereux que le cannabis.
7. La moitié des adolescents de 16 à 17 ans avoue avoir déjà pris une drogue dure.
8. A l'adolescence, les déceptions amoureuses arrivent souvent, ce n'est pas grave.

b Etre ado, c'est quoi? *Relisez le texte et trouvez au moins trois mots-clés par paragraphe.*

2 A partir du texte

a *Formez d'abord des groupes. Dans chaque groupe, il y a trois élèves: A, B et C.* S15

b *Puis tous les élèves A se retrouvent et forment des groupes de trois ou quatre élèves (AAA ou AAAA). Les élèves B et C font la même chose. Les groupes travaillent ensuite sur les sujets suivants:*

A: Les jeunes et l'alcool — B: Les jeunes et le tabac — C: Les jeunes et la drogue

Préparez d'abord un filet de mots sur votre thème à l'aide d'un dictionnaire. Cherchez ensuite des informations sur Internet, discutez en groupe, notez des chiffres, quelques mots-clés, vos idées principales sur une fiche.

Pensez aux questions suivantes: S5 parler

- Pourquoi est-ce que les ados boivent / fument / se droguent?
- Combien de jeunes fument / boivent / se droguent?
- Qu'est-ce qu'ils boivent / fument / prennent comme drogues?
- Qu'est-ce qu'on fait pour empêcher les jeunes de boire / de fumer / de se droguer?
- Quel est le rôle des copains / de la famille / de l'école?

c *Ensuite, retournez dans vos groupes (A, B, C). Chaque élève raconte aux membres de son groupe ce qu'il a trouvé sur son thème ou présente sa fiche.*

▽ 3 Je n'ai plus peur de dire «non»! *(G 16)*

a *Cherchez dans le texte toutes les formes de la négation et faites-en une liste.*

b Vous êtes invité(e) à une fête. On vous propose de boire de l'alcool et / ou de fumer, vous n'en avez pas envie et vous refusez.
Trouvez le maximum de phrases avec la négation pour exprimer votre refus.

Exemple: Non merci, je ne fume pas.

c *Jouez la situation.*

4 Sortez et revenez!

S17 regarder et parler

Regardez les images et répondez aux questions.

1. A qui s'adressent les images?
2. Quel message veut-on faire passer?
3. Est-ce que vous vous sentez concernés par ce message? Pourquoi?

sécurité routière

A vous

Vous voulez sensibiliser vos camarades aux dangers de l'alcool, de la cigarette ou de la drogue. *Trouvez un slogan et illustrez-le.*

Le passage

Jules, Nassama, Dom et Charline font un séjour avec leur classe à Biarritz.

> ### ▶ *Avant la lecture*
> *Regardez les images de la BD. Quelle peut être l'histoire?*

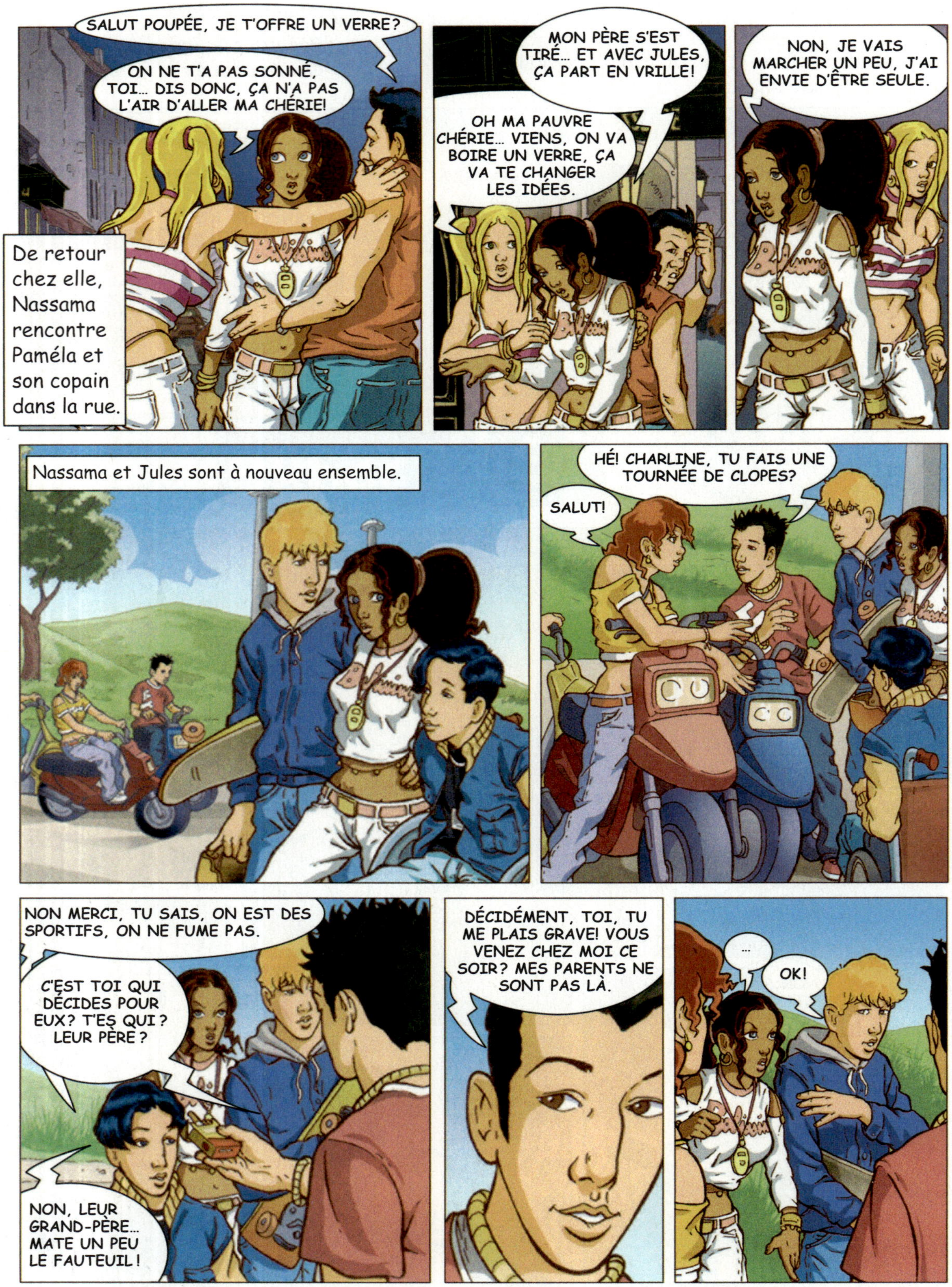
De retour chez elle, Nassama rencontre Paméla et son copain dans la rue.
SALUT POUPÉE, JE T'OFFRE UN VERRE?
ON NE T'A PAS SONNÉ, TOI... DIS DONC, ÇA N'A PAS L'AIR D'ALLER MA CHÉRIE!
MON PÈRE S'EST TIRÉ... ET AVEC JULES, ÇA PART EN VRILLE!
OH MA PAUVRE CHÉRIE... VIENS, ON VA BOIRE UN VERRE, ÇA VA TE CHANGER LES IDÉES.
NON, JE VAIS MARCHER UN PEU, J'AI ENVIE D'ÊTRE SEULE.
Nassama et Jules sont à nouveau ensemble.
HÉ! CHARLINE, TU FAIS UNE TOURNÉE DE CLOPES?
SALUT!
NON MERCI, TU SAIS, ON EST DES SPORTIFS, ON NE FUME PAS.
C'EST TOI QUI DÉCIDES POUR EUX? T'ES QUI? LEUR PÈRE?
NON, LEUR GRAND-PÈRE... MATE UN PEU LE FAUTEUIL!
DÉCIDÉMENT, TOI, TU ME PLAIS GRAVE! VOUS VENEZ CHEZ MOI CE SOIR? MES PARENTS NE SONT PAS LÀ.
...
OK!

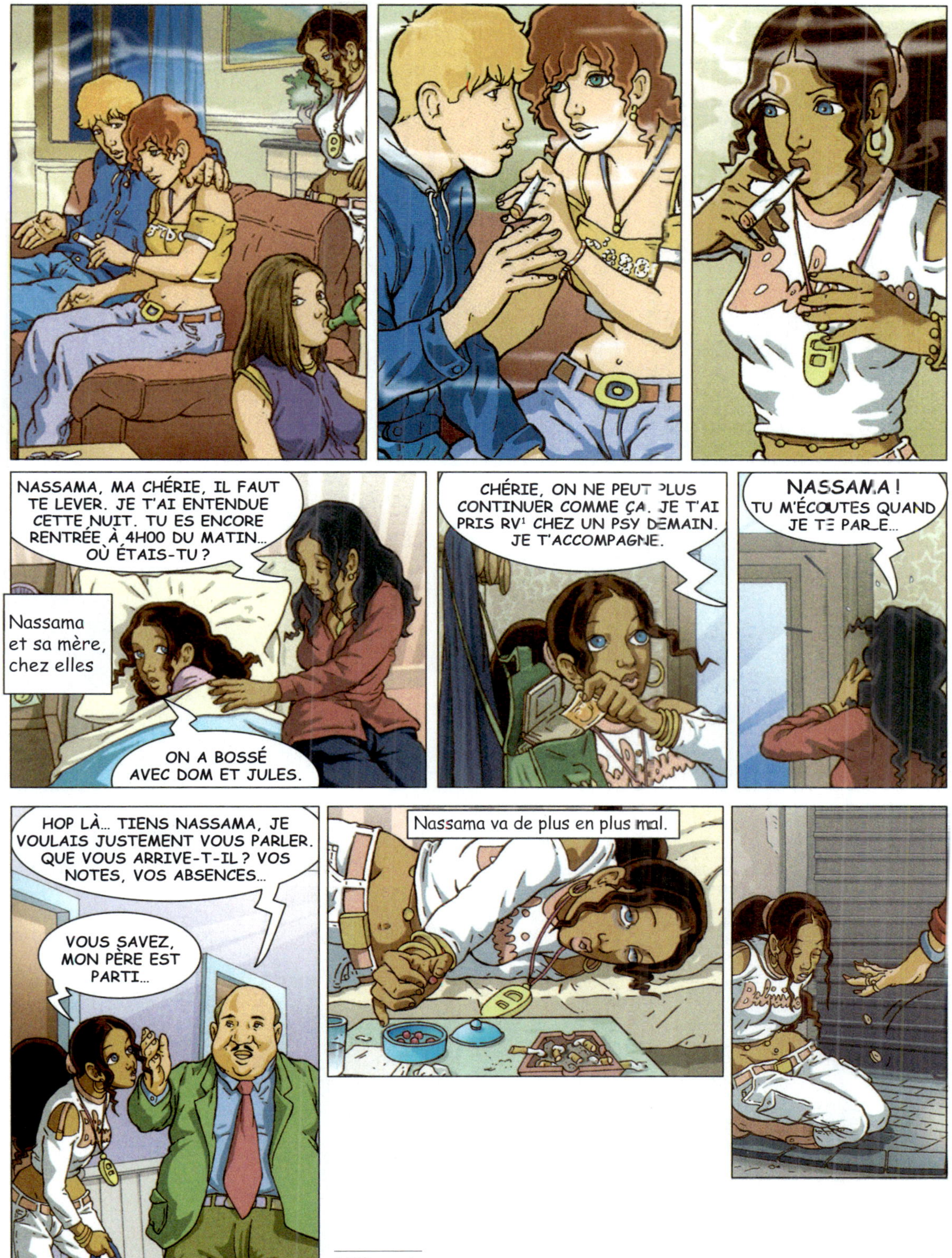

1 RV= rendez-vous

Professeur Marcel Rufo/Armelle Barnier/Aurélie Souchard/Jacques Hatton: *Le Passage*.

1 Comprendre le texte

Relisez la BD et répondez aux questions.

1. Quelles sont les personnes autour de Nassama?
2. Quel rôle jouent-elles?
3. Quels sont les problèmes de Nassama?
4. Face à ses problèmes, comment réagissent les personnes autour d'elle?

2 A partir du texte

a A l'hôpital, Nassama reçoit des visites: sa mère, son père, ses amis Dom et Jules et le proviseur du lycée veulent tous l'aider. A votre avis, que vont-ils faire / lui conseiller?
Travaillez en groupe: pour chacun des personnages, notez vos idées (mots-clés).
Puis choisissez chacun un personnage et donnez vos conseils à Nassama.

b *Regardez l'image et répondez aux questions:* Où se trouve Nassama? Quelle est son intention?

c *Mettez-vous à la place de Nassama et racontez son histoire.*

S18 parler

VOC

3 Parler jeune

Parmi les expressions suivantes, cherchez les expressions synonymes et classez-les en deux catégories: langue des jeunes et langue standard.

Tu en veux?
T'en veux?
Il est parti.
Tu nous offres des cigarettes?
Regarde!
Mate un peu!
Ça me plaît beaucoup.
Ça vous branche?
On t'a pas sonné!
Ça part en vrille.
Ça se passe mal.
Ils travaillent.
Tu fais une tournée de clopes?
Il s'est tiré.
Ils bossent.
Ça me plaît grave.
On ne t'a pas demandé ton avis.
Ça vous intéresse?

⟨On prépare le DELF.⟩

Auf diesen Seiten könnt ihr euch auf das DELF B1 vorbereiten.

1 Annonces publiques

Hören und verstehen

Vous allez entendre une série d'annonces publiques.

a *Ecoutez ces annonces une première fois et dites dans quel lieu public vous pourriez les entendre.*

Annonce n°1
Annonce n°2
Annonce n°3
Annonce n°4
Annonce n°5
Annonce n°6
Annonce n°7

a) dans un supermarché
b) à la plage
c) dans une gare
d) dans le métro
e) dans un aéroport
f) au marché
g) à la radio

b *Ecoutez ces annonces encore une fois et dites si les phrases suivantes sont vraies ou fausses.*

1. Les deux équipes ont le même nombre de points.
2. Les voyageurs veulent aller à Marseille.
3. Il n'y a plus de problème technique sur la ligne 13.
4. Les parents de Martin doivent venir le chercher.
5. Les clients ont encore une demi-heure pour faire leurs achats.
6. Les passagers qui viennent de Berlin doivent se présenter à la sortie.
7. Un kilo de pommes coûte 2,80 euros.

2 Génération médiateurs

Lesen und verstehen

Bagarres, moqueries, vols, histoires de cœur …: de nombreux conflits ont lieu chaque jour dans les collèges et les lycées. Ils peuvent rendre difficiles le travail, mais aussi la vie d'une classe, et même de tout l'établissement.
Aidés par l'association «Génération médiateurs», des élèves et des adultes volontaires se forment chaque année pour apprendre à résoudre les conflits de façon non-violente. Cette méthode, par laquelle une personne extérieure à un problème aide ses acteurs à en analyser la cause et à trouver une solution, vous permet d'agir auprès de vos camarades. Ce qui peut éviter que la situation ne devienne plus grave … et que les adultes interviennent.
Depuis 1993, près de 25 000 jeunes se sont ainsi formés et ont donc agi pour une meilleure ambiance au collège, moins de disputes et plus de coopération, de solidarité et de respect.
«L'existence de médiateurs au collège est très intéressante, commente un professeur participant à la médiation dans son collège. Elle est proche de la relation grand frère/petit frère. Les élèves se sentent moins isolés s'il y a un problème. De plus, au collège, lieu de nombreux petits conflits, un petit événement peut très vite prendre des proportions énormes.»
La formation à la médiation est souvent organisée grâce à un professeur, une infirmière, au CPE[1] ou à un élève. «Les élèves s'engagent plus, ils sont plus confiants, ont plus de maturité. Ils sont également plus ouverts, plus à l'écoute des autres, mais aussi d'eux-mêmes.»

1 **CPE** conseiller principal d'éducation

Répondez en notant la/les bonne(s) réponse(s) ou en donnant les informations demandées dans votre cahier.

1. **Quelles conséquences les conflits à l'école peuvent-ils avoir pour les élèves?**

2. **Ce texte parle des actions engagées dans les collèges pour …**
a) faire intervenir les adultes. b) éviter la violence c) éviter les vols.

3. **La formation de médiateur est obligatoire pour tous les élèves.**
a) vrai b) faux c) On ne sait pas.

4. **Retrouvez la phrase du texte qui permet d'expliquer le mot «médiateur» et son rôle.**
Un médiateur, c'est …

5. **Qu'est-ce que la médiation apporte aux élèves?**

6. **En quoi les élèves changent-ils après avoir fait cette formation?**

3 Et si on parlait cinéma?

Schreiben

Vous aimez aller au cinéma et discuter des films? Vous avez toujours rêvé de connaître l'ambiance de grands festivals comme Cannes ou Berlin? Alors voici une occasion pour vous: le prochain Festival franco-allemand de cinéma pour les jeunes (21 au 24 avril) recherche des jeunes pour son jury. Si vous voulez y participer, écrivez un texte (environ 160 mots) sur l'un des films qui vous a le plus marqué[1]: présentez le film, racontez l'histoire, expliquez pourquoi vous avez aimé (ou pas) ce film et pourquoi il vous a marqué. Envoyez vos réponses (en français pour les Allemands et en allemand pour les Français) avant le 15 mars à l'adresse suivante :
Festival franco-allemand de cinéma pour les jeunes – 17, avenue du premier film – 69006 LYON

Vous avez trouvé cette annonce sur la page d'annonces du site de l'Office franco-allemand pour la jeunesse. Vous avez envie de participer. *Ecrivez le texte.*

4 Un problème dans le train

Sprechen

C'est les vacances, vous partez en France par le train. Le voyage se passe bien, mais au moment de montrer votre ticket au contrôleur[2], vous ne trouvez plus votre sac. Mais où est-il donc? Est-ce que vous l'avez perdu ou est-ce qu'on vous l'a volé lorsque vous êtes allé(e) aux toilettes? Vous ne voulez pas que le contrôleur pense que vous voyagez sans ticket. D'autre part, vous vous faites du souci parce que vous aviez tous vos papiers dans votre sac.
Jouez la scène avec un/une camarade qui aura le rôle du contrôleur.

1 **marquer** prägen – 2 **le contrôleur** der Zugschaffner

Dossier 9

L'orientation: faire le bon choix

Parmi les jeunes, il y a ceux qui ont très tôt une idée précise de leur futur[1]. Et puis, il y a les autres, les plus nombreux, qui ne se sont pas encore décidés. Choisir une orientation professionnelle est une tâche difficile car il y a beaucoup de formations et de filières d'études. Il faut donc prendre du temps et se poser les bonnes questions pour réussir[2] son orientation.

Quels sont vos goûts?

Avant de vous décider, vous devrez prendre le temps de définir précisément vos goûts. Aimez-vous la nature, les animaux ou vous intéressez-vous plutôt à la technique? Préférez-vous travailler seul ou en équipe? Voulez-vous vous occuper d'enfants ou de personnes âgées? Souhaitez-vous créer par exemple des vêtements ou des programmes informatiques?

Comptez sur vos compétences.

Pour exercer certains métiers, il vous faudra avoir des bonnes notes dans certaines matières et vos résultats scolaires joueront un rôle important dans votre choix. Mais votre motivation comptera également beaucoup! Vous devrez peut-être continuer vos études: en avez-vous envie?
En dehors[3] des notes, vous avez sûrement d'autres points forts. Savez-vous travailler en équipe, organiser une sortie, présenter un projet?
Les expériences que vous avez faites dans vos stages ou vos petits boulots font aussi partie de vos compétences. N'oubliez pas non plus votre engagement au collège ou dans une association.

Quelles sont vos valeurs?

Si vous êtes écolo, vous n'aurez sans doute pas envie de travailler pour un groupe pétrolier[4]. Si vous n'aimez pas sourire sur commande[5], ne choisissez pas un métier dans le commerce ou la communication. Si vous privilégiez votre vie familiale, vos amis et vos temps de loisirs, vous éviterez de travailler le week-end.

Quelles sont vos ambitions?

Vous rêvez peut-être de gagner beaucoup d'argent, d'avoir une grande villa[6] et une superbe[7] voiture. Mais l'argent est-il votre seule motivation? Voulez-vous faire carrière, vous engager, prendre des responsabilités ou préférez-vous avoir un travail sans stress ni heures supplémentaires?

! Après avoir fait votre profil, vous trouverez certainement de nombreuses filières intéressantes. Renseignez-vous et parlez à des professionnels qui connaissent bien leur métier. Profitez de leur expérience.

1 **le futur** die Zukunft – 2 **réussir** gelingen – 3 **en dehors de** außer – 4 **un groupe pétrolier** eine Erdölgesellschaft – 5 **sur commande** auf Kommando – 6 **une villa** eine Villa – 7 **superbe** erstklassig

1 Comprendre le texte

Répondez aux questions.

1. Pourquoi est-ce qu'il n'est pas facile de choisir son orientation?
2. Avant de prendre une décision, il faut bien réfléchir. Quelles sont les points principaux qui vous aideront à faire votre profil?
3. En dehors des notes, quelles autres compétences sont importantes? *Citez-en trois.*
4. Quelles formations faut-il éviter quand on n'a pas envie de sourire tout le temps?
5. A côté de l'argent, quelles peuvent-être les ambitions d'un jeune qui cherche une formation?
6. Pourquoi vous conseille-t-on de parler à des professionnels?

2 A partir du texte

a *Trouvez d'autres mots-clés pour chaque catégorie.*

les goûts
aimer créer des sites Internet, réparer ou construire des machines …

les compétences
savoir se servir des ordinateurs, organiser des fêtes …
être adroit(e) de ses mains, créatif(ve) fort(e) en …, doué(e) pour …
avoir le sens pratique, de l'imagination, des dons artistiques

les valeurs
penser qu'on doit respecter les règles qu'il faut aider les autres …

les ambitions
rêver de travailler avec des artistes, de voyager dans son travail, d'être indépendant(e) …

b *Faites votre profil personnel.*

c *Demandez à un copain/une copine de votre classe de faire votre profil en ce qui concerne vos compétences.*

3 Ma vie future (G17)

a *Mettez les verbes entre parenthèses au futur simple.*

Céline rêve de devenir gendarme. En juin, elle *(passer)* son baccalauréat. Ensuite, si elle a des bons résultats, elle *(pouvoir)* passer un examen qui lui *(permettre)* de devenir élève gendarme. Au mois de septembre, elle *(pouvoir)* commencer sa formation. Céline raconte: «J'*(aller)* pendant un an à l'école de gendarmerie. Après, je *(être)* avec d'autres élèves dans une brigade de gendarmerie, où nous *(continuer)* notre formation. Dans deux ans, je ne *(vivre)* plus chez mes parents parce que j'*(avoir)* un appartement de fonction. Je *(être)* indépendante.»
Si le métier de gendarme vous intéresse, vous *(trouver)* les informations nécessaires sur le site Internet de la gendarmerie.

b *A vous*

Quelle sera votre vie dans 30 ans? *Imaginez et écrivez un petit texte au futur simple.*

4 Des métiers à découvrir

DICO **a** *Cherchez dans le dictionnaire les mots que vous ne connaissez pas.*

s'intéresser
aux gens / aux enfants

aux langues / aux médias
aux sciences
à l'environnement / à la nature

à la technique / à l'informatique

à la mode / à la vente
à la gastronomie

à la musique / à la peinture
à la création

aux activités manuelles
aux activités physiques

…

travailler
dans un atelier / un studio
dans un cabinet
dans un laboratoire
à l'hôpital
à l'école maternelle

dans une banque
dans une entreprise
dans une usine / sur un chantier
dans un garage

dans une boutique
dans un magasin
dans un supermarché
dans un restaurant / dans un hôtel

à la caisse / la réception de …
…

secteurs d'activités
administration
aide aux personnes
artisanat
art et culture
commerce
communication / formation
enseignement
restauration
science
sécurité
sport
technique et industrie
tourisme
…

métiers
…
…

b *Complétez les listes ci-dessus et trouvez au moins dix métiers qui pourraient correspondre.*

c Quel métier ou secteur d'activités vous plairait? Pourquoi?

d Pourrait-il correspondre à votre profil (voir exercice 2b)?

5 Je cherche un boulot.

Regardez le dessin. Qu'est-ce que vous pensez des idées de cet élève? Sont-elles réalistes?

Les Profs © Bamboo édition – Pica & Erroc

Des pros au boulot

Bastien, 29 ans, soigneur animalier

[…] Il n'y a aucune formation «scolaire» en France pour apprendre notre métier de soigneur-dresseur[1], probablement[2] parce qu'il n'existe qu'une vingtaine de postes, répartis[3] entre Marineland à Antibes et le Parc Astérix. La formation se fait donc directement sur le terrain[4], avec les soigneurs expérimentés[5] (et les dauphins eux-mêmes!). […]
Pour exercer ce métier […], il faut avoir minimum 18 ans, être en excellente condition physique et être bon nageur […] et naturellement, aimer profondément[6] les animaux.

Son parcours:
Bac STAE (Sciences et technologies de l'agronomie[7] et de l'environnement), BTS* traitement[8] de l'eau, 6 mois dans un centre de formation soigneur animalier.

Nicolas, 26 ans, chef de rayon

Etudiant, je ne savais pas trop quoi faire. Un job dans un hypermarché m'a ouvert les yeux et la voie[9].
Ça m'a plu de voir travailler les chefs de rayon. C'est un métier qui bouge, je me suis dit: pourquoi pas? Depuis, je n'ai pas regretté mon choix. J'aime le côté dynamique du métier, il n'y a jamais de routine. […] Plus un rayon est beau et rempli, plus il permet de faire du chiffre[10]. On doit aussi gérer le personnel […], les horaires, les congés, les plannings[11]. […] Autre atout[12]: on peut rapidement évoluer, c'est très motivant.

Son parcours:
Bac ES (Sciences économiques et sociales) + DUT* techniques de commercialisation + licence de commerce en alternance[13].

Virginie, 18 ans, peintre en bâtiment

C'est en faisant des travaux de peinture chez des amis que j'ai eu le déclic[14]: ça m'a plu et j'ai fait un stage en entreprise. Aujourd'hui, je suis en apprentissage. […] Pour le moment, je manipule divers matériaux[15], peintures, papiers peints[16], … […] Quand on entre dans une maison où tout est à refaire et qu'on quitte les lieux[17] satisfait[18] du résultat, ça donne envie de recommencer.
Sur les chantiers, le confort n'est pas toujours au rendez-vous[19]: il n'y a pas forcément[20] de chauffage, et parfois beaucoup de poussière.
Au début, comme j'étais une fille, mes collègues me testaient. Finalement, on fait du bon boulot ensemble.

Son parcours:
CAP* en peintre décoration, BP en peintre décoration.

1 **un dresseur** ein Dresseur
2 **probablement** wahrscheinlich
3 **répartir** verteilen
4 **directement sur le terrain** direkt vor Ort
5 **expérimenté(e)** erfahren
6 **profondément** *hier:* sehr
7 **l'agronomie** *(f.)* die Agrarwissenschaft
8 **le traitement** *hier:* die Aufbereitung
9 **la voie** der Weg
10 **faire du chiffre** *(fam.)* den Umsatz nach oben treiben
11 **un planning** ein (Termin)plan
12 **un atout** *hier:* ein Pluspunkt
13 **en alternance** im Wechsel
14 **avoir le déclic** ein Aha-Erlebnis haben
15 **manipuler divers matériaux** mit verschiedenen Materialien hantieren
16 **un papier peint** eine Tapete
17 **un lieu** *un endroit*
18 **satisfait(e) de** *content,e de*
19 **le confort n'est pas toujours au rendez-vous** der Komfort lässt auf sich warten
20 **pas forcément** nicht unbedingt

* Erläuterung der Abkürzungen siehe S. 155.

Popule, 37 ans, coiffeuse pour le cinéma

Quand j'étais enfant, je fréquentais[1] souvent les salons de coiffure parce qu'une amie de ma mère était coiffeuse. J'adorais la regarder travailler. Quand j'entrais, il y avait toutes ces odeurs[2], tous ces produits … Et comme elle, j'ai eu envie de rendre les gens plus beaux. […]
Ma «carrière» de coiffeuse a commencé à Strasbourg. J'ai passé un Brevet Professionnel en coiffure et j'ai rapidement trouvé un travail dans un salon. Au bout d'un moment, j'ai eu envie de bouger, d'évoluer. La publicité et la mode m'intriguaient[3]. […] J'ai fait mes valises et arrivée à Paris, j'ai eu la chance de trouver un travail dans la publicité. Avec les années, j'ai aussi découvert l'univers[4] de la mode et du cinéma.

Son parcours:
Un BP* coiffure + une première expérience professionnelle dans un salon à Strasbourg + une expérience dans la mode et la publicité à Paris + une expérience dans le cinéma.

Sophie, 21 ans, aide-soignante

Petite, j'étais toujours présente[5] pour consoler et rassurer[6] mes amies. […] Maintenant je m'occupe de mes patients. Il ne faut pas écouter les mauvaises langues[7] qui disent que c'est une profession ingrate[8] et difficile. C'est un beau métier! Le travail n'est pas monotone: j'assiste les infirmières, je prends la tension[9] et la température des patients, je m'occupe des médicaments. Je fais aussi les lits, donne les repas et aide les personnes à faire leur toilette. Je travaille dans le service cardiologie[10] d'un hôpital. Il y a une très bonne ambiance, ça compte beaucoup!

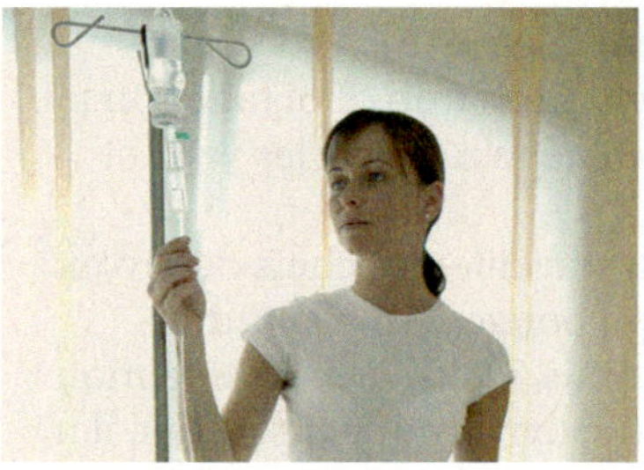

Son parcours:
BEP* Sanitaire et Social + formation d'aide-soignante.

Raphaël, guide de haute montagne

A 3 ans, j'étais sur des skis, à 12 je faisais de la randonnée et à 14 j'escaladais des murs ou des falaises équipées[11]. […] J'ai grandi dans la Vallée de Chamonix et mon père est ancien[12] chasseur alpin[13]! […] J'emmène mes clients sur le Mont-Blanc mais à l'occasion[14], je travaille aussi en Italie ou en Suisse. Les gens sont comme des tiroirs[15] que tu ouvres: parfois il n'y a rien mais parfois c'est fabuleux[16]. Tu lies[17] alors là-haut des amitiés, et quand il faut redescendre et faire payer la course[18], ce n'est pas toujours évident[19]!

Son parcours:
Bac S (Scientifique) puis Ecole Nationale de Ski et d'Alpinisme (ENSAM, en 4 ans).

1 **fréquenter** besuche
2 **une odeur** ein Duft
3 **intriguer** neugierig machen
4 **l'univers** *(m.) hier:* d Welt
5 **petite, j'étais toujou présente** als Kind w ich immer da
6 **rassurer qn** jdn beruhigen
7 **les mauvaises langu** böse Zungen
8 **ingrat(e)** undankba
9 **la tension** der Blutd
10 **le service cardiologi** die kardiologische Abteilung
11 **une falaise equipée** eine Kletterwand
12 **ancien, ne** *hier:* ehemalig
13 **un chasseur alpin** e Alpenjäger
14 **à l'occasion** gelegentlich
15 **un tiroir** eine Schublade
16 **fabuleux,se** fantasti
17 **lier** *hier:* knüpfen
18 **une course** *(CH) un excursion*
19 **ce n'est pas évident** ist nicht so einfach

1 Comprendre le texte

a **Vrai** ou **faux**? *Justifiez vos réponses en citant le texte.*

1. En France, il n'y a pas beaucoup de postes de soigneur-dresseur.
2. Chef de rayon, c'est un métier dynamique où il n'y a jamais de routine et où on peut rapidement évoluer.
3. Pour Virginie, c'est toujours agréable de travailler sur un chantier, grâce au confort.
4. Popule a commencé sa carrière dans un petit salon à Strasbourg où elle travaille encore.
5. Le travail dans le service cardiologie est assez monotone. Pour Sophie, le métier d'infirmière est très difficile.
6. Raphaël ne se fait pas d'amis parmi ses clients. Souvent ils refusent de lui payer la randonnée.

b *Relisez le texte B.* Quelles expériences ont aidé ces jeunes (à l'exception de Bastien) à choisir leur métier?

c Qu'est-ce qu'ils aiment le plus dans leur métier?

2 A partir du texte

S9 S10 écrire

a Vous voulez poser votre candidature pour obtenir un poste ou un stage. *Parmi les six métiers du texte, choisissez celui que vous préférez. Vous pouvez aussi choisir le métier de vos rêves. Ecrivez votre lettre de motivation et votre CV.*

b *Regardez le graphique de la formation secondaire en France et comparez avec l'Allemagne.*

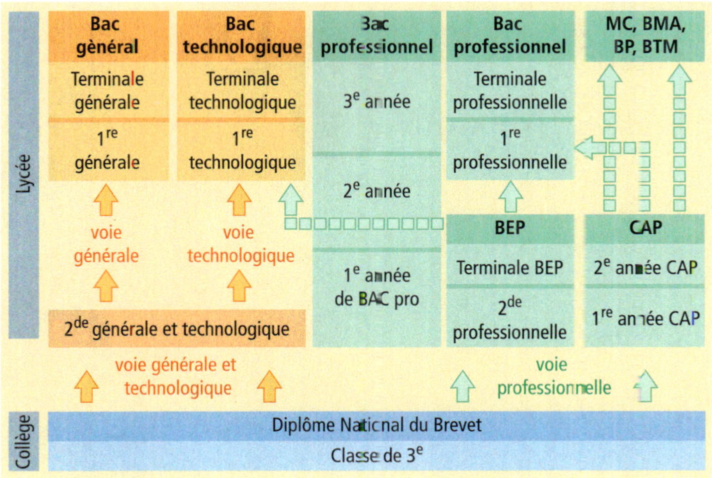

3 Les métiers du spectacle

a *Ecoutez l'interview et répondez aux questions.*

1. Pourquoi est-ce que les métiers du spectacle sont si attirants pour les jeunes?
2. Est-ce qu'il est important d'avoir un diplôme?
3. Est-ce qu'il y a beaucoup d'emplois permanents dans ce secteur? Quelles sont les conséquences?
4. Qu'est-ce qui est difficile dans le travail d'un artiste?
5. Qu'est-ce qui est important pour réussir dans ce métier?
6. Comment peut-on se faire une image réaliste du monde des stars?

b *Ecrivez un petit texte sur ce que vous avez appris sur les métiers du spectacle.*

△ **c** *Est-ce que vous aimeriez aussi travailler dans le monde du spectacle? Dites pourquoi.*

Dossier 10

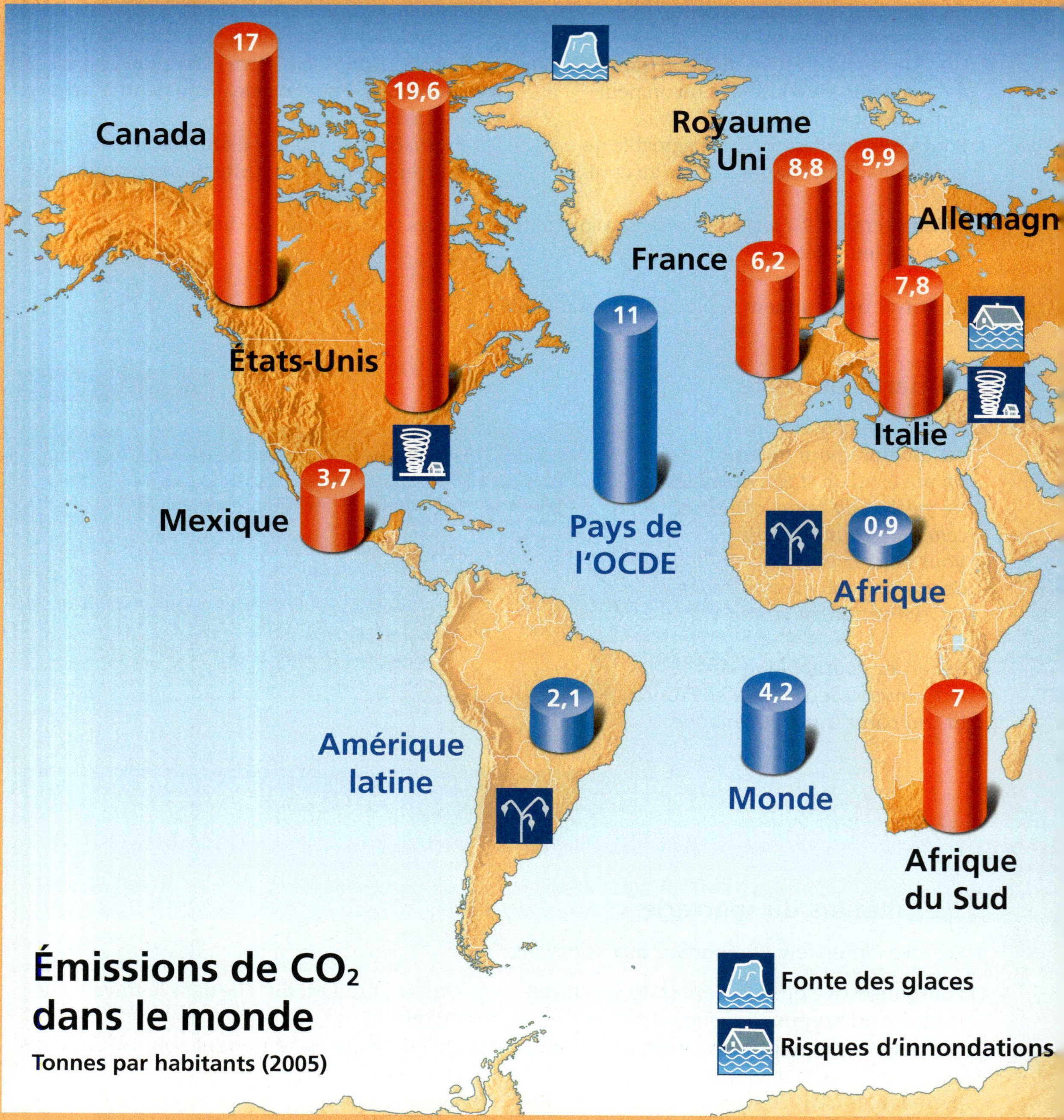

17
Canada
19,6
États-Unis
3,7
Mexique
11
Pays de l'OCDE
Royaume Uni
8,8
9,9
Allemagn
France
6,2
7,8
Italie
0,9
Afrique
2,1
Amérique latine
4,2
Monde
7
Afrique du Sud
Émissions de CO_2 dans le monde
Tonnes par habitants (2005)
Fonte des glaces
Risques d'innondations

La Terre se réchauffe.

La Terre est en train de se réchauffer! Tempêtes, sécheresses, inondations … Ces changements climatiques pourraient très vite mettre la Terre en danger.

Les principaux accusés

Est-ce que notre mode de vie (moyens de transport, de chauffage, de production industrielle et agricole) serait la cause principale du réchauffement climatique?
Les pays riches et industrialisés sont les principaux accusés. Leur développement économique, qui est fondé sur les énergies fossiles (charbon, pétrole), amplifierait[1] le phénomène. Un Américain émettrait autant de CO_2 que 107 Bangladais. Bientôt, le premier pays émetteur de gaz à effet de serre pourrait être la Chine.

L'effet de serre

L'effet de serre est indispensable à la vie. La présence de gaz dans l'atmosphère permet de garder sur terre une partie de l'énergie émise par le soleil. Sinon, la température moyenne serait de –18 °C.
Le protocole de Kyoto (2005) exige des pays industrialisés qui l'ont signé de réduire de 5% leurs émissions de gaz à effet de serre avant 2012.

Les Français et le changement climatique

Pour limiter l'effet de serre, une majorité de Français (56%) pense qu'il faut changer les modes de vie. 30% des Français se montrent résignés, et 13% font confiance au progrès technique pour proposer des solutions au changement climatique.

Online-Link: 523981-0004

1 **amplifier** verstärken

1 Comprendre le texte

a *Trouvez les phrases qui vont ensemble.*

1. Les tempêtes, les sécheresses et les inondations …
2. Si on ne contrôle pas les émissions de gaz à effet de serre, …
3. Le mode de vie des pays riches …
4. Avec le développement économique, les pays riches …
5. Les pays industrialisés qui ont signé le protocole de Kyoto …
6. S'il n'y avait pas d'effet de serre, les températures …

a) seraient toujours en dessous de 0 °C.
b) pourraient mettre la Terre en danger.
c) ont augmenté leurs émissions de gaz à effet de serre.
d) doivent réduire leurs émissions de gaz à effet de serre.
e) serait la cause principale des changements climatiques.
f) on risque d'amplifier le réchauffement de la Terre.

b Quelle est l'idée principale du texte? *Résumez-la en quelques phrases.*

2 A partir du texte

DICO

a *Regardez la carte et sa légende. Utilisez d'abord le texte et vos connaissances en anglais et en allemand pour expliquer les symboles de la légende. Cherchez ensuite dans votre dictionnaire les mots qui vous manquent.*

△ **b** *Décrivez pour chaque continent quelles pourraient être les conséquences du réchauffement climatique.* Pourquoi est-ce qu'il pourrait y avoir des déplacements de populations en Océanie?

3 Changeriez-vous vos habitudes? *(G 18)*

Vous vous sentez concernés par le réchauffement climatique? Que feriez-vous pour lutter contre? *Reliez les phrases suivantes et mettez-les au conditionnel.*

Exemple: Je demanderais / Nous demanderions à tous les pays de …

1. demander à tous les pays industrialisés de …
2. exiger de tous les pays du monde de …
3. proposer dans mon collège de…
4. proposer à mes parents de …
5. essayer de …
6. changer mes / nos habitudes, par exemple je / nous …

7. laisser la voiture au garage
8. réduire les émissions de gaz à effet de serre
9. signer le protocole de Kyoto
10. organiser une «semaine verte»
11. …
12. …

Comment lutter contre le réchauffement climatique?

Face au problème des gaz à effet de serre, l'énergie nucléaire est-elle une solution?
Aujourd'hui, le nucléaire représente environ 17 % de la production électrique mondiale, derrière les énergies renouvelables. On compte 437 réacteurs en service dans 32 pays. L'énergie nucléaire pourra ainsi nous permettre de limiter nos émissions de gaz à effet de serre au cours des prochaines années. Mais cela ne suffira pas. Les réserves d'uranium s'épuisent elles aussi. Et la question des déchets radioactifs n'est pas encore réglée.

Les énergies renouvelables, un nouvel espoir?
L'eau, le vent, le soleil, les plantes et le sous-sol[1] représentent des sources d'énergie presque inépuisables, qui n'émettent pas de gaz à effet de serre. Aujourd'hui, leur part dans la production d'électricité mondiale atteint environ 20 %. Pourront-elles remplacer les autres sources d'énergies? Non, car elles gardent quand même des inconvénients. Le solaire est cher, et tout comme l'éolien, il dépend des conditions météorologiques.

Les Français et le nucléaire
En 2007, 47 % des Français trouvent plutôt des avantages au nucléaire, 44 % plutôt des inconvénients.
Les quatre avantages du nucléaire sont:
- l'indépendance énergétique (38 %),
- le coût plus faible du kilowattheure[2] (35%),
- la stabilité des prix de l'électricité (33 %),
- l'absence d'impact sur l'effet de serre (32 %).

Les quatre inconvénients sont:
- le risque d'accident grave dans une centrale (41 %),
- la production et le stockage des déchets radioactifs (36 %),
- le danger des radiations (16 %),
- la faible part des énergies renouvelables dans la production d'électricité française (5 %).

1 **le sous-sol** die Bodenschätze – 2 **un kilowattheure** eine Kilowattstunde

1 Comprendre le texte

a *Lisez les phrases suivantes et dites si c'est **vrai** ou **faux**. Corrigez les phrases fausses.*

1. Les énergies renouvelables représentent plus de 17 % de la production électrique mondiale.
2. C'est avec l'uranium qu'on produit l'énergie renouvelable.
3. Il faut régler le problème des déchets radioactifs.
4. L'énergie nucléaire est une source d'énergie presque inépuisable.
5. Les énergies renouvelables pourront remplacer les autres sources d'énergie, comme le nucléaire.

b *Répondez aux questions.*

1. Pourquoi 47 % des Français sont-ils pour l'énergie nucléaire? *Donnez la raison la plus importante.*
2. Quels sont les dangers du nucléaire?

c *Expliquez en allemand à un/une camarade quelle est l'opinion des Français sur le nucléaire.* **communiquer**

VOC
2 A partir du texte

a *Faites un filet de mots autour du thème «Production d'électricité».*

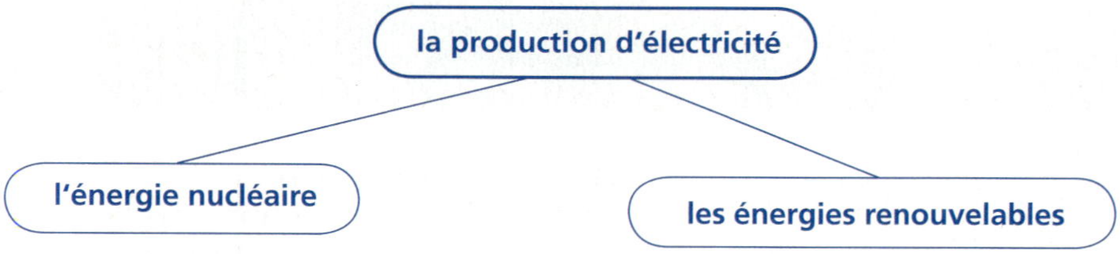

b Face au problème des gaz à effet de serre, on a deux solutions: l'énergie nucléaire ou les énergies renouvelables. Quel choix feriez-vous? **S6** **parler**

Organisez une discussion en classe.
*Pour préparer la discussion, vous cherchez, en groupes de quatre à six, des informations sur l'**énergie nucléaire** et sur les **énergies renouvelables**.*
Vous notez les idées principales (mots-clés), les avantages et les inconvénients.
Ensuite, discutez en classe. Un élève prend le rôle du modérateur.

VOC
3 Famille de mots

Vous pouvez élargir votre vocabulaire en cherchant des mots de la même famille. **S12**
Complétez la grille suivante à l'aide des mots du texte, de vos connaissances et d'un dictionnaire.

verbe	nom	adjectif	autres
émettre	émission	émis / émise	émis / émise
produire	?	?	?
–	?	électrique	–

4 L'Europe et le nucléaire

Recherchez sur Internet:

a Combien y a-t-il de réacteurs en Europe? Dans quel(s) pay(s) y a-t-il le plus de réacteurs?

b Est-ce que tous les pays de l'Union européenne ont le même comportement face au nucléaire? *Comparez.*

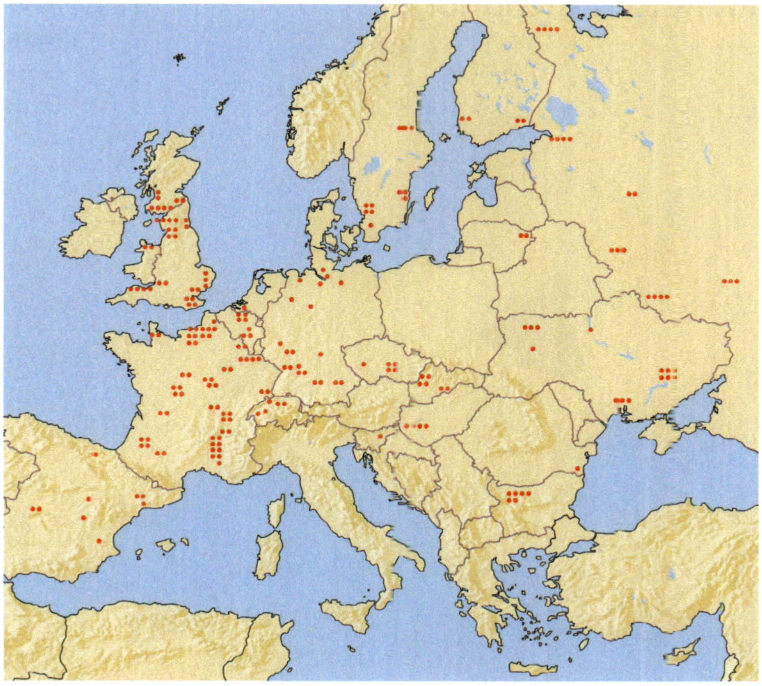

5 L'écologie au lycée

S1 écouter

Au lycée agricole de Vendôme, on a introduit l'élection des éco-délégués en 2003. Le rôle des éco-délégués est de proposer des projets écologiques pour le lycée.

a *Ecoutez Antoine, 19 ans, éco-délégué.*

b *Répondez en notant la bonne réponse ou en écrivant l'information demandée dans votre cahier.*

1. Dans la classe d'Antoine, les élèves ont choisi de travailler sur:
a) le réchauffement climatique.
b) les énergies renouvelables.
c) l'énergie nucléaire.

2. Ils ont décidé d'installer des panneaux solaires:
a) dans la cour du lycée.
b) pas très loin du lycée.
c) sur le toit du lycée.

3. Les élèves ont fait la connaissance d'une personne qui:
a) les a aidés à installer des panneaux solaires.
b) leur a expliqué le fonctionnement des panneaux solaires.
c) leur a vendu des panneaux solaires.

Eco-Ecole

4. Ce sont les élèves de 2de qui participeront au projet parce qu'
a) ils resteront encore deux ans au lycée.
b) ils ont moins de travail que les autres.
c) ils sont très motivés.

5. Est-ce que tous les élèves qui le souhaitaient ont pu participer? Pourquoi?

Dossier 11

Planète francophone

Avant la lecture

Quels pays ou régions est-ce que vous avez déjà visités? *Racontez.*
Dans quels pays francophones est-ce que vous aimeriez aller? Pourquoi?

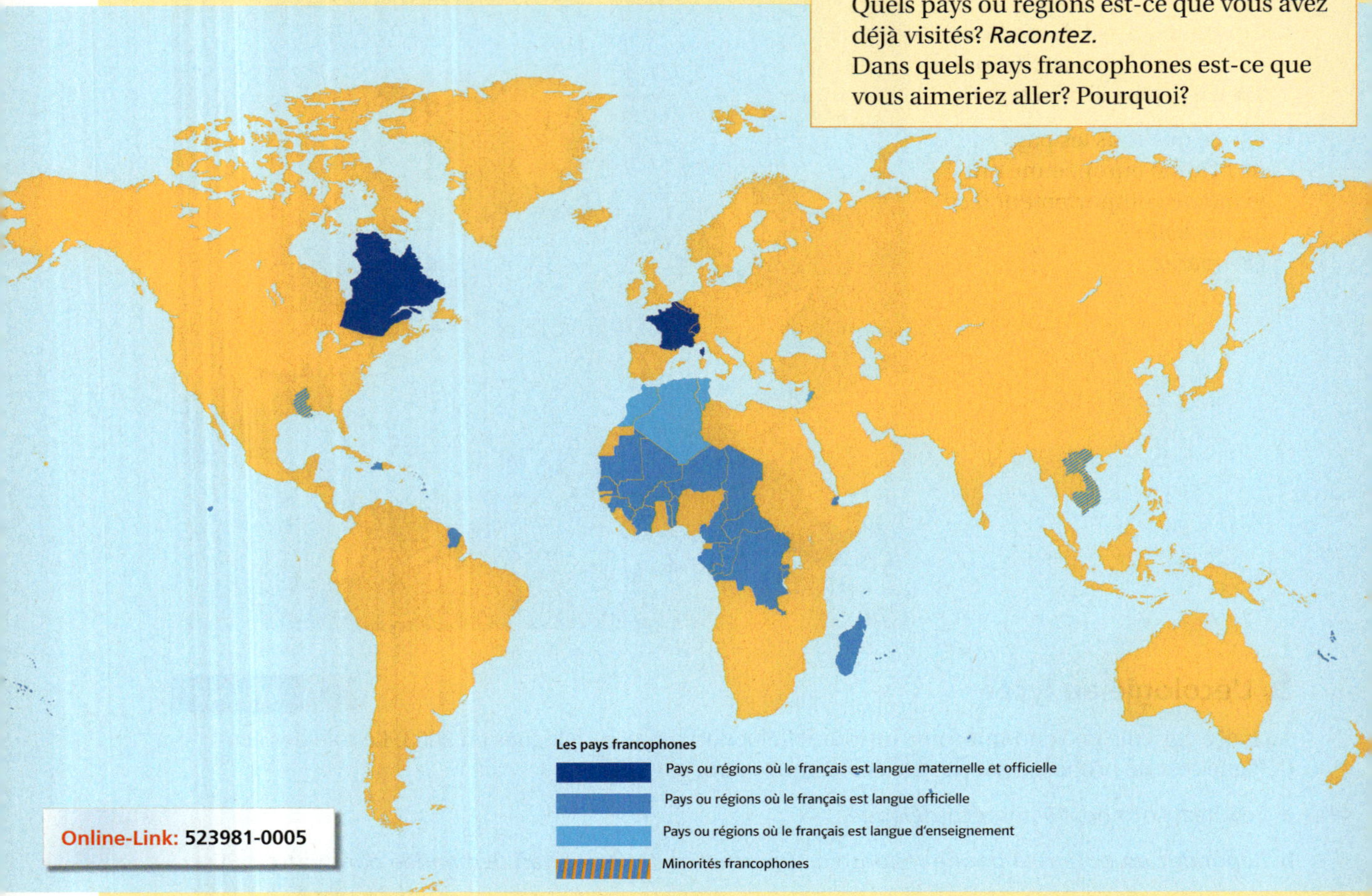

Online-Link: 523981-0005

La francophonie, c'est quoi?

La francophonie, c'est l'ensemble des personnes qui utilisent le français dans le monde.

- Le français est **la langue maternelle** quand on le parle depuis sont enfance[1] et dans sa famille.
- Le français peut être **la langue officielle** quand on l'utilise dans des documents administratifs alors qu'on parle une autre langue locale (comme par ex. le créole en Martinique, le wolof au Sénégal).
- Le français est **la langue d'enseignement** quand les cours n'ont pas lieu dans la langue locale.

Quelques chiffres

Le français est avec l'anglais l'une des deux seules langues qu'on parle sur tous les continents. Il est la 9e langue la plus utilisée dans le monde. On compte aujourd'hui un peu plus de 169 millions de francophones dans le monde, soit 3,2 % de la population mondiale. L'Europe regroupe 44 % de la population francophone, l'Afrique 46,3 %, l'Amérique 7,6 %, l'Asie 1,8 % et l'Océanie 0,3 %.

1 **l'enfance** *(f.)* die Kindheit

La langue française en Algérie

A partir du XVIe siècle, le français s'est répandu peu à peu dans le monde entier. Les pays francophones ont chacun leur propre passé et leurs particularités[1]. Pour comprendre la situation actuelle du français, il faut donc faire un peu d'histoire.

Malgré l'arabisation[2] de l'enseignement dans les années 70, près de la moitié de la presse algérienne paraît encore en français, et 57 % des Algériens – surtout ceux qui ont de la famille en France – parlent encore le français ou l'apprennent à l'école comme langue étrangère.

1830 Le français est arrivé en Algérie, avec l'armée française et les premiers colons[3] qui s'y sont installés à partir de 1830.

1848 En 1848, l'Algérie devient même un territoire français divisé en trois départements. A cette époque, le français y est langue officielle.

1872 En 1872, on compte 245 000 Européens en Algérie dont la plupart avaient reçu un terrain agricole[4] à leur arrivée.

1954 A partir de 1954, les Algériens se battent pendant 8 ans avant d'obtenir leur

1962 indépendance en 1962. Depuis, le français y est de moins en moins parlé.

2004 En 2004, l'Algérie devient membre de l'Organisation internationale de la Francophonie (OIF).

Interview avec Aïda

Laurence Carrière, reporter de la chaîne TV5, a interviewé la jeune Algérienne Aïda, 16 ans, sur son rapport à la langue française.

Reporter: Bonjour, Aïda. Tu es en quelle classe?
Aïda: En seconde au Lycée d'Oran.
Reporter: Depuis quand est-ce que tu apprends le français?
Aïda: Ici, on apprend le français à partir de la quatrième année d'école.
Reporter: Et à la maison, vous parlez arabe ou français?
Aïda: Ma mère a vécu en France jusqu'à l'âge de 19 ans et elle nous a surtout parlé en français.
Reporter: Tu as donc appris à parler les deux langues en même temps?
Aïda: Oui, depuis que je suis petite. D'ailleurs, cela m'a bien aidée dans mes études.
Reporter: En Algérie, il existe un bain francophone grâce aux médias comme les journaux, la télévision, Internet, les magazines francophones … Dans ta famille, quels médias utilisez-vous pour vous tenir au courant?
Aïda: Mes parents, qui ont fait leurs études en français, lisent des journaux français comme par exemple *Le Monde* et le *Nouvel Observateur*. Moi, personnellement, j'aime regarder TV5. Pour mes exposés et ma culture personnelle, je fais des recherches sur Internet.
Reporter: Alors pour toi, la langue française est une langue de communication?
Aïda: Bien sûr. J'envoie des mails et je «chatte» pour faire des connaissances.
Reporter: Sais-tu pourquoi le parler[5] algérien a intégré beaucoup d'expressions et de mots français?
Aïda: L'Algérie a été une colonie française pendant plus d'un siècle. Quelques-uns de mes amis refusent d'apprendre le français car ils considèrent cette langue comme «une séquelle[6]» du colonialisme.

1 **une particularité** eine Besonderheit – 2 **l'arabisation** *(f.)* die Arabisierung – 3 **un colon** ein Kolonist – 4 **un terrain agricole** ein Stück Land – 5 **le parler** la langue – 6 **une séquelle** eine Folgeerscheinung

1 Comprendre le texte

Après la lecture

a *Travaillez à deux. Regardez la carte de la page 74, lisez les infos, puis répondez.*

1. Expliquez: La francophonie, qu'est-ce que c'est?
2. Sur quels continents est-ce qu'on parle le français?
3. Cherchez trois pays ou régions
   a) où le français est langue d'enseignement,
   b) où le français est langue officielle.
4. Cherchez deux départements/régions d'outre-mer et deux collectivités d'outre-mer.
5. Combien de francophones y a t-il dans le monde?

b Pourquoi le français est-il arrivé en Algérie en 1830? Quel a été le rôle du français depuis cette époque?

2 A partir du texte

a Pour Aïda, le français représente un avantage. *Expliquez.*

b Certains amis d'Aïda ne sont pas de son avis. Pourquoi?

3 La Semaine de la Francophonie

Chaque année en mars, on fête la Semaine de la Francophonie avec des manifestations dans le monde entier. Dans ce cadre, dix mots français sont choisis pour faire participer des gens du monde entier (les élèves allemands aussi!) à un concours en langue française.

La Semaine de la langue française, c'est pour vous et avec vous! N'hésitez pas à y participer.

apprivoiser, boussole, jubilatoire, palabre, passerelle, rhizome, s'attabler, tact, toi, visage

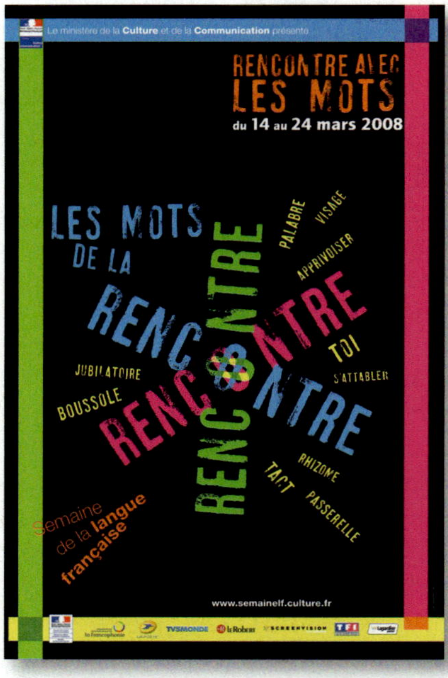

Que faire avec les dix mots? Voici quelques pistes …
Par exemple, les 10 mots peuvent …
- être illustrés en chanson, en belle écriture;
- être écrits en mots croisés géants, en jeux de mots …
- être le support d'un concours de slam;
- servir de base à la création de dessins, de sculptures ou d'un film vidéo,
- et également inspirer des stylistes de mode, des photographes ou être intégrés dans un conte, un poème ou une pièce de théâtre …

Faites une œuvre avec les mots du concours de 2008.
Vous pouvez jouer avec la longueur des mots, avec leur son, leurs lettres.

Le français dans le monde entier

La République du Congo

Histoire-Géo: Ce pays d'Afrique centrale est séparé de la République démocratique du Congo par le fleuve Congo. Il a obtenu son indépendance en 1960.

Capitale: Brazzaville a été fondée à la fin du XIXe siècle par l'explorateur français Savorgnan. Elle compte aujourd'hui 1,2 million d'habitants. On y trouve des immeubles très modernes où se sont installées des compagnies internationales, mais il y a aussi des quartiers très pauvres
Langues: Le français y est la langue officielle. Elle est accompagnée de deux langues nationales: le lingala et le kituba.
Activités: Dans cette ville, tout le monde se débrouille et s'entraide. La majorité des habitants vit au jour le jour[1] de petits boulots. Ce type d'activités représente environ 6 emplois sur 10.

La Nouvelle-Calédonie

Histoire-Géo: Cette petite île se trouve dans l'océan Pacifique, à l'est de l'Australie. Elle est rattachée[2] à la France par un statut particulier. Un référendum local sur l'indépendance de la Nouvelle-Calédonie est prévu entre 2014 et 2018.
Capitale: Nouméa.
Langues: La langue officielle est le français, mais 28 autres dialectes sont parlés sur l'île.
Les animaux: Dans une eau transparente sur sable blanc, des milliers[3] de poissons colorés[4] offrent un vrai spectacle aux plongeurs. Sur l'île, ne soyez pas étonnés[5], si vous rencontrez un lézard[6] ou même un cafard[7] dans votre douche.
La monnaie: Le Franc CFP (Communauté française du Pacifique) est la monnaie locale. 1000 F CFP valent 8,38 euros.

1 **vivre au jour le jour** von einem Tag auf den anderen leben – 2 **être rattaché(e) à** angegliedert sein an – 3 **des milliers de** Tausende von – 4 **coloré(e)** *hier*: bunt – 5 **être étonné(e)** erstaunt sein – 6 **un lézard** eine Eidechse – 7 **un cafard** eine Kakerlake

Le Vietnam

Histoire-Géo: 81 millions d'habitants vivent dans ce pays situé au nord du Cambodge. Le Vietnam se trouvait sous protectorat français au XIXe siècle. Les troupes françaises ont quitté le pays en 1954.
Capitale: Hanoi. Ho Chi Minh-Ville est la capitale économique.
Langues: Le vietnamien est la langue officielle, mais on y parle aussi 50 autres langues dont le khmer, le thaï ou le chinois. Le français est une langue seconde[1] qui perd de l'importance par rapport à l'anglais, langue des affaires.
Les deux-roues: Combien y a-t-il de mobylettes à Ho Chi Minh-Ville? Au moins une pour quatre habitants. Le trafic est énorme le matin: un bruit continu de pétarades accompagne les piétons dans une odeur d'essence et de gaz polluants.

1 Comprendre le texte

Relisez le texte et faites le quiz.

1. Nouméa est la capitale de quel pays?
2. Le lingala, qu'est-ce que c'est?
3. Quel pays francophone est situé à l'est de la Thaïlande?
4. Pourquoi un référendum est prévu en Nouvelle-Calédonie entre 2014 et 2018?
5. Quelle est la monnaie locale de la Nouvelle-Calédonie?
6. Quel moyen de transport utilisent beaucoup de Vietnamiens?
7. Combien d'habitants y a-t-il à Brazzaville?
8. Quand est-ce que la République du Congo a obtenu son indépendance?

2 A partir du texte

a Quel est le point commun entre le Vietnam, la République du Congo, la Nouvelle-Calédonie?

b Quelles sont aussi les différences en ce qui concerne leur rapport à la langue française? *Comparez.*

1 **une langue seconde** eine Zweitsprache – 2 **une pétarade** ein Geknatter

3 La Guyane, ce n'est pas «la jungle»!

a Six jeunes francophones parlent de leur vie. Ils ont l'accent du pays / de la région où ils habitent. *Ecoutez ce qu'ils disent et essayez de comprendre.* S1 écouter

b *Lisez les phrases ci-dessous. Ecoutez encore une fois et corrigez les phrases fausses.*

Mado (République du Congo)
1. Mado part très tôt le matin parce qu'il n'y a pas de bus plus tard.
2. Mado a vécu une guerre dans son pays en 1998.

Bao (Vietnam)
1. Au collège, Bao peut s'habiller comme il veut.
2. Tous les copains de Bao portent un casque quand ils vont à l'école en moto.

Matéa (Nouvelle-Calédonie)
1. Autour de l'île où habite Matéa, on protège les poissons dans des réserves marines.
2. Le bougna est une spécialité avec des patates douces et des ignames[1].

Moussa (Mali)
1. Moussa a une chambre pour lui seul.
2. Le dimanche, toute la famille de Moussa mange la spécialité du Mali: le riz au gras.

Elisabeth (Louisiane)
1. En Louisiane, tout le monde parle le français et le créole.
2. La famille d'Elisabeth s'est installée en Louisiane en 1780.

Jacky (Guyane)
1. La Guyane, c'est une ville d'outre-mer.
2. En Guyane, il n'y a pas seulement une base spatiale. Il y a aussi une magnifique forêt tropicale.

c *Réécoutez les témoignages de Mado, Bao et Matéa. Dans lequel des trois pays auriez-vous envie d'aller? Expliquez pourquoi. Vous pouvez utiliser les fiches des pays pages 77-78.*

4 Projet – Je présente mon pays francophone préféré.

S15 S5 parler

Travaillez en groupe de trois ou quatre élèves. D'abord, choisissez un pays francophone qui vous intéresse, puis partagez-vous les recherches sur ce pays. Qui fait des recherches sur la nature, les habitants, le rôle du français, l'histoire du pays, les aspects touristiques, la cuisine, la culture, les fêtes, la musique …? Présentez votre travail aux autres (à l'aide d'un poster, de transparents, d'une présentation PowerPoint …) et expliquez pourquoi vous avez choisi ce pays.

1 **une igname** eine Jamswurzel

Dossier 12

Hiver glacial à Montréal

Le blog de Marina

Marina Thibault, Paris, séjour à Montréal en 2008 (stage de six mois chez Tourisme Montréal) programme de l'OFQJ «Formation et emploi»

le 20 janvier: un froid de canard

Première impression: il fait un froid de canard[1]. Le thermomètre descend régulièrement au dessous de –20 °C! Alors j'ai acheté un bonnet bien chaud. Mais apparemment[2], ma «tuque»[3] n'a pas suffi contre le froid. A peine arrivée à Montréal, j'ai attrapé une grippe et j'ai dû aller chez le médecin. Heureusement que j'avais déjà ma carte soleil[4]. Je l'ai montrée au médecin et n'ai rien eu à payer. C'est vraiment pratique, ce système.

Les Québécois ont trouvé un bon moyen pour se protéger du froid et de la neige. Ils ont construit un réseau de passages souterrains au centre de Montréal: le RÉSO. C'est une sorte de ville sous terre avec un accès aux banques, centres commerciaux, stations de métro … Les habitants peuvent donc faire du «magasinage»[5] sans mettre le nez dehors ou attendre leur bus sans grelotter[6].

le 3 février: fun sur la glace

A Montréal, il y a plus de 200 patinoires sur des lacs gelés! Elles sont gratuites et tout le monde y va. Près de chez moi, au Vieux-Port, les gens patinent sur un immense bassin gelé qui fait 500 mètres de long. Alors moi aussi, je me suis acheté des patins à glace et je suis allée au bassin Bonsecours. Résultat: j'ai des bleus partout, mais c'est le «fun»[7].

Commentaires – Cliquez ici

1 **un froid de canard** eine Affenkälte – 2 **apparemment** – offensichtlich – 3 **une tuque** *(can.)* eine Mütze – 4 **la carte soleil** die Krankenversicherungskarte – 5 **faire du magasinage** *(can.)* einkaufen – 6 **grelotter** schlottern – 7 **le fun** *(can.)* der Spaß

le 26 février: une partie de sucre

Le week-end dernier, Anne, une collègue très sympa, m'a invitée à une sortie surprise en Montérégie.

Nous avons marché une demi-heure dans le froid et la neige et je me demandais vraiment où nous allions … Mais peu après, nous avons atteint notre but au milieu de la forêt d'érables: une vieille cabane à sucre.

La famille d'Anne préparait déjà une «tire sur la neige». C'est une tradition selon laquelle on fait chauffer du sirop d'érable dans une casserole pour obtenir une sorte de caramel. Ensuite, on étale ce caramel sur la neige (bien propre!) pour qu'il durcisse[1] et on l'enroule sur un bâton pour en faire des «suçons»[2]. C'est vraiment trop bon!

Anne m'a raconté que les Québécois ont emprunté cette tradition aux Amérindiens qui utilisaient le sirop d'érable comme médicament.

Après, nous nous sommes réchauffés dans la cabane autour d'une tasse de thé.

La grand-mère d'Anne nous a préparé du jambon au sirop d'érable ☺, et comme dessert, des crêpes, au sirop d'érable, bien sûr!

L'ambiance était très sympa, on a beaucoup mangé et bien rigolé.

Un grand merci à Anne et sa famille pour cette super journée québécoise!

Zut, il est déjà tard, et je dois encore faire mes courses pour le «souper»[3].

Heureusement que le «dépanneur»[4] du coin est ouvert 24 heures sur 24!

Je vous laisse. Bisous à tous!

1 **durcir** hart werden – 2 **un suçon** *(can.)* ein Lutscher – 3 **le souper** *(can.)* das Abendessen – 4 **un dépanneur** *(can.)* kleines Lebensmittelgeschäft

1 Comprendre le texte

Les informations ci-dessous ne sont pas tout à fait justes. *Relisez le texte A pour trouver les erreurs et citez les phrases correctes.*

1. Grâce à l'OFAJ, Marine a trouvé un stage dans la ville de Québec.
2. «Tuque», c'est le mot québécois pour la grippe.
3. Le RÉSO, c'est le métro de Montréal.
4. Pour permettre à ses habitants de faire du shopping même en hiver, la ville de Montréal a créé quelque chose de génial: la carte soleil.
5. Les gens payent cher pour faire du patin à glace au Vieux-Port.
6. Pour faire une bonne tire sur la neige, il faut enrouler du jambon dans des crêpes.
7. Ce sont les Québécois qui ont eu l'idée de fabriquer du sirop d'érable.
8. Au Québec, le petit-déjeuner s'appelle «souper».
9. Un «dépanneur» répare des voitures.

2 A partir du texte

S15 S5

Travaillez en équipes: Choisissez l'un des thèmes proposés sur le Québec.
Puis demandez des brochures aux agences de voyages et faites des recherches sur Internet.
Présentez vos résultats sur une affiche, si possible avec des photos!

1. La situation géographique (fleuves, montagnes, villes importantes …)
2. Le climat (saisons, températures, activités l'hiver, …)
3. La population (ethnies, langues, religion, …)
4. La culture (musique, sport, gastronomie, …)
5. L'Office franco-québécois pour la jeunesse (OFQJ): histoire, buts, programmes …
6. Voyager au Québec / informations pratiques (monnaie, téléphoner, ouverture des magasins, symboles / Où aller? Que visiter? …)

3 Rencontrons-nous à Montréal! *(G 20, 21)*

Avant de partir à Montréal, Marina a essayé de contacter des gens qui étaient déjà au Québec ou qui voulaient y aller. Voici les messages qu'elle a échangés sur un forum.

Complétez ces messages avec les pronoms qui manquent.

en, l', la, lui, m', me, moi, nous (2), te, leur (2), vous (3), y (2)

1 Marina • 03/01 21:54
Bonjour, j'arrive à Montréal dans une semaine pour ? faire un stage à l'office du tourisme. Je ne connais encore personne, bien sûr, mais j'aimerais bien rencontrer des gens rapidement. Alors, si vous avez envie de ? faire découvrir votre région, n'hésitez pas à ? écrire. A bientôt.

2 Laure • 04/01 11:10
Salut, moi, je viens de Suisse et je pars en février pour un stage à Montréal. J'aimerais bien ? rencontrer. On se contacte bientôt? A plus!

3 Michel • 04/01 15:12
Bonjour, moi, je suis de Québec mais j'ai des amis à Montréal et je voulais bientôt ? rendre visite. Si vous voulez, Laure et Marina je pourrai ? faire visiter la ville: je ? connais bien, j'? ai habité pendant 5 ans. Et comme ça, je pourrai ? présenter mes amis. Ça pourrait être sympa! bye

4 Marina • 04/01 21:01
Super, merci! C'est vraiment une bonne idée! Si tes amis veulent ? rencontrer, tu peux ? dire que je travaillerai à l'office du tourisme.

5 Michel • 05/01 14:29
Ok, je leur ? parlerai. Et si vous avez besoin d'aide à votre arrivée, écrivez-?.
Si je peux ? aider, pas de problème! bye

6 Laure • 06/01 15:51
C'est vraiment gentil de ta part, merci beaucoup! Hier, j'ai chatté avec une étudiante qui est aussi à Montréal. On pourra aussi ? écrire ou ? appeler, elle pourra ? montrer Montréal avec Michel!

Feu d'artifice pour fêter Québec

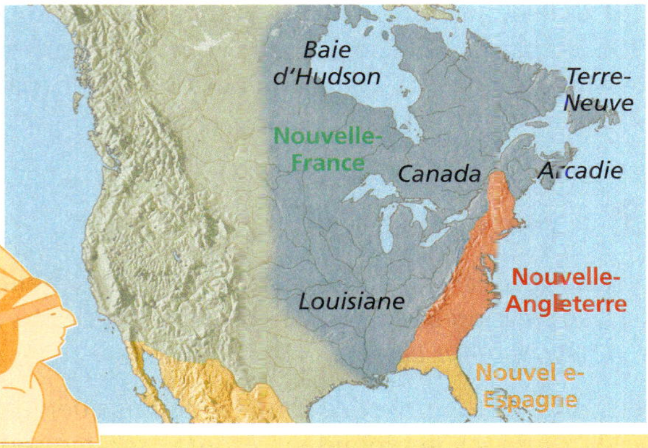

1 En 2008, on a fêté le 400e anniversaire de Québec, la capitale de la *Belle Province*. Pour l'occasion, plusieurs milliers de spectateurs se sont rassemblés dans le centre historique de la ville pour assister à l'ouverture[1] des festivités[2] avec feu d'artifice, lumières[3], musique, danseurs et acrobates.
De nombreux artistes étaient présents: entre autres, Céline Dion et la compagnie[4] du Cirque du Soleil. Le long du fleuve Saint-Laurent, on a même aménagé[5] une promenade qui porte le nom de Samuel de Champlain.

2 En effet, il y a 400 ans, l'explorateur[6] français Samuel de Champlain fonde Québec, la première ville francophone d'Amérique du Nord. Au cours du dix-septième siècle, les premiers Français le suivent et s'installent sur le territoire[7] des Amérindiens. En 1635, la ville de Québec ne compte que 150 habitants. Dès[8] 1680, 10 000 Français vivent déjà dans la région «Nouvelle France». Ils échangent leurs couteaux et d'autres outils contre les magnifiques fourrures des Amérindiens (les Algonquins et les Iroquois).

3 Les Anglais eux aussi s'installent peu à peu dans cette région. Comme les colons français et anglais ont les mêmes ambitions, un conflit éclate entre eux à l'autre bout du monde.
Après quatre guerres, la France cède[9] le Québec à l'Angleterre en signant le traité de paix de Paris en 1763. Les habitants de la colonie franco-anglaise «Province of Québec» doivent vivre désormais[10] sous les lois anglaises.

4 En 1791, l'Acte constitutionnel du Canada établit[11] deux provinces: le Haut-Canada (l'Ontario) dont la majorité des habitants est anglophone et le Bas-Canada (le Québec) plutôt francophone. Le français et l'anglais sont les deux langues officielles du Canada.
Depuis, le Québec a fait beaucoup d'efforts pour conserver[12] la langue française. Aujourd'hui encore, il a des liens privilégiés[13] avec la France.

1 Comprendre le texte

a *Lisez le texte et répondez aux questions.*

1. Qui a fondé la ville de Québec et en quelle année?
2. Quelle activité développent les Français qui s'installent en Nouvelle-France?
3. Pourquoi les Anglais et les Français se font-ils la guerre là-bas?
4. Que devient le Québec à la fin de ce conflit?

1 **une ouverture** eine Eröffnung – 2 **les festivités** die Festveranstaltungen – 3 **une lumière** ein Licht – 4 **la compagnie** die Truppe – 5 **aménager** *hier:* anlegen – 6 **un explorateur** ein Forschungsreisender – 7 **un territoire** ein Gebiet – 8 **dès** seit – 9 **céder** abtreten – 10 **désormais** von nun an – 11 **établir** *hier:* gründen – 12 **conserver** bewahren – 13 **des liens privilégiés** besonders gute Beziehungen

b **Vrai** ou **faux**? *Corrigez les phrases fausses.*

1. Dès le début, beaucoup de Français se sont installés dans la ville de Québec.
2. C'est par le traité de paix de Paris qu'on a mis fin à la guerre entre les Anglais et les Français.
3. Aujourd'hui, au Canada, on ne parle que le français.
4. Aujourd'hui, le Québec a encore de bonnes relations avec la France.

2 A partir du texte

DICO **a** Les Québécois n'utilisent pas toujours les mêmes mots que les Français. *Dans le blog de Marina, Texte A, retrouvez les six mots et expressions québécois. Cherchez leur équivalent en français.*

b Marina est rentrée de Montréal depuis quelques mois. Un soir, elle reçoit un message d'Anne sur son répondeur. *Ecoutez son message. Décrivez son accent.*

c *Retrouvez le sens des expressions québécoises dans l'e-mail d'Anne.*

> Salut Marina,
> J'espère que tu vas bien! Ton retour en France s'est bien passé?
> Ici, c'est trop le fun …! Comme je te l'ai dit sur le répondeur, je suis *tombée en amour*, maintenant j'ai un *chum!* Il fait partie du *gang* d'une collègue qui m'avait invitée à souper il y a quelques semaines. Gary est un peu plus âgé que moi. Comme il a un *char* et qu'il adore la nature, on est sortis de Montréal en *fin de semaine* et on a *pris une marche* en forêt. Gary est drôle et il adore les *jokes*! Il fait aussi partie d'un groupe de rock. C'est lui qui écrit les paroles des *tounes*. J'espère que je pourrai te le présenter un jour! En attendant, je te mets des photos en annexe.
> Tu me manques beaucoup.
>
> Bye Anne

le week-end	faire une balade	un petit copain	une chanson
une voiture	un groupe d'amis	tomber amoureux.	une plaisanterie

d Marina répond à Anne. *Ecrivez sa lettre.* **S11**

3 Match d'impro

a Qu'est-ce qu'un match d'impro? *Lisez le blog de Marina et expliquez.*

> **le 30 mars**
> Hier soir, je suis allée voir un match d'impro, c'était génial! C'est un genre de spectacle qui a été inventé au Canada. Il y a une scène (c'est une patinoire), deux équipes conseillées par un coach et un arbitre[1]. L'équipe qui gagne, c'est celle qui joue la meilleure scène sur un thème inconnu et sans préparation: il faut improviser, quoi!

b *Formez des groupes de deux élèves. Deux groupes sont en compétition et choisissent la même situation. Chaque groupe a 2–3 minutes pour préparer le jeu de rôles et 3 minutes pour jouer la scène. Les autres élèves sont les arbitres et ils votent pour leur improvisation préférée.*

1 **un arbitre** ein Schiedsrichter

Situations:

1. Vous êtes au Québec, vous vous promenez dans la rue. Un/Une jeune s'adresse à vous et vous demande s'il/si elle peut téléphoner avec votre portable.
2. Vous venez d'acheter un sac à dos dans un magasin au RÉSO. Vous découvrez chez vous qu'il y a un petit trou dans le sac. Vous retournez dans le magasin et parlez avec le vendeur/la vendeuse.
3. Vous êtes invité(e) chez Anne. En arrivant, vous apprenez que c'est son anniversaire. Vous n'avez pas de cadeau. Qu'est-ce que vous dites?
4. Vous êtes dans la cabane à sucre de la famille d'Anne. La grand-mère vous sert du jambon au sirop d'érable. Elle voit que vous hésitez et vient vers vous.

4 Quand ils arrivent chez nous …

a *Ecoutez la chanson de Lynda Lemay.*

b *Ecoutez la chanson encore une fois, en lisant les paroles. Commentez le titre de la chanson.*

c *Faites une liste des activités que les Français viennent faire au Québec.*

d *Faites une grille dans laquelle vous notez les différences entre les Québécois et les Français.*

e *Décrivez la relation entre les touristes français et les Québécois.*

DICO

Les maudits Français

Y[1] parlent avec des mots précis
Puis y prononcent toutes leurs syllabes
A tout bout d'champ, y s'donnent des bis[2]
Y passent leurs grandes journées à table
[…]

Et quand y parlent de venir chez nous
C'est pour l'hiver ou les Indiens
Les longues promenades en Ski-doo
Ou encore en traîneau à chiens
[…]

Y disent qu'y dînent quand y soupent
Et y est deux heures quand y déjeunent
Au petit matin, ça sent l'yaourt
Y connaissent pas les œufs-bacon
[…]

Et quand ils arrivent chez nous
Y s'prennent une tuque et un Kanuk[3]
Se mettent à chercher des igloos
Finissent dans une cabane à sucre

Y tombent en amour[4] sur le coup
Avec nos forêts et nos lacs
Et y s'mettent à parler comme nous
Apprennent à dire: Tabarnak[5]
[…]

Quand leur séjour tire à sa fin
Ils ont compris qu'ils ont plus l'droit
De nous appeler les Canadiens
Alors que l'on est québécois

Y disent au revoir, les yeux tout trempés
L'sirop d'érable plein les bagages
On réalise qu'on leur ressemble
On leur souhaite bon voyage

On est rendu[6] qu'on donne des becs[7]
Comme si on l'avait toujours fait
Y a comme un trou dans le Québec
Quand partent les maudits Français

Les maudits français. Paroles et Musique: Lynda Lemay *«Du coq à l'âme»* 2000

1 **«y»** *une façon de prononcer «il, ils»* – 2 **se donner des bis** *(can.)* se faire la bise – 3 **un Kanuk** *(can.)* un anorak – 4 **tomber en amour** *(can.)* tomber amoureux(se) – 5 **Tabarnak** *(can., fam.)* Verdammt! – 6 **on est rendu** *(can.)* letztendlich – 7 **donner des becs** *(can.)* faire la bise

⟨On prépare le DELF.⟩

Auf diesen Seiten könnt ihr euch auf das DELF B1 vorbereiten.

1 Interview avec un champion

Hören und verstehen

Vous allez entendre deux fois une interview à la radio. Vous avez d'abord une minute pour lire les questions. Entre les deux écoutes, vous aurez une minute de pause pour commencer à répondre. A la fin de l'écoute, vous aurez encore une minute pour compléter vos réponses.

Trouvez les bonnes réponses et écrivez les informations demandées dans votre cahier.

1. La spécialité de Mathis, le jeune homme interviewé, c'est ...

2. En quelle année est-ce qu'il est devenu champion du monde junior?

3. En devenant champion, Mathis a perdu les amis qu'il avait avant.
a) vrai b) faux

4. Mathis n'avait pas beaucoup de plaisir à skier.
a) vrai b) faux

5. Selon lui, le snow est plus dangereux que le skate.
a) vrai b) faux

6. Pour son entraîneur, le plus important c'est de travailler la technique et la condition physique.
a) vrai b) faux

2 Le sport à l'école

Verstehen und sprechen

Lisez ce texte. Présentez le thème et les informations essentielles et donnez votre opinion sous la forme d'un petit exposé de 2 minutes.

Savais-tu que les collèges doivent proposer des activités sportives en dehors des heures de cours? Organisés par l'UNSS (Union nationale du sport scolaire), les sports les plus pratiqués sont, dans l'ordre, le hand, le foot, le badminton, le cross et le volley. Certains collèges proposent aussi l'escalade, la danse, la pétanque, les arts du cirque, la boxe française, le snowboard, le capoeira, le tir à l'arc ... Tous les deux ans, l'UNSS propose une rencontre nationale. Près de 8.000 collégiens se rassemblent pour une compétition sportive. L'UNSS souhaite développer avec les jeunes un sport sans tricherie ni violence. Ces jeux sont faits par les jeunes et pour les jeunes. Plus d'un collégien sur cinq fréquente déjà un club de l'UNSS. Pas assez pour le ministère de l'Education qui voudrait voir ce chiffre augmenter rapidement.

D'après Okapi n° 835, 01/11/2007, page 21

3 Quels magazines pour la bibliothèque?

Verstehen und sprechen

La responsable de la bibliothèque voudrait abonner votre école à quelques magazines en français pour les adolescents. Elle vous a demandé de l'aider à choisir trois titres. Elle voudrait commander:
– un magazine qui sera utile aux élèves pour l'école et le choix d'une formation.
– un magazine qui donne envie aux élèves de lire des livres en français.
– un magazine qui donne des conseils aux jeunes dans leur vie de tous les jours.

Trouvez les titres qui correspondent à la demande de la responsable. Justifiez votre choix. Dites aussi quels titres ne correspondent pas et pourquoi.

Le Monde des ados	Retrouvez dans *Le Monde des ados*: – Le cahier culture et loisirs: musique, sorties, livres, cinéma, sport … – Les questions personnelles: pour aider les jeunes à mieux se connaître et se construire dans leur relation aux autres (parents, amis, professeurs …) – Des jeux, des tests, un poster et 13 pages de BD parmi les préférées des ados..
Je bouquine	Je bouquine, je dévore, j'adore! Avec *Je bouquine*, il suffit de tourner les pages pour rêver, rire ou réfléchir. Petit ou grand lecteur, l'important c'est de goûter à tout. C'est pourquoi *Je bouquine* propose chaque mois un roman inédit, un «chef d'œuvre» de la littérature adapté en BD, un vrai magazine culturel et des BD de qualité.
Détours en France	Dans chaque numéro: des reportages pour découvrir des sites exceptionnels, collectionner les cartes départementales, connaître les richesses des régions de France, profiter des conseils et des bonnes adresses pour organiser vos week-end et vos voyages.
Jeune et Jolie	Avec *Jeune et Jolie*, rendez-vous la vie encore plus belle! Le magazine, pour être bien dans son corps, bien dans sa tête ou vivre le grand amour! Vous trouverez toutes les tendances mode et les meilleurs conseils beauté, pour se maquiller comme les vrais pros. Les fringues, on adore toutes ça. Du lycée aux soirées, de la ville à la plage … tout pour être au top!
Phosphore	Vivre à fond le présent, préparer l'avenir. *Phosphore* vous aide à – optimiser vos méthodes de travail avec des conseils pratiques pour vous préparer au bac et réussir vos études, – bien choisir votre filière et votre orientation et découvrir les différents métiers. – vous construire une culture générale: retrouver des dossiers, des documents, des reportages et des fiches de culture générale.

4 Souvenirs

Schreiben

Quelle photo vous rappelle une situation que vous avez vécue?
Choisissez une photo puis racontez où vous étiez, ce qui s'est passé et quels étaient vos sentiments (environ 180 mots).

1

2

Übersicht über alle wichtigen Grammatikthemen aus **Tous ensemble 1–5**.
Die Grammatikverweise (→ *G...*) beziehen sich auf Grammatikkapitel in diesem Band.

Zoom sur la grammaire

Verben: Präsens/Imperativ

Präsens → *G23*

Verben auf:	je	il	nous
-er	rentre	rentre	rentr**ons**
-ir	sors	sort	sort**ons**
-ir (mit *-ss-*)	finis	finit	fini**ssons**
-dre	descends	descend	descend**ons**

Präsens: unregelmäßige Verben

	je / j'	il / elle	nous	ils / elles
aller	vais	va	allons	vont
avoir	ai	a	avons	ont
dire	dis	dit	disons	disent
être	suis	est	sommes	sont
faire	fais	fait	faisons	font
mettre	mets	met	mettons	mettent
prendre	prends	prend	prenons	prennent
recevoir	reçois	reçoit	recevons	reçoivent
rejoindre	rejoins	rejoint	rejoignons	rejoignent
savoir	sais	sait	savons	savent
suivre	suis	suit	suivons	suivent
venir	viens	vient	venons	viennent
vivre	vis	vit	vivons	vivent
vouloir	veux	veut	voulons	veulent

Reflexive Verben

je	**me**	lève
tu	**te**	dépêches
il / elle / on	**se**	repose
nous	**nous**	habillons
vous	**vous**	débrouillez
ils / elles	**s'**	inquiètent

Imperativ → *G13*

Reste ici.
Sort**ons**.
Ecout**ez**.

- **avoir**
  Aie / Ayons / Ayez du courage.
- **être**
  Sois tranquille.
  Soyons / Soyez tranquilles.

Ne pars **pas** avec lui.
Téléphon**e-moi** ce soir.
Ne m'oublie **pas**.

Verben: Verneinung

La négation → *G15*

- ***ne ... pas / ne ... rien / ne ... pas encore / ne ... plus / ne ... jamais / ne ... ni ... ni / ne ... que / ne ... même pas / ne ... pas assez / ne ... personne***

Einfache Zeiten
(présent, imparfait, futur ...)
Elle **ne** travaille **plus**.
Elle **ne** dormait **pas encore**.
Elle **n'**ira **ni** au collège **ni** au cinéma.

Zusammengesetzte Zeiten
(passé composé, futur composé, plus-que-parfait)
Il **ne** va **pas** travailler.
Il **ne** s'était **même pas** levé.
Il **n'a rien** entendu.

Attention! **Ne ... personne / ne ... que:**

Il **n'** a vu **personne**.
Il **ne** va voir **qu'**un film.

- ***Personne ne*** *...*– ***Rien ne ...***
  Personne n'est encore arrivé.
  Rien ne marche aujourd'hui.

Verben: Vergangenheit

Passé composé mit *avoir* → G 4, 22, 23

Il	**a**	**gagné**.	Elle	**a**	**gagné**.
Ils	**ont**	**gagné**.	Elles	**ont**	**gagné**.

Passé composé mit *être* → G 4, 23

Il	**est**	**allé**.	Elle	**est**	**allée**.
Ils	**sont**	**allés**.	Elles	**sont**	**allées**.
Ils	**se sont**	**levés**.	Elles	**se sont**	**levées**.

Imparfait → G 3, 22, 23

je	rentr **ais**
tu	dorm **ais**
il / elle / on	finiss **ait**
nous	descend **ions**
vous	fais **iez**
ils / elles	av **aient**

commencer	je	commenç **ais**
	nous	commenc **ions**
ranger	je	range **ais**
	nous	rang **ions**

Imparfait und *passé composé* → G 9

Signalwörter:

imparfait	**passé composé**
tous les matins,	ce matin,
toujours,	d'abord,
souvent,	tout à coup,
chaque jour …	un jour …

Passé simple → G 14

Verben auf:	**je**	**il**	**nous**
-er	rentr**ai**	rentr**a**	rentr**âmes**
-ir	dorm**is**	dorm**it**	dorm**îmes**
-ir (mit *-ss-*)	fin**is**	fin**it**	fin**îmes**
-dre	descend**is**	descend**it**	descend**îmes**
avoir	**eus**	**eut**	**eûmes**
être	**fus**	**fut**	**fûmes**

Plus-que-parfait → G 15

j'**avais**	discuté
tu **avais**	dormi
il / elle / on **avait**	fini
nous **avions**	attendu
vous **aviez**	**été**
ils / elles **avaient**	**eu**
ils **étaient**	allés
elles **s'étaient**	levées

Verben: *futur*

Futur composé → G 22

je	**vais**	**rentrer**
tu	**vas**	**dormir**
il / elle / on	**va**	**finir**
nous	**allons**	**descendre**
vous	**allez**	**écouter**
ils / elles	**vont**	**lire**

Futur simple → G 17

je	rentrer	**ai**
tu	dormir	**as**
il / elle / on	finir	**a**
nous	descendr	**ons**
vous	écouter	**ez**
ils / elles	lir	**ont**

Futur simple: unregelmäßige Verben → G 17, 22, 23

avoir	→	j'**aur**	**ai**
savoir	→	tu **saur**	**as**
être	→	il **ser**	**a**
faire	→	elle **fer**	**a**
aller	→	on **ir**	**a**
venir	→	nous **viendr**	**ons**
devoir	→	vous **devr**	**ez**
voir	→	vous **verr**	**ez**
pouvoir	→	ils **pourr**	**ont**
vouloir	→	elles **voudr**	**ont**
falloir	→	il **faudr**	**a**

Si-Sätze → G 11

- **Erfüllbare Bedingung**

  Si tu **as** assez d'argent, tu **iras** en France.

  Si + présent ... **futur**

- **Nicht erfüllbare Bedingung**

  Si tu **avais** beaucoup d'argent, tu **irais** à New-York.

  Si + imparfait ... **conditionnel**

Verben: *conditionnel*

Conditionnel: unregelmäßige Verben → G 18

avoir	→	j'**aur**	**ais**
savoir	→	tu **saur**	**ais**
être	→	il **ser**	**ait**
faire	→	elle **fer**	**ait**
aller	→	on **ir**	**ait**
venir	→	nous **viendr**	**ions**
devoir	→	vous **devr**	**iez**
voir	→	vous **verr**	**iez**
pouvoir	→	ils **pourr**	**aient**
vouloir	→	elles **voudr**	**aient**
falloir	→	il **faudr**	**ait**

Conditionnel → G 18

je	rentrer	**ais**
tu	dormir	**ais**
il / elle / on	finir	**ait**
nous	descendr	**ions**
vous	écouter	**iez**
ils / elles	lir	**aient**

Verben: *subjonctif*

Subjonctif → G2

Tu souhaites **que ...**	je	rentr	**e.**
Il faut **que ...**	tu	dorm	**es.**
Je veux **qu' ...**	il / elle / on	finiss	**e.**
C'est dommage **que ...**	nous	attend	**ions.**
Je suis content(e) **que ...**	vous	arriv	**iez.**
Eric téléphone pour **qu' ...**	ils / elles	se dépêch	**ent.**

Subjonctif: **unregelmäßige Verben** → G2

Il faut que ...	**je / j'**	**il / elle**	**nous**
aller	**aille**	**aille**	**allions**
avoir	**aie**	**ait**	**ayons**
être	**sois**	**soit**	**soyons**
faire	**fasse**	**fasse**	**fassions**
pouvoir	**puisse**	**puisse**	**puissions**
savoir	**sache**	**sache**	**sachions**

Aktiv und Passiv

Gegenwart

- **Aktiv**
  Les élèves **préparent** la fête.
- **Passiv**
  La fête **est préparée** par les élèves.

Vergangenheit

- **Aktiv**
  Les élèves **ont préparé** les programmes.
- **Passiv**
  Les programmes **ont été préparés** par les élèves.

Weitere Formen/ Ergänzungen

Verben mit Infinitivergänzung

- **ohne Präposition**
  – J'**adore faire** du sport.
  – J'**espère gagner**.
- **mit *à***
  – J'**apprends à jouer** au tennis.
  – Je **commence à faire** des progrès.
- **mit *de***
  – J'**ai envie de prendre** des cours.
  – J'**ai décidé de m'entraîner**.

Gérondif

Pauline a fermé la porte **en** part**ant**.
Elle s'est blessée **en** descend**ant** l'escalier.

Die Begleiter auf einen Blick

	Singular männlich	Singular weiblich	Plural
Bestimmter Artikel	le / l’	la / l’	les
Unbestimmter Artikel	un	une	des
Demonstrativbegleiter	ce / cet	cette	ces
Teilungsartikel	du / de l’	de la / de l’	
Fragebegleiter	quel	quelle	quels / quelles
Begleiter *tout*	tout le	toute la	tous les / toutes les
Possessivbegleiter	mon, ton, son	ma, ta, sa / mon, ton son	mes, tes, ses
	notre, votre, leur	notre, votre, leur	nos, vos, leurs

Pronomen und Begleiter

Die Objektpronomen

→ G20

- **Die direkten Objektpronomen**

Tu		**me**	cherches.		mich
Je		**te**	cherche.		dich
Je		**le / la**	cherche.		ihn / sie
Il		**nous**	cherche.		uns
Elle	**ne**	**vous**	cherche	**pas.**	euch / Sie
Nous	**ne**	**les**	cherchons	**pas.**	sie

- **Die indirekten Objektpronomen**

Tu		**me**	dis tout.		mir
Je		**te**	dis tout.		dir
Je		**lui**	dis tout.		ihm / ihr
Il		**nous**	dit tout.		uns
Elle	**ne**	**vous**	dit	**rien.**	euch / Ihnen
Nous	**ne**	**leur**	disons	**rien.**	ihnen

Die unverbundenen Personalpronomen

C’est
- **moi.**
- **toi.**
- **lui / elle.**
- **nous.**
- **vous.**
- **eux / elles.**

Die Pronomen auf einen Blick

→ G21

en	– Tu prends du café? – Oui, j’**en** prends.	davon
y	– Je vais au ciné. **J’y** vais à 9 h.	dorthin
en	– J’**en** reviendrai à 11 h.	von dort / daher
chacun / chacune	– **Chacun** doit faire des courses différentes.	jeder / jede / jedes
Lequel / Laquelle?		
Lesquels / Lesquelles?	– Des basquettes? Vous voulez **lesquelles**?	welcher / welche / welches
Celui-ci / Celle-ci.		
Ceux-ci / Celles-ci.	– Je vais prendre **celles-ci**.	dieser / diese / dieses

Die Relativpronomen

qui	– La fille **qui** parle s’appelle Audrey.	Subjekt
que	– Voilà le garçon **que** j’ai rencontré hier.	Objekt
où	– Ici, c’est la maison **où** j’habite.	Ort
dont	– Tu sais, c’est la maison **dont** je t’ai parlé.	von dem / von der

Sätze

Frage mit Fragewort

→ G19

Qui	téléphone à Marine?	Wer?
Qui	est-ce?	Wer?
Avec qui	**est-ce que** tu téléphones?	Mit wem?
A qui	**est-ce que** tu parles?	Mit wem? / Zu wem?
Qu'	**est-ce que** tu dis?	Was?
Que	réponds-tu?	Was?
De quoi	**est-ce qu'**ils parlent?	Worüber?
Où	vont tes copains?	Wo? / Wohin?
Où	**est-ce qu'**ils partent?	Wo? / Wohin?
Quand	**est-ce qu'**ils arrivent?	Wann?
Pourquoi	**est-ce qu'**ils viennent?	Warum?

Frage

→ G19

- **mit *est-ce que***
  - **Est-ce que** tu veux aller au cinéma?
- **ohne *est-ce que***
  - Tu veux aller au cinéma**?**
- **Inversionsfrage**
  - **Veux-tu** aller au cinéma?
  - De quoi **parle-t-elle**?

- **Frage mit *Qui est-ce que/qui***
  Frage nach Personen
  Qui est-ce **qui** a téléphoné?
  Qui est-ce **que** tu attends?
- **Frage mit *Qu'est-ce que/qui***
  Frage nach Sachen
  Qu'est-ce **qui** n'est pas rangé?
  Qu'est-ce **que** tu veux?

Hervorhebung

C'est Pauline **qui** est venue.
C'est Maxime **que** j'avais invité.

Indirekte Rede / Frage

→ G10

- **Indirekte Frage**
  Pauline **demande si** Maxime cherche **son** pull.
  Pauline **a demandé si** Maxime cherch**ait son** pull.

- **Indirekte Rede**
  Maxime **dit qu'il** cherche **son** sac.
  Maxime **a dit qu'il** cherch**ait son** sac.

Infinitivkonstruktionen

→ G3

- **Après + avoir + participe passé**
  Après avoir acheté son ticket, il est monté dans le métro.
- **Après + être + participe passé**
  Après être allés au musée, **ils** sont rentrés chez eux.

- **pour + infinitif**
  Elle est partie tôt **pour arriver** à l'heure.
- **sans + infinitif**
  Elle est partie **sans prendre** son portefeuille.

Adjektive

Vorangestellte Adjektive
→ G1

un	**petit**	sac	une	**petite**	valise
des	**grands**	sacs	des	**grandes**	valises
un	**beau / nouveau / vieux**	sac à dos	une	**belle / nouvelle / vieille**	casquette
un	**bel / nouvel / vieil**	appareil photo			
des	**beaux / nouveaux / vieux**	chapeaux	des	**belles / nouvelles / vieilles**	chaussettes

Nachgestellte Adjektive
→ G1

un	T-shirt	**vert**	une	jupe	**originale**
des	jeans	**magnifiques**	des	baskets	**blanches**

Adjektive mit besonderen Endungen
→ G1

Il	est	coura**geux**.	Elle	est	coura**geuse**.
Ils	sont	sport**ifs**.	Elles	sont	sport**ives**.
Ils	sont	ital**iens**.	Elles	sont	ital**iennes**.

Adjektive mit wechselnder Bedeutung
→ G1

Les gens **pauvres** n'ont pas d'argent.
Pauvre garçon! Il a raté le **dernier** bus.

Komparativ und Superlativ
→ G7

- **Komparativ**
  Maxime est **plus** **grand** **que** Pauline. ⇗
  Pauline est **aussi** **grande** **que** sa sœur ⇔
  Pauline est **moins** **grande** **que** Maxime. ⇘

- **Superlativ**
  Maxime est **le** **plus** **stressé**. ⇧
  Pauline est **la** **moins** **stressée**. ⇩

Attention: **bon(s)**, **bonne(s)**
meilleur(s), **meilleure(s)** ⇗
le(s) meilleur(s), **la (les) meilleure(s)** ⇧

- **Adverbien auf *-ment*** → *G5*
  exact → exacte → exacte**ment**
  ebenso:
  facile**ment**
  finale**ment**
  lente**ment ...**
  mais: **vrai → vraiment**

- **Ursprüngliche Adverbien**
  longtemps, souvent, loin,
  vite, tard, tôt, très ...

Adverbien

Komparativ und Superlativ → *G6*

Manche Adverbien lassen sich steigern.

• **vite**				• **bien**			
	plus	**vite**	⇗		**mieux**		⇗
	aussi	**vite**	⇔		**aussi**	**bien**	⇔
	moins	**vite**	⇘		**moins**	**bien**	⇘
le	**plus**	**vite**	⇧	**le**	**mieux**		⇧
le	**moins**	**vite**	⇩	**le**	**moins**	**bien**	⇩

Adjektiv und Adverb → *G5*

• **Das Adjektiv** (veränderlich)	bezieht sich auf
Pauline a deux pantalons **noirs**.	**ein Nomen**,
Elle est **sportive**.	**das Subjekt** (elle) **im Satz mit *être*.**
• **Das Adverb** (nicht veränderlich)	bezieht sich auf
Pauline va **souvent** à la mer.	**ein Verb**,
Elle est **très** active.	**ein Adjektiv**,
Normalement, elle écoute un CD pour s'endormir.	**einen Satz.**

Dossier 1

G1 Die Adjektive

1. *Les chansons françaises* – Die Veränderlichkeit der Adjektive

En France, on entend à la radio …

le rock rythmé de Superbus,

les groupes de rock connus des années 80,

la chanson française de Goldman,

les chansons engagées d'MC Solaar.

- Die meisten Adjektive sind **veränderlich**.

Endungen:			
	Singular	→ -	→ **- e**
	Plural	→ **- s**	→ **- es**

Ebenso: *anglais, espagnol, important, joli, marrant, rythmé, spécialisé …*

- Die Adjektive, die im Maskulinum auf ***-e*** (ohne Akzent!) enden, werden in der männlichen und weiblichen Form gleich gebildet: ***difficile(s)*/*difficile(s)***. Ebenso: *facile, drôle, rouge …*
- Ausnahme! Einige Adjektive bleiben **unverändert**: ***cool, super.***

2. *Les styles musicaux* – Adjektive mit besonderen Endungen

- **Besondere Adjektiv-Endungen**

Adjektive auf:		**Beispiele:**
-if	→ excess**if**, act**if**, agress**if**, sport**if** …	**excessif excessifs – excessive excessives**
-al	→ origin**al**, music**al**, princip**al** …	**original originaux – originale originales**
-ien	→ brésil**ien**, ind**ien**, ital**ien** …	**brésilien brésiliens – brésilienne brésiliennes**
-eux	→ heur**eux**, courag**eux**, séri**eux** …	**– sérieuse sérieuses**
-ier	→ prem**ier**, dern**ier**, ent**ier** …	**– première premières**

Certains aiment **le rap excessif**,

d'autres préfèrent **les styles musicaux** plus calmes.

Moi, j'adore **la musique brésilienne** très rythmée,

et **les mélodies douces** de la chanson française.

- **Besondere Adjektive:**
  - **doux**, **doux**, **douce**, **douces**
  - **long**, **longs**, **longue**, **longues**
  - **nouveau**, **nouvel**, **nouveaux**, **nouvelle**, **nouvelles**
  - **beau**, **bel**, **beaux**, **belle**, **belles**
  - **vieux**, **vieil**, **vieux**, **vieille**, **vieilles**

3. *Une grande fan de chanson française* – Die Stellung der Adjektive

Je suis une **grande** **fan** de **chanson** **anglaise**.

Mon **petit** **frère** aime le **rock** **français**.

J'adore les **belles** **affiches** de Jennifer avec ses **vêtements** **noirs** et **blancs**.

adjectif + nom | **nom + adjectif**

- **Kurze Adjektive** werden in der Regel **vorangestellt**.
- **Längere Adjektive und Farbadjektive** werden meistens **nachgestellt**.

4. *Le mois dernier, le dernier mois* – Adjektive mit wechselnder Bedeutung

• Adjektiv vor dem Nomen

Pauvre chanteur! Il n'a pas de chance.
bedauernswerter/armer Sänger

Chère Jennifer, je t'écris cette lettre …
liebe Jennifer

Le **dernier mois** de l'année, c'est décembre.
der (aller-)letzte Monat …

Super, j'ai fait une **seule faute**!
einen einzigen Fehler

Le concert de Manu Chao a été un **vrai succès**.
ein echter Erfolg

• Adjektiv nach dem Nomen

Un **musicien pauvre** n'a pas d'argent.
ein armer Musiker

C'est une **guitare chère**! Elle coûte 1000 euros.
eine teure Gitarre

Le **mois dernier**, en juillet, on était à la mer.
vergangenen/letzten Monat …

Les **personnes seules** n'ont pas d'amis.
die einsamen Personen

Je ne te crois pas. Ce n'est pas une **histoire vraie**.
wahre Geschichte

- Einige **Adjektive** können **vor oder nach** einem Nomen stehen.
  Entsprechend der Stellung **verändert sich die Bedeutung** der **Adjektive**.
  Merke dir mit den Adjektiven jeweils einen Beispielsatz.

Komparativ und Superlativ des Adjektivs → G 7

Dossier 2

G 2 *Je suis content que tu sois là.* – Der *subjonctif*

1. Die Bildung

infinitif	présent				subjonctif
rentr**er**	ils **rentr**~~ent~~	Il faut	que	je	**rentr e.**
			que	tu	**rentr es.**
attend**re**	ils **attend**~~ent~~		qu'	il / elle / on	**attend e.**
			que	nous	**attend ions.**
réfléch**ir**	ils **réfléchiss**~~ent~~		que	vous	**réfléchiss iez.**
			qu'	ils / elles	**réfléchiss ent.**

radical[1] **du présent** (3e personne du pluriel: ils) + **terminaisons**[2] **du subjonctif**

Besondere Formen

	avoir	être	aller	faire	pouvoir	apprendre
que je/j'	**aie**	**sois**	**aille**	**fasse**	**puisse**	**apprenne**
que tu	**aies**	**sois**	**ailles**	**fasses**	**puisses**	**apprennes**
qu'il/elle/on	**ait**	**soit**	**aille**	**fasse**	**puisse**	**apprenne**
que nous	**ayons**	**soyons**	**allions**	**fassions**	**puissions**	**apprenions**
que vous	**ayez**	**soyez**	**alliez**	**fassiez**	**puissiez**	**appreniez**
qu'ils/elles	**aient**	**soient**	**aillent**	**fassent**	**puissent**	**apprennent**

2. Der Gebrauch

Il faut que j' **aille** à Paris le week-end prochain.
Il faudrait que je **trouve** un job pour payer mes vacances.

Mon père **veut que** je **fasse** des études.
Ma mère **souhaite que** je **sois** heureux.

Mon père **a peur que** je ne **gagne** pas assez d'argent plus tard.
C'est dommage que nous **n'ayons pas** le temps d'en discuter.
J'aimerais que nous **parlions** plus souvent.

Je te passe mon portable **pour que** tu **puisses** appeler ta copine.
Ich gebe dir mein Handy, **damit** du deine Freundin anrufen **kannst**.

Der ***subjonctif*** steht nach Ausdrücken der

- **Notwendigkeiten** (Il faut que …).
- **Willensäußerungen** (vouloir que, souhaiter que …)
- **Gefühle** (avoir peur que, aimer que, être content/dommage que …)
- **und nach *pour que*.**

[1] **le radical** der Verbstamm [2] **une terminaison** eine Endung

G 3 *Après avoir mangé, elle part au travail.* – Infinitivkonstruktionen

1. *Après avoir/être + participe passé*

• Aline se lève et	**après**, elle prend une douche.
→ **Après s'être levée**, Nachdem sie aufgestanden ist … Nach dem Aufstehen …	**Aline** prend une douche.
• Marc et Alain arrivent au bureau,	**ensuite** ils commencent à travailler.
→ **Après être arrivés** au bureau, Nachdem sie im Büro angekommen sind … Im Büro angekommen …	**Marc** et **Alain** commencent à travailler.
• Aline prépare le petit-déjeuner,	**puis** elle range l'appartement.
→ **Après avoir préparé** le petit-déjeuner, Nachdem sie das Frühstück vorbereitet hat, …	Aline range l'appartement.

après être **après avoir**	+	**participe passé**	+	**phrase principale**[1]
(vorausgegangene Handlung)				(nachfolgende Handlung)

- Bei diesem Satzbau gibt es **ein Subjekt** für **zwei Verben**.
- Bei ***après*** + ***être*** ist das ***participe passé*** veränderlich. Es richtet sich nach dem **Subjekt**.
  Après être arrivés à l'entreprise, **ils** sont allés à leur bureau.

2. *Sans/Pour + infinitif*

Ce matin, je suis partie **sans prendre** mon petit-déjeuner.	… ohne … zu …
Je suis sortie **sans fermer** la porte de l'appartement!	… ohne … zu …

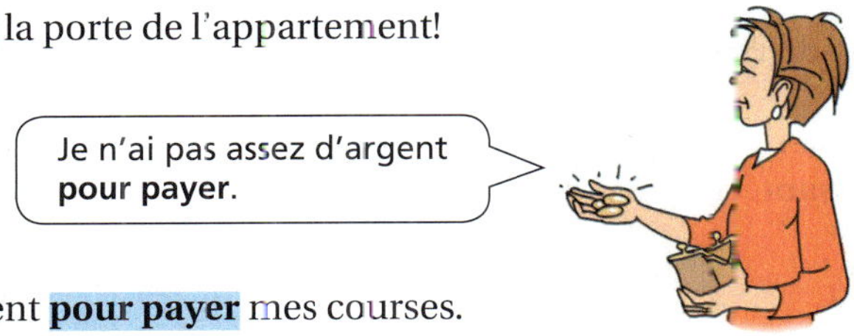

Je n'avais pas assez d'argent **pour payer** mes courses.	… um … zu …
Il y a la grève du métro. Alors, j'ai pris le bus **pour ne pas arriver** en retard.	… um nicht . . zu …

Phrase principale[1]	+	**sans** **pour (ne pas)**	+	**infinitif**

[1] **la phrase principale** der Hauptsatz

Dossier 3

G 4 Das *passé composé:* die Bildung

Das ***passé composé*** wird wie folgt gebildet:

mit	***avoir***	**im Präsens + Partizip Perfekt**	→ Vous **avez attendu**.
oder mit	***être***	**im Präsens + Partizip Perfekt**	→ Nous **sommes arrivés**.

1. *Elles sont arrivées en retard.* – Das *passé composé* mit *être*

Ce matin, **Anne s'est réveillée** à 7 heures.

Mais **elle s'est levée** à 7.30 heures.

Ensuite, **elle est partie** en métro avec sa copine Manon.

Elles sont descendues à la station Bastille où Eric les attendait.

Ils ne se sont pas dépêchés.

Et **ils sont arrivés** en retard en cours de maths …

Elles sont sorties du métro.

sujet + (ne) être (pas) + participe passé
(wird an das Subjekt angeglichen)

Il **est** parti. Elle **est** partie.
Ils **sont** partis. Elles **sont** parties.

Verben mit *être*:
- **Verben der Bewegung:**
  - ***entrer, rentrer, sortir***
  - ***aller, venir***
  - ***monter, descendre …***
- **Reflexive Verben:**
  - ***se lever, se dépêcher, se …***

2. *Patrick a rencontré Eric.* – Das *passé composé* mit *avoir*

a) Direktes Objekt nach dem Verb:
Kein direktes Objekt:
} → ***participe passé*** **unveränderlich**

Patrick **a pris son petit-déjeuner** au café avec son copain Eric.

Ils **ont bu un café**.

Ils **ont mangé un croissant**.

Ils n'**ont** pas **discuté**.

Il **a bu** 

(ne) avoir (pas) + participe passé (+ direktes Objekt)
(participe passé hier nicht veränderlich)

Die Bildung des *participe passé*:
- discut**er** → discut**é**
- fin**ir** → fin**i**
- dorm**ir** → dorm**i**
- enten**dre** → entend**u**

b) Direktes Objekt vor dem Verb → *participe passé* veränderlich

- Direktes Objekt **nach dem Verb**
  ***Participe passé* nicht veränderlich**

– Tu as vu **le dernier film** de Leïla Bekhti?
– Et tu as vu **ses téléfilms**?

– Dans quel film as-tu préféré **Leïla**?
– Je n'ai pas aimé **toutes les histoires du film**.

- Direktes Objekt **vor dem Verb**
  ***Participe passé* veränderlich**

– Oui, et je **l'** **ai trouvé** très bien.
– Je **les** **ai vus** aussi.

– Je **l'** **ai adorée** dans *Paris je t'aime*.
– Moi, je **les** **ai trouvées** toutes super.

objet direct + avoir + participe passé
(veränderlich)

- Direktes Objekt **vor dem Verb** und **vor** ***que***

– Voilà **les films que** Clara **a préférés**.
– Voilà **les musiques de film que** j' **ai aimées**.

objet direct + que … + avoir + participe passé
(veränderlich)

Direktes Objekt nach dem Verb → **vu** (unveränderlich)
Direktes Objekt vor dem Verb → **vu / vus / vue / vues** (veränderlich)

Die Veränderlichkeit des *participe passé* auf einen Blick

Passé composé* mit *être	***Passé composé* mit avoir**	
Elle est venue. **Elle s'est levée.**	Ils **ont bu deux cafés**. Ils **ont bu** 	Les cafés? Ils **les ont bus**. **Les cafés qu'**ils **ont bus**.  qu'ils **ont bus**
Das ***participe passé*** richtet sich nach dem ***Subjekt***.	Direktes Objekt **nach** dem **Verb**: Das ***participe passé*** ist **unveränderlich**.	Das ***participe passé*** richtet sich nach dem **voranstehenden direkten Objekt**.

G 5 *Un bon acteur et un scénario bien écrit* – Adverb oder Adjektiv?

- **Les adverbes**

  Leïla **joue bien**.

  Anne **aime bien** regarder ses films.

  Certains films **sont mal faits**.

  Les scènes **changent** trop **vite**/**rapidement**.

  Heureusement, il y a beaucoup de bons films.

  Pauline est **vraiment**/**souvent contente**.

- **Les adjectifs**

  C'est une **bonne actrice**.

  Ce sont des **bons films**.

  Ce sont des **mauvais films**.

  Les **scènes sont** trop **rapides**.

- **Adverbien** beziehen sich auf
  - **Verben (außer *être*),**
  - **ganze Sätze,**
  - **Adjektive.**
- **Adverbien** sind **unveränderlich.**

- **Adjektive** beziehen sich auf
  - **Nomen,**
  - **das Subjekt von *être*.**
- **Adjektive** sind **veränderlich.**

G 6 *Il joue mieux qu'avant.* – Komparativ und Superlativ des Adverbs *bien*

- **L'adverbe bien:**
  L'acteur joue **bien** son rôle. — gut
- **Le comparatif de bien:**
  Il joue **aussi bien que** dans son premier film. ⇔ genauso gut wie
  Après le tournage, il se sent **mieux qu'**avant. ⬀ besser als
- **Le superlatif de bien:**
  C'est en vacances qu'il se sent **le mieux**. ⇧ am besten
  C'est après les vacances qu'il se sent **le moins bien**. ⇩ am schlechtesten

		• comparatif	• superlatif
Adverb (unveränderlich)	**bien**	→ **mieux** ⬀	→ **le mieux** ⇧
		→ **moins bien** ⬂	→ **le moins bien** ⇩

Vergleiche mit:

Adjektiv (veränderlich)	**bon**	→ **meilleur**	→ **le meilleur**
	bonne	→ **meilleure**	→ **la meilleure**

Dossier 4

G7 *Le groupe le plus connu* – Komparativ und Superlativ des Adjektivs

- **Le comparatif**

La musique latino est	**plus**	**rythmée**	**que**	la chanson française.	⬀
		rhythmischer	als		
Le rap français est	**aussi**	**rapide**	**que**	le rap anglais.	⬄
	genauso	schnell	wie		
Les groupes de rock français sont	**moins**	**connus**	**que**	les groupes anglais.	⬂
	weniger	bekannt	als		

- **Le superlatif**

Superbus est le groupe **le**	**plus**	**connu**	**de**	rock français.	⇧
	die	bekannteste			
Jennifer est la personne **la**	**moins**	**grande**	**du**	groupe.	⇩
	die	kleinste			

- **le comparatif**

plus			⬀
aussi	**+ adjectif**	**+ que/qu'**	⬄
moins	(veränderlich)		⬂

- **le superlatif**

le/la/les	**plus**	**+ adjectif**	**+ (de)**	⇧
le/la/les	**moins**	(veränderlich)		⇩

- **Die Steigerung des Adjektivs *bon*: bon, meilleur, le meilleur / bonne, meilleure, la meilleure**

G8 *J'étais dans le métro. – Imparfait:* die Bildung

Imparfait

Présent: nous parl~~ons~~

Imparfait:

je	parl**ais**
tu	parl**ais**
il/elle/on	parl**ait**
nous	parl**ions**
vous	parl**iez**
ils/elles	parl**aient**

radical[1] du présent: (1re personne du pluriel: nous) + **terminaisons[2] de l'imparfait**

Besondere Imparfait-Bildung

	être		lancer		voyager
j'	**étais**	je	lan**çais**	je	voya**geais**
tu	**étais**	tu	lan**çais**	tu	voya**geais**
il/elle/on	**était**	il/elle/on	lan**çait**	il/elle/on	voya**geait**
nous	**étions**	nous	lan**cions**	nous	voya**gions**
vous	**étiez**	vous	lan**ciez**	vous	voya**giez**
ils/elles	**étaient**	ils/elles	lan**çaient**	ils/elles	voya**geaient**

[1] **le radical** der Verbstamm [2] **une terminaison** eine Endung

G 9 *Le métro de Paris. – Imparfait* und *passé composé*

- **Imparfait**

Marc, un jeune étudiant allemand, **était** à Paris **depuis un mois** pour apprendre le français. Comme il **habitait** dans le quartier Montmartre, il **prenait** le métro **tous les jours**.

Tous les jours, …

Tous les soirs, il **lisait** quelques pages de ce livre. Mais il **voulait** encore d'autres informations et des photos.

Mais ce n'**était** pas facile d'écrire en français!

- **Passé composé**

Un jour, son professeur lui **a demandé** de faire un exposé sur l'histoire du métro. Alors, Marc **est allé** acheter un livre sur le métro.

Un jour, …

D'abord, il **a fait** des recherches sur Internet et il **a trouvé** des belles photos. **Ensuite**, Marc **a commencé** à écrire son exposé:

- **Hintergrund einer Erzählung**
- **Zustand** (Personen, Situation)
- **Gewohnheit**
- **Begründung**

Hilfreiche Fragen:
- Was **war damals**?
- Wie **war** die **Situation**, die Stimmung?
- Was **geschah häufig** oder **regelmäßig**?

Signalwörter:
- ***toujours, tous les matins, tous les jours, souvent, le lundi / le mardi, depuis un mois …***

Ereigniskette:
- Ereignisse **setzen neu ein**,
- sind **einmalig**,
- **folgen aufeinander**.

Hilfreiche Fragen:
- Was geschah **plötzlich**?
- Und **anschließend**?
- Wie **ging** es **weiter**?

Signalwörter:
- ***tout à coup, un jour, d'abord, puis, ensuite, enfin, ce matin / soir, le 19 juillet, en 1900 …***

Dossier 5

G 10 *Elle a dit qu'elle adorait la musique.* – Die indirekte Rede/Frage

1. Einleitungssatz im Präsens

Indirekte Rede: Il **dit** … Il répond …

Indirekte Frage: Elle demande …

Je ne **pourrais** pas vivre sans **mon** ordinateur.

Thomas **dit qu'il** ne **pourrait** pas vivre sans **son** ordinateur.

Comment est-ce que **tu utilises** Internet?

La journaliste **demande** à Thomas **comment il utilise** Internet.

J'écoute la radio et **je chatte** avec **mes** copains.

Thomas **répond qu'il écoute** la radio et **qu'il chatte** avec **ses** copains.

Einleitungssatz im Präsens

→ **keine Zeitverschiebung im Nebensatz** *(présent → présent / conditionnel → conditionnel …)*
→ **aber Veränderung der Pronomen und Begleiter** *(je → il / mes → ses …)*

2. Einleitungssatz im *passé composé*

Indirekte Rede: Elle **a dit** … / Elle **a** répond**u** …

Indirekte Frage: Elle **a** demand**é** …

J'écoute beaucoup de musique.

Hier, Anne **a dit qu'elle écoutait** beaucoup de musique.

Est-ce que **tu télécharges**[1] de la musique?

La journaliste **a demandé** à Anne **si elle téléchargeait** de la musique.

Je le **fais** souvent et ça **me coûte** cher.

Anne **a répondu qu'elle** le **faisait** souvent et **que** ça **lui coûtait** cher.

Einleitender Satz im *passé composé* → Nebensatz im *imparfait*

[1] **télécharger** herunterladen

G 11 *Si tu as le temps, on ira au ciné.* – Die Bedingungssätze mit *si*

Wahrscheinlich, erfüllbar

Unwahrscheinlich (Il ne fait pas beau.)

Si tu **as** le temps,	on **ira** au cinéma.
Si + présent …	**futur simple**
S'il **faisait** beau,	on **irait** se baigner.
Si j'**avais** beaucoup d'argent,	j'**achèterais** une belle maison.
Si + imparfait …	**conditionnel**

Die *Si*-Sätze können

- eine **erfüllbare, reale Situation**,
- eine **unwahrscheinliche, irreale Situation** schildern.

Zur Bildung des *conditionnel* → ***G 18***
Zur Bildung des *futur simple* → ***G 17***

G 12 *Trois quarts des élèves ont un ordinateur.* – Die Bruchzahlen

La moitié des élèves jou**e** en ligne.
= 50 % (cinquante pour cent)

Un quart des élèves **fait** des recherches sur Internet.
= 25 %

Un tiers de la classe particip**e** à un forum.
= 33 %

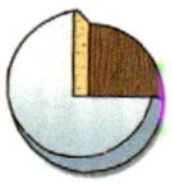

Trois quarts des élèves chatt**ent** sur messagerie instantanée.
= 75 %

Quatre cinquièmes cherch**ent** des informations pratiques.
= 80 %

1/2	**la moitié des** élèves un **demi**-litre, une **demi**-heure
1/4	**un quart**
1/3	**un tiers**
3/4	**trois quarts**
4/5	**quatre cinquièmes**

Dossier 6

G13 *Envoie-moi l'interview.* – Der Imperativ

1. Der bejahte Imperativ mit einem Pronomen

Je t'envoie l'interview par mail?	Oui,	**envoie - moi**		l'interview très vite.
Alors, je vais me dépêcher.	Oui,	**dépêche - toi**		s'il te plaît.
Nous écrivons l'article demain?	Oui,	**écrivons - le**		demain.
Alors, il faut que je téléphone à Léa.	Oui,	**téléphone - lui**		.

Verb im Imperativ + - + Objektpronomen

2. Der verneinte Imperativ mit einem Pronomen

J'envoie l'interview par e-mail?	Non,	**ne**	**l'**	**envoie**	**pas**	.
Alors, je m'occupe du dossier?	Non,	**ne**	**t'**	**occupe**	**pas**	du dossier.
Nous écrivons l'article demain?	Non,	**ne**	**l'**	**écrivons**	**pas**	demain.
Tu veux que je téléphone à Léa?	Non,	**ne**	**lui**	**téléphone**	**pas**	.

ne + Objektpronomen + Verb im Imperativ + pas

G14 *Quand il arriva, il descendit l'escalier.* – Das *passé simple*

Das *passé simple* wird **nur schriftlich**, vorwiegend **in literarischen Texten** verwendet. **Sein Gebrauch** entspricht dem Gebrauch des *passé composé*: Erzählung von Ereignissen.

Quand le roi **arriva**, la reine **descendit** l'escalier. Ils se promen**èrent** dans les jardins de Versailles.

Passé simple:

• Verben auf *-er*		• Verben auf *-dre*		• Verben auf *-ir*	
j'	arriv**ai**	je	descend**is**	je	sort**is**
tu	arriv**as**	tu	descend**is**	tu	sort**is**
il/elle/on	arriv**a**	il/elle/on	descend**it**	il/elle/on	sort**it**
nous	arriv**âmes**	nous	descend**îmes**	nous	sort**îmes**
vous	arriv**âtes**	vous	descend**îtes**	vous	sort**îtes**
ils/elles	arriv**èrent**	ils/elles	descend**irent**	ils/elles	sort**irent**

• avoir				• être			
j'	**eus**	nous	**eûmes**	je	**fus**	nous	**fûmes**
tu	**eus**	vous	**eûtes**	tu	**fus**	vous	**fûtes**
il/elle/on	**eut**	ils/elles	**eurent**	il/elle/on	**fut**	ils/elles	**furent**

Dossier 7

G 15 *Il avait chanté, elle était arrivée.* – Das *plus-que-parfait*

1. Die Bildung des *plus-que-parfait*

• ***Plus-que-parfait*** **mit** ***avoir***

j'	**avais**	chanté
tu	**avais**	demandé
il	**avait**	attend**u**
elle	**avait**	**lu**
on	**avait**	**eu**
nous	**avions**	**pris**
vous	**aviez**	**dit**
ils	**avaient**	**été**
elles	**avaient**	**fait**

imparfait du verbe avoir + **participe passé**

• ***Plus-que-parfait*** **mit** ***être***

j'	**étais**	arriv**é** / arriv**ée**
tu	**étais**	sorti / sorti**e**
il	**était**	all**é**
elle	**était**	ven**ue**
on	**s'était**	amus**és** / amus**ées**
nous	**étions**	tomb**és** / tomb**ées**
vous	**étiez**	parti**s** / parti**es**
ils	**s'étaient**	disput**és**
elles	**s'étaient**	repos**ées**

imparfait du verbe être + **participe passé** (veränderlich)

2. Der Gebrauch des *plus-que-parfait*

présent	• **Gegenwart** →	Ce soir, Elise **écoute** de la musique.
passé composé / imparfait	• **Vergangenheit** →	Cet après-midi, quand Elise **est arrivée** chez elle, il n'y **avait** personne à la maison. Elle **a dû** attendre une heure devant la porte.
plus-que-parfait	• **Vorvergangenheit** →	Elle **avait oublié** sa clé, et sa sœur **était allée** faire les courses.

- **Die Vergangenheit** wird durch das ***passé composé*** (Ereigniskette) oder das ***imparfait*** (Hintergrund, Situation) ausgedrückt.
- Um ein Geschehen zu schildern, das **vor einem anderen Geschehen in der Vergangenheit** liegt, verwendet man das ***plus-que-parfait*** (Vorvergangenheit).

Zur Bildung des *imparfait* → *G 8*

Dossier 8

G16 *Elle ne parle pas le français.* – Die Verneinung

1. *Il ne fait plus de sport. – ne … pas, ne … plus, ne … jamais, etc …*

Die Verneinung besteht im Französischen meist aus **zwei Teilen**.
Sie umklammern die konjugierte Verbform.
Ein Teil der Verneinung ist das Wort ***ne***. Der zweite Teil wird aus verschiedenen Verneinungswörtern gebildet, so z. B. ***pas, plus, jamais, même pas, que …***

- **Verneinung im *présent, imparfait, futur***

Lisa	**ne**	**parle**	**pas**	le français.	nicht
Elle	**ne**	**parle**	**que**	l'italien.	nur (nichts außer)
Elle	**n'**	**habite**	**pas**	en France.	nicht
Elle	**ne**	**sait**	**même pas**	dire «bonjour».	nicht einmal
Elle	**ne**	**va**	**jamais**	à l'étranger.	nie

Je **ne** t'aime **plus**, mon amour …

Manu Chao	**n'**	**aime**	**plus**	son amie.	nicht mehr

ne / n' + **verbe** + { **pas** / **plus** / **jamais** / **même pas** / **que** }

- **Verneinung in den zusammengesetzten Zeiten *passé composé, futur composé, plus-que-parfait***

Je	**n'**	**ai**	**jamais**	**pris**	l'avion.	nie
Nous	**n'**	**étions**	**pas**	**allés**	en France.	nicht
Il	**ne**	**va**	**plus**	**prendre**	le bus.	nicht mehr

ne / n' + { **avoir** / **être** / **aller** } + { **pas** / **plus** / **jamais** / **même pas** } + { **participe passé** / **infinitif** }

- **Verneinung in der Umgangssprache**

Standardsprache		Umgangssprache		
C~~e~~ ~~n~~'est pas vrai.	→	C' **est**	**pas**	vrai.
Pourquoi ~~est-ce que~~ t~~u~~ ~~n~~'es pas venue?	→	Pourquoi t' **es**	**pas**	venue?

verbe + pas

2. *Il n'a vu personne. – ne … rien, ne … personne*

- **Die Verneinung mit *ne … personne/ne … rien***

Pendant les vacances, je **n'**ai **rien** fait.

Et moi, je **n'**ai vu **personne**.

Lara	**n'**	**a**	**rien**	**fait** aujourd'hui.	nichts
Jules	**ne**	**connaît**	**personne**	à Paris.	niemanden

ne / n' + verbe + rien / personne

- **Beachte! *Ne … personne*** verhält sich bei den **zusammengesetzten Zeiten** anders als die anderen Verneinungen: Elle **n'**a **rien** vu.
  Elle **n'**a vu **personne**.

- ***Rien ne … /Personne ne …*** **am Anfang des Satzes**

Rien	**ne**	**marche.**	Nichts funktioniert.
Personne	**n'**	**est venu.**	Niemand kam.

Rien / Personne + ne / n' + verbe

3. *Il ne parle ni l'anglais, ni l'allemand. – ne … ni … ni …*

– Mon grand-père	**n'**	**aime**	**ni**	**le sport,**	**ni**	**la musique.**	weder … noch
– Il	**ne**	**parle**	**ni**	**l'anglais,**	**ni**	**l'allemand.**	
– Il	**n'**	**est**	**ni**	**sportif,**	**ni**	**stressé.**	weder … noch

ne / n' + verbe + ni + {nom / adjectif} ni + {nom / adjectif}

4. Übersicht über die Verneinung

- **Einfache Zeiten**

présent	Il **ne** lit **pas**.	nicht
	Il **ne** parle **plus** à sa copine.	nicht mehr
	Il **n'**invite **personne**.	niemand / niemanden
imparfait	Il **n'**était **jamais** content.	nie / niemals
conditionnel	Il **ne** voudrait **pas** déranger.	nicht
subjonctif	Il souhaite que tu **ne** viennes **pas**.	nicht

- **Zusammengesetzte Zeiten**

passé composé	Elle **n'**a **jamais** pris l'avion.	nie
	Elle **n'**est **pas encore** arrivée.	noch nicht
	Mais:	
	Elle **n'**a invité **personne**.	niemanden
futur composé	Elle **ne** va **pas** arriver avant huit heures.	nicht
plus-que-parfait	Elle **n'**avait **rien** dit.	nichts

Dossier 9

G17 *je voyagerai, tu partiras ...* – Das *futur simple*

1. Die Bildung des *futur simple*

• **Verben auf *-er***

rester

je	rester	**ai**
tu	rester	**as**
il/elle/on	rester	**a**
nous	rester	**ons**
vous	rester	**ez**
ils/elles	rester	**ont**

• **Verben auf *-ir***

partir

je	partir	**ai**
tu	partir	**as**
il/elle/on	partir	**a**
nous	partir	**ons**
vous	partir	**ez**
ils/elles	partir	**ont**

finir

je	finir	**ai**
tu	finir	**as**
il/elle/on	finir	**a**
nous	finir	**ons**
vous	finir	**ez**
ils/elles	finir	**ont**

infinitif + **terminaisons[1] du futur simple**

• **Verben auf *-dre***

prendre

je	prendr	**ai**
tu	prendr	**as**
il/elle/on	prendr	**a**
nous	prendr	**ons**
vous	prendr	**ez**
ils/elles	prendr	**ont**

infinitif sans **-e** + **terminaisons[1] du futur simple**

• **Verben auf *-re***

rire

je	rir	**ai**
tu	rir	**as**
il/elle/on	rir	**a**
nous	rir	**ons**
vous	rir	**ez**
ils/elles	rir	**ont**

• **Verben auf *-er* mit Besonderheiten**

j'	**achète**	**r**	**ai**
j'	**appelle**	**r**	**ai**
je me	**lève**	**r**	**ai**
je	**jette**	**r**	**ai**

présent (1re personne du singulier) + ***r*** + **terminaisons[1] du futur simple**

• ***Futur simple* der unregelmäßigen Verben**

avoir	**j'aurai**	**devoir**	**je devrai**
savoir	**je saurai**	**voir**	**je verrai**
être	**je serai**	**pouvoir**	**je pourrai**
faire	**je ferai**	**vouloir**	**je voudrai**
aller	**j'irai**	**il faut** (falloir)	**il faudra**
venir	**je viendrai**		

Im ***futur simple*** und im ***conditionnel*** ist **der Stamm der Verben gleich** *(je **partir**ai / je **partir**ais).*

Vergleiche mit dem *conditionnel* → *G 18*

[1] **une terminaison** eine Endung

2. Der Gebrauch des *futur simple*

• Le futur simple	• Le futur composé
Cher Antoine, Le week-end prochain, j'**irai** à Nice. Si tu es là, je **viendrai** te voir. Nous **serons** dans un camping près de Nice. Réponds-moi vite! Marc	
• Das ***futur simple*** wird vor allem **schriftlich** und zur Schilderung der **fernen Zukunft** verwendet. **Beachte!** Im ***si*-Satz** selbst steht **nie** das *futur simple* (nur im Hauptsatz!): *Si tu **es** là, je viendr**ai**.*	• Das ***futur composé*** wird vorwiegend **mündlich** und zur Schilderung von **Ereignissen in der nahen Zukunft** verwendet.

Dossier 10

G 18 *Je voudrais parler à Eric.* – Das *conditionnel*

1. Die Bildung des *conditionnel*

• **Verben auf *-er***

	rester	
je	rester	**ais**
tu	rester	**ais**
il/elle/on	rester	**ait**
nous	rester	**ions**
vous	rester	**iez**
ils/elles	rester	**aient**

• **Verben auf *-ir***

	partir	
je	partir	**ais**
tu	partir	**ais**
il/elle/on	partir	**ait**
nous	partir	**ions**
vous	partir	**iez**
ils/elles	partir	**aient**

	finir	
je	finir	**ais**
tu	finir	**ais**
il/elle/on	finir	**ait**
nous	finir	**ions**
vous	finir	**iez**
ils/elles	finir	**aient**

infinitif + **terminaisons[1] de l'imparfait**

[1] **une terminaison** eine Endung

• **Verben auf *-dre***

	pendre	
je	prendr	**ais**
tu	prendr	**ais**
il/elle/on	prendr	**ait**
nous	prendr	**ions**
vous	prendr	**iez**
ils/elles	prendr	**aient**

• **Verben auf *-re***

	rire	
je	rir	**ais**
tu	rir	**ais**
il/elle/on	rir	**ait**
nous	rir	**ions**
vous	rir	**iez**
ils/elles	rir	**aient**

infinitif sans **-e** + **terminaisons[1] de l'imparfait**

• **Verben auf *-er* mit Besonderheiten**

je	**préfère**	**r**	**ais**
j'	**achète**	**r**	**ais**
j'	**apelle**	**r**	**ais**
je me	**lève**	**r**	**ais**

présent 1re personne du singulier + ***r*** + **terminaisons[1] de l'imparfait**

• ***Conditionnel* der unregelmäßigen Verben**

avoir – **j'aurais**		**devoir** – **je devrais**	
savoir – **je saurais**		**voir** – **je verrais**	
être – **je serais**		**pouvoir** – **je pourrais**	
faire – **je ferais**		**vouloir** – **je voudrais**	
aller – **j'irais**		**il faut** – **il faudrait** (falloir)	
venir – **je viendrais**			

Im ***futur simple*** und im ***conditionnel*** ist **der Stamm der Verben gleich**.

Vergleiche mit dem *futur simple* → G17

2. Der Gebrauch des *conditionnel*

Julie:
– J'**aimerais** faire quelque chose pour l'environnement.

Marc:
– Alors tu **devrais** prendre ton vélo plus souvent!

Anne:
– Nous **pourrions** nous engager pour «Greenpeace». Ce **serait** une bonne idée.

Julie:
– **Seriez**-vous tous d'accord?

Marc:
– Oui. Si tout le monde faisait des efforts, il y **aurait** moins de problèmes.

Das *conditionnel* drückt Folgendes aus:

- **Wunsch**
  (Ich würde gerne …)
- **Ratschlag**
  (Du solltest …)
- **Möglichkeit / Vermutung**
  (Wir könnten … / Das wäre …)
- Höfliche **Bitte / Frage**
  (Wärt ihr …?)
- Irreale, schwer erfüllbare **Bedingung**
  (… gäbe es …)

Beachte! Im ***si*-Satz** steht **nie** das *conditionnel (Si tout le monde **faisait** …).*

[1] **une terminaison** eine Endung

Dossier 11

G 19 *La francophonie, qu'est-ce que c'est?* – Fragen stellen

	Quels	pays francophones	**est-ce que**	tu connais?
	Quels	pays francophones	**connais-tu**	?
Sur	**quels**	continents	**est-ce qu'**	on parle le français?
Sur	**quels**	continents	**parle-t-on**	le français?
Dans	**quels**	pays	**est-ce que**	le français est langue officielle?
Dans	**quels**	pays **le français**	**est-il**	langue officielle?
Depuis	**quand**		**est-ce que**	le français est parlé en Algérie?
Depuis	**quand**	**le français**	**est-il**	parlé en Algérie?
	Combien de	francophones	**est-ce qu'**	il y a en Suisse?
	Combien de	francophones	**y a-t-il**	en Suisse?
		La francophonie,	**c'est quoi**	? *(fam.)*
			Connais-tu	les réponses?
			Est-ce que	tu connais les réponses?

Präposition + **Fragewort** ... + { **est-ce que / qu' ... ?** / **Prädikat-Subjektpronomen (Inversion) ... ?** }

- Um eine **Frage** zu stellen, gibt es **zwei Möglichkeiten**:
  Entweder die Frage **mit *est-ce-que*** oder die elegantere Frage **mit Inversion**.
- Bei der **Inversionsfrage** wird in der **3. Person Singular** (il/elle/on) ein *-t-* **zwischen 2 Vokalen** eingeschoben. *Parle-t-elle le français?*
- **Die Inversion** erfolgt **mit einem Subjektpronomen**.
  *Parles-**tu** le français?*
- Wenn **das Subjekt kein Pronomen** ist, bleibt es vor dem Verb und wird **als Pronomen wiederaufgegriffen**.

  *Dans quels pays **est** ~~**le français**~~ langue officielle?*

  *Dans quels pays **le français est-il** langue officielle?*

Dossier 12

G 20 *Je t'ai appellé hier.* – Die Objektpronomen

1. Die direkten Objektpronomen *me, te, le, la, nous, vous, les*

Marina ne	**me**	comprend pas.	mich
Elle	**m'**	**a** appelé hier soir.	mich
Nicolas	**te**	cherche.	dich
Il veut	**t'**	**i**nviter pour demain soir.	dich
Xavier est sympa, tu	**le**	connais?	ihn
Et Martine, tu	**la**	connais aussi?	sie
Ce livre, je vais	**l'**	**a**cheter.	es
Tu	**nous**	appelles à 6 heures?	uns
Non, mais je	**vous**	invite avec Léa et Marc.	euch/Sie
J'espère que vous	**les**	aimerez.	sie

2. Die indirekten Objektpronomen *me, te, lui, nous, vous, leur*

Tu peux	**me**	prêter des dollars canadiens?	mir
On	**m'**	**a** proposé un stage à Montréal.	mir
Mathieu va	**te**	montrer ton bureau.	dir
Il va	**t'**	**e**xpliquer ton travail.	dir
C'est l'anniversaire de Mathieu.			
Qu'est-ce qu'on va	**lui**	acheter?	ihm
Et Céline, on	**lui**	offre un CD?	ihr
Isabelle va	**nous**	apporter la clé.	uns
Elle	**vous**	dira où vous pouvez vous installer.	euch/Sie
Marc et Léa ne sont pas là. On va	**leur**	écrire un e-mail.	ihnen

- Beachte **die Stellung** der Objektpronomen.
  Die Objektpronomen stehen **vor dem konjugierten Verb.** → *Elle **le comprend**. Elle **lui a** écrit.*

  Ausnahmen:
  beim *futur composé*, → *Elle **va le** comprendre.*
  nach den Verben mit Infinitivkonstruktionen: ***pouvoir, vouloir, aimer …*** → *Elle **veut lui** écrire.*
  beim Imperativ *(~~me~~ → moi/~~te~~ → toi).* → ***Ecoute-moi, lève-toi.***

3. Übersicht über die Objektpronomen

Direkte Objektpronomen	Indirekte Objektpronomen
Le magazine? Je **le** cherche. (wen/was?) **La** chaussure? Je **la** cherche. **Les** lunettes? Je **les** cherche aussi, mais je **ne les** trouve **pas**.	Tu écris **au** prof / **à la** prof? Oui, je **lui** écris. (wem?) Tu téléphones **aux** copains? Oui, je **leur** téléphone, mais, je **ne leur** écris **pas** d'e-mail.
me te **le**/**la**/**l'** nous vous **les**	me te **lui** nous vous **leur**

G 21 *J'y vais. J'en viens.* – Die Pronomen *y* und *en*

1. *y* und *en* (örtlich)

	Y und ***en*** können für **Richtungs-** und **Ortsangaben** stehen:
– Marina, tu vas **en ville / à Montréal / au Québec / chez tes amis**? – Oui, j'**y** vais.	• ***y*** ersetzt ***à, en, chez*** + **Nomen** → •
– Quand est-ce que vous revenez **de Montréal**? – Nous **en** reviendrons dans un an.	• ***en*** ersetzt ***de*** + **Nomen** • →

2. Der Gebrauch von *en* (Mengenangabe)

Au supermarché:	***En*** kann Folgendes ersetzen:
– Tu prends **des pommes**? – Non, je n'**en** prends pas.	• den unbestimmtem Artikel ***(des)*** + **Nomen**
– Tu achètes **du café?** – Oui, j'**en** achète deux paquets.	• den Teilungsartikel ***du, de la, de l'*** + **Nomen**
– Il y a encore **beaucoup de pain** à la maison? – Oui, il y **en** a encore. J'**en** ai acheté ce matin.	• Mengenangaben: ***une bouteille de, un kilo de, 250 grammes de, beaucoup de, peu de …***

Les verbes

G 22 Übersicht über die Zeitformen

Vorvergangenheit *plus-que-parfait*	Vergangenheit *passé composé/imparfait*	Gegenwart *présent*
La semaine d'avant, elle **était allée** à Paris pour son travail.	**La semaine dernière,** elle **a** beaucoup **travaillé**. Elle n'**avait** pas de temps pour elle.	**Aujourd'hui,** Céline **travaille**.
«**L'année d'avant,** j'**avais essayé** d'apprendre le chinois.»	«**L'année dernière,** je **suis restée** en France.» «Je ne **connaissais** pas l'espagnol.»	*Lucie:* «**Cette année,** j' **apprends** l'espagnol.»

Zeitpunkt der Handlung/des Sprechens

G 23 Die unregelmäßigen Verben

infinitif	*présent*		*imparfait*	*passé composé*	*futur simple*
avoir haben	j'ai	nous avons	j'avais	j'ai eu	j'aurai
être sein	je suis	nous sommes	j'étais	j'ai été	je serai
aller gehen	je vais	nous allons	j'allais	je suis allé(e)	j'irai
apprendre lernen	j'apprends	nous apprenons	j'apprenais	j'ai appris	j'apprendrai
boire trinken	je bois	nous buvons	je buvais	j'ai bu	je boirai
conduire fahren	je conduis	nous conduisons	je conduisais	j'ai conduit	je conduirai
connaître kennen	je connais	nous connaissons	je connaissais	j'ai connu	je connaîtrai
courir laufen	je cours	nous courons	je courais	j'ai couru	je courrai
croire glauben	je crois	nous croyons	je croyais	j'ai cru	je croirai
décrire beschreiben	je décris	nous décrivons	je décrivais	j'ai décrit	je décrirai
devoir müssen	je dois	nous devons	je devais	j'ai dû	je devrai
dire sagen	je dis	nous disons vous dites	je disais vous disiez	j'ai dit	je dirai
écrire schreiben	j'écris	nous écrivons	j'écrivais	j'ai écrit	j'écrirai
envoyer schicken	j'envoie	nous envoyons	j'envoyais	j'ai envoyé	j'enverrai
faire machen	je fais	nous faisons vous faites	je faisais	j'ai fait	je ferai
lire lesen	je lis	nous lisons	je lisais	j'ai lu	je lirai
mettre stellen	je mets	nous mettons	je mettais	j'ai mis	je mettrai

Zeitpunkt der Handlung/ des Sprechens	**Gegenwart** *présent*	**nähere Zukunft** *futur composé* zusammengesetzte Zukunft	**fernere Zukunft** *futur simple* einfache Zukunft
	Aujourd'hui, Céline **travaille**.	**Demain,** elle **va fêter** son anniversaire.	**Dans une semaine,** elle **sera** en vacances.
	Lucie: «**Cette année,** j'**apprends** l'espagnol.»	«**Demain,** je **vais voir** un film en espagnol.»	«**L'été prochain,** j'**irai** en Espagne.»

infinitif	*présent*		*imparfait*	*passé composé*	*futur simple*
obtenir erhalten	j'obtiens	nous obtenons	j'obtenais	j'ai obtenu	j'obtiendrai
ouvrir öffnen	j'ouvre	nous ouvrons	j'ouvrais	j'ai ouvert	j'ouvrirai
permettre erlauben	je permets	nous permettons	je permettais	j'ai permis	je permettrai
pouvoir können	je peux	nous pouvons	je pouvais	j'ai pu	je pourrai
prendre nehmen	je prends	nous prenons	je prenais	j'ai pris	je prendrai
promettre versprechen	je promets	nous promettons	je promettais	j'ai promis	je promettrai
recevoir erhalten	je reçois	nous recevons	je recevais	j'ai reçu	je recevrai
rejoindre zurückkehren	je rejoins	nous rejoignons	je rejoignais	j'ai rejoint	je rejoindrai
rire lachen	je ris	nous rions	je riais	j'ai ri	je rirai
savoir wissen/können	je sais	nous savons	je savais	j'ai su	je saurai
se souvenir sich erinnern	je me souviens	nous nous souvenons	je me souvenais	je me suis souvenu(e)	je me souviendrai
suivre folgen	je suis	nous suivons	je suivais	j'ai suivi	je suivrai
tenir halten	je tiens	nous tenons	je tenais	je suis venu(e)	je viendrai
venir kommen	je viens	nous venons	je venais	je suis venu(e)	je viendrai
vivre leben	je vis	nous vivons	je vivais	j'ai vécu	je vivrai
voir sehen	je vois	nous voyons	je voyais	j'ai vu	je verrai
vouloir wollen	je veux	nous voulons	je voulais	j'ai voulu	je voudrai

Vocabulaire

Lautzeichen

Vokale

[a]	madame; wie das deutsche *a.*
[e]	café, manger, regardez; geschlossenes *e*, etwa wie in *geben.*
[ɛ]	il fait, il met, il est, merci; offenes *ä*, etwa wie in *Ärger.*
[i]	il, quiche; geschlossener als das deutsche *i*, Lippen stark spreizen.
[ɔ]	l'école, alors; offenes *o*, offener als in *Loch.*
[ø]	deux, monsieur; geschlossenes *ö*, etwa wie in *böse.*
[o]	photo, allô; geschlossenes *o*, wie in *Rose.*
[œ]	sœur, neuf, heure; offenes *ö*, bei kurzem Vokal, etwa wie in *Röcke.*
[ə]	le, demain; der Laut liegt zwischen [œ] und [ø], näher bei [œ].
[u]	où; geschlossenes *u*, etwa wie in *Ufer.*
[y]	tu, rue; ähnlich dem deutschen *ü* in *Tüte.*

Nasalvokale

[ɛ̃]	un, chien, copain; nasales [ɛ]
[õ]	on, sont, nom; nasales [o]
[ɑ̃]	dans, je prends; nasales [ɑ]

Die Nasalvokale haben im Deutschen keine Entsprechung.

Beachte: *un, lundi:* Neben [ɛ̃] hört man in Frankreich auch [œ̃] = nasales [œ].

Konsonanten

[f]	frère; wie das deutsche *f* in *falsch.*
[v]	devant; wie das deutsche *w* in *werden.*
[s]	sœur, c'est, ça, rester, récréation; stimmloses *s*, wie in *Los*; als Anlaut vor Vokal ist *s* immer stimmlos.
[z]	phrase, maison, ils-arrivent, zéro; stimmhaftes *s*, wie in *Esel*; zwischen zwei Vokalen ist *s* stimmhaft.
[ʒ]	je, bonjour, géo; wie *j* in *Journalist.*
[ʃ]	je cherche; stimmloses *sch*, wie in *schön.*
[ɲ]	gagné; etwa wie in *Kognak.*
[ŋ]	in Wörtern aus dem Englischen, z. B. ping-pong.
[ʀ]	regarder; Zäpfchen-Reibelaut; wird auch am Wortende und vor Konsonant deutlich ausgesprochen.

Die nicht erwähnten Konsonanten sind den deutschen sehr ähnlich.
Bei [p], [b], [t], [d], [k], [g] ist jedoch darauf zu achten, dass sie ohne „Hauchlaut" gesprochen werden.

Halbkonsonanten

[j]	quartier; weicher als das deutsche *j* in *ja.*
[w]	oui, toi; flüchtiger [u]-Laut, gehört zum folgenden Vokal.
[ɥ]	cuisine, je suis, huit; flüchtiger [y]-Laut, gehört zum folgenden Vokal.

Das Alphabet, das Buchstabieren und die Zeichensetzung

A [a]	D [de]	G [ʒe]	J [ʒi]	M [ɛm]	P [pe]	S [ɛs]	V [ve]	Y [igʀɛk]
B [be]	E [ə]	H [aʃ]	K [ka]	N [ɛn]	Q [ky]	T [te]	W [dubləve]	Z [zɛd]
C [se]	F [ɛf]	I [i]	L [ɛl]	O [o]	R [ɛʀ]	U [y]	X [iks]	

.	le point	der Punkt		
?	le point d'interrogation	das Fragezeichen		
!	le point d'exclamation	das Ausrufezeichen		
,	la virgule	das Komma		
:	les deux points	der Doppelpunkt		
« »	les guillemets [legijmɛ]	die Anführungszeichen		

rue Sorbier	s'écrit	**en deux mots.**
rue	s'écrit	avec **une minuscule.**
Sorbier	s'écrit	avec **une majuscule.**
grand-mère	s'écrit	avec **un trait d'union.**
l'hôpital	s'écrit	avec **«l» apostrophe.**
arriver	s'écrit	avec **deux «r».**
café	s'écrit	avec **«e» accent aigu.**
très	s'écrit	avec **«e» accent grave.**
allô	s'écrit	avec **«o» accent circonflexe.**
ça	s'écrit	avec **«c» cédille.**

Hinweise zum *Vocabulaire*

Das **Vocabulaire** hat wie bisher drei Spalten.
Die **linke Spalte** zeigt die neuen Lernwörter in der Reihenfolge des Auftretens im Buch mit der Aussprache und Angaben zum Sprachgebrauch wie z. B. *fam.* für *familier.*

Die **mittlere Spalte** hilft dir beim Lernen der Vokabeln. Sie zeigt dir in Beispielsätzen eine typische Verwendung des neuen Wortes. Du findest dort auch nützliche Tipps, Erläuterungen, Hinweise.

In der **rechten Spalte** findest du die deutsche Bedeutung des neuen französischen Lernwortes bzw. Ausdrucks.

Decke die linke Spalte ab und versuche, das neue Wort aus den Angaben in der mittleren Spalte zu erschließen. Das französische Wort wird durch eine **Tilde** (~) ersetzt. Sie kann ein einzelnes Wort oder auch mehrere Wörter ersetzen. Verändert sich das Wort im Beispielsatz, so findest du in einer Fußnote die richtige Form.

In der *Liste des mots* …
findest du leicht alle Wörter und Ausdrücke der Lektionstexte (aus Band 1–4) und der Dossiertexte (aus Band 5) in alphabetischer Reihenfolge und zwar mit Lautschrift, der deutschen Übersetzung und Angabe der ersten „Fundstelle“.

Die deutsch-französische Wortliste …
führt die wichtigsten obligatorischen Lernwörter aus den Bänden 1 bis 5 ebenfalls in alphabetischer Reihenfolge.

Wichtiges Übungsvokabular …
findest du in der *Liste des mots* (S. 171).

Symbole und Abkürzungen

[!]	Achtung! Aufgepasst!	*ugs.*	umgangssprachlich
→	Vergleiche mit …	*vulg.*	*vulgaire* (= vulgär)
⟷	Achte auf den Unterschied zwischen …	*m.*	*masculin* (= maskulin)
=	Bedeutet … / Ist gleich …	*f.*	*féminin* (= feminin)
≠	Ist das Gegenteil von …	*sg.*	*singulier* (= Singular)
[F]	Französisch	*pl.*	*pluriel* (= Plural)
[D]	Deutsch	*qc*	*quelque chose* (= etwas)
[E]	Englisch	*qn*	*quelqu'un* (= jemand)
	Achte auf die Schreibung.	*jdn.*	jemanden
	Achte auf die Aussprache.	*jdm.*	jemandem
fam.	*familier* (= umgangssprachlich)	*jds.*	jemandes
frz.	französisch	⟨ ⟩	fakultativ

Dossier 1

A La musique que j'aime!

le **rock** [ləʀɔk]		der Rock/die Rockmusik
un **examen** [ɛ̃nɛgzamɛ̃]	Le bac est un ~ qu'on passe à la fin du lycée.	eine Prüfung
un **album**/des **albums** [ɛ̃nalbɔm/dezalbɔm]	Super, il y a deux CD dans le nouvel ~ de Superbus. Pluriel: des albums	ein Album
le **son** [ləsõ]	E sound	der Klang
un **clip** [ɛ̃klip]		ein Clip
Superbus [sypɛʀbys]		*frz. Rockgruppe*
composer qc [kõpoze]	Jennifer ~[1] les chansons du groupe Superbus.	etw. komponieren
anglophone/anglophone [ɑ̃glofɔn]	On parle anglais dans les pays ~[2].	englischsprachig
un **mouvement** [ɛ̃muvmɑ̃]	E a movement	eine Bewegung
la world [lawœʀld]		*Musikrichtung*
un **mélange** [ɛ̃melɑ̃ʒ]	Dans ce restaurant, on trouve un ~ de toutes les cuisines du monde.	eine Mischung
indien/indienne [ɛ̃djɛ̃/ɛ̃djɛn]		indisch

Im Frz. verweist das Adjektiv *indien* sowohl auf *Inder* als auf *Indianer.*

une **voix** [ynvwa]	E a voice	eine Stimme
rythmé/rythmée [ʀitme]	✎ **ry –**	rhythmisch
mélanger qc [melɑ̃ʒe]	Pour faire ma salade de fruits, je ~[3] des morceaux de pommes, de bananes et d'oranges.	etw. mischen
folklorique/folklorique [fɔlklɔʀik]	«Sur le pont d'Avignon» et «Frère Jacques» sont des chansons ~[4] françaises.	volkstümlich/Folklore-
inventer qc [ɛ̃vɑ̃te]		etw. erfinden
le Maghreb [ləmagʀɛb]	= la région du nord-ouest de l'Afrique où on parle arabe (Tunisie, Algérie, Maroc)	der Maghreb

Mit **le Maghreb** werden die drei nordafrikanischen Länder *Algerien, Marokko* und *Tunesien* bezeichnet. Diese waren früher frz. Kolonien, wodurch heute zahlreiche *maghrébins* in Frankreich leben.

Faudel [fodɛl]		*frz. Sänger*

Der Raïmusiker und Schauspieler **Faudel** Bellou wurde 1978 als Sohn algerischer Eltern im Pariser Vorort *Mantes-la-Jolie* geboren.
Der *petit prince du Raï* gilt als wichtiger algerischer Sänger der Gegenwart.

latino/latino [latino]		lateinamerikanisch

latino ist die Abkürzung von *latino-américain.*

---

[1] compose – [2] anglophones – [3] mélange
[4] folkloriques

Manu Chao [manytʃao]		*frz. Sänger*
avant de *(+ inf.)* [avɑ̃də]	Il faut toujours réfléchir ~[1]agir.	bevor/vor
une **carrière** [ynkaʀjɛʀ]		eine Karriere
une **carrière solo** [ynkaʀjɛʀsɔlɔ]		eine Solokarriere
l'Amérique du Sud [lameʀikdysyd]		Südamerika
Mano Negra [manɔnegʀa]		*frz. Popgruppe*

Mano Negra ist eine frz. Band, die 1987 durch *Manu Chao* gegründet wurde. *Manu Chao* ist heute vor allem auf Grund seiner erfolgreichen Solokarriere bekannt. *Mano Negra* fiel dadurch auf, dass sie eine Vielzahl verschiedener Musikstile miteinander kombinierten.

le **reggae** [ləʀɛgɛ]		der Reggae
un **rythme** [ʀ̃ɛʀitm]	→ rythmé – **ry** –	ein Rhythmus
brésilien/brésilienne [bʀeziljɛ̃/bʀeziljɛn]	– **é** –	brasilianisch
entier/entière [ɑ̃tje/ɑ̃tjɛʀ]	La France ~[2] s'intéresse aux élections présidentielles.	ganz
télécharger qc [teleʃaʀʒe]	Sur Internet, on peut ~ de la musique et des vidéos.	etw. herunterladen
Camille [kamij]		*frz. Sängerin*

Camille, geboren 1987 in *Paris,* ist eine frz. Sängerin, die sowohl für die Komposition als auch für die Texte ihrer Lieder verantwortlich ist.

une **façon** [ynfasõ]	Sonia aime la ~ de s'habiller des stars.	eine Art
discret/discrète [diskʀɛ/diskʀɛt]	Marie ne parle pas beaucoup, elle est très ~[3].	zurückhaltend
un **genre** [ɛ̃ʒɑ̃ʀ]	Quel ~ de musique est-ce que tu écoutes?	eine Art
Carla Bruni [kaʀlabʀyni]		*frz. Ex-Modell/Sängerin*

Carla Bruni, 1967 in Italien geboren, ist Musikerin und italienisch-französisches Ex-Model. Seit Februar 2008 ist sie mit dem frz. Staatspräsidenten *Nicolas Sarkozy* verheiratet.

Mickey 3D [mikɛtʀwade]		*frz. Sänger*
Jean-Jacques Goldman [ʒɑ̃ʒakgɔldman]		*frz. Sänger*
Vincent Delerm [vɛ̃sɑ̃dəlɛʀm]		*frz. Sänger*
une **tradition**		eine Tradition
Jacques Brel [ʒakbʀɛl]		*französischsprachiger Sänger (1929–1978)*

Jacques Brel (1929 – 1978) war ein französisch- und flämischsprachiger Chansonnier und Schauspieler, der schon zu Lebzeiten zum Mythos wurde. Obwohl eigentlich belgischer Herkunft, verkörperte er mit seinen zum Teil sozialkritischen Texten das frz. Chanson wie kaum ein anderer.

[1] avant d' – [2] entière – [3] discrète

Georges Brassens [ʒɔʀʒbʀasɛ̃s]		*frz. Sänger (1921 – 1981)*

> **Georges Brassens**
> *Georges Brassens* (1921 – 1981) war ein frz. Dichter und Schriftsteller, vor allem aber in den 1950er bis 1970er Jahren ein berühmter Chansonnier. *Brassens* gilt als Meister des literarisch anspruchsvollen Chansons in der frz. Kultur. Der Reiz seiner Chansons liegt in der einzigartigen Mischung aus der Sprache der klassischen frz. Poesie und des Argot.

Barbara [baʀbaʀa]		*frz. Sängerin (1930–1997)*
engagé/engagée [ɑ̃gaʒe]	Léa est une élève très ~[1] dans la vie de son école.	engagiert
dynamique/dynamique [dinamik]		dynamisch
dansant/dansante [dɑ̃sɑ̃/dɑ̃sɑ̃t]	→ la danse, danser	tanzend
une **génération** [ynʒeneʀasjɔ̃]	**– é – é –**	eine Generation
Renaud [ʀəno]		*frz. Sänger*

> **Renaud**
> *Renaud Séchan,* geboren 1952, ist ein frz. Komponist, Autor und Interpret von Chansons. Er gilt mit seinen oft kritischen Liedern in der Jugendsprache seit vielen Jahren als einer der populärsten Sänger Frankreichs.

Alain Souchon [alɛ̃suʃɔ̃]		*frz. Sänger*
Francis Cabrel [fʀɑ̃siskabʀɛl]		*frz. Sänger*
Serge Gainsbourg [sɛʀʒgɛ̃sbuʀ]		*frz. Sänger (1928–1991)*

> **Serge Gainsbourg**
> *Serge Gainsbourg* (1928 – 1991) war ein frz. Chansonnier, Komponist und Schriftsteller. Er galt in Frankreich als einer der einflussreichsten und kreativsten Sänger und Songschreiber seiner Epoche. *Gainsbourg* beeinflusste maßgeblich die frz. Populärmusik, aber auch das Kino und die Literatur.

un **compositeur**/une **compositrice** [ɛ̃kɔ̃pozitœʀ/ynkɔ̃pozitʀis]	→ composer	ein Komponist/eine Komponistin
flirter (avec qc/qn) [flœʀte]		(mit etw./jdm.) flirten/liebäugeln
le **jazz** [lədʒaz]		der Jazz
Zazie [zazi]		*frz. Popsängerin*
Gérald de Palmas [ʒeʀalddəpalmas]		*frz. Sänger*
représenter qc [ʀəpʀezɑ̃te]	Quel groupe va ~ la France à l'Eurovision?	etw. repräsentieren
au départ [odepaʀ]	→ partir, le départ	anfangs
IAM [aiam]		*frz. Hip-Hop-Gruppe*
NTM [ɛnteɛm]		*frz. Rap-Gruppe*
suivre qc [sɥivʀ]	→ suivant Léa ~[2] toutes les tendances de la mode.	etw. verfolgen
la **presse** [lapʀɛs]	= les journaux et les magazines	die Presse

[1] engagée – [2] suit

spécialisé/spécialisée [spesjalize]	✎ – **éc** –	spezialisiert
Skyrock [skaiʀɔk]		*frz. Musiksender*
113 [sɑ̃tʀɛz]		*frz. Rap-Gruppe*
Passi [pasi]		*frz. Hip-Hop-Sänger*
excessif/excessive [ɛksɛsif/ɛksɛsiv]	✎ – **c** –	exzessiv/übertrieben
l'humour *(m.)* [lymuʀ]	David a beaucoup d'~. Il raconte beaucoup d'histoires drôles.	der Humor
même si … [mɛmsi]	Il faut écouter les autres, ~ on n'est pas d'accord avec eux.	sogar … wenn
macho [matʃo]	Un homme ~, c'est quelqu'un qui ne respecte pas les femmes.	machohaft
Diam's [djams]		*frz. Rap-Sängerin*

Die Sängerin *Mélanie Georgiades*, genannt **Diam's**, wurde 1980 auf Zypern geboren und kam im Alter von 4 Jahren mit ihrer Mutter nach Frankreich. Sie wurde 2003 durch ihre Single *DJ* einem größeren Publikum bekannt.

violent/violente [vjɔlɑ̃/vjɔlɑ̃t]	→ la violence	brutal/gewalttätig
le **racisme** [ləʀasism]	→ ✎ – **c** –	der Rassismus
appartenir à qc [apaʀtəniʀ]		zu etw. gehören
contestataire/contestataire [kɔ̃tɛstatɛʀ]	En 1968, il y a eu un grand mouvement ~ en France.	oppositionell; *hier:* Protest-
MC Solaar [ɛmsesɔlaʀ]		*frz. Rap-Sänger*

MC Solaar, geb. am 5. März 1969 in Dakar, Senegal, ist einer der bekanntesten frz. Rap-Musiker. Durch weniger aggressive Texte hat er den Hip-Hop in Frankreich „salonfähig" gemacht.

musical/musicale [myzikal]		musikalisch
un **style musical** [ɛ̃stilmyzikal]	Quels sont tes ~[1] préférés?	ein Musikstil
la **soul** [lasɔul]		der Soul

atelier

3 une **biographie** [ynbjɔgʀafi]	✎ [!] – **ph** –	eine Biografie
un **connecteur** [ɛ̃kɔnɛktœʀ]	[E] to connect	ein Bindeglied
structurer qc [stʀyktyʀe]		etw. gliedern
5 **fort/forte** [fɔʀ/fɔʀt]	La musique de ta radio est trop ~[2], je ne peux pas travailler!	stark
doux/douce [du/dus]	⟷ fort	zart
lent/lente [lɑ̃/lɑ̃t]	⟷ rapide	langsam

[1] styles musicaux – [2] forte

B Jeune demoiselle

une **jeune demoiselle** [ynʒœndəmwazɛl]		eine junge Frau

> Man unterscheidet in Frankreich zwischen *une dame* (→ *madame* in der Anrede) für Frauen und *une demoiselle* (→ *mademoiselle* in der Anrede) für jüngere Frauen.

rechercher qn [ʀəʃɛʀʃe]	→ chercher	jdn. suchen
un **sourire** [ɛ̃suʀiʀ]	Papa a un joli ~ sur cette photo.	ein Lächeln
Jamel (Debbouze) [ʒamɛl]		*frz. Schauspieler und Kabarettist marokkanischer Herkunft*

atelier

2 un **synonyme** [ɛ̃sinɔnim]		ein Synonym
une **meuf** *(fam.)* [ynmœf]		eine Frau *(ugs.)*

> In der "Insidersprache" *verlan (= l'en-vers)* werden mit dem Ziel der Verfremdung die Silben vertauscht. So wird aus *l'envers* ⟷ *verlan* und zum Beispiel aus *Laisse tomber!* ⟷ *Laisse béton!* Und aus *une femme* wird *une meuf.*

Dossier 2

A Famille, je vous aime!

une **famille recomposée** [ynfamijʀəkõpoze]	= Une nouvelle famille, où le mari et la femme apportent leurs propres enfants.	eine Patchworkfamilie
un **couple** [ɛ̃kupl(ə)]	Un mari et sa femme forment un ~.	ein (Ehe)Paar
divorcer [divɔʀse]	E to divorce	sich scheiden lassen
reformer qc [ʀəfɔʀme]	→ former	etw. wiederherstellen
le **beau-père** [ləbopɛʀ]	! *beau-père* bedeutet entweder *Stiefvater* oder *Schwiegervater.*	der Stiefvater
une **demi-sœur** [yndəmisœʀ]		eine Halbschwester
la **moyenne** [lamwajɛn]	En ~, les Français regardent la télévision trois heures par jour.	der Durchschnitt
un **domicile** [ɛ̃dɔmisil]	D Domizil – c –	ein Wohnsitz
le **domicile familial** [lədɔmisilfamiljal]		der elterliche Wohnsitz/das Elternhaus
Ma mère aimerait que je parte.		Meine Mutter möchte, dass ich weggehe/ausziehe.
tout à fait [tutafɛ]	Tu as raison. Je suis ~ d'accord avec toi.	ganz/völlig/vollkommen

c'est-à-dire [setadiʀ]		das heißt
autant de … que de … [otɑ̃də]	Dans ma classe, il y a ~ garçons ~ filles: 15 garçons et 15 filles.	so viel/viele … wie …
à mi-temps [amitɑ̃]	demi → mi	halbtags
faire attention à qc [fɛʀatɑ̃sjɔ̃a]		auf etw. aufpassen
une **dépense** [ydepɑ̃s]	→ dépenser	eine Ausgabe
les **congés payés** *(m., pl.)* [lekɔ̃ʒepɛje]		der bezahlte Urlaub

Das Wort **congé** ist der offizielle Begriff in der Arbeitswelt, um die *vacances* zu bezeichnen. Man sagt *prendre des congés* für „Urlaub nehmen". Die ersten **congés payés** gab es offiziell in Frankreich im Jahre 1936. Damit begann auch die Zeit des Massentourismus. Seit 1982 beträgt die Anzahl der bezahlten Urlaubstage für Angestellte 25 Tage pro Jahr.

un **écolier**/une **écolière** [ɛ̃nekɔlje/ynekɔljɛʀ]	→ une école	ein Schüler/eine Schülerin
un **collégien**/une **collégienne** [ɛ̃kɔleʒjɛ̃/ynkɔleʒjɛn]	→ un collège	ein Schüler/eine Schülerin des Collège
pour que *(+ subj.)* [puʀkə]		damit
un **animal**/des **animaux** [ɛ̃nanimal/dezanimo]	E animal	ein Tier/Tiere
un **oiseau**/des **oiseaux** [ɛ̃nwazo/dezwazo]	J'aime entendre les ~[1] chanter.	ein Vogel/Vögel
un **rongeur**/des **rongeurs** [ɛ̃ʀɔ̃ʒœʀ/deʀɔ̃ʒœʀ]		ein Nagetier
un **refuge** [ɛ̃ʀəfyʒ]	J'ai perdu mon chien, je vais aller voir au ~ si on l'a trouvé.	ein Tierheim
abandonner qn/qc [abɑ̃dɔne]	N'~[2] pas ton chien, donne-le à un ami!	jdn./etw. verlassen/aussetzen
condamner qc [kɔ̃dane]	En Europe, on ~[3] le travail des enfants.	etw. verurteilen/verbieten
l'**abandon** *(m.)* [labɑ̃dɔ̃]	→ abandonner	das Aussetzen
une **prison** [ynpʀizɔ̃]	E prison	ein Gefängnis
une **amende** [ynamɑ̃d]	Pia allait trop vite sur l'autoroute: elle a eu une ~ de 100 €.	eine Geldstrafe
pourtant [puʀtɑ̃]	Je n'ai pas eu une bonne note à l'interro, ~ j'avais bien révisé la leçon.	dennoch/trotzdem
un **bord** [ɛ̃bɔʀ]	sur le bord de = au bord de	ein Rand/eine Kante

atelier

B Sans famille

attraper qc [atʀape]	Notre chat ~[4] des oiseaux, mais il ne les mange pas.	etw. (ein)fangen/erwischen

[1] oiseaux – [2] abandonne – [3] condamne
[4] attrape

tendre la main à qn [tɑ̃dʀlamɛ̃]	= aider qn	jdm. die Hand reichen

tendre
je tends, tu tends, il/elle/on tend,
nous tendons, vous tendez, ils/elles tendent
j'ai **tendu**

serrer la main à qn [sɛʀelamɛ̃]	Tu fais la bise à M. Morel? – Non, je lui ~[1] la main!	jdm. die Hand schütteln
obliger qn à faire qc [ɔbliʒe]	→ D obligatorisch Ma mère m'~[2] à ranger ma chambre tous les soirs.	jdn. zwingen etw. zu tun

obliger
j'oblige, tu obliges, il/elle/on oblige,
nous obligeons, vous obligez, ils/elles obligent,
j'ai obligé

un **matelas** [ɛ̃matla]		eine Matratze
une **moitié** [ynmwatje]	Quelle est la ~ de 100? – C'est 50.	eine Hälfte
s'asseoir [saswaʀ]		sich setzen

s'asseoir
je **m'assois**, tu **t'assois**, il/elle/on **s'assoit**,
nous **nous asseyons**, vous **vous asseyez**, ils/elles **s'assoient**,
je **me** suis **assis(e)**

dessus [dəsy]		darauf
humide/humide [ymid]	E humid En automne, le temps est souvent froid et ~.	feucht
se pencher [səpɑ̃ʃe]	Attention! Ne pas ~ par la fenêtre!	sich vorbeugen
une **demi-baguette** [yndəmibagɛt]	= 50 % d'une baguette :-))	ein halbes Baguette
jeter qc [ʒ(ə)te]	Ces gens ~[3] l'argent par les fenêtres. = Ils dépensent beaucoup d'argent.	etw. werfen/wegwerfen

jeter
je jette, tu jettes, il/elle/on jette,
nous jetons, vous jetez, ils/elles jettent,
j'ai jeté

se taire [sətɛʀ]	= ne rien dire	schweigen

se taire
je me tais, tu te tais, il/elle/on se tait,
nous nous taisons, vous vous taisez, ils/elles se taisent,
je me suis **tu(e)**

[1] serre – [2] oblige – [3] jettent

observer qn/qc [ɔpsɛʀve]		jdn./etw. beobachten
plus …, plus … [ply … ply]	~ j'écoute cette chanson, ~ je l'aime.	je mehr … desto …
avoir l'impression de faire qc [avwaʀlɛ̃pʀɛsjɔ̃dəfɛʀ]	J'~[1] connaître cette fille. – Mais oui, elle était à l'anniversaire de ma sœur.	den Eindruck haben etw. zu tun
se moquer de qc/qn [səmɔke]	Arrête de ~[2] moi!	sich über etw./jdn. lustig machen/auf etw./jdn. pfeifen
complètement [kɔ̃plɛtmɑ̃]	J'ai ~ oublié mon rendez-vous, je n'y pensais plus du tout!	vollständig
Ça n'existe pas. [sanɛgzistəpa]		Das gibt's nicht.
le mien/la mienne [ləmjɛ̃/lamjɛn]	A qui est ce CD? – C'est ~.	der/die meinige/meiner/meine
une **larme** [ynlaʀm]		eine Träne

atelier

2 la **pauvreté** [lapovʀəte]	Cette famille n'a plus d'argent: elle vit dans la ~.	die Armut

Dossier 3

A Le cinéma en fête

Europe 2 [øʀɔpdø]		*frz. Radiosender*
un **partenaire**/une **partenaire** [ɛ̃paʀtənɛʀ/ynpaʀtənɛʀ]		ein Partner/eine Partnerin
suivre qc [sɥivʀ]	→ suivant	*hier:* etw. verfolgen
un **événement** [ɛ̃nevɛnmɑ̃]	E an event	ein Ereignis
en direct [ɑ̃diʀɛkt]		direkt; *hier:* live
suivre qc en direct [sɥivʀkɛlkəʃozɑ̃diʀɛkt]	J'ai ~[3] le match de foot ~[4] à la télévision.	etw. live verfolgen
annoncer qc [anɔ̃se]	D annoncieren	etw. ankündigen
Leïla Bekhti [leilabɛkti]		*frz. Schauspielerin*

Leïla Bekhti
Leïla Bekhti ist eine junge Schauspielerin algerischer Herkunft (1984 in *Paris* geboren). In ihrem ersten Film *«Sheitan»* (2006) spielt sie eine *Beurette* (Tochter von Einwanderern aus dem *Maghreb*).

une **génération** [ynʒeneʀasjɔ̃]	– é – é –	eine Generation
une **carrière** [ynkaʀjɛʀ]	– è –	eine Karriere
Sheitan [ʃɛitan]		*frz. Film*
timide/timide [timid]		schüchtern
un **agent** [ɛ̃naʒɑ̃]		*hier:* ein Agent
Quais de Seine [kɛdəsɛn]		*frz. Film*

[1] ai l'impression de – [2] te moquer de – [3] suivi [4] en direct

un **musulman**/une **musulmane** [ɛ̃myzylmɑ̃/ynmyzylman]	Malika est une ~[1].	ein Muslim/eine Muslimin
un **voile** [ɛ̃vwal]		ein Kopftuch
l'**origine** *(f.)* [lɔʀiʒin]		die Herkunft/der Ursprung
algérien/algérienne [alʒeʀjɛ̃/alʒeʀjɛn]		algerisch
kabyle/kabyle [kabil]		kabylisch

Die **Kabylei** *(la Kabylie)* ist eine Region im Norden Algeriens.

une **influence** [ynɛ̃flyɑ̃s]	E an influence	ein Einfluss
un **téléfilm** [ɛ̃telefilm]		ein Fernsehfilm
Harkis [aʀkis]		*frz. Film*

Harkis ist ein frz. Film, der das Schicksal der *Harkis* berichtet. Die *Harkis* waren frz. Soldaten algerischer Herkunft, die während des algerischen Unabhängigkeitskriegs (1957-1962) auf der Seite Frankreichs gekämpft haben.

Pour l'amour de Dieu [puʀlamuʀdədjø]		*frz. Film*
passer un film (sur …) [paseɛ̃filmsyʀ]	Sur quelle chaîne on ~[2] avec Jean Reno?	einen Film ausstrahlen (auf …)
ARTE [aʀte]		*dt. -frz. Fernsehsender*

ARTE ist ein deutsch-französischer Kultursender, der 1992 gegründet wurde.

celui-là/celle-là/ceux-là/celles-là [səlɥila/sɛlla/søla/sɛlla]		jener/jene
accepter qc [aksɛpte]	E to accept	etw. akzeptieren
un **cliché** [ɛ̃kliʃe]		ein Klischee
un **beur**/une **beur/beurette** *(ugs.)* [ɛ̃/ynbœʀ/bœʀɛt]		ein/eine Beur *(Kind nordafrikanischer Einwanderer)*

Beur (mit der weiblichen Form *beurette*) ist ursprünglich ein Ausdruck aus der *Verlan*-Sprache. Durch Vertauschen der Silben des Wortes *arabe* entsteht *beu-ra-a*, was dann verschmolzen *beur* ergibt.

garder qn [gaʀde]	Quand nous ne sommes pas là, notre chien ~[3] la maison.	jdn. beschützen/bewachen
garder qn à la maison [gaʀdekɛlkɛ̃alamɛzɔ̃]	Sonia est malade: ses parents la ~[4].	jdn. zuhause behalten
surveiller qn/cq [syʀvɛje]	Les policiers ~[5] notre rue parce que des voleurs sont déjà venus dans le quartier.	jdn./etw. überwachen
ouvrir qc [uvʀiʀ]	Un grand cuisinier ~[6] un restaurant dans notre rue.	etw. aufmachen/eröffnen
une **occasion** [ynɔkazjɔ̃]		eine Gelegenheit

---

[1] musulmane – [2] passe le film – [3] garde
[4] gardent à la maison – [5] surveillent – [6] a ouvert

atelier

1	un **carnet-passeport** [ɛ̃kaʀnɛpaspɔʀ]		eine Kinodauerkarte
3	**juif/juive** [ʒɥif/ʒɥiv]	[E] jewish	jüdisch
	mignon/mignonne [miɲɔ̃/miɲɔn]	Ces petits chats sont tellement ~[1]!	hübsch
	un **bar** [ɛ̃baʀ]		ein Café

Un **bar** ist in Frankreich keine Bar im Sinne von Nachtbar, sondern eine Kneipe, in der man – meistens direkt am Tresen – einen Café oder einen Aperitif nimmt.

4	le **plein tarif** [ləplɛ̃taʀif]	J'ai plus de 25 ans et moins de 65 ans, je ne suis pas étudiant et je travaille, alors je paie toujours ~!	der volle Preis
	la **science-fiction** [lasjɑ̃sfiksjɔ̃]		die Science-Fiction
	une **comédie** [ynkɔmedi]	[E] a comedy	eine Komödie

B Paris je t'aime: Quais de Seine

un **quai** [ɛ̃kɛ]		ein Kai
les quais de Seine [lekɛdəsɛn]		die Seine-Ufer
s'amuser à faire qc [samyzeafɛʀ]	Johann s'est ~[2] relire tous ses Astérix.	etw. zum Spaß tun
draguer qn *(fam.)* [dʀage]	Wörtlich heißt das frz. Wort *anbaggern!*	jdn. anmachen/mit jdm. flirten *(ugs.)*
une **mosquée** [ynmɔske]		eine Moschee

atelier

1	un **personnage** [ɛ̃pɛʀsɔnaʒ]	→ une personne	eine Person/Figur
4	un **film policier** [ɛ̃filmpɔlisje]	Marla adore les ~[3].	ein Krimi(nalfilm)
	une **tragédie** [yntʀaʒedi]	[E] a tragedy	eine Tragödie
	un **dessin animé** [ɛ̃dɛsɛ̃anime]	Mon cousin n'aime que les ~[4] japonais.	ein Zeichentrickfilm
	l'action *(f.)* [laksjɔ̃]	L'action du film *Paris je t'aime* se passe à Paris.	die Handlung
	logique/logique [lɔʒik]		logisch
	clair/claire [klɛʀ]	[E] clear	klar
	bien construit/construite [bjɛ̃kɔ̃stʀɥi/kɔ̃stʀɥit]		gut konstruiert
	principal/principale [pʀɛ̃sipal]	Le personnage ~ est joué par un acteur célèbre.	wichtigster/wichtigste

[1] mignons – [2] amusé à – [3] films policiers
[4] dessins animés

un **acteur principal**/ une **actrice principale** [ɛ̃naktœʀ/ynaktrispʀɛ̃sipal]		ein Hauptdarsteller/eine Hauptdarstellerin
naturel/naturelle [natyʀɛl]	⟷ artificiel	natürlich
artificiel/artificielle [aʀtifisjɛl]	⟷ naturel	künstlich
touchant/touchante [tuʃɑ̃/tuʃɑ̃t]	Je trouve cette scène très ~[1].	bewegend/rührend
un **effet spécial**/des **effets spéciaux** [ɛ̃nefɛspesjal/ dezefɛspesjo]		ein Spezialeffekt
un **oscar** [ɛ̃nɔskaʀ]		ein Oskar *(die bekannteste Filmtrophäe)*
une **palme** [ynpalm]		eine (Sieges-)Palme *(bekannter Filmpreis)*

Dossier 4

A Paris ne s'est pas construite en un jour ...

Lutèce [lytɛs]		*früherer Name von Paris*
une **métropole** [ynmetʀɔpɔl]		eine Großstadt/Weltstadt
un **Parisien** /une **Parisienne** [ɛ̃paʀizjɛ̃/ynpaʀizjɛn]	→ Paris	ein Pariser/eine Pariserin
Saint-Michel-Notre-Dame [sɛ̃miʃɛlnɔtʀədam]		*Pariser Metrostation*
une **cathédrale** [ynkatedʀal]	– c –	eine Kathedrale/ein Dom
un **terrain de foot** [ɛ̃teʀɛ̃d(ə)fut]		ein Fußballfeld
peser [pəze]	Combien ~[2] ton sac à dos? Il a l'air lourd!	wiegen

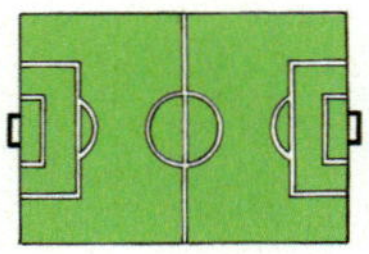

peser:
je pèse, tu pèses, il/elle/on pèse,
nous pesons, vous pesez, ils/elles pèsent,
j'ai **pesé**

une **tonne** [yntɔn]	La tour Eiffel pèse 10 000 ~[3].	eine Tonne
utiliser qc [ytilize]	Nous ~[4] notre voiture seulement quand nous ne pouvons pas prendre le train ou le métro.	etw. gebrauchen/verwenden
le **bronze** [ləbʀɔ̃z]	D	die Bronze
mesurer qc [məzyʀe]	La tour Eiffel ~[5] 312 mètres en 1889.	etw. messen
une **distance** [yndistɑ̃s]	La ~ entre Paris et Berlin est de 1000 kilomètres.	eine Entfernung
Saint-Paul [sɛ̃pɔl]		*Pariser Metrostation*
un **siècle** [ɛ̃sjɛkl]	= 100 ans	ein Jahrhundert

[1] touchante – [2] pèse – [3] tonnes – [4] utilisons
[5] mesurait

Henri IV [ɑ̃ʀikatʀ]		*frz. König von 1598 bis 1610*

> **Henri IV**, geb. 1553 in *Pau*, war von 1589 bis zu seinem Tod 1610 König von Frankreich und Navarra. Er baute das von den Bürgerkriegen zerrüttete Land wieder auf und formte die Grundlagen für den frz. Einheitsstaat. Das *Edikt von Nantes* sicherte den frz. Protestanten freie Religionsausübung zu und war einer der wichtigsten Erlasse seiner Regierungszeit.

protestant/protestante [pʀɔtɛstɑ̃/pʀɔtɛstɑ̃t]		protestantisch
catholique/catholique [katɔlik]		katholisch
la place des Vosges [laplasdevoʒ]		*Platz in Paris*
carré/carrée [kaʀe]	Ma chambre est ~[1]: elle fait 3 mètres sur 3.	quadratisch
identique/identique [idɑ̃tik]	Ces deux frères sont ~[2]: on ne peut pas faire la différence entre eux.	identisch
La Bastille [labastij]		*ehemaliges Gefängnis von Paris*
une **révolution** [ynʀevɔlysjɔ̃]		eine Revolution
servir de qc [sɛʀviʀdə]	La cantine de notre lycée est très grande. Elle ~[3] aussi ~ salle pour les fêtes. → se servir	als etw. dienen
une **prison** [ynpʀizɔ̃]		ein Gefängnis
un **signal**/des **signaux** [ɛ̃siɲal/desiɲo]	La police nous fait des ~[4], arrêtons-nous!	ein Signal/Zeichen
Louis XVI [luisɛz]		*frz. König von 1774 bis 1792*

> **Louis XVI** (*1754 in *Versailles*, † 1793 in *Paris*) war von 1774 bis 1791 König von Frankreich und Navarra, von 1791 bis 1792 König der Franzosen in einer konstitutionellen Monarchie. Nach dem Sturm auf die Tuilerien am 10. August 1792 wurde er abgesetzt und vor der Nationalversammlung des Hochverrats angeklagt und für schuldig befunden. Am 21. Januar 1793 wurde er als Bürger *Louis Capet* enthauptet.

Marie-Antoinette [maʀiɑ̃twanɛt]		*frz. Königin (*1755, † 1793)*

> Am 16. Mai 1770 heiratete der 15-jährige Kronprinz *Louis* (der spätere *Louis XVI*) zur Festigung des französisch-österreicherischen Bündnisses die ein Jahr jüngere habsburgische Prinzessin **Marie-Antoinette**. Sie bestiegen im Jahre 1774 nach dem Tod von *Louis XV* den Königsthron im Schloss *Versailles*. Im Zuge der Französischen Revolution wurde *Marie-Antoinette* des Hochverrats und der Unzucht für schuldig befunden und am 16.Oktober 1793 hingerichtet.

guillotiner qn [ʒijɔtine]	Depuis 1977, on ne ~[5] plus en France.	jdn. guillotinieren/mit der Guillotine hinrichten

[1] carrée – [2] identiques – [3] sert ... de
[4] signaux – [5] guillotine

inaugurer qc [inogyʀe]	On a ~[1] la tour Eiffel le 31 mars 1889.	etw. eröffnen
l'**opéra** *(m.)* [lɔpeʀa]	A Paris, il y a deux grands ~[2]: le palais Garnier et l'Opéra Bastille.	die Oper
l'Opéra Bastille [lɔpeʀabastij]		*Pariser Oper*

L'Opéra Bastille ist das modernere von zwei Opernhäuser in Paris. Es wurde benannt nach der *Place de la Bastille*, wo das Pariser Stadtgefängnis *la Bastille* stand.

Charles de Gaulle-Etoile [ʃaʀldəgɔletwal]		*Pariser Metrostation*
l'**empire** *(m.)* [lɑ̃piʀ]		Kaiserreich
Napoléon Ier [napɔleɔ̃pʀəmje]		Napoleon Bonaparte

Napoléon Bonaparte (* 15. August 1769 in *Ajaccio* auf Korsika, † 5. Mai 1821 auf St. Helena im Süd-Atlantik) war ein frz. Staatsmann und Feldherr. Aus korsischer Familie stammend stieg *Bonaparte* während der frz. Revolution in der Armee auf. Durch den Staatsstreich vom 18. *Brumaire* übernahm er die Macht in Frankreich. Er war von 1799 bis 1804 als Erster Konsul der Französischen Republik und anschließend bis 1814 als **Napoleon Ier,** Kaiser der Franzosen. Der katastrophale Feldzug nach Russland führte letztlich zum Ende der Herrschaft von *Napoléon*. Nach einer kurzen Phase der Verbannung auf *Elba* kehrte er für hundert Tage an die Macht zurück. In der Schlacht von *Waterloo* wurde er endgültig besiegt und zuletzt bis zu seinem Lebensende auf die Insel *St. Helena* verbannt.

marquer qc [maʀke]	Napoléon Ier a beaucoup ~[3] l'histoire de l'Europe.	etw. markieren/kennzeichnen
une **armée** [ynaʀme]		eine Armee
napoléonien/napoléonienne [napɔleɔnjɛ̃/napoleɔnjɛn]	→ Napoléon	napoleonisch
être situé(e) [ɛtʀsitɥe]	Notre-Dame de Paris ~[4] sur l'île de la Cité.	liegen
au milieu de qc [ɔmiljødə]		mitten auf/in/inmitten von etw.
Charles de Gaulle [ʃaʀldəgɔl]		*frz. Staatspräsident von 1958 bis 1969*

Charles de Gaulle war ein frz. General und Politiker. Im Zweiten Weltkrieg führte er den Widerstand des *Freien Frankreichs* gegen die deutsche Besatzung an und war danach von 1944 bis 1946 Chef der Übergangsregierung. Im Zuge der Algerienkrise wurde er 1958 mit der Bildung einer Regierung beauftragt und setzte eine Verfassungsreform durch, mit der die *Fünfte Republik* begründet wurde, deren Präsident er von 1959 bis 1969 war.

---

[1] inauguré – [2] opéras – [3] marqué – [4] est située

le **président de la République** [ləpʀezidɑ̃dəlaʀepyblik]		der Staatspräsident

Der **président de la République** ist das Staatsoberhaupt Frankreichs und wird für die Dauer einer fünfjahrigen Amtszeit in Direktwahl vom Volk gewählt. Die Aufgaben und Kompetenzen des *président de la République* sind mit denen des Bundeskanzlers/der Bundeskanzlerin vergleichbar.

un **événement** [ɛ̃nevɛnmɑ̃]	[E] an event	ein Ereignis
Abbesses [abɛs]		*Pariser Metrostation*
une **butte** [ynbyt]		ein Hügel
un **mur** [ɛ̃myʀ]	Le ~ de Berlin est tombé en 1989.	eine Mauer
François Mitterrand [fʀɑ̃swamitəʀɑ̃]		*frz. Staatspräsident von 1981 bis 1995*

Der sozialistische Politiker **François Mitterrand** (* 26. Oktober 1916 in *Jarnac, Charente,* † 8. Januar 1996 in *Paris)* war von 1981 bis 1995 frz. Staatspräsident.

un **institut** [ɛ̃nɛ̃stity]		ein Institut
l'Institut du monde arabe [lɛ̃stitydymɔ̃daʀab]		*Pariser Kulturzentrum im 5. Arrondissement*

Das interkulturelle **Institut du Monde Arabe** (IMA) wurde in *Paris* eingerichtet, um das Verständnis zwischen Frankreich und der arabischen Welt zu fördern. Es wurde 1980 auf Veranlassung des damaligen Staatspräsidenten *Valéry Giscard d'Estaing* in *Paris* gegründet und 1987 während der Präsidentschaft *François Mitterrands* erbaut.

une **pyramide** [ynpiʀamid]	[!]	eine Pyramide
le Louvre [ləluvʀ]		*größtes Pariser Museum*

Die ehemalige Festung **Louvre** wurde erst im 16. Jahrhundert zur bewohnbaren Königsresidenz ausgebaut. Nach dem Umzug des Königshofes unter *Louis XIV* nach *Versailles* wurde der *Louvre* erst in der Zeit der frz. Revolution als Museum genutzt und ist heute eines der größten und bedeutendsten Museen der Welt.

la pyramide du Louvre [lapiʀamiddyluvʀ]		die Louvre-Pyramide

Die **Glaspyramide** im Innenhof des **Louvre** wurde im Zuge der von *François Mitterrand* in Auftrag gegebenen Renovierung vom Architekten *Ieoh Ming Pei* gebaut und dient seit 1989 als Haupteingang zum Museum. Sie ist mittlerweile zu einem Wahrzeichen der Stadt *Paris* geworden.

la Grande Arche de la Défense [lagʀɑ̃daʀʃdəladefɑ̃s]		*modernes Bürogebäude im Pariser Stadtviertel La Défense*

> Die **Grande Arche** (deutsch: *der große Bogen*) ist ein modernes würfelförmiges Bauwerk in Form eines Triumphbogens im Pariser Vorort *La Défense.* Dieser neue Triumphbogen bildet den westlichen Punkt der *Avenue,* die zusammen mit dem bekannteren *Arc de Triomphe* und dem *Arc de Triomphe du Carrousel,* der sich zwischen dem *Jardin des Tuileries* und dem *Louvre* befindet, eine Gerade bildet.

la BNF *(= la Bibliothèque nationale de France)* [labeɛnɛf]		*frz. Nationalbibliothek*

> Die neue **BNF** *(=Bibliothèque nationale de France)* wurde 1996 eröffnet und trägt zu Ehren ihres Initiators auch den Namen *Bibliothèque nationale François Mitterrand.* Die vier Ecken des Gebäudes sind L-förmig angeordnet symbolisieren jeweils ein aufgeschlagenes Buch.

dater de … [datedə]	Le mail de Charlotte ~[1] de mercredi dernier.	stammen aus …/sein von …
un **quartier d'affaires** [ɛ̃kaʀtjedafɛʀ]		ein Geschäftsviertel

atelier

2 un **rapport** [ɛ̃ʀapɔʀ]	Il y a souvent un ~ entre le nom d'une station de métro et la rue où elle se trouve.	ein Bezug
3 un **record** [ɛ̃ʀəkɔʀ]	✎ – c –	ein Rekord
un **toit** [ɛ̃twa]	Quand j'étais étudiante à Paris, je vivais dans une petite chambre sous les ~[2]. 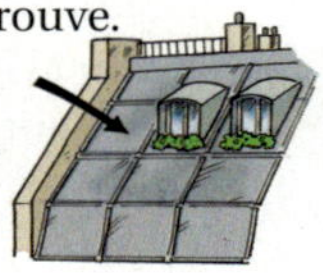	ein Dach
4 une **statue** [ynstaty]		eine Statue
une **bouche** [ynbuʃ]		ein Mund
La Joconde [laʒɔkɔ̃d]		Mona Lisa *(berühmtes Gemälde von Leonardo da Vinci)*
une **peinture** [ynpɛ̃tyʀ]	→ un peintre	ein Gemälde

B Paris bouge: Plus d'un siècle de métro

un **ingénieur** [ɛ̃nɛ̃ʒenjœʀ]	✎ – é –	ein Ingenieur
électrique/électrique [elɛktʀik]	Les voitures ~[3] font moins de bruit et sont plus propres.	elektrisch
relier qc [ʀəlje]	La ligne de TGV-Est ~[4] Paris à Strasbourg.	etw. verbinden
Météor [meteɔʀ]		*Name einer Metrolinie in Paris*
un **milliard** [ɛ̃miljaʀ]		eine Milliarde
un **passager**/une **passagère** [ɛ̃pasaʒe/ynpasaʒɛʀ]	E passenger	ein Passagier/Fahrgast

[1] date – [2] toits – [3] électriques – [4] relie

un **record** [ɛ̃ʀəkɔʀ]		ein Rekord
un **moyen de transport** [ɛ̃mwajɛ̃dətʀɑ̃spɔʀ]	Le bus, la voiture, le train, l'avion et le vélo sont les ~[1] les plus utilisés.	ein Transportmittel
le **RER** (= *Réseau Express Régional)* [ləɛʀəɛʀ]		*Schnellbahnverbindung nach Paris*

RER ist die Abkürzung von *Réseau Express Régional.* Diese Schnellbahn verbindet die *Banlieue* mit der Metropole *Paris.*

la **fréquentation** [lafʀekɑ̃tasjɔ̃]		die Frequentierung/Nutzung
environ [ɑ̃viʀɔ̃]	~ 2 millions de personnes habitent à Paris.	ungefähr
un **trou** [ɛ̃tʀu]		ein Loch
jusque [ʒyskə]	Le mardi, j'ai cours ~[2] à 17 heures.	bis
une **machine** [ynmaʃin]		eine Maschine
valider qc [valide]	→ la valeur	etw. gültig machen
un **centime** [ɛ̃sɑ̃tim]		ein Centime *(alte Währung)*
moderne/moderne [mɔdɛʀn]		modern
automatique/automatique [ɔtɔmatik]		automatisch
un **conducteur**/ une **conductrice** [ɛ̃kɔ̃dyktœʀ/ynkɔ̃dyktʀis]	→ conduire	ein Fahrer/eine Fahrerin
rouler [ʀule]	En France, les voitures ~[3] à droite.	fahren
mondial/mondiale [mɔ̃djal]	→ le monde	welt-
un **record mondial** [ɛ̃ʀəkɔʀmɔ̃djal]		ein Weltrekord
la RATP *(= Régie Autonome des Transports Parisiens)* [laɛʀatepe]		*Netz der öffentlichen Verkehrsmittel in Paris*
neuf/neuve [nœf/nœv]		neu

atelier

3 **ramener qc** [ʀamne]	Nous avions perdu notre chien, mais quelqu'un l'a trouvé et nous l'a ~[4] à la maison.	etw. zurückbringen
un **pickpocket** [ɛ̃pikpɔkɛt]	E	ein Taschendieb

[1] moyens de transport – [2] jusqu' – [3] roulent
[4] ramené

Dossier 5

A Tous «accros» aux médias?

un/une **accro** *(fam.)* [ɛ̃/ynakro]	Abk. von *accroché* = aufgehängt, im Sinne von *festgeklammert*	ein Fan/Junkie *(ugs.)*
un **ordi** *(fam.)* [ɛ̃nɔrdi]	Abk. von *un ordinateur*	ein Computer *(ugs.)*
une **mission** [ynmisjõ]		eine Mission/Aufgabe
impossible [ɛ̃pɔsibl]	= qui n'est pas possible	unmöglich
un **lecteur**/une **lectrice** [ɛ̃lɛktœʀ/ynlɛktʀis]	= quelqu'un qui lit	ein Leser/eine Leserin
un **ado**/une **ado** *(fam.)* [ɛ̃nado/ynado]	Abk. von *un adolescent*	ein Jugendlicher/eine Jugendliche *(ugs.)*
accepter de faire qc [aksɛptedəfɛʀ]	Est-ce que vous ~[1] répondre à quelques questions? – Oui, je suis d'accord!	damit einverstanden sein, etw. zu tun
un **radio-réveil** [ɛ̃ʀadjoʀevɛj]	= une radio pour se réveiller le matin	ein Radiowecker
s'allumer [salyme]	Les lampes ~[2] automatiquement quand on entre dans la salle.	sich einschalten; *hier:* angehen
éteindre qc [etɛ̃dʀ]	allumer ⟷ éteindre s'allumer ⟷ s'éteindre	etw. ausschalten/ausmachen

> **éteindre**
> **j'éteins, tu éteins, il/elle/on éteint,**
> **nous éteignons, vous éteignez, ils/elles éteignent**
> on a **éteint**

les **actualités** *(f.)* [lezaktyalite]	→ actuel	die Nachrichten
humoristique [ymɔʀistik]	→ l'humour	witzig
un **lecteur mp3** [ɛ̃lɛktœʀɛmpetʀwa]		ein mp3-Player
une **console** [ynkõsɔl]	**c –**	ein Konsole/Spielkonsole
compenser qc [kõpɑ̃se]	**c –**	etw. kompensieren
se jeter sur qc [səʒətesyʀ]	Le chien ~[3] sur le morceau de poulet qui était tombé par terre.	sich auf etw. stürzen
une **télécommande** [yntelekɔmɑ̃d]	Où est la ~? – Sur la télé, comme toujours!	eine Fernbedienung
éviter qn/qc [evite]	Julie ~[4] Stéphane parce qu'elle ne veut plus le voir.	jdn./etw. meiden
un **jeu**/des **jeux de société** [ɛ̃ʒø/deʒødəsɔsjete]	Ma grand-mère adore les ~[5] et elle déteste regarder la télé.	ein Gesellschaftsspiel
réussir à faire qc [ʀeysiʀafɛʀ]	Luca n'avait pas de bonnes notes au lycée, mais il a quand même ~[6] avoir son bac.	etw. schaffen
se passer de qc [səpasedə]	Je ne peux pas ~[7] mon portable, je l'ai toujours avec moi.	ohne etw. auskommen
se connecter [səkɔnɛkte]	Léonie et ses amies ~[8] tous les soirs à Internet.	sich einloggen
chatter [tʃate]	E to chat	chatten
en ligne [ɑ̃liɲ]	On pourra chatter ce soir? Je serai ~ sur MSN vers 7 heures.	online

[1] acceptez de – [2] s'allument – [3] s'est jeté – [4] évite – [5] jeux de société – [6] réussi à – [7] me passer de – [8] se connectent

dès [dɛ]	~ son arrivée, elle travaille sur l'ordinateur.	seit/von
arriver à faire qc [aʀivea]	Je n'~[1] faire cet exercice, il est trop difficile.	schaffen etw. zu tun
tenir [təniʀ]	La visite de la ville était longue, on était fatigués mais on ~[2]!	*hier:* durchhalten
le pire [ləpiʀ]	⟷ le meilleur	das Schlimmste
aller sur qc [alesyʀ]	Pour trouver des informations, Axelle ~[3] Internet.	an etw. (dran)gehen
craquer [kʀake]	Les baskets coûtaient 200 euros, mais Laura ~[4] et elle les a achetées.	schwach werden
supporter qc [sypɔʀte]	Marion ne ~[5] plus son copain: il joue toujours sur sa console de jeux.	etw. ertragen
un **supermédia** [ɛ̃sypɛʀmedja]		ein Supermedium
une **enquête** [ynɑ̃kɛt]	Pour mieux connaître leurs clients, les entreprises font des ~[6].	eine Umfrage
se priver de qc [səpʀivedə]	Marie ne peut pas ~ chocolat, elle adore ça.	auf etw. verzichten
le **net** [lənɛt]	Abk. von *Internet*	das Internet
en tête [ɑ̃tɛt]	Sarah est arrivée ~ au marathon du lycée.	an der Spitze
un **moyen de communication** [ɛ̃mwajɛ̃dəkɔmynikasjɔ̃]	Le téléphone, la télévision, Internet sont des ~[7].	ein Kommunikationsmittel
un **forum** [ɛ̃fɔʀɔm]		ein Forum

atelier

4 la **messagerie instantanée** [lamɛsaʒ(ə)ʀiɛ̃stɑ̃tane]	Beaucoup de jeunes aiment chatter sur des ~[8].	das Instant-Messaging
être lié à qc [ɛtʀlijea]	Les médias sont souvent ~[9] monde politique.	mit etw. verbunden sein
une **bande-annonce**/ des **bandes-annonces** [ynbɑ̃danɔ̃s/debɑ̃dzanɔ̃s]	Quand je suis au cinéma, j'adore regarder les ~[10] des prochains films.	ein Trailer/eine Filmvorschau
télécharger qc [teleʃaʀʒe]	Sur Internet, on peut ~ des programmes, des films, des chansons, etc.	etw. herunterladen
un **logiciel** [ɛ̃lɔʒisjɛl]	= un programme informatique	ein Computerprogramm
un **commentaire** [ɛ̃kɔmɑ̃tɛʀ]	Romain aime bien quand ses copains écrivent des ~[11] sur son blog.	ein Kommentar
un **tiers** [ɛ̃tjɛʀ]	= 1/3	ein Drittel

B Attention à l'œil du net!

une **discussion** [yndiskysjɔ̃]	→ discuter	eine Diskussion
n'importe qui [nɛ̃pɔʀtki]	~ peut faire un blog sur Internet.	wer auch immer/egal, wer/jeder
se renseigner sur qn/qc [səʀɑ̃sɛɲesyʀ]	Avant mon entretien, je vais ~[12] cette entreprise.	sich über etw./jdn. informieren

1 arrive pas à – 2 a tenu – 3 va sur – 4 a craqué
5 supporte – 6 enquêtes – 7 moyens de communication – 8 messageries instantanées
9 liés au – 10 bandes-annonces
11 commentaires – 12 me renseigner sur

un **candidat**/une **candidate** [ɛ̃kɑ̃dida/ynkɑ̃didat]	c –	ein Kandidat/eine Kandidatin
un moteur de recherche [ɛ̃mɔtœʀdəʀəʃɛʀʃ]	Un ~ permet de trouver des informations sur Internet.	eine Suchmaschine
en effet [ɑ̃nefɛ]	Internet intéresse toujours plus de monde. ~, les grands-parents commencent aussi à surfer sur le net.	tatsächlich/nämlich
la **publication de qc** [lapyblikasjɔ̃də]	La ~ des notes a lieu à 17 heures.	die Veröffentlichung von etw.
archiver qc [aʀʃive]	Tu n'as plus de place dans ta messagerie, il faut que tu ~[1] tes e-mails.	etw. archivieren
effacer qc [efase]	Léa n'est pas contente de son dessin, elle veut l'~.	etw. löschen
stupide/stupide [stypid]	E stupid	blöd
mettre qc en ligne [mɛtʀəkɛlk(ə)ʃozɑ̃liɲ]		etw. ins Netz stellen
une **bande** [ynbɑ̃d]	= des copains et/ou des copines qui aiment être ensemble	eine Bande; *hier:* eine Clique
supprimer qc [sypʀime]	= effacer, faire disparaître E to suppress	etw. löschen
un **serveur** [ɛ̃sɛʀvœʀ]		ein Server
une **erreur** [ynɛʀœʀ]	Kévin ne trouve pas l'~ dans son programme.	ein Irrtum/Fehler
conserver qc [kɔ̃sɛʀve]	= garder qc Camille ~[2] tous les SMS de son petit ami.	etw. aufbewahren
une **trace** [yntʀas]		eine Spur
une **copie** [ynkɔpi]	c –	eine Kopie
le **cache** [ləkaʃ]		der Cache/Pufferspeicher
indiquer qc [ɛ̃dike]	Excusez-moi, je suis perdue. Vous pouvez m'~ la gare?	etw. zeigen
le **courriel** [ləkuʀjɛl]	= un e-mail	die E-Mail
une **loupe** [ynlup]	– ou –	eine Lupe
le **marketing** [ləmaʀketiŋ]		das Marketing
une **marque** [ynmaʀk]		eine Marke/ein Label
une **société de veille** [ynsɔsjetedəvɛj]		eine Trendscoutfirma
recopier qc [ʀəkɔpje]	→ une copie	etw. kopieren
une **opinion** [ynɔpiɲɔ̃]	E an opinion	eine Meinung
analyser qc [analize]		etw. analysieren
revendre qc [ʀəvɑ̃dʀ]	= vendre ce qu'on a acheté	etw. weiterverkaufen
une **méthode** [ynmetɔd]		eine Methode
le buzz marketing [ləbœzmaʀketiŋ]		das Buzz-Marketing

Das Buzz-Marketing
Das *Buzz-Marketing* beruht auf der Wirkung traditioneller Mundpropaganda, also persönlicher Empfehlungen von Person zu Person, verknüpft mit einem echten Produkterlebnis.

[1] archives – [2] conserve

Dossier 6

A «C'est écrit dans les journaux …»

une **particularité** [ynpaʀtikylaʀite]	Tous les gens sont différents: chaque personne a ses ~[1].	eine Besonderheit
un **quotidien** [ɛ̃kɔtidjɛ̃]	= un journal qui sort tous les jours	eine Tageszeitung
être spécialisé(e/s) en … [ɛtʀspesjalizeɑ̃]	Maxime fait des études de langues, il ~[2] vieux français.	sich auf etw. spezialisiert haben
une **hiérarchie** [ynjeʀaʀʃi]		eine Hierarchie
entier/entière [ɑ̃tje/ɑ̃tjɛʀ]	la journée ~[3] = toute la journée	ganz
le **monde entier** [ləmɔ̃dɑ̃tje]	Pierre connaît beaucoup de pays: il a voyagé dans ~.	die ganze Welt
un **événement** [ɛ̃nevɛnmɑ̃]	Le concert de Tokyo Hotel a été un ~ important pour Marlène.	ein Ereignis
un **rédacteur en chef**/une **rédactrice en chef** [ɛ̃ʀedaktœʀɑ̃ʃɛf/ynʀedaktʀisɑ̃ʃɛf]		ein Chefredakteur/eine Chefredakteurin
un/une **journaliste** [ɛ̃/ynʒuʀnalist]	→ un journal	ein Journalist/eine Journalistin
annoncer qc [anɔ̃se]	→ une annonce	etw. melden
un **ordre** [ɛ̃nɔʀdʀ]	Mettez les mots dans le bon ~.	eine Reihenfolge
consister à faire qc [kɔ̃sisteafɛʀ]	Le travail du boulanger ~[4] faire du pain.	darin bestehen etw. zu tun
une **condition** [ynkɔ̃disjɔ̃]	Pour mettre la photo d'une personne dans un journal, il y a une ~ importante: elle doit être d'accord.	eine Bedingung
la **responsabilité** [laʀɛspɔ̃sabilite]	Les parents ont la ~ de leurs enfants.	die Verantwortung
transmettre qc [tʀɑ̃smɛtʀ]	Avec Internet, on peut ~ des informations dans le monde entier.	etw. überbringen
juste/juste [ʒyst]	= vrai/vraie	richtig
vérifier qc [veʀifje]	La police peut toujours ~ votre carte d'identité.	etw. überprüfen
rapporter qc [ʀapɔʀte]	J'envoie la balle et mon chien la ~[5].	etw. wiedergeben; *hier:* bringen
un **fait** [ɛ̃fɛ]	Le voleur a parlé, mais la police veut vérifier les ~[6].	eine Tatsache/ein Ereignis
privé/privée [pʀive]	La vie ~[7] des stars intéresse beaucoup les gens.	privat
le **président de la République** [ləpʀezidɑ̃d(ə)laʀepyblik]		der Staatspräsident

Der **président de la République** ist das Staatsoberhaupt Frankreichs und wird für die Dauer einer fünfjährigen Amtszeit in Direktwahl vom Volk gewählt. Die Aufgaben und Kompetenzen des *président de la République* sind mit denen des Bundeskanzlers/der Bundeskanzlerin vergleichbar.

la **une** [layn]	= la première page d'un journal	die Titelseite
un **couple** [ɛ̃kupl(ə)]	Aujourd'hui, beaucoup de ~[8] ne sont pas mariés.	ein (Ehe)Paar

[1] particularités – [2] est spécialisé en – [3] entière
[4] consiste à – [5] rapporte – [6] faits – [7] privée
[8] couples

Nicolas Sarkozy [nikɔlasaʀkozi]		*frz. Staatspräsident seit 2007*
Carla Bruni [kaʀlabʀyni]		*ehem. Mannequin/Sängerin, heiratete im Februar 2008 den frz. Staatspräsidenten Nicolas Sarkozy*
principal/principale [pʀɛ̃sipal]	L'activité ~[1] de mon chat, c'est dormir!	wichtigster/wichtigste
démocratique/démocratique [demokʀatik]		demokratisch
la **presse** [lapʀɛs]	= les journaux, les quotidiens, les magazines	die Presse
une **opinion** [ynɔpinjɔ̃]	Pour se faire une ~ de l'actualité, il faut lire des journaux différents.	eine Meinung
critiquer qn [kʀitike]	Il faut savoir ~ pour construire, mais pas pour détruire.	jdn. kritisieren
diffamer qc [difame]	= dire du mal de quelqu'un	jdn. verleumden/diffamieren
attaquer qn [atake]	E to attack	jdn. angreifen
porter plainte [pɔʀteplɛ̃t]	Souvent, les stars ~[2] contre les journaux.	Anzeige erstatten
se défendre [sədefɑ̃dʀ]	En judo, il faut savoir ~ lorsqu'on est attaqué.	sich verteidigen
exiger qc [ɛgziʒe]	Cet acteur ~[3] des excuses du journal qui l'a diffamé.	etw. fordern

exiger
j'exige, tu exiges, il/elle/on exige,
nous exigeons, vous exigez, ils/elles exigent,
j'ai **exigé**
Attention!
exiger **que** + SUBJONCTIF: J'exige que tu partes!

publier qc [pyblie]	Un quotidien est un journal qu'on ~[4] tous les jours. → le public	etw. veröffentlichen
un **lecteur**/une **lectrice** [ɛ̃lɛktœʀ/ynlɛktʀis]	= quelqu'un qui lit	ein Leser/eine Leserin
l'**importance** *(f.)* [lɛ̃pɔʀtɑ̃s]	→ important	die Wichtigkeit
analyser qc [analize]		etw. analysieren
etc. [ɛtseteʀa]	Abk. vom lateinischen *et cētera*	usw.
une **possibilité** [ynpɔsibilite]	→ possible	eine Möglichkeit
propre/propre [pʀɔpʀ]	Les jeunes sont contents lorsqu'ils peuvent avoir leur ~ chambre.	eigener/eigene/eigenes

B Rodéo d'or

un **rodéo** [ɛ̃ʀɔdeo]		ein Rodeo
Alfred de Vigny [alfʀɛddəvinji]		*frz. Romantiker (*1797, † 1863)*
interviewer qn [ɛ̃tɛʀvjuve]	= faire une interview	jdn. interviewen
une **carcasse** [ynkaʀkas]	La voiture a brûlé, il ne reste qu'une ~.	ein Gerippe; *hier:* ein Autowrack

[1] principale – [2] portent plainte – [3] exige
[4] publie

noircir [nwaʀsiʀ]	→ noir	schwärzen
avoir affaire à qn [avwaʀafɛʀa]	Si tu ne fais pas ce que je te dis, tu auras ~ moi!	es mit jdm. zu tun haben
une **bande** [ynbɑ̃d]		*hier:* eine Bande
un **casseur**/une **casseuse** [ɛ̃kasœʀ/ynkasøz]	→ casser (zerschlagen)	ein Randalierer/eine Randaliererin
l'**essentiel** *(m.)* [lesɑ̃sjɛl]	= ce qui est le plus important	das Wesentliche
pour l'essentiel [puʀlesɑ̃sjɛl]	Maxime achète ses CD, ~, sur Internet.	im Wesentlichen
ne rien avoir à voir avec qn [nəʀjɛ̃navwaʀavwaʀavɛkkɛlkɛ̃]	Elle s'appelle Aurélie Depardieu, mais elle n'~[1] l'acteur.	mit jdm. nichts zu tun haben
un **incident** [ɛ̃nɛ̃sidɑ̃]	Cette nuit, il y a eu des ~[2] entre les casseurs et la police.	ein Zwischenfall
terminer qc [tɛʀmine]		etw. beenden
reprendre [ʀəpʀɑ̃dʀ]	Le feu de forêt était presque terminé, mais il ~[3] à cause du vent.	wieder anfangen
une **voiture de service** [ynvwatyʀdəsɛʀvis]	= une voiture de l'entreprise pour les employés	ein Dienstwagen
soudain [sudɛ̃]	= tout à coup	plötzlich
un **cameraman** [ɛ̃kameʀaman]		ein Kameramann
attirer qc [atiʀe]	C'est une bonne publicité! Elle ~[4] les gens dans le magasin.	etw. anziehen
l'**attention** *(f.)* [latɑ̃sjɔ̃]	Le soir, je n'arrive pas à regarder avec ~ ce que je lis.	die Aufmerksamkeit
attirer l'attention [atiʀelatɑ̃sjɔ̃]	Marie s'habille en rouge pour ~.	die Aufmerksamkeit erregen
un **bâtiment** [ɛ̃batimɑ̃]	= un immeuble	ein Gebäude
dépasser qc [depase]	→ passer	etw. überholen/an etw. vorbeifahren/-gehen
une **poubelle** [ynpubɛl]	Attention! On ne met pas de bouteilles à la ~!	eine Mülltonne/ein Mülleimer
une **boîte aux lettres** [ynbwatolɛtʀ]	Je viens d'ouvrir la ~: Il y avait trois lettres pour toi.	ein Briefkasten
tomber sur qn [tɔ̃besyʀ]	Au supermarché, Florian ~[5] un copain qu'il n'avait pas vu depuis 3 ans.	(zufällig) auf jdn. stoßen
des **Blacks, Blancs, Beurs** *(fam.)*		Multi-Kultis *(ugs.)*

Als Frankreich 1998 die Fußball-WM mit einer multikulturellen Mannschaft gewann, hatten frz. Minderheiten plötzlich eine positive Presse und man sprach von *la France black, blanc, beur.*

pousser qc [puse]	Lucie a eu peur et ~[6] un cri (= ein Schrei).	etw. ausstoßen/hervorbringen
une **sorte** (de ...) [ynsɔʀt]	Un immeuble, c'est ~[7] bâtiment pour habiter ou travailler.	eine Art ...
collectif/collective [kɔlɛktif/kɔlɛktiv]	Pour le voyage de la classe, on a acheté un billet ~.	gemeinsam
sortir qc [sɔʀtiʀ]	Florian ~[8] son portefeuille de sa poche pour payer.	*hier:* etw. herausholen
assister à qc [asiste]	Toi, tu ~[9] à la réunion. Qu'est-ce que vous y avez dit?	bei etw. dabeisein

[1] a rien à voir avec – [2] incidents – [3] a repris
[4] attire – [5] est tombé sur – [6] a poussé – [7] une sorte de – [8] sort – [9] as assisté

tout à l'heure [tutalœʀ]		vorhin/gerade eben
la **fumée** [lafyme]	«Il n'y a pas de fumée sans feu». (= Gerüchte haben immer einen Anlass.)	der Qualm/Rauch
fumant/fumante [fymɑ̃/fymɑ̃t]	→ la fumée	rauchend/qualmend
un **son** [ɛ̃sɔ̃]	→ sonner	ein Ton; *hier:* etw. Hörbares
sembler faire qc [sɑ̃ble]	Tu ~[1] avoir faim! Qu'est-ce que tu veux manger?	etw. zu tun scheinen
diriger qn/qc [diʀiʒe]	Un groupe travaille mieux si quelqu'un ~[2] le projet.	jdn./etw. (an)führen
un **type** [ɛ̃tip]		ein Typ
s'avancer [savɑ̃se]	Les gagnants ~[3] pour recevoir leurs prix.	hervortreten
un **regard** [ɛ̃ʀəgaʀ]	→ regarder	ein Blick
se poser sur qc [səpozesyʀ]	Le regard de Lucien ~[4] sa montre et il a crié: il était très en retard.	sich auf etw. richten
un **budget** [ɛ̃bydʒɛ]		ein Budget
réduire qc [ʀedɥiʀ]	Romain doit ~ le nombre de ses activités. Il est trop fatigué.	etw. verringern/kürzen
	Le verbe **réduire** *se conjugue comme* **conduire:** je réduis, tu réduis, il/elle/on réduit, nous réduisons, vous réduisez, ils/elles réduisent, j'ai réduit	
une **note** [ynnɔt]	Vous pourrez m'apporter la ~, s'il vous plaît?	eine Rechnung
insister pour faire qc [ɛ̃sistepuʀ]	Claire a ~[5] avoir des jeux vidéo … et elle les a eus!	darauf bestehen etw. zu tun
s'en tenir à qc [sɑ̃təniʀa]	Dans son travail, Marc ~[6] ce qu'il doit faire et n'en fait pas plus.	sich auf etw. beschränken
se dérouler [sədeʀule]	Les Jeux olympiques ~[7] tous les quatre ans.	sich ereignen/abspielen
le **volant** [ləvɔlɑ̃]		das Steuer
au volant [ovɔlɑ̃]	Qui était ~ au moment de l'accident?	am Steuer
s'envelopper [sɑ̃v(ə)lɔpe]		sich einwickeln
un **foulard** [ɛ̃fulaʀ]	Les casseurs mettent un ~ sur la tête pour qu'on ne les reconnaisse pas.	ein Schal/Halstuch
euphorique/euphorique [øfɔʀik]	[!]	euphorisch

[1] sembles – [2] dirige – [3] s'avancent – [4] s'est posé sur – [5] insisté pour – [6] s'en tient à – [7] se déroulent

Dossier 7

A Enfants d'ici, parents d'ailleurs

l'Afrique *(f.)* [lafʀik]		Afrika
l'Asie *(f.)* [lazi]		Asien
annoncer qc [anɔ̃se]	une annonce	etw. ankündigen

> **annoncer** wird konjugiert wie **commencer**:
> j'annon**c**e, tu annon**c**es, il/elle/on annon**c**e,
> nous annon**ç**ons, vous annon**c**ez, ils/elles annon**c**ent,
> j'ai annon**c**é

malien/malienne [maljɛ̃/maljɛn]		malisch
grandir [gʀɑ̃diʀ]	→ grand	aufwachsen
imaginer qc [imaʒine]	= [E] to imagine	sich etw. vorstellen
un **foyer** [ɛ̃fwaje]	David a trouvé un travail, mais il n'a pas beaucoup d'argent. D'abord, il va habiter dans un ~ pour jeunes travailleurs.	ein (Wohn)Heim
Montreuil [mɔ̃tʀœj]		*Stadt im Großraum von Paris*
les **papiers** *(m., pl.)* [lepapje]	Hier, un agent de police a contrôlé les ~ de ma voiture.	die (Ausweis-)Papiere
avoir du mal à faire qc [avwaʀdymalafɛʀ]		etw. nur mit Mühe tun können
s'accrocher [sakʀɔʃe]	La course est difficile, mais les sportifs ~[1] car ils veulent gagner.	durchhalten
réussir [ʀeysiʀ]	Malik est content parce qu'il ~[2]: il a fini ses études et il a vite trouvé du travail.	Erfolg haben
suivre un cours [sɥivʀɛ̃kuʀ]	Johanna ~[3] de hip-hop tous les jeudis soirs.	am Unterricht teilnehmen/ Unterricht nehmen
intensif/intensive [ɛ̃tɑ̃sif/ɛ̃tɑ̃siv]	Pendant les vacances, Léa suit une formation ~[4] pour devenir ingénieure.	intensiv
à peine [apɛn]	= presque pas	kaum
un **Tamoul**/une **Tamoule** [ɛ̃tamul/yntamul]		ein Tamile/eine Tamilin
un **Ukrainien**/une **Ukrainienne** [ɛ̃nykʀɛnjɛ̃/ynykʀɛnjɛn]		ein Ukrainer/eine Ukrainerin
un **Algérien**/une **Algérienne** [ɛ̃nalʒeʀjɛ̃/ynalʒeʀjɛn]		ein Algerier/eine Algerierin
un **Chinois**/une **Chinoise** [ɛ̃ʃinwa/ynʃinwaz]		ein Chinese/eine Chinesin
un **Irakien**/une **Irakienne** [ɛ̃niʀakjɛ̃/yniʀakjɛn]		ein Iraker/eine Irakerin
entier/entière [ɑ̃tje/ɑ̃tjɛʀ]	[E] entire Mon père voyage beaucoup: il connaît l'Europe ~[5].	ganz
bangladais/bangladaise [bɑ̃gladɛ/bɑ̃gladɛz]		aus Bangladesch/bangalisch

[1] s'accrochent – [2] a réussi – [3] suit des cours
[4] intensive – [5] entière

le Pakistan [ləpakistɑ̃]		Pakistan
Personne ne connaît ce sport.		Niemand kennt diese Sportart.
Bangladesh [bɑ̃gladɛʃ]		*Staat in Südasien*
un **bazar** [ɛ̃bazaʀ]	Dans un ~, on trouve tout et pour pas cher!	*hier:* ein afrik. Billig-Geschäft
un **parfum** [ɛ̃paʀfɛ̃]		ein Parfüm
un **savon** [ɛ̃savɔ̃]		eine Seife
manquer à qn [mɑ̃ke]	Je n'ai pas assez d'argent pour payer le bus! - Combien il ~[1]? Je peux t'aider, si tu veux!	jdm. fehlen
âgé/âgée [aʒe]	→ l'âge	alt
un **mail** [ɛ̃mɛjl]		ein(e) Mail
C'est pas pareil. *(fam.)* [sɛpapaʀɛj]		Das ist nicht dasselbe.
la Chine [laʃin]		China
heureux/heureuse [øʀø/øʀøz]		glücklich
jusque [ʒysk(ə)]	On a ~[2]à demain pour préparer notre exposé.	bis
la Roumanie [laʀumani]		Rumänien
la Turquie [latyʀki]		die Türkei
une **frontière** [ynfʀɔ̃tjɛʀ]		eine Grenze
passer une frontière [paseynfʀɔ̃tjɛʀ]		eine Grenze passieren
rembourser une dette [ʀɑ̃buʀseyndɛt]	Avant de partir en vacances, il faut que je ~[3].	eine (Geld)Schuld begleichen
un **clandestin**/une **clandestine** [ɛ̃klɑ̃dɛstɛ̃/ynklɑ̃dɛstin]	Les ~[4] ont souvent une vie difficile.	ein illegaler Einwanderer/eine illegale Einwanderin
arranger qc [aʀɑ̃ʒe]		etw. regeln; *hier:* etw. verbessern
un **ménage** [ɛ̃menaʒ]		ein Haushalt
finir par faire qc [finiʀpaʀfɛʀ]		etw. schließlich tun
le **courrier** [ləkuʀje]	courir; → D der Kurier	die Post

La **poste** ist die Institution „Post" oder das Postamt. Le **courrier** ist die Post (Brief, Postkarte, Telegramm), die der Postbote/die Postbotin (le facteur/la factrice) austrägt.

un **pharmacien**/une **pharmacienne** [ɛ̃faʀmasjɛ̃/ynfaʀmasjɛn]		ein Apotheker/eine Apothekerin
un **facteur**/une **factrice** [ɛ̃faktœʀ/ynfaktʀis]	Le ~[5] passe tous les jours vers 10 heures du matin.	ein Briefträger/eine Briefträgerin

B Kiffe kiffe demain

entourer qn [ɑ̃tuʀe]	Quand on a un problème, c'est important d'avoir des amis qui nous ~[6].	jdn. umgeben
un/une **psychologue** [ɛ̃/ynpsikɔlɔg]	!	ein Psychologe/eine Psychologin
les **grandes vacances** [legʀɑ̃dvakɑ̃s]		die großen Ferien

[1] te manque – [2] jusqu' – [3] rembourse mes dettes – [4] clandestins – [5] facteur – [6] entourent

embarquer pour … [ɑ̃baʀkepuʀ]	= monter dans un bateau, un avion ou une voiture	*hier:* aufbrechen nach …
une **camionnette** [ynkamjɔnɛt]		ein Lieferwagen
rejoindre qn/qc [ʀ(ə)ʒwɛ̃dʀ]		zu jdm./in etw. zurückkehren

rejoindre
je rejoins, tu rejoins, il/elle/on rejoint,
nous rej**oign**ons, vous rej**oign**ez, ils/elles rej**oign**ent,
j'ai **rejoint**

mettre du temps à faire qc [mɛtʀdytɑ̃afɛʀ]	Cette BD était marrante: j'~[1] seulement une demi-heure à la lire.	Zeit brauchen um etw. zu tun
la **joie** [laʒwa]	→ joyeux	die Freude
l'**excitation** *(f.)* [lɛksitasjɔ̃]	→ excité	die Aufregung
envier qn [ɑ̃vje]	Natalia ~[2] beaucoup sa sœur qui est partie en vacances en Espagne.	jdn. beneiden
en tout cas [ɑ̃tuka]	Je ne sais pas où Malik habite, mais ~, ce n'est pas dans mon quartier.	jedenfalls/auf jeden Fall
un **quart** [ɛ̃kaʀ]		ein Viertel
remplir qc de qc [ʀɑ̃pliʀ]	Le verbe *remplir* se conjugue comme *finir*. Manon ~[3] son verre de coca, elle a pris de la pizza et elle est allée regarder la télé.	etw. mit etw. füllen
bref [bʀɛf]		kurz
se casser *(fam.)* [səkase]	J'en ai marre, je ~[4]!	weggehen/abhauen *(ugs.)*
surveiller qn/qc [syʀvɛje]		jdn./etw. überwachen
bronzer [bʀɔ̃ze]	Tu n'~[5] pas ~[6] pendant tes vacances. Tu étais où? En Angleterre?	braun werden
la **Tunisie** [latynizi]	D Tunesien ⟷ la Tunisie	Tunesien
terminer qc [tɛʀmine]	≠ commencer qc	etw. beenden
redoubler [ʀəduble]	Carla a peur de ~, mais ce serait peut-être une chance pour elle.	sitzen bleiben
un **lycée professionnel** [ɛ̃lisepʀɔfesjɔnɛl]		eine Fachoberschule

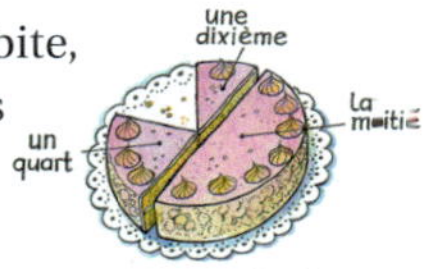

Nach Abschluss des *collège* gehen die Schülerinnen und Schüler entweder ins allgemeinbildende *lycée* oder ins **lycée professionnel**, das durch eher berufliche Ausbildungsprofile bestimmt wird.

une **coiffure** [ynkwafyʀ]		eine Frisur
s'orienter [sɔʀjɑ̃te]		sich orientieren
Si ça se trouve, je vais adorer … [sisastʀuvʒəvɛadɔʀe]		Und vielleicht werde ich ja doch noch … mögen.

[1] ai mis – [2] envie – [3] a rempli – [4] me casse
[5] as – [6] bronzé

Dossier 8

A Etre ado, c'est quoi?

un **ado**/une **ado** *(fam.)* [ɛ̃nado/ynado]	Abk. von *un adolescent, une adolescente*	ein Jugendlicher/eine Jugendliche *(ugs.)*
du côté de [dykotedə]		aufseiten *(+ Genitiv)*
inquiéter [ɛ̃kjete]		beunruhigen
un **adulte**/une **adulte** [ɛ̃nadylt/ynadylt]		ein Erwachsener/eine Erwachsene
ne … pas assez (de…) [nəpazase(də)]	Elle n'a ~[1] temps pour faire tout ce qu'elle voudrait. On n'a ~[1] chocolat, on ne peut pas faire notre gâteau.	nicht genug (…)
autonome/autonome [ɔtɔnɔm]	[D] autonom	selbstständig
accepter qc [aksɛpte]		etw. akzeptieren
moi-même [mwamɛm]		(ich) selbst
un **adolescent**/une **adolescente** [ɛ̃nadɔlesɑ̃/ynadɔlesɑ̃t]		ein Jugendlicher/eine Jugendliche
l'**apparence** *(m.)* [lapaʀɑ̃s]		das Äußere/Aussehen
fou/fol/folle/fous/folles [fu/fɔl/fu/fɔl]		*hier:* wahnsinnig viel
le nôtre/la nôtre [lənotʀ/lanotʀ]		der unsere/die unsere
un **conflit** [ɛ̃kɔ̃fli]	[!]	ein Konflikt
apparaître [apaʀɛtʀ]		aufkommen/entstehen
une **impression** [ynɛ̃pʀɛsjɔ̃]	Jan a fait bonne ~ pendant son entretien avec le directeur.	ein Eindruck
avoir l'impression que … [avwaʀlɛ̃pʀɛsjɔ̃kə]	J'~[2] tu me caches quelque chose. J'ai raison?	den Eindruck haben, dass …
personne (ne …) [pɛʀsɔn]	J'ai entendu du bruit. Il y a **quelqu'un** à la porte? – Non, il **n'**y a ~.	niemand
l'**autonomie** *(f.)* [lɔtɔnomi]		die Autonomie/Selbstständigkeit
la **responsabilité** [laʀɛspɔ̃sabilite]	→ responsable	die Verantwortung/Verantwortlichkeit
une **découverte** [yndekuvɛʀt]	→ découvrir	eine Entdeckung
un **chiffre** [ɛ̃ʃifʀ]		eine Zahl
même si [mɛmsi]	Johanna fait du jogging tous les jours, ~[3]il ne fait pas beau.	wenngleich
la **consommation** [lakɔ̃sɔmasjɔ̃]	La ~ d'alcool est un problème chez les jeunes.	der Verbrauch
l'**alcool** *(m.)* [lalkɔl]		der Alkohol
une **cigarette** [ynsigaʀɛt]	[D] Z-	eine Zigarette
réglementer qc [rɛgləmɑ̃te]	→ une règle	etw. gesetzlich regeln
de plus en plus [dəplyzɑ̃ply(s)]		immer mehr
fumer qc [fyme]	Fumer est mauvais pour la santé.	etw. rauchen

[1] pas assez de – [2] ai l'impression que
[3] même s'

consommer qc [kõsɔme]		etw. konsumieren/zu sich nehmen
régulièrement [ʀegyljɛʀmɑ̃]		regelmäßig
c'est-à-dire [sɛtadiʀ]		das heißt
ne … pas … que [nəpakə]		nicht nur …
avouer qc [avwe]	Le jeune homme ~[1]: c'est lui qui a volé la voiture.	etw. zugeben
le cannabis [ləkanabis]		der Cannabis
passer pour qc [pasepuʀ]	Malik ~[2] être le meilleur élève du lycée.	als etw. gelten
une **drogue** [yndʀɔg]	– u –	eine Droge
doux/douce [du/dus]	⟷ dur/dure	weich
un **effet** [ɛ̃nefɛ]	Selim fait beaucoup de sport et cela a un bon ~ sur ses notes en classe.	eine Folge/Auswirkung
pousser qn à qc [puse]		jdn. zu etw. verleiten
dit/dite [di/dit]	Il y a des drogues ~[3] «dures» et des drogues ~[4] «douces», mais toutes les drogues sont dangereuses.	so genannt
l'**adolescence** *(f.)* [ladolɛsɑ̃s]	L'~ est une phase importante de la vie.	das Jugendalter
un **changement** [ɛ̃ʃɑ̃ʒmɑ̃]	→ changer	eine Veränderung
rendre [ʀɑ̃dʀ]		machen
sensible/sensible [sɑ̃sibl]	Depuis que sa copine l'a quitté, il est devenu très ~.	empfindlich/sensibel
rendre qn sensible [ʀɑ̃dʀ(ə)kɛlkɛ̃sɑ̃sibl]		jdn. sensibel machen
un **corps** [ɛ̃kɔʀ]	L corpus	ein Körper
la **sexualité** [lasɛksɥalite]		die Sexualität
être confronté à qc [ɛtʀ(ə)kõfʀõtea]	Quand on ~[5] des gros problèmes, il faut demander de l'aide.	mit etw. konfrontiert sein
la **contraception** [lakõtʀasɛpsjõ]	La ~ est un thème de discussion important chez les jeunes.	die Verhütung
le **SIDA** [ləsida]		Aids
les **premiers amours** *(m., pl.)* [lepʀəmjezamuʀ]	Les ~ sont souvent les plus beaux, mais parfois aussi les plus tristes.	die erste Liebe
une **déception** [yndesɛpsjõ]	Charlotte n'a pas eu son bac: c'est une grande ~ pour elle.	eine Enttäuschung
un **chagrin** [ɛ̃ʃagʀɛ̃]	J'ai eu mon premier ~ d'amour à 12 ans.	ein Kummer
rien … ne [ʀjɛ̃…nə]	Rien ne va plus!	nichts
consoler qn [kõsɔle]	Marine pleure. Je vais la ~.	jdn. trösten
un **cas** [ɛ̃ka]	E case	ein Fall
extrême/extrême [ɛkstʀɛm]		extrem
mener à qc [məne]	Cette petite rue ~[6] à la plage.	zu etw. führen
un **suicide** [ɛ̃sɥisid]	E a suicide	ein Selbstmord
un **mort**/une **morte** [ɛ̃mɔʀ/ynmɔʀt]	→ mourir	ein Toter/eine Tote
une **sensation** [ynsɑ̃sasjõ]	→ sentir	ein Gefühl/eine Empfindung
une **capacité** [ynkapasite]		eine Fähigkeit
la **société** [lasɔsjete]		die Gesellschaft

1 a avoué – 2 passe pour – 3 dites – 4 dites
5 est confronté à – 6 mène

atelier

4 **se sentir concerné(e/s)** [səsɑ̃tiʀkɔ̃sɛʀne]		sich betroffen fühlen
sensibiliser qn à qc [sɑ̃sibilize]		jdn. für etw. sensibilisieren

B Le passage

un **passage** [ɛ̃pasaʒ]	→ passer	ein Übergang/eine Passage
minuit [minɥi]		Mitternacht
Ça vous branche? *(fam.)* [savubʀɑ̃ʃ]	= Vous avez envie?/ Ça vous intéresse?	Habt ihr Bock? *(ugs.)*
Ça peut le faire. *(fam.)* [sapøləfɛʀ]		Das geht klar. *(ugs.)*
un/une **rebeu** *(fam.)* [ɛ̃/ynʀəbø]	Wenn man den Ausdruck *beur* (= entstanden durch Silbenvertauschung des Ausdrucks *arabe*) seinerseits noch einmal ins *Verlan* (≈ Silbenvertauschungssprache) „übersetzt", entsteht der Ausdruck *rebeu.*	ein Beur *(Kind nordafrikanischer Einwanderer),* auf *Verlan*
On s'en va. [ɔ̃sɑ̃va]		Wir gehen.
de retour [dəʀətuʀ]	→ retourner	wieder zurück
une **poupée** [ynpupe]		eine Puppe
On ne t'a pas sonné! [ɔ̃natapasɔne]		Wer hat dich denn gefragt?
se tirer *(fam.)* [sətiʀe]	= partir	abhauen *(ugs.)*
Ça part en vrille! *(fam.)* [sapaʀɑ̃vʀij]	= Ça ne va plus.	Das läuft nicht (rund)! *(ugs.)*
pauvre/pauvre [povʀ]	E poor	arm
une **tournée** [ynturne]	Aujourd'hui, c'est ma ~, je vous offre l'apéritif.	eine Runde
une **clope** *(fam.)* [ynklɔp]		eine Zigarette/Zichte *(ugs.)*
faire une tournée de clopes *(fam.)* [fɛʀynturnedəklɔp]		eine Runde Kippen/Zichten ausgeben *(ugs.)*
mater qc *(fam.)* [mate]	= regarder qc	etw. anschauen/anglotzen *(ugs.)*
décidément [desidemɑ̃]	Tu as encore perdu? ~, tu n'as pas de chance!	also wirklich
Tu me plais grave! *(fam.)* [tyməplɛgʀav]	= Tu me plais beaucoup.	Du gefällst mir tierisch gut. *(ugs.)*
bosser *(fam.)* [bɔse]	= travailler	pauken *(ugs.)*
un **RV** *(fam.)* [ɛ̃ʀɑ̃devu]	= un rendez-vous	ein Termin/Treffen/ein Date *(ugs.)*

un **psy** *(fam.)* [ɛ̃psi]	Fanny a trop de problèmes, elle devrait aller voir un ~.	*Abkürzung für Psychologe/ Psychiater (ugs.)*

> Merke die verschiedenen Bezeichnungen für *Schulleiter:*
> un principal/une principale de *collège*,
> un proviseur/une proviseure de *lycée.*

justement [ʒystəmɑ̃]	Je cherche Léonie, tu l'as vue? – Je viens ~ de la voir. Elle est au café.	gerade *(Adv.)*
une **absence** [ynapsɑ̃s]	Après trois ~[1] sans explications, un élève ne peut plus venir au lycée.	ein Fehlen
être absent/absente [etʀapsɑ̃/apsɑ̃t]	Elle est malade: elle sera ~[2] toute la semaine.	fehlen
le **proviseur** [ləpʀɔvizœʀ]		der Schulleiter
croiser qn [kʀwaze]	Tiens, j'~[3] la prof de maths dans la rue.	jdm. begegnen
un **zombie** [ɛ̃zɔ̃bi]		ein Zombie
un **bébé** [ɛ̃bebe]	E baby	ein Baby
tenter de faire qc [tɑ̃tedəfɛʀ]	= essayer de faire qc	versuchen etw. zu tun
se suicider [səsɥiside]	→ le suicide	sich umbringen

atelier

1 une **intention** [ynɛtɑ̃sjɔ̃]	J'ai l'~ d'aller à la piscine demain, tu viens avec moi?	eine Absicht

Dossier 9

A L'orientation: faire le bon choix

l'**orientation** *(f.)* [lɔʀjɑ̃tasjɔ̃]	→ s'orienter	die Orientierung
précis/précise [pʀesi/pʀesiz]		genau
professionnel/professionnelle [pʀɔfɛsjɔnɛl]	-nn-	professionell/Berufs-
une **tâche** [yntaʃ]	Laver la cuisine, c'est une ~ que je déteste.	eine Aufgabe
une **formation** [ynfɔʀmasjɔ̃]	Mon père a d'abord fait une ~ d'ingénieur, puis il est devenu prof de maths.	eine Ausbildung/ein Ausbildungsgang
une **filière d'études** *(f.)* [ynfiljɛʀdetyd]	Ma mère a choisi une courte ~ pour rapidement commencer à travailler.	ein Studiengang
se décider à faire qc [sədesideafɛʀ]	Enfin, les parents ~[4]: ils vont passer une semaine en Italie au mois de mai.	sich entscheiden etw. zu tun
définir qc [definiʀ]	Avant de choisir ma formation, j'~[5] mon projet de vie.	etw. bestimmen/definieren
précisément [pʀesizemɑ̃]	Dans mon exposé, j'ai décrit ~ toutes les étapes de mon voyage.	genau *(Adv.)*

[1] absences – [2] absente – [3] ai croisé – [4] se sont décidés – [5] ai défini

le **goût** [ləgu]	Ma sœur et moi, nous n'avons pas les mêmes ~[1]. Par exemple, j'adore le hip-hop, elle préfère le rock.	der Geschmack/die Vorliebe
la **nature** [lanatyʀ]	Mes parents adorent la ~, ils font du vélo dans la forêt tous les week-ends.	die Natur
un **animal**/des **animaux** [ɛ̃nanimal/dezanimo]	[E] animal	ein Tier/Tiere
âgé/âgée [aʒe]	→ l'âge	alt
un **programme informatique** [ɛ̃pʀɔgʀamɛ̃fɔʀmatik]	Bastien a acheté un ~ pour écrire de la musique.	ein Computerprogramm
une **compétence** [ynkõpetɑ̃s]		eine Kompetenz/Fähigkeit
exercer qc [ɛgzɛʀse]	On ~[2] un métier, un instrument ou un sport.	etw. ausüben
certains [sɛʀtɛ̃]	Tous les élèves de notre collège font de l'anglais, ~ en ont 2 heures par semaine, et d'autres 4.	manche
une **matière** [ynmatjɛʀ]		ein (Schul)Fach
scolaire/scolaire [skɔlɛʀ]	Les résultats ~[3] ne sont pas tout, il faut être heureux dans la vie!	schulisch/Schul-
une **motivation** [ynmɔtivasjõ]	Sans ~, on ne fait rien de bien.	eine Motivation
également [egalmɑ̃]		auch/ebenfalls
un **point fort** [ɛ̃pwɛ̃fɔʀ]	Mon frère a fait un test pour définir ses ~[4].	eine Stärke
une **sortie** [ynsɔʀti]	Les élèves ont organisé une ~ au musée des sciences.	*hier:* ein Ausflug
un **engagement** [ɛ̃nɑ̃gaʒmɑ̃]	Dans l'équipe de handball, c'est Malik qui montre le plus son ~ pour gagner.	eine Einstellung/ein Engagement/Einsatz
une **valeur** [ynvalœʀ]	[E] the value Quelle est la ~ de ce tableau? Il est cher?	ein Wert
un **écolo**/une **écolo** *(= un/une écologiste)* [ɛ̃nekɔlo/ynekɔlo]		ein Umweltschützer/eine Umweltschützerin
sans doute [sɑ̃dut]		vermutlich
sourire [suʀiʀ]	Dans le métro, les gens ne ~[5] pas beaucoup.	lächeln
le **commerce** [ləkɔmɛʀs]	[D] → Kommerz En septembre, je commence des études de ~.	der Handel
la **communication** [lakɔmynikasjõ]		die Kommunikation
privilégier qn/qc [pʀivileʒje]	Qu'est-ce que tu ~[6] dans la vie? Ta carrière ou ta famille?	jdn./etw. bevorzugen
la **vie familiale** [lavifamiljal]		das Familienleben
éviter de faire qc [evitedəfɛʀ]	Si vous êtes malades, ~[7] du sport!	vermeiden etw. zu tun
une **carrière** [ynkaʀjɛʀ]	c –	eine Karriere
faire carrière [fɛʀkaʀjɛʀ]	Aujourd'hui, les femmes ~[8] dans presque tous les métiers.	Karriere machen
s'engager [sɑ̃gaʒe]	Les patrons aiment les employés qui ~[9] beaucoup dans leur travail.	sich engagieren/einsetzen
la **responsabilité** [laʀɛspõsabilite]	Carla aime prendre des ~[10], elle s'occupe souvent de ses frères et sœurs.	die Verantwortung
le **stress** [ləstʀɛs]	[D]	der Stress

[1] goûts – [2] exerce – [3] scolaires – [4] points forts
[5] sourient – [6] privilégies – [7] évitez de faire
[8] font carrière – [9] s'engagent – [10] responsabilités

une **heure supplémentaire** [ynœʀsyplemɑ̃tɛʀ]	Pour ce projet, j'ai fait 30 ~[1].	eine Überstunde
un **profil** [ɛ̃pʀɔfil]	D	ein Profil
certainement [sɛʀtɛnmɑ̃]	= sûrement	sicherlich
se renseigner sur qn/qc [səʀɑ̃sɛɲesyʀ]	Marion et Anna voulaient passer un an à l'étranger. Elles ~[2] les études en France et en Angleterre.	sich über jdn./etw. informieren
un **professionnel**/ une **professionnelle** [ɛ̃pʀɔfesjɔnɛl/ynpʀɔfesjɔnɛl]	→ la profession	ein Profi

B Des pros au boulot

un **pro**/une **pro** *(fam.)* [ɛ̃/ynpʀo]		ein Profi *(ugs.)*
un soigneur animalier/ une soigneuse animalière [ɛ̃swaɲœʀanimalje/ ynswaɲøzanimaljɛʀ]	Un ~ travaille en général dans un zoo.	ein Tierpfleger/eine Tierpflegerin
une **vingtaine** (de …) [ynvɛ̃tɛn]		um die zwanzig …
Antibes [ɑ̃tib]		*Stadt in Südfrankreich*
un **dauphin** [ɛ̃dofɛ̃]		ein Delfin
la **condition physique** [lakɔ̃disjɔ̃fizik]	Le sportif était en mauvaise ~, il a abandonné la compétition.	die körperliche Verfassung
un **nageur**/une **nageuse** [ɛ̃naʒœʀ/ynnaʒøz]	→ nager (schwimmen)	ein Schwimmer/eine Schwimmerin
le **parcours** [ləpaʀkuʀ]	Farida a eu un ~ très simple: après le bac, elle a fait un BTS et puis elle a trouvé du travail tout de suite!	der Werdegang
l'**environnement** *(m.)* [lɑ̃viʀɔnmɑ̃]	E environment / ✎ -nne-	die Umwelt
un **chef de rayon** [ɛ̃ʃɛfdəʀɛjɔ̃]		ein Abteilungsleiter
un **job** [ɛ̃dʒɔb]		ein Job
un **hypermarché** [ɛ̃nipɛʀmaʀʃe]	Un ~ est plus grand qu'un supermarché.	ein Einkaufszentrum
bouger *(fam.)* [buʒe]	! Das Verb *bouger* hat die gleiche Besonderheit wie das Verb *manger*: nous mangeons → nous bougeons	*hier:* sich ändern *(ugs.)*
un **côté** [ɛ̃kote]	Le dimanche, elle peint des tableaux. C'est son ~ artiste.	eine Seite
dynamique/dynamique [dinamik]	👄	dynamisch
la **routine** [laʀutin]		die Routine
plus …, plus … [ply … ply]	~ j'écoute cette chanson, ~ je l'aime.	je mehr … desto …
remplir qc [ʀɑ̃pliʀ]	Avant d'aller au sport, j'~[3] ma bouteille d'eau.	*hier:* etw. auffüllen

Le verbe **remplir** se conjugue comme *finir:*
je remplis, tu remplis, il/elle/on remplit,
nous remplissons, vous remplissez, ils/elles remplissent,
j'ai **rempli**

[1] heures supplémentaires – [2] se sont renseignées sur – [3] ai rempli

gérer qn [ʒeʀe]	Marianne est directrice d'un supermarché. Elle doit ~ 120 personnes.	jdn. führen
le **personnel** [ləpɛʀsɔnɛl]	→ personne	das Personal
les **congés** *(m.)* [lekõʒe]		der Urlaub

Das Wort **congé** wird in der Arbeitswelt verwendet, um die *vacances* zu bezeichnen. Man sagt *prendre des congés* für „Urlaub nehmen".

rapidement [ʀapidmɑ̃]	= vite	schnell *(Adv.)*
évoluer [evɔlɥe]		sich (weiter)entwickeln
motivant/motivante [mɔtivɑ̃/mɔtivɑ̃t]	J'aimerais travailler dans une ambiance ~[1], avec des collègues et un chef sympas.	motivierend
la **commercialisation** [lakɔmɛʀsjalizasjõ]	→ le commerce	die Vermarktung
la **licence** [lalisɑ̃s]	La ~ est le diplôme qu'on obtient 3 ans après le bac (bac + 3).	die *Licence (ein Diplom nach Abitur und 3-jähriger Studienzeit)*
un **peintre en bâtiment** [ɛ̃pɛ̃tʀɑ̃batimɑ̃]		ein Maler und Anstreicher
la **peinture** [lapɛ̃tyʀ]	La ~ peut être une profession ou un hobby.	*hier:* die Malerei/das Anstreichen
refaire qc [ʀəfɛʀ]	→ faire	etw. renovieren
un **chantier** [ɛ̃ʃɑ̃tje]	Ma chambre est un vrai ~! Je dois la ranger avant la fête.	eine Baustelle
un **chauffage** [ɛ̃ʃofaʒ]		eine Heizung
la **poussière** [lapusjɛʀ]	Il y a **de la** ~ partout, il faut faire le ménage.	der Staub
tester qn [tɛste]		jdn. testen
la **décoration** [ladekɔʀasjõ]	Dans un magasin de mode, la ~ est très importante.	die Raumgestaltung
un **salon de coiffure** [ɛ̃salõd(ə)kwafyʀ]	Ma sœur est coiffeuse, elle travaille dans un ~.	ein Frisiersalon
un **produit** [ɛ̃pʀɔdɥi]		ein Produkt
rendre [ʀɑ̃dʀ]	Ma grand-mère me dit toujours: «Mange du poisson, ça ~[2] intelligent!»	machen
Strasbourg [stʀasbuʀ]		Straßburg
une **aide-soignante** [ynɛdswaɲɑ̃t]		eine Krankenpflegerin
consoler qn [kõsɔle]	Marine pleure. Je vais la ~.	jdn. trösten
un **patient**/une **patiente** [ɛ̃pasjɑ̃/ynpasjɑ̃t]		ein Patient/eine Patientin
monotone/monotone [mɔnɔtɔn]	Je n'aime pas les couleurs ~[3]. J'aime mettre du rouge et du vert.	eintönig
assister qn [asiste]	= aider qn	jdn. unterstützen
la **température** [latɑ̃peʀatyʀ]	D	die Temperatur
un **médicament** [ɛ̃medikamɑ̃]	Naomie prend des ~[4] parce qu'elle a mal à la tête. 	ein Medikament
faire sa toilette [fɛʀsatwalɛt]	= se laver	sich waschen
Raphaël [ʀafaɛl]		*männl. Vorname*
la **haute montagne** [laotmõtaɲ]	Pour devenir guide de ~, il faut au moins 4 années de formation.	das Hochgebirge

[1] motivante – [2] rend – [3] monotones
[4] médicaments

escalader qc [ɛskalade]	→ l'escalade	hinaufklettern
un **mur** [ɛ̃myʀ]	Le Mur de Berlin est tombé en 1989.	Mauer
grandir [gʀɑ̃diʀ]		aufwachsen
le Mont-Blanc [ləmõblɑ̃]		*höchster Berg Europas 4.810 m*
là-haut [lao]	De ~, on a une super vue sur la ville.	dort oben
redescendre [ʀədesɑ̃dʀ]	→ descendre	hinabsteigen
ENSAM *(= Ecole Nationale de Ski et d'Alpinisme)* [ɛnsam]		*Nationale Ski- und Alpinismusschule*

Berufliche Bildung: einige Abkürzungen

Das ***BAC STAE*** (= ***Ba**ccalauréat **S**ciences et **T**echnologies **A**gronomie et **E**nvironnement)* ist ein Abitur mit der speziellen vorwissenschaftlichen Ausrichtung Agrarwissenschaft und Technologie.

Das ***BTS*** (= ***B**revet de **t**echnicien **s**upérieur)* ist ein Abschlussdiplom, das man mit einer zusätzlichen Fachausbildung (meistens 2-jährig) nach dem Abitur anstrebt. (Vgl. auch Tous ensemble, Band 3.)

Das ***BAC ES + DUT*** *(= **Bac**calauréat Sciences **E**conomiques et **S**ociales + **D**iplôme **U**niversitaire de **T**echnologie)* erhalten die Schüler, die nach dem Abitur mit der speziellen Ausrichtung Wirtschafts- und Sozialwissenschaft zusätzlich ein 2-jähriges Kurzstudium erfolgreich absolviert haben.

Das ***PB*** *(= **B**revet **p**rofessionnel)* wird zwei Jahre lang nach einem ***CAP*** *(= **C**ertificat d'**a**ptitude **p**rofessionnelle,* eine 2-jährige Berufsausbildung im Rahmen eines *lycée professionnel)* oder nach einem ***BEP*** *(= **B**revet d'**é**tudes **p**rofessionnelles,* gleichzusetzen mit dem Fachoberschulabschluss) vorbereitet und entspricht ungefähr dem Meisterbrief. Die Schüler wechseln laufend zwischen schulischer und betrieblicher Ausbildung.

Das ***Bac S*** *(= **Bacc**alauréat **S**cientifique)* ist ein Abitur, dessen Schwerpunkt auf den Naturwissenschaften wie z. B. Mathematik, Physik, Chemie, Biologie liegt.

atelier

2 la **formation secondaire** [lafɔʀmasjõs(ə)gõdɛʀ]	En France, il y a différents itinéraires de ~.	*entspricht der Sekundarstufe II*

Dossier 10

A La Terre se réchauffe.

se réchauffer [səʀeʃofe]	→ chaud Après le ski, les amis vont boire un chocolat chaud pour ~.	sich erwärmen/aufwärmen
une **tempête** [ytɑ̃pɛt]	En décembre 1999, il y a eu deux grosses ~[1] dans le nord de l'Europe.	ein Unwetter
la **sécheresse** [lasɛʃʀɛs]	= quand il ne pleut plus et qu'il n'y a plus d'eau	die Trockenheit
une **inondation** [yninõdasjõ]		eine Überschwemmung

[1] tempêtes

un **changement** [ɛ̃ʃɑ̃ʒmɑ̃]	→ changer	eine Veränderung
climatique/climatique [klimatik]	→ le climat	klimatisch
mettre qc/qn en danger [mɛtʀɑ̃dɑ̃ʒe]	Les gens qui conduisent trop vite ~[1] la vie des autres ~.	etw./jdn. in Gefahr bringen
principal/principale [pʀɛ̃sipal]	→ un/une prof principal/principale *(Klassenlehrer)* Qui est l'actrice ~[2] du film?	Haupt-
un **accusé**/une **accusée** [ɛ̃nakyze/ynakyze]	→ accuser qn	ein Angeklagter/eine Angeklagte
un **mode** [ɛ̃mɔd]	! ***la** mode* (die Mode) ≠ ***le** mode* (die Art)	eine Art/Weise
un **mode de vie** [ɛ̃mɔddəvi]	A Paris, les gens ont un autre ~ que les habitants de la campagne.	eine Lebensweise
un **moyen** [ɛ̃mwajɛ̃]	Rigoler est un bon ~ de se sentir mieux.	ein Mittel
un **moyen de transport** [ɛ̃mwajɛ̃dətʀɑ̃spɔʀ]	L'avion, le train, la voiture, le vélo, le cheval etc. sont ~[3].	ein Verkehrsmittel
un **chauffage** [ɛ̃ʃofaʒ]	→ chaud, réchauffer A la maison, nous mettons le ~ entre octobre et mars.	eine Heizung
une **production** [ynpʀɔdyksjõ]	– c –	eine Produktion
industriel/industrielle [ɛ̃dystʀijɛl]		industriell
agricole/agricole [agʀikɔl]	En France, la production ~[4] reste importante.	landwirtschaftlich
une **cause** [ynkoz]	On ne connaît pas la ~ de leur dispute.	ein Grund
la **cause principale** [lakozpʀɛ̃sipal]		der Hauptgrund
un **réchauffement** [ɛ̃ʀeʃofmɑ̃]	→ chaud, se réchauffer	eine Erwärmung
industrialisé/industrialisée [ɛ̃dystʀialize]	Les pays ~[5] jouent un rôle important dans les changements climatiques.	industrialisiert/Industrie-
un **développement** [ɛ̃devəlɔpmɑ̃]	E the development	eine Entwicklung
économique/économique [ekɔnɔmik]		wirtschaftlich/Wirtschafts-
fonder qc sur qc [fõdesyʀ]	Nous ~[6] les résultats de notre recherche sur des statistiques officielles.	etw. auf etw. gründen
une **énergie** [ynenɛʀʒi]	é –	eine Energie
fossile/fossile [fosil]		fossil
le **charbon** [ləʃaʀbõ]	C'est une région polluée, parce qu'on y brûle beaucoup de ~.	die Kohle
le **pétrole** [ləpetʀɔl]		das Öl
amplifier qc [ɑ̃plifje]		etw. verstärken
un **phénomène** [ɛ̃fenɔmɛn]		ein Phänomen
émettre qc [emɛtʀ]	Les voitures ~[7] du CO_2.	etw. ausstoßen
autant de … que de … [otɑ̃də… kədə]	Dans notre classe, il y a ~ garçons ~ filles: 13 garçons et 13 filles.	so viel … wie …
un **Bangladais**/une **Bangladaise** [ɛ̃bɑ̃gladɛ/ynbɑ̃gladɛz]	→ le Bangladesh	ein Bangladescher/eine Bangladescherin

[1] mettent – [2] principale – [3] des moyens de transport – [4] agricole – [5] industrialisés [6] avons fondé – [7] émettent

émetteur/émettrice [emɛtœʀ/emɛtʀis]	→ émettre qc	ausstoßend
un **gaz**/des **gaz** [ɛ̃gaz/degaz]	des gaz	ein Gas/Gase
l'**effet de serre** *(m.)* [lefɛdəsɛʀ]	~ est un phénomène naturel.	der Treibhauseffekt
un **gaz à effet de serre** [ɛ̃gazaefɛdəsɛʀ]		ein Gas, das den Treibhaus-effekt bewirkt
être indispensable à qc [ɛtʀɛ̃dispɑ̃sabl]	Des bonnes notes en francais et en maths sont ~[1] pour aller au lycée.	für etw. unverzichtbar sein
indispensable à la vie [ɛ̃dispɑ̃sablalavi]	L'eau est ~.	lebensnotwendig
la **présence** [lapʀezɑ̃s]	La ~ d'eau peut être un signe de vie.	das Vorhandensein
l'**atmosphère** *(f.)* [latmɔsfɛʀ]		die Atmosphäre
émis/émise [emi/emiz]	→ émettre	*hier:* abgegeben
sinon [sinɔ̃]	J'espère que tu peux venir demain. ~, on pourra se voir ce week-end.	ansonsten
la **température** [latɑ̃peʀatyʀ]		die Temperatur
un **protocole** [ɛ̃pʀɔtɔkɔl]	!	ein Protokoll
exiger qc [ɛgziʒe]		etw. fordern

Le verbe **exiger** se conjugue comme le verbe *manger:*
j'exige, tu exiges, il/elle/on exige,
nous exigeons, vous exigez, ils/elles exigent,
j'ai **exigé**

exiger de qn de faire qc [ɛgziʒedəfɛʀ]	Le prof de judo ~[2] ses élèves qu'ils s'entraînent tous les jours.	von jdm. fordern etw. zu tun
un **pays industrialisé** [ɛ̃peiɛ̃dystʀialize]		ein Industriestaat
réduire qc [ʀedɥiʀ]		etw. reduzieren/vermindern

Le verbe **réduire** se conjugue comme *conduire:*
je réduis, tu réduis, il/elle/on réduit,
nous réduisons, vous réduisez, ils/elles réduisent,
j'ai réduit

une **émission** [ynemisjɔ̃]	→ émettre	*hier:* ein Ausstoß
limiter qc [limite]	Pour faire notre exposé, on a dû ~ nos recherches.	etw. begrenzen
être résigné(e) [ɛtʀəʀeziɲe]		resigniert/mutlos sein

atelier

1 **risquer de faire qc** [ʀiskedəfɛʀ]	Vous ~[3] avoir des problèmes si vous rentrez trop tard à la maison.	riskieren etw. zu tun

[1] indispensables – [2] exige de – [3] risquez d'

B Comment lutter contre le réchauffement climatique?

face à qc [fasa]	Comment peut-on réagir ~ la violence à l'école?	angesichts einer Sache
l'**énergie nucléaire** *(f.)* [lenɛʀʒinykleɛʀ]	L'~ ne fabrique pas de gaz à effet de serre, mais elle peut être dangereuse.	die Kernenergie
le **nucléaire** [lənykleɛʀ]	= l'énergie nucléaire	die Kernkraft
environ [ɑ̃viʀɔ̃]	Il y a ~ 1000 élèves dans ce lycée.	ungefähr
électrique/électrique [elɛktʀik]		elektrisch
la **production électrique** [lapʀɔduksjɔ̃elɛktʀik]		die Stromproduktion
mondial/mondiale [mɔ̃djal]		weltweit
renouvelable/renouvelable [ʀənuvlabl]	Cet abonnement est ~ trois fois.	erneuerbar
les **énergies renouvelables** *(f.)* [lezenɛʀʒiʀənuvlabl]	~ sont, par exemple, le soleil et le vent.	die erneuerbaren Energien
un **réacteur** [ɛ̃ʀeaktœʀ]		ein Reaktor
en service [ɑ̃sɛʀvis]	Zut! Le distributeur n'est pas ~. Je ne peux pas prendre de l'argent!	in Betrieb
ainsi [ɛ̃si]		so
au cours de … [okuʀdə]		im Verlauf von …
suffire [syfiʀ]	Je n'ai que 5 euros, ça ne ~[1] pas pour payer une place de cinéma.	ausreichen
une **réserve** [ynʀezɛʀv]		eine Reserve
l'**uranium** *(m.)* [lyʀanjɔm]		das Uran
s'épuiser [sepɥize]	Les énergies renouvelables ne ~[2] pas.	sich erschöpfen/zu Ende gehen
le **déchet** [ladeʃɛ]	Ramassez vos ~[3] avant de sortir.	der Abfall
radioactif/radioactive [ʀadjɔaktif/ʀadjɔaktiv]		radioaktiv
des **déchets radioactifs** [dedeʃɛʀadjɔaktif]		radioaktive Abfälle
une **source** [ynsuʀs]	L'eau est ~ de vie.	eine Quelle
inépuisable/inépuisable [inepɥizabl]	Le vent est une source d'énergie ~.	unerschöpflich
une **part** [ynpaʀ]	En 2004, la ~ d'énergie nucléaire produite en France était de 85 %.	ein Anteil
atteindre qc [atɛ̃dʀ]	! atteindre qc ⟷ attendre qn/qc Notre équipe de foot a ~[4] des bons résultats cette année.	etw. erreichen

atteindre
j'atteins, tu atteins, il/elle/on atteint,
nous attei**gn**ons, vous attei**gn**ez, ils/elles attei**gn**ent,
j'ai **atteint**

solaire/solaire [sɔlɛʀ]	→ le soleil	solar
le **solaire** [ləsɔlɛʀ]		*hier:* die Solarenergie

[1] suffit – [2] s'épuisent – [3] déchets – [4] atteint

éolien/éolienne [eɔljɛ̃/eɔljɛn]		den Wind betreffend
l'**éolien** *(m.)* [leɔljɛ̃]		*hier:* die Windenergie
dépendre de qc [depɑ̃dʀdə]	[E] to depend on	von etw. abhängen
une **condition** [ynkɔ̃disjɔ̃]		eine Bedingung
météorologique/météorologique [meteɔʀɔlɔʒik]		meteorologisch
les **conditions météorologiques** *(f.)* [lekɔ̃disjɔ̃meteɔʀɔlɔʒik]	Les ~ ne sont pas bonnes, le bateau ne peut pas partir.	die Wetterbedingungen
un **avantage** [ɛ̃navɑ̃taʒ]	Sara profite bien des ~[1] d'être étudiante. Elle va souvent au cinéma, par exemple.	ein Vorteil
l'**indépendance** *(f.)* [lɛ̃depɑ̃dɑ̃s]	[E] the independence ✎ l'indépendance	die Unabhängigkeit
énergétique/énergétique [enɛʀʒetik]	→ l'énergie	energetisch/die Energie betreffend
l'**indépendance énergétique** *(f.)* [lɛ̃depɑ̃dɑ̃senɛʀʒetik]		die Unabhängigkeit in der Energieversorgung
le **coût** [ləku]	→ coûter	die Kosten
faible/faible [fɛbl]	Ses notes en maths sont trop ~[2], il doit travailler plus.	schwach; *hier:* niedrig
la **stabilité** [lastabilite]		die Stabilität
l'**électricité** *(f.)* [lelɛktʀisite]		die Elektrizität
une **absence** [ynapsɑ̃s]	≠ la présence	ein Fehlen
un **impact** (sur qc) [ɛ̃nɛ̃pakt]	[E] impact L'éolien n'a pas d'~ sur le réchauffement climatique.	ein Einfluss (auf etw.)
un **risque** [ɛ̃ʀisk]	[E] a risk	ein Risiko
une **centrale** (nucléaire) [ynsɑ̃tʀal]		eine Zentrale; *hier:* ein Atomkraftwerk
un **stockage** [ɛ̃stɔkaʒ]	Le plus gros problème du nucléaire, c'est le ~ des déchets.	eine Lagerung
la **radiation** [laʀadjasjɔ̃]		die Strahlung

atelier

1 **produire qc** [pʀɔdɥiʀ]		etw. produzieren

> **produire**
> je produis, tu produis, il/elle/on produit,
> nous produisons, vous produisez, ils/elles produisent,
> j'ai produit

2 un **modérateur**/une **modératrice** [ɛ̃mɔdeʀatœʀ/ynmɔdeʀatʀis]		ein Moderator/eine Moderatorin
5 l'**écologie** *(f.)* [lekɔlɔʒi]	→ écologique	die Ökologie
Vendôme [vɑ̃dom]		*Stadt im Nordwesten Frankreichs*

[1] avantages – [2] faibles

une **élection** [ynelɛksjõ]	Les candidats se préparent aux ~[1].	eine Wahl
un **délégué**/une **déléguée** [ɛ̃delege/yndelege]	Marlène est la ~[2] de sa classe.	ein Delegierter/ eine Delegierte
écologique/écologique [ekɔlɔʒik]	→ l'écologie	ökologisch

Dossier 11

A Planète francophone

la **planète** [laplanɛt]	! F **la** ~, D **der** Planet	der Planet, *hier:* die Erde/ Welt
la **francophonie** [lafʀɑ̃kɔfɔni]	**-ph-**	die Frankofonie
l'**ensemble** *(m.)* [lɑ̃sɑ̃bl]	Sur ~ des Européens, 76 millions parlent français.	die Gesamtheit
utiliser qc [ytilize]	Ma copine Fatima ~[3] le français avec ses parents et l'arabe avec ses grands-parents.	etw. gebrauchen/verwenden
la **langue maternelle** [lalɑ̃gmatɛʀnɛl]	= la première langue que l'on apprend, souvent de notre mère, de nos parents	eine Muttersprache
la **langue officielle** [lalɑ̃gɔfisjɛl]	= la langue que l'on utilise dans les documents administratifs	die Amtssprache
un **document administratif** [ɛ̃dɔkymɑ̃administʀatif]		ein Verwaltungsdokument
le **wolof** [ləwɔlɔf]		das Wolof

Die lokale Sprache **Wolof** wird überwiegend im Senegal gesprochen. Etwa 80 % der Senegalesen beherrschen die Sprache und machen Wolof zu einer Umgangssprache des Landes.

l'**enseignement** *(m.)* [lɑ̃sɛɲ(ə)mɑ̃]		das Unterrichtswesen
la **langue d'enseignement** [lalɑ̃gdɑ̃sɛɲ(ə)mɑ̃]	= la langue qu'on utilise à l'école	die Unterrichtssprache
international/internationale [ɛ̃tɛʀnasjɔnal]		international
un **chiffre** [ɛ̃ʃifʀ]	Les ~[4] du chômage ont augmenté cette année.	eine Zahl
un **continent** [ɛ̃kõtinɑ̃]		ein Kontinent/Erdteil
la **population** [lapɔpylasjõ]	La ~ d'un pays, c'est l'ensemble de ses habitants.	die Bevölkerung
mondial/mondiale [mõdjal]	= du monde	weltweit
la **population mondiale** [lapɔpylasjõmõdjal]		die Weltbevölkerung
regrouper qc [ʀəgʀupe]	→ un groupe	etw. vereinen
l'**Afrique** *(f.)* [lafʀik]		Afrika
l'**Amérique** *(f.)* [lameʀik]		Amerika

[1] élections – [2] déléguée – [3] utilise – [4] chiffres

l'Asie *(f.)* [lazi]		Asien
l'Océanie *(f.)* [lɔseani]		Ozeanien
l'Algérie *(f.)* [lalʒeʀi]		Algerien
un **siècle** [ɛ̃sjɛkl]	= 100 ans	ein Jahrhundert
se répandre [səʀepɑ̃dʀ]	Grâce à Internet, les informations ~[1] très vite dans le monde.	sich verbreiten
entier/entière [ɑ̃tje/ɑ̃tjɛʀ]	l'année ~[2] = toute l'année	ganz
le **passé** [ləpase]	C'est bien de penser au ~, mais c'est encore mieux de penser au lendemain.	die Vergangenheit
actuel/actuelle [aktɥɛl]	✎ -c-	aktuell
malgré qc [malgʀe]	Aurélie est sortie se promener ~ la pluie.	trotz etw.
une **moitié** [ynmwatje]	Quelle est la ~ de 100? – C'est 50.	eine Hälfte
la **presse** [lapʀɛs]		die Presse
algérien/algérienne [alʒeʀjɛ̃/alʒeʀjɛn]	Le père de Malika est français, sa mère est ~[3].	algerisch
une **langue étrangère** [ynlɑ̃getʀɑ̃ʒɛʀ]	= une langue qui n'est pas notre langue maternelle	eine Fremdsprache
une **armée** [ynaʀme]		eine Armee
un **territoire** [ɛ̃teʀitwaʀ]	Le ~ de l'Algérie est trois fois plus grand que celui de la France.	ein Gebiet
être divisé(e/s) en … [ɛtʀ(ə)divizeɑ̃]	La France ~[4] en 100 départements.	unterteilt sein in …
une **époque** [ynepɔk]		eine Epoche
à cette époque [asɛtepɔk]		zu dieser Zeit
un **Algérien**/une **Algérienne** [ɛ̃nalʒeʀjɛ̃/ynalʒeʀjɛn]		ein Algerier/eine Algerierin
l'**indépendance** *(f.)* [lɛ̃depɑ̃dɑ̃s]	Avec son premier salaire, Marie a gagné son ~.	die Unabhängigkeit
interviewer qn [ɛ̃tɛʀvjuve]	→ une interview, = faire une interview	jdn. interviewen
un **rapport** [ɛ̃ʀapɔʀ]	Je ne vois pas le ~ entre le film et le livre. L'histoire du film est très différente de celle du livre.	ein Bezug
jusque [ʒysk(ə)]	Hier soir, j'ai cherché le chat ~[5]'à 10 heures.	bis
exister [ɛgziste]	il ~[6] = il y a	existieren/geben
personnel/personnelle [pɛʀsɔnɛl]	→ une personne	persönlich
personnellement [pɛʀsɔnɛlmɑ̃]	Je ne sais pas ce que vous en pensez, mais moi, ~, je ne suis pas d'accord.	persönlich *(Adv.)*
la **langue de communication** [lalɑ̃gdəkɔmynikasjɔ̃]		die Verkehrssprache
un **mail** [ɛ̃mɛjl]		ein(e) Mail
chatter [tʃate]		chatten
intégrer qc [ɛ̃tegʀe]	[D] integrieren	etw. aufnehmen
une **colonie** [ynkɔlɔni]	✎ c–	eine Kolonie
quelques-uns/quelques-unes [kɛlkəzɛ̃/kɛlkəzyn]	Dans ma classe, les filles n'aiment pas trop le sport. Mais ~[7] font de la danse.	einige
considérer qn/qc comme … [kɔ̃sideʀe]	Nicolas ~[8] Jérémy comme un frère. Ils s'entendent très bien.	jdn./etw. für … halten

[1] se répandent – [2] entière – [3] algérienne – [4] est divisée – [5] jusqu – [6] existe – [7] quelques-unes [8] considère

le **colonialisme** [ləkɔlɔnjalism]		der Kolonialismus

Frankreich war zu Beginn des 20. Jahrhunderts nach England die zweite Kolonialmacht der Welt. Das *empire colonial français* besaß Kolonien auf allen Kontinenten, die meisten jedoch in Afrika. Dieses Kolonialreich umfasste bis sechzehn mal die Fläche des heutigen Frankreichs.

B Le français dans le monde entier

la République du Congo [laʀepyblikdykõgo]		Republik Kongo
l'Afrique centrale [lafʀiksɑ̃tʀal]		Zentralafrika
être séparé(e/s) [ɛtʀ(ə)sepaʀe]	La France et l'Allemagne ~[1] par le Rhin et les Ardennes.	getrennt sein
la République démocratique du Congo [laʀepyblikdemɔkʀatikdykõgo]		Demokratische Republik Kongo
un **fleuve** [ɛ̃flœv]		ein Fluss/Strom
le Congo [ləkõgo]		*Grenzfluss zwischen der Republik Kongo und der Demokratischen Republik Kongo*
être fondé(e/s) par … [ɛtʀ(ə)fõdepaʀ]	La ville de Québec a été ~[2] en 1608.	von jdm. gegründet
un **explorateur**/une **exploratrice** [ɛ̃nɛksplɔʀatœʀ/ ynɛksplɔratʀis]	= une personne qui va découvrir un endroit qu'on ne connaît pas encore.	ein Entdecker/eine Entdeckerin
Savorgnan (= Pierre Savorgnan de Brazza) [savɔʀɲɑ̃]		*frz. Afrikareisender italienischer Herkunft (*1852, † 1905)*
moderne/moderne [mɔdɛʀn]		modern
une **compagnie** [ynkõpaɲi]	«Air France» et «Lufthansa» sont des ~[3] internationales.	eine Gesellschaft
pauvre/pauvre [povʀ]	⟷ riche	arm
accompagner qn/qc [akõpaɲe]	= aller avec Hier, David ~[4] sa copine à la gare. Elle a pris le train pour Paris.	jdn./etw. begleiten
national/nationale [nasjɔnal]		national
s'entraider [sɑ̃tʀɛde]	= se + entre + aider = s'aider les uns les autres	sich gegenseitig helfen
un **type** [ɛ̃tip]		ein Typ/eine Art
environ [ɑ̃viʀõ]	En France, on compte ~ 65 millions d'habitants.	ungefähr
un **emploi** [ɛ̃nɑ̃plwa]	= un travail → employer → un employé	ein Arbeitsverhältnis
la Nouvelle-Calédonie [lanuvɛlkaledɔni]		Neukaledonien

[1] sont séparées – [2] fondée – [3] compagnies
[4] a accompagné

l'océan *(m.)* [lɔseɑ̃]		der Ozean
l'océan Pacifique [lɔseɑ̃pasifik]		der Pazifische Ozean
l'Australie *(f.)* [lɔstʀali]		Australien
un **statut** [ɛ̃staty]	**– ut**	ein Status
particulier/particulière [paʀtikylje/paʀtikyljɛʀ]	E particular	besonderer/besondere/ besonderes
un **statut particulier** [ɛ̃statypaʀtikylje]	Pendant la guerre froide, Berlin avait un ~[1].	ein Sonderstatus
un **référendum** [ɛ̃ʀefeʀɛ̃dɔm]	Au ~ sur la Constitution européenne (2005), plus de 50 % des Français ont voté «non»	ein Volksentscheid
un **référendum local** [ɛ̃ʀefeʀɛ̃dɔmlɔkal]		ein lokaler Volksentscheid
prévoir qc [pʀevwaʀ]	Le verbe *prévoir* se conjugue comme *voir*.	etw. vorsehen
Nouméa [numea]		*Hauptstadt des französischen Überseegebietes Neukaledonien*
un **dialecte** [ɛ̃djalɛkt]		ein Dialekt
transparent/transparente [tʀɑ̃spaʀɑ̃/tʀɑ̃spaʀɑ̃t]	D transparent	klar/kristallklar
le **sable** [ləsabl]	Sur la plage, les enfants aiment jouer dans le ~ et faire des châteaux.	der Sand
un **plongeur**/une **plongeuse** [ɛ̃plɔ̃ʒœʀ/ynplɔ̃ʒøz]		ein Taucher/eine Taucherin
valoir [valwaʀ]	En 2002, 1 euro ~[2] presque 2 marks allemands.	wert sein
le Vietnam [ləvjɛtnam]		Vietnam
être situé(e) [ɛtʀsitɥe]	Marseille est une ville ~[3] au bord de la mer.	liegen
le Cambodge [ləkɑ̃bɔdʒ]		Kambodscha
le **protectorat** [ləpʀɔtɛktɔʀa]		das Protektorat
Hanoi [anɔi]		*Hauptstadt des 1976 wiedervereinigten Vietnam*
Ho Chi Minh-Ville [oʃiminvil]		Ho Chi Minh-Stadt *(größte Stadt Vietnams)*

Ho Chi Minh-Stadt ist eine wichtige Industriestadt und mit über 5 Millionen Einwohnern die größte Stadt des heutigen *Vietnams.* Unter dem Namen *Saigon* war es bis 1975 Hauptstadt der Republik *Vietnam.*

économique/économique [ekɔnɔmik]	D ökonomisch	wirtschaftlich/Wirtschafts-
le **vietnamien** [ləvjɛtnamjɛ̃]	= langue parlée au Vietnam	das Vietnamesisch(e)/die vietnamesische Sprache
le **chinois** [ləʃinwa]	= langue parlée en Chine	das Chinesisch(e)/die chinesische Sprache
une **importance** [ynɛ̃pɔʀtɑ̃s]	→ important	eine Wichtigkeit
par rapport à … [paʀʀapɔʀa]	L'équipe A est en retard ~[4] l'équipe B.	im Verhältnis zu …
la langue des affaires [lalɑ̃gdezafɛʀ]	En Europe, ~ est l'anglais.	die Geschäftssprache

[1] statut particulier – [2] valait – [3] située – [4] par rapport à

un **deux-roues** [ɛ̃døʀu]	Les vélos et les scooters sont des ~[1].	ein Zweirad
une **mobylette** [ynmɔbilɛt]		ein Mofa
le **trafic** [lətʀafik]	E the traffic – f –	der Verkehr
énorme/énorme [enɔʀm]		enorm
continu/continue [kɔ̃tiny]		anhaltend/fortwährend
un **piéton**/une **piétonne** [ɛ̃pjetɔ̃/ynpjetɔn]	= une personne qui va à pied	ein Fußgänger/eine Fußgängerin
une **odeur** [ynodœʀ]	Qu'est-ce que ça sent? Il y a une ~ bizarre dans la cuisine.	ein Geruch
polluant/polluante [pɔlɥɑ̃/pɔlɥɑ̃t]	→ pollué	umweltverschmutzend

atelier

3 un **casque** [ɛ̃kask]		ein Sturzhelm
des **patates douces** [depatatdus]		Süßkartoffeln
une **base spatiale** [ynbazspasjal]		eine Weltraumbasis

In *Kourou*, die Weltraumbasis Französisch-Guyanas (ein französisches Département!), werden die europäischen Raketen vom Typ *Ariane* ins All geschickt.

Dossier 12

A Hiver glacial à Montréal

Montréal [mɔ̃ʀeal]		*Stadt in Kanada*

Montréal ist die zweitgrößte Stadt Kanadas und die größte Stadt der Provinz *Québec*. Im Großraum *Montréal* leben etwa knapp 4 Millionen Menschen. *Montréal* liegt im Osten Kanadas 1600 km vom Atlantik entfernt am Sankt-Lorenz-Strom.

glacial/glaciale [glasjal]	= très froid → la glace	eiskalt/eisig
une **impression** [ynɛ̃pʀɛsjɔ̃]	Je ne sais pas pourquoi, mais j'ai l'~ que tu ne me dis pas la vérité.	ein Eindruck
un **thermomètre** [ɛ̃tɛʀmɔmɛtʀ]		ein Thermometer
régulièrement [ʀegyljɛʀmɑ̃]	Guillaume va ~ au cinéma, au moins une fois par semaine. → une règle	regelmäßig *(Adv.)*
un **bonnet** [ɛ̃bɔnɛ]		eine Mütze
suffire [syfiʀ]	Tu veux que je t'explique encore la leçon de maths? – Non, ça ~[2], merci, j'ai compris.	genügen/ausreichen

[1] deux-roues – [2] suffit

à peine [apɛn]	Mélanie avait ~ 18 ans lorsqu'elle est allée au Canada.	kaum
attraper qc [atʀape]	Zut! J'ai ~[1] une grippe.	etw. einfangen
un **médecin** [ɛ̃medsɛ̃]	Quand on est malade, on va chez le ~.	ein Arzt
pratique/pratique [pʀatik]		praktisch
un **moyen** [ɛ̃mwajɛ̃]	Pour les jeunes, le baby-sitting est un bon ~ de gagner un peu d'argent.	ein Mittel
se protéger [səpʀɔteʒe]	E to protect	sich schützen
un **réseau** [ɛ̃ʀezo]	Les lignes de métro forment un ~.	ein Netz
un **passage** [ɛ̃pasaʒ]	→ passer	eine Passage
souterrain/souterraine [sutɛʀɛ̃/sutɛʀɛn]	= ce qui est sous la terre	unterirdisch
une **sorte** (de …) [ynsɔʀt]		eine Art …
avoir accès à qc [avwaʀaksɛa]	Avec cette carte, j'~[2] toutes les salles de cinéma pendant un mois.	Zugang zu etw. haben
un **centre commercial**/ des **centres commerciaux** [ɛ̃sɑ̃tʀ(ə)kɔmɛʀsjal/ desɑ̃tʀ(ə)kɔmɛʀsjo]	Dans un ~, on trouve souvent un grand supermarché et des petits magasins.	ein Einkaufszentrum
dehors [dəɔʀ]	J'aime rester à la maison quand il pleut ~.	draußen/nach draußen
un **patinoire** [ɛ̃patinwaʀ]	→ patiner	eine Eisbahn
un **lac** [ɛ̃lak]	E lake	ein See
gelé/gelée [g(ə)le]	Quand le thermomètre descend en dessous de zéro degré, l'eau est ~[3].	gefroren/zugefroren
patiner [patine]	On ~[4] sur les lacs lorsqu'ils sont gelés.	eislaufen/Schlittschuh laufen
des **patins à glace** *(m.)* [depatɛ̃aglas]		Schlittschuhe
un **bleu**/des **bleus** [ɛ̃blø/deblø]	Je me suis fait mal en tombant hier. Aujourd'hui, j'ai un gros ~.	ein blauer Fleck
une **sortie** [ynsɔʀti]	→ sortir	ein Ausflug
une **sortie surprise** [ynsɔʀtisyʀpʀiz]		ein Überraschungsausflug
la Montérégie [lamɔ̃teʀeʒi]		*Region im Südwesten Québecs*
une **demi-heure** [yndəmiœʀ]	1/2 heure = 30 minutes	eine halbe Stunde
atteindre qc [atɛ̃dʀ]		etw. erreichen

atteindre
j'atteins, tu atteins, il/elle/on atteint,
nous **atteignons**, vous **atteignez**, ils/elles **atteignent**,
j'ai **atteint**

un **but** [ɛ̃by(t)]	Pauline a atteint son ~: Elle fait un métier intéressant.	ein Ziel
au milieu de qc [omiljødə]	On remarque toujours Nicolas ~ ses copains: c'est lui le plus grand.	mitten in etw.

[1] attrapé – [2] ai accès à – [3] gelée – [4] patine

l'**érable** *(m.)* [leʀabl]	L'~ est un arbre qui devient rouge en automne.	der Ahorn(baum)

Das Ahornblatt auf der Nationalflagge Kanadas soll den Waldreichtum Kanadas wiedergeben. Kanada hat die meisten Ahornwälder der Welt.

une **cabane à sucre** [ynkabanasykʀ]		*Hütte, in der man in Kanada Ahornsirup herstellt*
une **tire** [yntiʀ]		eine Lage/ein Abzug
une **tire sur la neige** [yntiʀsyʀlanɛʒ]		ein „Schneeabzug"
une **tradition** [yntʀadisjõ]	= D	eine Tradition
chauffer qc [ʃofe]	Je vais faire ~ de l'eau pour le thé. → chaud	etw. erhitzen
un **sirop** [ɛ̃siʀo]		ein Sirup
le **sirop d'érable** [ləsiʀodeʀabl]		der Ahornsirup
une **casserole** [ynkasʀɔl]		ein Topf
le **caramel** [ləkaʀamɛl]	! D ≠ F	der Karamell
étaler qc [etale]	Pour préparer la randonnée, nous avons ~[1] la carte de la région sur la table.	etw. ausbreiten
enrouler qc [ɑ̃ʀule]		etw. einrollen
un **bâton** [ɛ̃batõ]	Pour faire du ski, on prend deux ~[2].	ein Stab
emprunter qc [ɑ̃pʀɛ̃te]		etw. übernehmen
un **Amérindien**/ des **Amérindiens** [ɛ̃nameʀɛ̃djɛ̃/ynameʀɛ̃djɛn]		*Ureinwohner Amerikas*
utiliser qc [ytilize]	Franck ~[3] surtout son portable pour faire des photos.	etw. verwenden
un **médicament** [ɛ̃medikamɑ̃]	-c-	ein Medikament
se réchauffer [səʀeʃofe]	→ chauffer → chaud Tu as froid? Je vais te faire un thé pour te ~.	sich aufwärmen
une **crêpe** [ynkʀɛp]		eine Crêpe
un **coin** [ɛ̃kwɛ̃]	J'ai mis la télé dans un ~ de ma chambre.	eine Ecke
24 heures sur 24		rund um die Uhr/durchgehend
un **bisou** [ɛ̃bizu]	→ une bise	ein Küsschen

B Feu d'artifice pour fêter Québec

un **feu d'artifice** [ɛ̃fødaʀtifis]	ein Feuerwerk
Québec [kebɛk]	Quebec

Québec ist die größte Provinz Kanadas und liegt im Osten zwischen der Hudson Bay und der Grenze zu den USA entlang des Sankt-Lorenz-Stroms. Die Bevölkerung umfasst ca. 7,5 Millionen Einwohner. Die Amtssprache der Provinz *Québec* ist Französisch. Die Hauptstadt der Provinz heißt ebenfalls *Québec*, die größte Stadt ist *Montréal*.

[1] étalé – [2] bâtons – [3] utilise

une **province** [ynpʀɔvɛ̃s]	-c-	eine Provinz
la **Belle Province** [labɛlpʀɔvɛ̃s]		*Spitzname der Provinz Québec*
une **occasion** [ynɔkazjõ]	Si tu as l'~ de voir Julien, dis-lui de me téléphoner.	eine Gelegenheit
un **millier** [ɛ̃milje]	= mille	Tausend
se rassembler [səʀasɑ̃ble]	Les étudiants ~[1] avant la manifestation.	sich versammeln
historique/historique [istɔʀik]	→ histoire	historisch
assister à qc [asistea]	Au festival d'Avignon, on peut ~ des spectacles toute la journée.	an etw. teilnehmen
un **acrobate**/une **acrobate** [ɛ̃nakʀɔbat/ynakʀɔbat]		ein Akrobat/eine Akrobatin
être présent(e/s) [ɛtʀpʀezɑ̃(t)]		anwesend/da sein
entre autres [ɑ̃trotʀ]	A Cannes, on pourra voir, ~, Jean Reno et Luc Besson.	unter anderen
Céline Dion [selindjõ]		*kanad. Sängerin/Entertainerin*
le Cirque du Soleil [ləsiʀkdysɔlɛj]		*berühmter kanad. Zirkus*

Le Cirque du Soleil, ein Zirkusunternehmen aus *Montréal* in Kanada, zeigt seit 1982 eine moderne Form von Zirkus. Er verzichtet auf klassische Zirkuselemente wie Tiernummern und bietet stattdessen eine Mischung aus Artistik, Theaterkunst und Livemusik.

le long de qc [ləlõdə]	Les touristes aiment se promener ~ la Seine, à Paris.	an etw. entlang
un **fleuve** [ɛ̃flœv]		ein Fluss/Strom
le fleuve **Saint-Laurent** [ləflœvsɛ̃lɔʀɑ̃]		der Sankt-Lorenz-Strom
Samuel de Champlain [samyɛldəʃɑ̃plɛ̃]		*frz. Forschungsreisender*

Samuel de Champlain (* in *Brouage* nahe *Rochefort*, † 25. Dezember 1635 *Québec*) war ein frz. Forschungsreisender und Kolonisator. Er ist der Gründer von Französisch Kanada (Neufrankreich) und wurde erster Gouverneur der Kolonie.

en effet [ɑ̃nefɛ]	Anne pourra venir avec nous à la mer. ~, elle peut prendre des vacances cette année.	tatsächlich/nämlich
fonder qc [fõde]	= créer qc	etw. gründen
l'Amérique du Nord [lameʀikdynɔʀ]		Nordamerika
au cours de qc [okuʀdə]	~[2] 20 dernières années, l'informatique a fait des progrès fantastiques.	im Laufe von etw.
un **siècle** [ɛ̃sjɛkl]	= 100 ans	ein Jahrhundert
échanger qc [eʃɑ̃ʒe]	= donner quelque chose pour recevoir quelque chose d'autre	etw. tauschen

[1] se rassemblent – [2] Au cours des

un **outil** [ɛ̃nuti]	= un objet utile pour travailler	ein Werkzeug
une **fourrure** [ynfuʀyʀ]	La ~ du chat est très douce.	ein Fell
un **Algonquin**/une **Algonquine** [ɛ̃nalgɔ̃kɛ̃/ynalgɔ̃kin]		ein Algonkin(-Indiander) *(kanad. Ureinwohner)*

Die **Algonkins,** kanadische Ureinwohner, verloren viel Land an die Irokesen, ebenfalls kanadische Ureinwohner. Später verbündeten sich die Algonkins mit den frz. Siedlern und verloren erneut die Auseinandersetzung mit den Irokesen, die ihrerseits mit den Holländern und später mit den Engländern paktierten.

un **Iroquois**/une **Iroquoise** [ɛ̃niʀokwa/yniʀokwaz]		ein Irokese *(kanad. Ureinwohner)*
un **colon** [ɛ̃kɔlɔ̃]	→ une colonie	ein Kolonist/Siedler
un **conflit** [ɛ̃kɔ̃fli]		ein Konflikt
éclater [eklate]	Quand un conflit entre deux pays ~[1], il peut y avoir une guerre.	ausbrechen
le traité de paix de Paris [lətʀetedəpɛdəpaʀi]		

Der **Frieden von Paris** *(10. Februar 1763)* zwischen Großbritannien und Portugal auf der einen, Frankreich und Spanien auf der anderen Seite, beendete den Siebenjährigen Krieg in Europa und in Amerika. Frankreich musste u. a. Kanada und Louisiana östlich des Mississippi abtreten und erhielt im Gegenzug die Inseln *Saint-Pierre* und *Miquelon* vor Neufundland.

une **colonie** [ynkɔlɔni]	→ un colon	eine Kolonie
l'Acte constitutionnel [laktəkɔ̃stitysjɔnɛl]		*kanad. Verfassungsurkunde von 1791*
le **Canada** [ləkanada]		Kanada

Kanada …
… ist mit einer Fläche von knapp 10 Millionen Quadratkilometern nach Russland das zweitgrößte Land der Erde und fast so groß wie Europa. Das Land nimmt rund die Hälfte des nordamerikanischen Kontinents ein.

le **Haut-Canada** [ləokanada]		Oberkanada
l'**Ontario** [lɔ̃tarjo]		*kanad. Provinz*
anglophone/anglophone [ɑ̃glɔfɔn]	→ anglais, vgl. mit *francophone*	englischsprachig
le **Bas-Canada** [ləbakanada]		Unterkanada
une **langue officielle** [ynlɑ̃gɔfisjɛl]	En France, la ~ est le français.	eine Amtssprache
un **effort** [ɛ̃nefɔʀ]	Si tu fais des ~[2], tu seras le premier à la compétition de judo.	eine Anstrengung/Mühe

[1] éclate – [2] efforts

Liste des mots

Die Zahlen verweisen auf das erstmalige Vorkommen der Wörter, z. B. une **adresse** [ynadʀɛs] eine Adresse **I 4B** = Band 1, Lektion **4**, Lektionsteil **B**.
Steht nach der Lektionsteilangabe ein Komma und eine Zahl, so erfolgt die Einführung in der betreffenden Übung, Beispiel: une **information** eine Information **I 4B**,1: also Übung 1 des Lektionsteils 4 B in Band 1.
A = Lektionsteil, **B** = Lektionsteil, **C** = Lektionsteil, **E** = Einstiegsteil *d'abord*. Für den Band 5 beziehen sich die Zahlen in der Fundstelle auf die Module 1–12.
Fakultative Wörter bzw. Wendungen aus den Bänden 1, 2, 3 und 4 werden wie der Wortschatz der Modules aus Band 1, 2, 3 und 4 nicht mehr aufgelistet.
Grammatische Basiswörter wie z. B. die Subjektpronomen *je, tu* … usw. werden in der folgenden Liste in der Regel nicht aufgeführt. Grau gedruckte Vokabeln beziehen sich auf die Übungsanweisungen und gehören nicht zum Lernvokabular

A

à *verschiedene Bedeutungen, z. B. räumlich:* in, nach *(+ Ziel); zeitlich:* bis, nach **I 5E**
A propos du texte [apʀɔpodytɛkst] Zum Text I 2A, 1
A vous. [avu] Jetzt seid ihr dran. I 2B, 2
A lundi! [alɛ̃di] Bis Montag! **I 4C**
C'est à qui? [sɛtaki] Wer ist dran? **I 7A**
à midi [amidi] mittags **I 5A**
à la fin [alafɛ̃] am Ende/zum Schluss **I 7B**
à côté de [akotedə] neben **I 8B**
à … km de … … km entfernt von … **I 9**
à cause de qn/qc [akozdə] wegen jdm./etw. **II 2C**
à 30 euros [atʀɑ̃tøʀo] zu 30 Euro **II 3E**
A plus! *(fam.)* [aplys] Bis dann! *(ugs.)*/ Tschüs! **II 4B,** 5
à droite [adʀwat] (nach) rechts **II 5B**
à gauche [agoʃ] (nach) links **II 5B**
à pied [apje] zu Fuß **II 5C**
A qui est-ce que… ? [akiɛskə] Wem … ? **II 6A**
C'est à moi. [sɛtamwa] Das gehört mir. **III 6B**
à partir du texte [apaʀtiʀdytɛkst] vom Text ausgehend **III 1A,** 2
à ce moment-là [asəmɔmɑ̃la] in diesem Augenblick **III 6B**
à l'étranger [aletʀɑ̃ʒe] im/ins Ausland **IV 3E**
à mi-temps [amitɑ̃] halbtags **V 2A**
grâce à [gʀasa] dank **IV 3E**
à peine [apɛn] kaum **V 7A**

l'**abandon** *(m.)* [labɑ̃dɔ̃] das Aussetzen **V 2A**

abandonner qn/qc [abɑ̃dɔne] jdn./etw. verlassen/aussetzen **V 2A**

une **abeille** [ynabɛj] eine Biene **IV 5B**

une **absence** [ynapsɑ̃s] ein Fehlen **V 8B; V 10B**

être absent/absente [etʀapsɑ̃/apsɑ̃t] fehlen **V 8B**

un **accent** [ɛ̃naksɑ̃] ein Akzent **IV 5A**

accepter qc [aksɛpte] etw. akzeptieren **V 3A; V 8A**
accepter de faire qc [aksɛptedəfɛʀ] damit einverstanden sein, etw. zu tun **V 5A**

un **accident** [ɛ̃naksidɑ̃] ein Unfall **II 4A,** 4

accompagner qn/qc [akɔ̃paɲe] jdn./etw. begleiten **V 11B**

être d'accord pour faire qc [ɛtʀdakɔʀpuʀfɛʀ] damit einverstanden sein, etw. zu tun **III 6A**

l'accord du participe passé [lakɔʀdypaʀtisippase] die Angleichung des participe passé **III 2C,** 4

un/une **accro** *(fam.)* [ɛ̃/ynakʀo] ein Fan/Junkie *(ugs.)* **V 5A**

s'accrocher [sakʀɔʃe] durchhalten **V 7A**

un **accusé**/une **accusée** [ɛ̃nakyze/ynakyze] ein Angeklagter/eine Angeklagte **V 10A**

accuser qn [akyze] jdn. beschuldigen/anklagen **II 2C**

acheter qc [aʃte] etw. kaufen/einkaufen **I 7A**
s'acheter qc [saʃte] sich etw. kaufen **III 3A**

un **acrobate**/une **acrobate** [ɛ̃nakʀɔbat/ynakʀɔbat] ein Akrobat/eine Akrobatin **V 12B**

un **acteur**/une **actrice** [ɛ̃naktœʀ/ynaktʀis] ein Schauspieler/eine Schauspielerin **III 3E**
un acteur principal/une actrice principale [ɛ̃naktœʀ/ynaktʀispʀɛsipal] ein Hauptdarsteller/eine Hauptdarstellerin **V 3B,** 4

actif/active [aktif/aktiv] aktiv **III 4A,** 4

l'**action** *(f.)* [laksjɔ̃] die Handlung **V 3B,** 4

une **activité** [ynaktivite] eine Aktivität **IV 1E**

l'**actualité** *(f.)* [laktɥalite] das Tagesgeschehen **III 5E**

les **actualités** *(f.)* [lezaktɥalite] die Nachrichten **V 5B**

actuel/actuelle [aktɥɛl] aktuell **V 11A**

un **adjectif** [ɛ̃nadʒɛktif] ein Adjektiv **IV 3A,** 4

un **ado**/une **ado** *(fam.)* [ɛ̃nado/ynado] ein Jugendlicher/eine Jugendliche *(ugs.)* **V 5A; V 8A**

l'**adolescence** *(f.)* [ladolɛsɑ̃s] das Jugendalter/die Jugend **V 8A**

un **adolescent**/une **adolescente** [ɛ̃nadɔlesɑ̃/ynadɔlesɑ̃t] ein Jugendlicher/eine Jugendliche **V 8A**

adorer qn/qc [adɔʀe] jdn./etw. (sehr) lieben/am liebsten haben/mögen **I 4B**

une **adresse** [ynadʀɛs] eine Adresse **I 4B**
une adresse e-mail [ynadʀɛsimel] eine E-Mail-Adresse **I 4C,** 2

adroit/adroite [adʀwa/adʀwat] geschickt **III 5E**

un **adulte**/une **adulte** [ɛ̃nadylt/ynadylt] ein Erwachsener/eine Erwachsene **V 8A**

un **adverbe** [ɛ̃nadvɛʀb] ein Adverb **IV 3A,** 4

un **aéroport** [ɛ̃naeʀɔpɔʀ] ein Flughafen **IV 4B,** 3

les **affaires** *(f., pl.)* [lezafɛʀ] die Sachen **II 3A**
faire une affaire/des affaires [fɛʀynafɛʀ/dezafɛʀ] ein Schnäppchen machen/etw. günstig einkaufen **II 3A**
avoir affaire à qn [avwaʀafɛʀa] es mit jdm. zu tun haben **V 6B**

une **affiche** [ynafiʃ] ein Plakat **I 8E**

africain/africaine [afʀikɛ̃/afʀikɛn] afrikanisch **IV 1E**

l'**âge** *(m.)* [laʒ] das Alter **I 4B**
les garçons de mon âge [legaʀsɔ̃dəmɔnaʒ] die Jungen in meinem Alter **II 7E**

âgé/âgée [aʒe] alt **V 7A; V 9A**

une **agence** [ynaʒɑ̃s] eine Agentur **III 4A**
une agence de pub *(fam.)* [ynaʒɑ̃sdəpyb] eine Werbeagentur *(ugs.)* **III 4A**
une agence de voyages [ynaʒɑ̃sdəvwajaʒ] ein Reisebüro **IV 3A**
un **agent** [ɛ̃naʒɑ̃] ein Polizist **I 2A**; *hier:* ein Agent **V 3A**
agir [aʒiʀ] handeln **IV 2B**
agréable/agréable [agʀeab] angenehm **IV 5B**
agressif/agressive [agʀɛsif/agʀɛsiv] aggressiv/angriffslustig **III 4A**
agricole/agricole [agʀikɔl] landwirtschaftlich **V 10A**
l'**aide** *(f.)* [lɛd] die Hilfe **II 7**
offrir son aide à qn [ɔfʀiʀsõnɛd] jdm. seine Hilfe anbieten **II 7**
aider qn [ɛde] jdm. helfen **II 4C**
s'entraider [sɑ̃tʀɛde] sich gegenseitig helfen **V 11B**
une **aide-soignante** [ynɛdswaɲɑ̃t] eine Krankenpflegerin **V 9B**
Aïe! [aj] Aua! **II 2A**
l'**ail** *(m.)* [laj] der Knoblauch **IV 5C**
ailleurs [ajœʀ] woanders **III 4C,** 4
Va voir ailleurs. *(fam.)* [vavwaʀajœʀ] Hau ab. *(ugs.)* **III 4C,** 4
d'ailleurs [dajœʀ] übrigens **IV 1B**
aimer qn/qc [ɛme] jdn./etw. gern mögen/lieben **I 3E**
aimer faire qc [ɛmefɛʀ] etw. gern tun **I 4C**
ainsi [ɛ̃si] so **V 10B**
l'**aïoli** *(m.)* [lajɔli] die Aïoli *(Knoblauchmajonäse)* **IV 5C**
avoir l'air *(m.)* [avwaʀlɛʀ] aussehen/scheinen **III 3B**
une **aire d'autoroute** [ynɛʀdotoʀut] eine Autobahnraststätte **III 6A**
ajouter qc [aʒute] etw. hinzufügen **II 4A**
un **album** [ɛ̃nalbɔm] ein Album **V 1A**
l'**alcool** *(m.)* [lalkɔl] der Alkohol **V 8A**
algérien/algérienne [alʒeʀjɛ̃/alʒeʀjɛn] algerisch **V 11A; V 3A**
un **Algérien**/une **Algérienne** [ɛ̃nalʒeʀjɛ̃/ynalʒeʀjɛn] ein Algerier/eine Algerierin **V 11A; V 7A**
l'**allemand** *(m.)* [lalmɑ̃] das Deutsche/die deutsche Sprache **I 4C**
un/une prof d'allemand *(fam.)* [ɛ̃/ynpʀɔfdalmɑ̃] ein Deutschlehrer/eine Deutschlehrerin *(ugs.)* **I 4E**
avoir allemand [avwaʀalmɑ̃] Deutsch/Deutschunterricht haben **I 4C**
allemand/allemande [almɑ̃/almɑ̃d] deutsch **IV 3E**

un **Allemand**/une **Allemande** [ɛ̃nalmɑ̃/ynalmɑ̃d] ein Deutscher/eine Deutsche **II 6A,** 5
aller [ale] gehen/fahren **I 5E**
Ça va? [sava] Wie geht's? **I 1**
Ça va. [sava] Es geht (mir) gut. **I 1**
Tu vas où? [tyvau] Wohin gehst du? **I 5A,** 2
aller aux toilettes [aleotwalɛt] auf die Toilette gehen **I 5E**
aller faire qc [alefɛʀ] etw. tun werden **I 8E**
aller chercher qc [aleʃɛʀʃe] etw. holen (gehen)/suchen **II 1**
aller à qn [ale] jdm. passen/stehen **II 3A**
Elles te vont super bien. *(fam.)* [ɛltəvõsypɛʀbjɛ̃] Sie passen/stehen dir supergut. *(ugs.)* **II 3A**
Je vais t'expliquer! [ʒəvɛtɛksplike] Ich kann's dir erklären! **II 3C**
aller voir qn [alevwaʀ] zu jdm. gehen/jdn. besuchen **II 6A**
Ça ne va pas, non? *(fam.)* [san(ə)vapanõ] Du spinnst wohl! *(ugs.)* **III 1A**
Va voir ailleurs. *(fam.)* [vavwaʀajœʀ] Hau ab. *(ugs.)* **III 4C,** 4
Où vas-tu? [uvaty] Wohin gehst du? **III 6C**
On y va! [õniva] Auf geht's!/Los! **IV 4A**
aller sur qc [alesyʀ] an etw. (dran)gehen **V 5A**
un **aller-retour** [ɛ̃naleʀətuʀ] eine Rückfahrkarte **II 5B,** 5
un **aller simple** [ɛ̃nalesɛ̃pl] eine (einfache) Fahrkarte **II 5B,** 5
Allez! [ale] Los! **I 7E**
Allô? [alo] Hallo? *(am Telefon)* **I 4C**
s'allumer [salyme] sich einschalten; *hier:* angehen **V 5A**
alors [alɔʀ] also **I 3A**
Et alors? [ealɔʀ] Na/Ja und? **II 3C**
Ça alors! [saalɔʀ] Das gibt's doch nicht!/Also sag mal! **II 4B**
une **amande** [ynamɑ̃d] eine Mandel **IV 5C**
une **ambiance** [ynɑ̃bjɑ̃s] eine Stimmung **I 8B**
une ambiance d'enfer [ynɑ̃bjɑ̃sdɑ̃fɛʀ] eine Superstimmung **I 8B**
mettre de l'ambiance *(f.)* [mɛtʀdəlɑ̃bjɑ̃s] für Stimmung sorgen **III 1A**
l'**ambition** *(f.)* [lɑ̃bisjõ] der Ehrgeiz/die Ambition **III 5B**

avoir de l'ambition *(f.)* [avwaʀdəlɑ̃bisjõ] ehrgeizig sein **III 5B**
améliorer qc [ameljɔʀe] etw. verbessern **IV 3B,** 3
une **amende** [ynamɑ̃d] eine Geldstrafe **V 2A**
un **Amérindien**/des **Amérindiens** [ɛ̃nameʀɛ̃djɛ̃/ynameʀɛ̃djɛn] *(Ureinwohner Amerikas)* **V 12A**
un **ami**/une **amie** [ɛ̃nami/ynami] ein Freund/eine Freundin **II 2B**
être très ami(e/s) [ɛtʀtʀɛzami] gut befreundet sein **IV 1B**
un prix d'ami [ɛ̃pʀidami] ein Freundschaftspreis **IV 4A**
l'**amitié** *(f.)* [lamitje] die Freundschaft **IV 1B**
l'**amour** *(m.)* [lamuʀ] die Liebe **IV 3A**
amplifier qc [ɑ̃plifje] etw. verstärken **V 10A**
s'amuser [samyze] Spaß haben/sich amüsieren **III 2B**
s'amuser à faire qc [samyzeafɛʀ] etw. zum Spaß tun **V 3B**
un **an** [ɛ̃nɑ̃] ein Jahr **I 4B**
analyser qc [analize] etw. analysieren **V 5B; V 6A**
un **ananas** [ɛ̃nanana(s)] eine Ananas **I 7E**
en anglais [ɑ̃nɑ̃glɛ] auf Englisch **III 2A**
anglophone/anglophone [ɑ̃glɔfɔn] englischsprachig **V 1A; V 12B**
un **animal**/des **animaux** [ɛ̃nanimal/dezanimo] ein Tier/Tiere **V 2A; V 9A**
un **animateur**/une **animatrice** [ɛ̃nanimatœʀ/ynanimatʀis] ein Fernsehmoderator/eine Fensehmoderatorin/ein Radiosprecher/eine Radiosprecherin **III 5E**; ein Betreuer/eine Betreuerin **IV 1E**
une **année** [ynane] ein Jahr **II 6C**
une année scolaire [ynaneskɔlɛʀ] ein Schuljahr **IV 2B**
un **anniversaire** [ɛ̃nanivɛʀsɛʀ] ein Geburtstag **I 3A**
un cadeau d'anniversaire [ɛ̃kadodanivɛʀsɛʀ] ein Geburtstagsgeschenk **I 3B**
une fête d'anniversaire [ynfɛtdanivɛʀsɛʀ] eine Geburtstagsfete/Geburtstagsparty **I 8B,** 5
une **annonce** [ynanõs] eine Anzeige **III 3E**
annoncer qc [anõse] etw. ankündigen **V 3A; V 7A**; etw. melden **V 6A**
anonyme [anɔnim] anonym; *hier:* ohne Absender **II 2B**
un **anorak** [ɛ̃nanɔʀak] ein Anorak **II 3E**

un **Antillais**/une **Antillaise** [ɛ̃nɑ̃tijɛ/ynɑ̃tijɛz] **IV 4E**
août *(m.)* [ut] August **I 8A**, 4
à peine [apɛn] kaum **V 12A**
un **apéritif** [ɛ̃napeʀitif] ein Aperitif **IV 5B**
prendre l'apéritif [pʀɑ̃dʀlapeʀitif] einen Aperitif nehmen **IV 5B**
apparaître [apaʀɛtʀ] aufkommen/entstehen **V 8A**
un **appareil** [ɛ̃napaʀɛj] ein Apparat **III 5B**, 4
un appareil photo [ɛ̃napaʀɛjfɔto] ein Fotoapparat **II 5A**
à l'appareil [alapaʀɛj] am Telefon/Apparat **III 5B**, 4
l'**apparence** *(m.)* [lapaʀɑ̃s] das Äußere/Aussehen **V 8A**
un **appartement** [ɛ̃napaʀtəmɑ̃] eine Wohnung **I 3A**, 8
appartenir à qc [apaʀtəniʀ] zu etw. gehören **V 1A**
appeler qn [aple] jdn. anrufen **III 1B**; *hier:* jdn. aufrufen **III 3A**
s'appeler [sap(ə)le] heißen **III 3C**
l'**appétit** *(m.)* [lapeti] der Appetit **I 6C**
Bon appétit! [bɔnapeti] Guten Appetit! **I 6C**
applaudir qn [aplodiʀ] jdm. applaudieren/(Beifall) klatschen **III 1A**
apporter qc [apɔʀte] etw. bringen/mitbringen **I 7C**
apprendre qc [apʀɑ̃dʀ] etw. lernen **I 7C**; etw. erfahren **IV 2B**
apprendre qc à qn [apʀɑ̃dʀ] jdm. etw. beibringen **IV 3E**
un **apprenti**/une **apprentie** [ɛ̃napʀɑ̃ti/ynapʀɑ̃ti] ein Auszubildender/eine Auszubildende **IV 3E**
un **apprentissage** [ɛ̃napʀɑ̃tisaʒ] eine Lehre **IV 3E**
s'approcher de qn [sapʀɔʃe] sich jdm. nähern **III 6A**
après [apʀɛ] nach *(zeitlich)* **I 5A**
après (ça) [apʀɛ(sa)] danach/dann **II 6C**, 4
un **après-midi** [ɛ̃napʀɛmidi] ein Nachmittag **I 5B**
cet après-midi [sɛtapʀɛmidi] heute Nachmittag **II 3B**
arabe/arabe [aʀab] arabisch **IV 4C**, 3
un **arbre** [ɛ̃naʀbʀ] ein Baum **III 6C**
archiver qc [aʀʃive] etw. archivieren **V 5B**
l'**argent** *(m.)* [laʀʒɑ̃] das Geld **II 4A**
l'argent de poche *(m.)* [laʀʒɑ̃dəpɔʃ] das Taschengeld **II 7**
l'argent *(m.)* [laʀʒɑ̃] das Silber **IV 1A**
une **armée** [ynaʀme] eine Armee **V 4A**; **V 11A**
arranger qc [aʀɑ̃ʒe] etw. regeln; *hier:* etw. verbessern **V 7A**
arrêter [aʀɛte] aufhören **I 6C**
arrêter la musique [aʀɛtelamyzik] die Musik ausmachen **I 7C**
arrêter qn [aʀɛte] *hier:* jdn. festnehmen **II 2B**
s'arrêter [saʀɛte] anhalten **III 6A**
l'**arrivée** *(f.)* [laʀive] die Ankunft **II 5A**
arriver [aʀive] (an)kommen **I 5A**
arriver à faire qc [aʀivea] schaffen etw. zu tun **V 5A**
un **article** [ɛ̃naʀtikl] ein Artikel/Zeitungsartikel **I 4E**
artificiel/artificielle [aʀtifisjɛl] künstlich **V 3B**, 4
un **artisan**/une **artisane** [ɛ̃naʀtizɑ̃/ynaʀtizan] ein (Kunst-)Handwerker/eine (Kunst-)Handwerkerin **IV 4B**
un **artiste**/une **artiste** [ɛ̃naʀtist/ynaʀtist] ein Künstler/eine Künstlerin **III 6B**
un **ascenseur** [ɛ̃nasɑ̃sœʀ] ein Fahrstuhl/Aufzug **I 6A**
s'asseoir [saswaʀ] sich setzen **V 2B**
assez [ase] genug **II 7**
assez de … [asedə] genug … **II 7**
assez *(+ adj.)* [ase] ziemlich **III 6B**
ne … pas assez (de…) [nəpazase(də)] nicht genug (…) **V 8A**
une **assiette** [ynasjɛt] ein Teller **II 4C**
un **assistant**/une **assistante** [ɛ̃nasistɑ̃/ynasistɑ̃t] ein Assistent/eine Assistentin **III 5B**
une **place d'assistant(e)** [ynplasdasistɑ̃(t)] eine Assistentenstelle; eine Fremdsprachenassistentenstelle **IV 3A**
assister à qc [asistea] an etw. teilnehmen **V 12B**; bei etw. dabeisein **V 6B**
assister qn [asiste] jdn. unterstützen **V 9B**
une **association** [ynasɔsjasjɔ̃] ein Verein **IV 2E**
un **atelier** [ɛ̃natəlje] eine Werkstatt/ein Atelier **I 1**; ein Club **III 4A**; eine Werkstatt **IV 4C**
l'**athlétisme** *(m.)* [latletism] (die) Leichtathletik **II 1E**
faire de l'athlétisme *(m.)* [fɛʀdəlatletism] Leichtathletik machen **II 1E**
l'**atmosphère** *(f.)* [latmɔsfɛʀ] die Atmosphäre **V 10A**
attaquer qn [atake] jdn. angreifen **V 6A**
atteindre qc [atɛ̃dʀ] etw. erreichen **V 12A**; **V 10B**
attendre qn/qc [atɑ̃dʀ] auf jdn./etw. warten **II 5C**
attentif/attentive [atɑ̃tif/atɑ̃tiv] aufmerksam **IV 1B**
l'**attention** *(f.)* [latɑ̃sjɔ̃] die Aufmerksamkeit **V 6B**
attirer l'attention [atiʀelatɑ̃sjɔ̃] die Aufmerksamkeit erregen **V 6B**
Attention! [atɑ̃sjɔ̃] Achtung! **II 5A**
Attention au départ! [atɑ̃sjɔ̃odepaʀ] Vorsicht bei der Abfahrt! **II 5A**
faire attention à qc [fɛʀatɑ̃sjɔ̃a] auf etw. aufpassen **V 2A**
attirer qc [atiʀe] etw. anziehen **V 6B**
attirer l'attention [atiʀelatɑ̃sjɔ̃] die Aufmerksamkeit erregen **V 6B**
attraper qc [atʀape] etw. (ein)fangen/erwischen **V 2B**; **V 12A**
une **auberge** [ynobɛʀʒ] eine Herberge/ein Gasthaus **IV 3C**
une auberge de jeunesse [ynobɛʀʒdəʒœnɛs] eine Jugendherberge **III 3A**
au contraire [okɔ̃tʀɛʀ] im Gegenteil **IV 2A**
au cours de [okuʀdə] im Verlauf von … **V 10B**
au départ [odepaʀ] anfangs **V 1A**
au-dessus de qc [od(ə)sydə] über/oberhalb von etw. **IV 2C**
au lieu de [oljødə] (an)statt **III 5C**
au milieu de qc [omiljødə] mitten auf/in/inmitten von etw. **V 4A**; **V 12A**
une **audition** [ynodisjɔ̃] ein Vorsprechen **III 3E**
aujourd'hui [oʒuʀdɥi] heute **I 7E**
augmenter qc [ɔgmɑ̃te] etw. erhöhen **IV 3C**
aussi [osi] auch **I 2A**
aussi … que [osi … kə] so … wie **III 6E**
autant de … que de … [otɑ̃də…kədə] so viel/viele … wie … **V 2A**; **V 10A**
un **auteur** [ɛ̃notœʀ] ein Autor **IV 2A**, 4
authentique/authentique [otɑ̃tik] authentisch **IV 2C**, 3
un **autographe** [ɛ̃notɔgʀaf] ein Autogramm **III 5C**
automatique/automatique [ɔtɔmatik] automatisch **V 4B**
l'**automne** *(m.)* [lotɔn] der Herbst **IV 5B**
autonome/autonome [ɔtɔnɔm] selbstständig **V 8A**
l'**autonomie** *(f.)* [lɔtɔnomi] die Autonomie/Selbstständigkeit **V 8A**

l'**autorisation** *(f.)* [lɔtɔʀizasjõ] die Genehmigung **IV 1C**
une **autoroute** [ynotoʀut] eine Autobahn **III 6A**
autour de … [otuʀdə] um … herum **III 1B**
autre [otʀ(ə)] anderer/andere/anderes **II 6C**
d'autres [dotʀ] andere **III 2C**
s'avancer [savɑ̃se] hervortreten **V 6B**
avant [avɑ̃] vor *(zeitlich)* **I 8A;** vorher/zuvor/davor **IV 1C**
avant de *(+ inf.)* [avɑ̃də] bevor/vor **V 1A**
un **avantage** [ɛ̃navɑ̃taʒ] ein Vorteil **V 10B**
avec [avɛk] mit **I 1**
avec moi [avɛkmwa] mit mir **I 3E**
avec qui [avɛk(k)i] mit wem **I 5B,** 4
une **aventure** [ynavɑ̃tyʀ] ein Abenteuer **IV 5E**
un **avion** [ɛ̃navjõ] ein Flugzeug **III 6A**
un **avis** [ɛ̃navi] eine Meinung/Ansicht **II 6C,** 2
à mon avis [amɔnavi] meiner Meinung nach **II 6C,** 2
donner son avis [dɔnesɔnavi] seine Meinung sagen **II 6C,** 2
avoir [avwaʀ] haben **I 4C**
avoir allemand [avwaʀalmɑ̃] Deutsch/Deutschunterricht haben **I 4C**
avoir rendez-vous avec qn [avwaʀʀɑ̃devu] eine Verabredung mit jdm. haben/sich mit jdm. treffen **I 4C**
avoir mal à la tête [avwaʀmalalatɛt] Kopfschmerzen haben **I 5B**
avoir envie *(f.)* [avwaʀɑ̃vi] Lust haben **I 6A**
avoir faim *(f.)* [avwaʀfɛ̃] Hunger haben **I 6B**
avoir de la chance [avwaʀdəlaʃɑ̃s] Glück haben **I 7C**
avoir la chance de faire qc [avwaʀlaʃɑ̃s] das Glück haben etw. zu tun **IV 2B**
avoir soif [avwaʀswaf] Durst haben **I 8B**
J'ai mal! [ʒemal] Das tut mir weh! **II 2A**
avoir peur de qn/qc [avwaʀpœʀ] Angst vor jdm./etw. haben **II 2C**
avoir peur pour qn/qc [avwaʀpœʀpuʀ] Angst um jdm./etw. haben **IV 5E**
avoir raison [avwaʀʀɛzõ] Recht haben **II 3B**
avoir zéro [avwaʀzeʀo] Null Punkte haben **III 2B**
avoir le cafard *(fam.)* [avwaʀləkafaʀ] schlecht drauf sein/Trübsal blasen *(ugs.)* **III 3A**
avoir l'air *(m.)* [avwaʀlɛʀ] aussehen/scheinen **III 3B**
avoir la pêche *(fam.)* [avwaʀlapɛʃ] sehr gut drauf sein *(ugs.)* **III 3C,** 3
J'en ai ras le bol! *(fam.)* Ich habe die Nase voll. *(ugs.)* **III 4C,** 4
avoir tort [avwaʀtɔʀ] Unrecht haben **III 1B,** 6
avoir envie de faire qc [avwaʀɑ̃vidəfɛʀ] Lust haben etw. zu tun **III 5A**
avoir confiance en qn [avwaʀkõfjɑ̃s] Vertrauen in jdn. haben **IV 1B**
avoir lieu [avwaʀljø] stattfinden **IV 2E**
avoir le courage de faire qc [avwaʀləkuʀaʒdəfɛʀ] den Mut haben, etw. zu tun **IV 3E**
avoir l'habitude de faire qc [avwaʀlabityddəfɛʀ] die Gewohnheit haben, etw. zu tun **IV 5A**
avoir l'impression de faire qc [avwaʀlɛ̃pʀɛsjõdəfɛʀ] den Eindruck haben etw. zu tun **V 2B**
avoir affaire à qn [avwaʀafɛʀa] es mit jdm. zu tun haben **V 6B**
avoir du mal à faire qc [avwaʀdymalafɛʀ] etw. nur mit Mühe tun können **V 7A**
avoir l'impression que … [avwaʀlɛ̃pʀɛsjõkə] den Eindruck haben, dass … **V 8A**
avoir accès à qc [avwaʀaksɛa] Zugang zu etw. haben **V 12A**
avouer qc [avwe] etw. zugeben **V 8A**
avril *(m.)* [avʀil] April **I 8A,** 4

B

un **babakoto** [babakɔtɔ] ein Babakoto *(madagassisch für Lemur)* **IV 4E**
un **baby-sitter**/une **baby-sitter** [ɛ̃bɛbisitœʀ/ynbɛbisitœʀ] ein Babysitter **IV 3C**
le **baby-sitting** [ləbɛbisitiŋ] das Babysitting **V 7A**
le **bac** *(fam.)* [ləbak] das Abi *(ugs.)* **III 5E**
le **bac pro** *(= un bac professionnel)* [ləbakpʀo] *enspricht der Fachhochschulreife/dem Fachabitur* **III 5E**
les **bagages** *(m., pl.)* [lebagaʒ] das Gepäck **III 6A**
une **baguette** [ynbagɛt] ein Baguette **I 2A**
une **banane** [ynbanan] eine Banane **I 2E**
une **bande** [ynbɑ̃d] eine Bande/Clique **V 5B; V 6B**
une **bande-annonce**/des **bandes-annonces** [ynbɑ̃danõs/debɑ̃dzanõs] ein Trailer/eine Filmvorschau **V 5A,** 4
bangladais/bangladaise [bɑ̃gladɛ/bɑ̃gladɛz] aus Bangladesch **V 7A**
la **banlieue** [labɑ̃ljø] der Vorort **III 4E**
la **banque** [labɑ̃k] die Bank **III 5E**
un **bar** [ɛ̃baʀ] ein Café **V 3A,** 3
barrer qc [baʀe] etw. (durch)streichen **II 4A**
une **base spatiale** [ynbazspasjal] eine Weltraumbasis **V 11B,** 3
le **basilic** [ləbazilik] das Basilikum **IV 5C**
le **basket** [ləbaskɛt] Basketball *(als Sportart)* **IV 1A**
des **baskets** *(f., pl.)* [debaskɛt] Turnschuhe **II 5E**
un **bateau** [ɛ̃bato] ein Schiff/Boot **I 9**
un **bâtiment** [ɛ̃batimɑ̃] ein Gebäude **V 6B**
un **bâton** [ɛ̃batõ] ein Stab **V 12A**
la **batterie** [labatʀi] das Schlagzeug **III 1A**
se battre [səbatʀ] kämpfen **III 4C**
un **bazar** [ɛ̃bazaʀ] *hier:* ein Billig-Geschäft **V 7A**
une **BD**/des **BD** [ynbede] ein Comic/Comicheft **I 2E**
la **BD préférée** [labedepʀefeʀe] der Lieblingscomic **II 5B**
beau/bel/belle/beaux/belles [bo/bɛl/bɛl/bo/bɛl] schön/hübsch **II 3B**
Il fait beau. [ilfɛbo] Es ist schönes Wetter. **III 6A**
beaucoup [boku] viel **I 7B**
beaucoup de … [bokudə] viel *(bei Mengen)* **I 7B**
le **beau-père** [ləbopɛʀ] der Stiefvater **V 2A**
un **bébé** [ɛ̃bebe] ein Baby **V 8B**
belge/belge [bɛlʒ] belgisch **IV 3C**
Ben oui. [bɛ̃wi] Na klar! **I 7C**
le **BEP** [ləbeəpe] *enspricht dem Fachoberschulabschluss* **III 5E**
un **beur**/une **beur/beurette** *(ugs.)* [ɛ̃/ynbœʀ/bœʀɛt] ein Beur *(Kind nordafrikanischer Einwanderer)* **V 3A**
Beurk! [bœʀk] Äh! *(Ausdruck des Ekels)* **II 4A**
le **beurre** [ləbœʀ] die Butter **III 2A**
un **bidonville** [ɛ̃bidõvil] ein Elendsviertel **IV 4C**
bien [bjɛ̃] gut *(Adverb)* **I 8B**

Bien sûr! [bjɛ̃syʀ] Natürlich! **II 5E**
Je veux bien. [ʒəvøbjɛ̃] Ich möchte gern. **III 5B**
bien construit/construite [bjɛ̃kõstʀɥi/kõstʀɥit] gut konstruiert **V 3B,** 4
bientôt [bjɛ̃to] bald **I 7A,** 6
A bientôt! [abjɛ̃to] Bis bald! **I 7A,** 6
un **billet** [ɛ̃bijɛ] eine Fahrkarte **II 5A**
un billet de train [ɛ̃bijɛdətʀɛ̃] eine Bahnfahrkarte **II 5A**
une **biographie** [ynbjɔgʀafi] eine Biografie **V 1A,** 3
un **bisou** [ɛ̃bizu] ein Küsschen **V 12A**
bizarre/bizarre [bizaʀ] komisch/seltsam **II 2A**
blanc/blanche [blɑ̃/blɑ̃ʃ] weiß **II 3E**
un **blessé**/une **blessée** [ɛ̃blɛse/ynblɛse] ein Verletzter/eine Verletzte **II 2E**
se blesser [səblɛse] sich verletzen **III 2C**
un **bleu**/des **bleus** [ɛ̃blø/deblø] ein blauer Fleck **V 12A**
bleu/bleue [blø/blø] blau **II 3E**
bleu-vert [bløvɛʀ] blaugrün **IV 2C**
un **blog** [ɛ̃blɔg] ein Blog/Weblog **IV 5E**
blond/blonde [blõ/blõd] blond **II 6A**
un **blouson** [ɛ̃bluzõ] eine Jacke **II 6E**
Bof! *(fam.)* [bɔf] Na ja! *(ugs.)* **I 4C**
boire qc [bwaʀ] etw. trinken **III 2A**
le **bois** [ləbwa] das Holz **IV 4B**
en bois [ɑ̃bwa] aus Holz **IV 4B**
une **boîte** [ynbwat] eine Schachtel **IV 2C**
une **boîte aux lettres** [ynbwatolɛtʀ] ein Briefkasten **V 6B**
bon/bonne [bõ/bɔn] gut **II 4C**
Bon appétit! [bɔnapeti] Guten Appetit! **I 6C**
le bon ordre [ləbɔnɔʀdʀə] die richtige Reihenfolge **I 5B,** 2
Bon week-end! [bõwikɛnd] Schönes Wochenende! **I 7A**
Bonne nuit! [bɔnnɥi] Gute Nacht! **III 2A**
être sur le bon chemin [ɛtʀsyʀləbõʃ(ə)mɛ̃] auf dem richtigen Weg sein **IV 3B,** 1
C'est bon! [sɛbõ] Das schmeckt gut! **I 7C**
Ça sent bon. [sasɑ̃bõ] Das riecht (aber) gut. **II 4C**
C'est bon. [sɛbõ] Das ist (schon) gut./o.k. **III 1A**
Bon, ... [bõ] Gut, .../Also, ... **II 1,** 2
Bonjour! [bõʒuʀ] Guten Tag!/Guten Morgen! **I 1**
Bonjour, madame! [bõʒuʀmadam] Guten Tag! *(zu einer Frau)* **I 1**
Bonjour, monsieur! [bõʒuʀməsjø] Guten Tag! *(zu einem Mann)* **I 1**
un **bonnet** [ɛ̃bɔnɛ] eine Mütze **V 12A**
un **bord** [ɛ̃bɔʀ] ein Rand/eine Kante **V 2A**
au bord de ... [obɔʀdə] am Ufer (der/des ...) **II 1**
C'est le bordel. *(fam.)* [sɛləbɔʀdɛl] Das ist das totale Chaos. *(ugs.)* **II 4B**
bosser *(fam.)* [bɔse] pauken *(ugs.)* **V 8B**
une **botte** [ynbɔt] ein Stiefel; *hier:* ein Reitstiefel **III 6C**
une **bouche** [ynbuʃ] ein Mund **V 4A,** 4
la **bouffe** *(fam.)* [labuf] das Essen/Futtern *(ugs.)* **III 2E**
bouger [buʒe] sich bewegen; *hier:* schaukeln **I 9**
bouger *(fam.)* [buʒe] *hier:* sich ändern *(ugs.)* **V 9B**
un **boulanger**/une **boulangère** [ɛ̃bulɑ̃ʒe/ynbulɑ̃ʒɛʀ] ein Bäcker/eine Bäckerin **IV 3E**
un boulanger-pâtissier [ɛ̃bulɑ̃ʒepatisje] ein Bäcker und Konditor **IV 3E**
une **boulangerie** [ynbulɑ̃ʒʀi] eine Bäckerei **I 6B**
une **boulangerie-pâtisserie** [ynbulɑ̃ʒʀipatisʀi] eine Bäckerei und Konditorei **IV 3E**
un **boulot** *(fam.)* [ɛ̃bulo] ein Job *(ugs.)* **III 3B**
un **bouquet** [ɛ̃bukɛ] ein Strauß; *hier:* ein Bund **IV 5B**
une **bourse** [ynbuʀs] ein Stipendium **IV 3A**
au bout de qc [obudə] am Ende von etw. **IV 5B**
une **bouteille** [ynbutɛj] eine Flasche **I 7A**
une bouteille d'huile *(f.)* [ynbutɛjdɥil] eine Flasche Öl **I 7A**
un **BP** [ɛ̃bʀəvepʀɔfɛsjɔnɛl] ein Meisterbrief **V 9B**
un **bracelet** [ɛ̃bʀaslɛ] ein Armband **I 7C**
Ça vous branche? *(fam.)* [savubʀɑ̃ʃ] Habt ihr Bock? *(ugs.)* **V 8B**
un **bras**/des **bras** [ɛ̃bʀa/debʀa] ein Arm/Arme **II 2A,** 4
Bravo! [bʀavo] Bravo! **I 7A,** 3
bref [bʀɛf] kurz **V 7B**
brésilien/brésilienne [bʀeziljɛ̃/bʀeziljɛn] brasilianisch **V 1A**
une **brochure** [ynbʀɔʃyʀ] eine Broschüre **IV 4C,** 4
le **bronze** [ləbʀõz] die Bronze **V 4A**
bronzer [bʀõze] braun werden **V 7B**
le **bruit** [ləbʀɥi] der Lärm/das Geräusch **IV 1C,** 4
brûler (qc) [bʀyle] brennen/etw. verbrennen **IV 4A**
brun/brune [bʀɛ̃/bʀyn] braun *(Haarfarbe)* **II 6A,** 3
le **BTS** [ləbeteɛs] *Abschlusszeugnis nach 2-jähriger Fachausbildung nach dem Abitur (= BAC +2)* **III 5E**
un **budget** [ɛ̃bydʒɛ] ein Budget **V 6B**
le **buffet** [ləbyfɛ] das Büfett **III 2C**
une **bulle** *(ugs.)* [ynbyl] eine Blase; *hier:* eine Null *(als Note) (ugs.)* **III 2B**
avoir une bulle *(fam.)* [avwaʀynbyl] Null Punkte haben *(ugs.)* **III 2B**
le **bulletin de notes** [ləbyltɛ̃dənɔt] das Zeugnis **III 2B**
le bulletin météo [ləbyltɛ̃meteo] der Wetterbericht **III 6C,** 6
un **bureau** [ɛ̃byʀo] ein Büro **II 5A**
un bureau/des bureaux [ɛ̃byʀo/debyʀo] ein Schreibtisch **IV 2C**
un **bus** [ɛ̃bys] ein Bus **III 2E**
un **but** [ɛ̃by(t)] ein Ziel **V 12A**
une **butte** [ynbyt] ein Hügel **V 4A**

C

ça [sa] das hier/das da **I 3E**
Ça va. [sava] Es geht (mir) gut. **I 1**
Ça, c'est moi. [sasɛmwa] Das hier, das bin ich. **I 3E**
Et avec ça? [eavɛksa] Sonst noch etwas? **I 7A**
comme ça [kɔmsa] so/auf diese Weise **I 7C**
Ça alors! [saalɔʀ] Das gibt's doch nicht!/Also sag mal! **II 4E**
Ça vaut la peine. [savolapɛn] Es lohnt sich./Es ist die Mühe wert. **III 5B**
Ça n'existe pas. [sanɛgzistəpa] Das gibt's nicht. **V 2B**
une **cabine** [ynkabin] eine Umkleidekabine **II 3C,** 3
le **cache** [ləkaʃ] der Cache/Pufferspeicher **V 5B**
caché/cachée [kaʃe] versteckt/verborgen **IV 2C**
se cacher [səkaʃe] sich verstecken **IV 4B**
un **cadeau** [ɛ̃kado] ein Geschenk **I 3E**
des cadeaux *(m., pl.)* [dekado] Geschenke **II 3B,** 4
un cadeau d'anniversaire [ɛ̃kadodanivɛʀsɛʀ] ein Geburtstagsgeschenk **I 3B**

avoir le cafard *(fam.)* [avwaʀləkafaʀ] schlecht drauf sein/Trübsal blasen *(ugs.)* III 3A
le **café** [ləkafe] der Kaffee II 4E
un **café** [ɛ̃kafe] ein Café/eine (kleine) Kneipe III 6C
un **cahier** [ɛ̃kaje] ein Heft I 3B, 1
un **caïd** *(fam.)* [ɛ̃kaid] ein Anführer/Bandenchef *(ugs.)* III 4A
jouer au caïd [ʒweokaid] sich als Chef aufspielen III 4A
une **caisse** [ynkɛs] eine Kasse II 3C, 3
les **calanques** *(f.)* [lekalɑ̃k] die Calanques IV 5C
se **calmer** [səkalme] sich beruhigen III 2C
une **caméra** [ynkameʀa] eine Videokamera IV 1C
un **cameraman** [ɛ̃kameʀaman] ein Kameramann V 6B
une **camionnette** [ynkamjɔnɛt] ein Lieferwagen V 7B
un **camp de vacances** [ɛ̃kɑ̃dəvakɑ̃s] ein Ferienlager II 1E
un **camping** [ɛ̃kɑ̃piŋ] ein Campingplatz II 1
faire du camping [fɛʀdykɑ̃piŋ] campen/zelten II 1
canadien/canadienne [kanadjɛ̃/kanadjɛn] kanadisch III 6A
un **candidat**/une **candidate** [ɛ̃kɑ̃dida/ynkɑ̃didat] ein Kandidat/eine Kandidatin V 5B
le cannabis [ləkanabis] der Cannabis V 8A
le **canoë** [ləkanɔe] das Kanu/der Kanusport II 1E
faire du canoë [fɛʀdykanɔe] Kanu fahren II 1E
en canoë [ɑ̃kanɔe] mit dem Kanu II 1
une **cantine** [ynkɑ̃tin] eine Kantine I 5E
le **CAP** [ləseape] *enspricht dem Facharbeiterbrief* III 5E
une **capacité** [ynkapasite] eine Fähigkeit V 8A
une **capitale** [ynkapital] eine Hauptstadt IV 3C, 2
car [kaʀ] denn/weil IV 4B
le **caractère** [ləkaʀaktɛʀ] der Charakter III 4B, 2
le **caramel** [ləkaʀamɛl] der Karamell V 12A
une **carcasse** [ynkaʀkas] ein Gerippe; *hier:* ein Autowrack V 6B
le **carnaval** [ləkaʀnaval] der Karneval IV 4E
un **carnet** [ɛ̃kaʀnɛ] ein Heftchen IV 4E
un **carnet-passeport** [ɛ̃kaʀnɛpaspɔʀ] eine Kinodauerkarte V 3A, 1
une **carotte** [ynkaʀɔt] eine Karotte/Möhre I 7E
carré/carrée [kaʀe] quadratisch V 4A
une **carrière** [ynkaʀjɛʀ] eine Karriere V 1A; V 3A; V 9A
faire carrière [fɛʀkaʀjɛʀ] Karriere machen V 9A
une **carrière solo** [ynkaʀjɛʀsɔlɔ] eine Solokarriere V 1A
une **carte** [ynkaʀt] eine Karte/Karteikarte I 3A, 5; eine Karte II 3B, 4
un jeu de cartes [ɛ̃ʒød(ə)kaʀt] ein Kartenspiel I 4A, 5
une **carte d'identité** [ynkaʀtdidɑ̃tite] ein Personalausweis II 5A
un **carton** [ɛ̃kaʀtɔ̃] ein Karton I 3A
un **cas** [ɛ̃ka] ein Fall V 8A
en tout cas [ɑ̃tuka] jedenfalls/auf jeden Fall V 7B
un **casque** [ɛ̃kask] ein Sturzhelm V 11B, 3
une **casquette** [ynkaskɛt] eine Baseballkappe I 2E
se casser *(fam.)* [səkase] weggehen/abhauen *(ugs.)* V 7B
Tu me casses les pieds. *(fam.)* [tyməkaslepje] Du gehst mir (echt) auf die Nerven. *(ugs.)* III 4C, 4
une **casserole** [ynkasʀɔl] ein Topf V 12A
un **casseur**/une **casseuse** [ɛ̃kasœʀ/ynkasøz] ein Randalierer/eine Randaliererin V 6B
un **casting** [ɛ̃kastiŋ] ein Casting III 3E
se présenter à un casting [səpʀezɑ̃teaɛ̃kastiŋ] sich um ein Casting bewerben III 3A
catalan/catalane [katalɑ̃/katalan] katalanisch IV 3C
une **catastrophe** [ynkatastʀɔf] eine Katastrophe I 8B
C'est la cata! *(fam.)* [sɛlakata] Das ist die reinste Katastrophe! *(ugs.)* I 8B
une **cathédrale** [ynkatedʀal] eine Kathedrale/ein Dom V 4A
catholique/catholique [katɔlik] katholisch V 4A
une **cause** [ynkoz] ein Grund V 10A
la cause principale [lakozpʀɛ̃sipal] der Hauptgrund V 10A
un **CD**/des **CD** [ɛ̃sede/desede] eine CD I 3E
un CD-ROM/des CD-ROM [ɛ̃sedeʀɔm/desedeʀɔm] eine CD-ROM I 3B
le **CDI** [ləsedei] das CDI *(Informationszentrum für Schüler)* I 5A
ce/cet/cette/ces [sə/sɛt/sɛt/se] dieser/diese/dieses II 3B
cet après-midi [sɛtapʀɛmidi] heute Nachmittag II 3B
ce/c' [sə/s] das *(z. B. in „c'est …" = das ist)* I 1
C'est où? [sɛu] Wo ist das? I 2A
C'est bon! [sɛbɔ̃] Das schmeckt gut! I 7C
Ce n'est pas grave. [sənɛpagʀav] Das ist (doch) nicht schlimm. I 9
c'est pour ça que … *(fam.)* [sɛpuʀsakə] deshalb *(ugs.)* III 6E
ce qui [səki] was *(neutrales Relativpronomen, Subjekt)* IV 3B
ce que [səkə] was *(neutrales Relativpronomen, Objekt)* IV 3B
c'est-à-dire [sɛtadiʀ] das heißt V 2A; V 8A
célèbre/célèbre [selɛbʀ] berühmt IV 5C
celui/celle/ceux/celles [səlɥi/sɛl/sø/sɛl] derjenige/diejenige/dasjenige/diejenigen IV 2C
celui-ci/celle-ci/ceux-ci/celles-ci [səlɥisi/sɛlsi/søsi/sɛlsi] dieser/diese/dieses IV 4C
celui-là/celle-là/ceux-là/celles-là [səlɥila/sɛlla/søla/sɛlla] jener/jene V 3A
un **centime** [ɛ̃sɑ̃tim] ein Cent I 7A; ein Centime V 4B
une **centrale** (nucléaire) [ynsɑ̃tʀal] eine Zentrale; *hier:* ein Atomkraftwerk V 10B
un **centre** [ɛ̃sɑ̃tʀ] ein Zentrum IV 4C
un centre de vacances [ɛ̃sɑ̃tʀdəvakɑ̃s] ein Ferienlager/Urlaubscenter III 6C
un **centre commercial**/des **centres commerciaux** [ɛ̃sɑ̃tʀkɔmɛʀsjal/desɑ̃tʀkɔmɛʀsjo] ein Einkaufszentrum V 12A
le **centre-ville** [ləsɑ̃tʀəvil] ein Stadtzentrum IV 4C, 4
un **cercle** [ɛ̃sɛʀkl] ein Kreis IV 3B
des **céréales** *(f., pl.)* [deseʀeal] Cornflakes/Müsli II 4E
un certain/une certaine/certains/certaines … [ɛ̃sɛʀtɛ̃/ynsɛʀtɛn] ein gewisser/eine gewisse/gewisse/einige … III 2C
certains [sɛʀtɛ̃] manche V 9A
certainement [sɛʀtɛnmɑ̃] sicherlich V 9A
chacun/chacune [ʃakɛ̃/ʃakyn] jeder/jede (einzelne) III 6C
un **chagrin** [ɛ̃ʃagʀɛ̃] ein Kummer V 8A
une **chambre** [ynʃɑ̃bʀ] ein (Schlaf-) Zimmer I 2E

un **champ** [ɛ̃ʃɑ̃] ein Feld **IV 4B**
un **champignon** [ɛ̃ʃɑ̃piɲɔ̃] ein Pilz **I 7E**
un **champion**/une **championne** [ɛ̃ʃɑ̃pjɔ̃/ynʃɑ̃pjɔn] ein Meister/eine Meisterin **IV 1E**
une **chance** [ynʃɑ̃s] eine (gute) Gelegenheit **III 4B**
avoir de la chance [avwaʀdəlaʃɑ̃s] Glück haben **I 7C**
un **changement** [ɛ̃ʃɑ̃ʒmɑ̃] eine Veränderung **V 8A; V 10A**
changer qc [ʃɑ̃ʒe] etw. ändern/verändern **II 6C**
changer (de train) [ʃɑ̃ʒe] umsteigen **II 5A**
Changez de rôle. [ʃɑ̃ʒedəʀol] Wechselt euch ab. IV 2A, 3
se changer les idées [səʃɑ̃ʒelezide] auf andere Gedanken kommen **III 3A**
une **chanson** [ynʃɑ̃sɔ̃] ein Lied **II 5C**
chanter [ʃɑ̃te] singen **I 3A**
un **chanteur**/une **chanteuse** [ɛ̃ʃɑ̃tœʀ/ynʃɑ̃tøz] ein Sänger/eine Sängerin **III 1A**
un **chantier** [ɛ̃ʃɑ̃tje] eine Baustelle **V 9B**
un **chapeau**/des **chapeaux** [ɛ̃ʃapo/deʃapo] ein Hut/Hüte **III 3C**
enlever son chapeau [ɑ̃lvesɔ̃ʃapo] den Hut abnehmen/ziehen **III 3C**
chaque/**chaque** [ʃak] jeder/jede/jedes **II 6C**
un **char** [ɛ̃ʃaʀ] ein Panzer **III 6A**
le **charbon** [ləʃaʀbɔ̃] die Kohle **V 10A**
la **charcuterie** [laʃaʀkytʀi] der Aufschnitt/die Wurstwaren **III 2A**
un **chat** [ɛ̃ʃa] eine Katze **II 4B**, 3
un **château**/des **châteaux** [ɛ̃ʃato/deʃato] ein Schloss/Schlösser; eine Burg/Burgen **IV 5C**
chatter [tʃate] chatten **V 5A; V 11A**
chaud/chaude [ʃo/ʃod] warm; *hier:* heiß **III 2A**
Il fait chaud. [ilfɛʃo] Es ist warm. *(Wetter)* **III 6B**
un **chauffage** [ɛ̃ʃofaʒ] eine Heizung **V 9B; V 10A**
chauffer qc [ʃofe] etw. erhitzen **V 12A**
une **chaussette** [ynʃosɛt] ein Strumpf/eine Socke **II 3E**
une **chaussure** [ynʃosyʀ] ein Schuh **II 3E**
le **chef** [ləʃɛf] der Chef; *hier:* der Bandleader **III 1A**
un rédacteur en chef/une rédactrice en chef [ɛ̃ʀedaktœʀɑ̃ʃɛf/ynʀedaktʀisɑ̃ʃɛf] ein Chefredakteur/eine Chefredakteurin **V 6A**
un chef de rayon [ɛ̃ʃɛfdəʀɛjɔ̃] ein Abteilungsleiter **V 9B**
un **chemin** [ɛ̃ʃəmɛ̃] ein Weg **III 4C**
cher/chère [ʃɛʀ/ʃɛʀ] teuer **II 3A**
cher [ʃɛʀ] teuer **I 6A**
C'est trop cher! [sɛtʀoʃɛʀ] Das ist zu teuer! **I 6B**
coûter cher [kuteʃɛʀ] teuer sein/viel (Geld) kosten **II 7**
Cher/Chère … [ʃɛʀ/ʃɛʀ] Lieber/Liebe … *(in der Anrede)* **II 6A**, 5
chercher qc [ʃɛʀʃe] etw. suchen **I 3E**
un **cheval**/des **chevaux** [ɛ̃ʃ(ə)val/deʃ(ə)vo] ein Pferd/Pferde **II 1E**
faire du cheval [fɛʀdyʃ(ə)val] reiten **II 1E**
un **cheveu**/des **cheveux** [ɛ̃ʃ(ə)vø/deʃ(ə)vø] ein Haar/Haare **II 6A**
un **chewing-gum** [ɛ̃ʃwiŋgɔm] ein Kaugummi **II 4B**, 4
chez [ʃe] zu *(+ Personen)* **I 5E**; bei *(+ Personen)* **I 4C**
chez moi [ʃemwa] bei mir **I 4C**
sonner chez qn [sɔneʃe] bei jdm. klingeln **I 4C**
un **chien** [ɛ̃ʃjɛ̃] ein Hund **I 1**
un **chiffre** [ɛ̃ʃifʀ] eine Zahl **V 8A; V 11A**
le **chinois** [ləʃinwa] das Chinesisch(e)/die chinesische Sprache **V 11B**
un **Chinois**/une **Chinoise** [ɛ̃ʃinwa/ynʃinwaz] ein Chinese/eine Chinesin **V 7A**
des **chips** *(f., pl.)* [deʃips] (Kartoffel-)Chips **I 8E**
un **choc** [ɛ̃ʃɔk] ein Schock **IV 1A**
le **chocolat** [ləʃɔkɔla] der Kakao/die Schokolade **II 4E**
choisir qc [ʃwaziʀ] etw. wählen/aussuchen **III 1A**
Choisissez. [ʃwazise] Wählt aus. I 6C, 2
un **choix** [ɛ̃ʃwa] eine Wahl **III 4C**
le **chômage** [ləʃomaʒ] die Arbeitslosigkeit **IV 4A**
être au chômage [ɛtʀoʃomaʒ] arbeitslos sein **IV 4A**
une **chose** [ynʃoz] eine Sache **III 3A**, 4
Elle ne dit pas grand-chose. [elnəditpagʀɑ̃ʃoz] Sie sagt nicht viel. **III 6C**
Chut! [ʃyt] Psst!/Still! **I 5A**
le **ciel** [ləsjɛl] der Himmel **III 6A**
une **cigarette** [ynsigaʀɛt] eine Zigarette **V 8A**
le **cinéma** [ləsinema] das Kino **I 4B**
circuler [siʀkyle] sich bewegen/im Umlauf sein **IV 3B**
la **cité** [lasite] die Siedlung **III 4E**
citer qc [site] etw. nennen/zitieren II 6A, 1
un **citron** [ɛ̃sitʀɔ̃] eine Zitrone **I 7E**
le jus de citron [ləʒydsitʀɔ̃] der Zitronensaft **I 7B**
clair/claire [klɛʀ] klar **V 3B**, 4
un **clandestin**/une **clandestine** [ɛ̃klɑ̃dɛstɛ̃/ynklɑ̃dɛstin] ein illegaler Einwanderer/eine illegale Einwanderin **V 7A**
une **classe** [ynklas] eine Klasse **I 4E**
le **clavier** [ləklavje] *hier:* das Keyboard **III 1A**
une **clé** [ynkle] ein Schlüssel **II 6B**
Clic! [klik] Klick! **II 5C**
un **cliché** [ɛ̃kliʃe] ein Klischee **V 3A**
un **client**/une **cliente** [ɛ̃klijɑ̃/ynklijɑ̃t] ein Kunde/eine Kundin **I 7A**, 6
un **climat** [ɛ̃klima] ein Klima **IV 4B**, 5
climatique/climatique [klimatik] klimatisch **V 10A**
un **clip** [ɛ̃klip] ein Clip **V 1A**
cliquer sur qc [klikesyʀ] auf etw. klicken/etw. anklicken **I 4B**
une **clope** *(fam.)* [ynklɔp] eine Zigarette/Zichte *(ugs.)* **V 8B**
un **clown** [ɛ̃klun] ein Clown **II 3B**
un **club** [ɛ̃klœb] ein Club/Verein **I 8E**
un club de roller [ɛ̃klœbdəʀɔlœʀ] ein Skaterclub **I 8E**
un **coca** [ɛ̃kɔka] eine Cola **I 6C**
Cochez. [kɔʃe] Kreuzt an. **II 2E**
par cœur [paʀkœʀ] auswendig **IV 4B**
un **coiffeur**/une **coiffeuse** [ɛ̃kwafœʀ/ynkwaføz] ein Friseur/eine Friseurin **III 3A**
une **coiffure** [ynkwafyʀ] eine Frisur **V 7B**
un **coin** [ɛ̃kwɛ̃] eine Ecke **V 12A**
la **colère** [lakɔlɛʀ] die Wut **II 4B**
être en colère [ɛtʀɑ̃kɔlɛʀ] wütend sein **II 4B**
avoir une heure de colle [avwaʀynœʀdəkɔl] eine Stunde nachsitzen (müssen) **III 2B**
collectif/collective [kɔlɛktif/kɔlɛktiv] gemeinsam **V 6B**
un **collège** [ɛ̃kɔlɛʒ] ein Collège **I 5E**
un **collégien**/une **collégienne** [ɛ̃kɔleʒjɛ̃/ynkɔleʒjɛn] ein Schüler/eine Schülerin des Collège **V 2A**
un **collègue**/une **collègue** [ɛ̃kɔlɛg/ynkɔlɛg] ein Kollege/eine Kollegin **II 2A**

un **colocataire**/une **colocataire** [ɛ̃kɔlɔkatɛʀ/ynkɔlɔkatɛʀ] ein Mitbewohner/eine Mitbewohnerin **IV 3C**, 1
une **colocation** [ynkɔlɔkasjõ] eine Mietgemeinschaft/Wohngemeinschaft **IV 3C**
un **colon** [ɛ̃kɔlõ] ein Kolonist/Siedler **V 12B**
le **colonialisme** [ləkɔlɔnjalism] der Kolonialismus **V 11A**
une **colonie** [ynkɔlɔni] eine Kolonie **V 11A; V 12B**
combien [kõbjɛ̃] wie viel **I 7A**
combien de ... [kõbjɛ̃də] wie viel(e) ... **I 7A**
combiner qc [kõbine] etw. verbinden **II 3B**, 1
une **comédie** [ynkɔmedi] eine Komödie **V 3A**, 4
commander qc [kɔmɑ̃de] etw. bestellen **II 4C**
comme [kɔm] wie **I 4B**
comme toi [kɔmtwa] wie du **I 4B**
comme chien et chat [kɔmʃjɛ̃eʃa] wie Hund und Katze **II 4C**, 4
comme ça [kɔmsa] so/auf diese Weise **I 7C**
Comme ça. [kɔmsa] *hier:* Nur so. **I 8B**
comme [kɔm] als **I 7E**; da *(Konjunktion)* **III 5B**
comme si [kɔmsi] als ob **IV 5B**
commencer qc [kɔmɑ̃se] etw. anfangen/beginnen **I 8A**
commencer à faire qc [kɔmɑ̃seafɛʀ] anfangen/beginnen etw. zu tun **III 3A**
commencer qc par qc [kɔmɑ̃se] etw. mit etw. beginnen **IV 5C**
Comment ... ? [kɔmɑ̃] Wie ... ? **I 1**
un **commentaire** [ɛ̃kɔmɑ̃tɛʀ] ein Kommentar **V 5A**, 4
le **commerce** [ləkɔmɛʀs] der Handel **V 9A**
la **commercialisation** [lakɔmɛʀsjalizasjõ] die Vermarktung **V 9B**
un/une **commissaire** [ɛ̃/ynkɔmisɛʀ] ein Kommissar/eine Kommissarin **II 2E**
un **commissariat de police** [ɛ̃kɔmisaʀjadəpɔlis] ein Polizeirevier/eine Polizeistation **II 2B**
la **communication** [lakɔmynikasjõ] die Kommunikation **V 9A**
une **compagnie** [ynkõpaɲi] eine Gesellschaft **V 11B**
le **comparatif** [ləkõpaʀatif] der Komparativ **III 6E**

Comparez. [kõpaʀe] Vergleicht. **I 6E**
compenser qc [kõpɑ̃se] etw. kompensieren **V 5A**
une **compétence** [ynkõpetɑ̃s] eine Kompetenz/Fähigkeit **V 9A**
une **compétition** [ynkõpetisjõ] ein Wettkampf **IV 1A**
complet/complète [kõplɛ/kõplɛt] ausgebucht/voll **IV 4A**
complètement [kõplɛtmɑ̃] vollständig **V 2B**
Complétez. [kõplete] Ergänzt. **I 1**, 6
compliqué/compliquée [kõplike/kõplike] kompliziert **III 5C**
composer qc [kõpoze] etw. komponieren **V 1A**
un **compositeur**/une **compositrice** [ɛ̃kõpozitœʀ/ynkõpozitʀis] ein Komponist/eine Komponistin **V 1A**
composter qc [kõpɔste] etw. entwerten **II 5A**
comprendre qc [kõpʀɑ̃dʀ] etw. verstehen **I 6C**
compter qc [kõte] etw. zählen **IV 1B**
compter sur qn [kõtesyʀ] auf jdn. zählen/sich auf jdn. verlassen **III 1B**
concerner qn [kõsɛʀne] jdn. angehen/betreffen **II 6B**
se sentir concerné(e/s) [səsɑ̃tiʀkõsɛʀne] sich betroffen fühlen **V 8A**, 4
un **concert** [ɛ̃kõsɛʀ] ein Konzert **III 1B**
la **conclusion** [lakõklyzjõ] der Schluss/die Schlussfolgerung **II 6C**, 4
un **concours** [ɛ̃kõkuʀ] ein Wettbewerb **III 5A**
passer un concours [paseɛ̃kõkuʀ] an einem Wettbewerb teilnehmen **III 5A**
condamner qc [kõdane] etw. verurteilen/verbieten **V 2A**
une **condition** [ynkõdisjõ] eine Bedingung **V 6A; V 10B**
la condition physique [lakõdisjõfizik] die körperliche Verfassung **V 9B**
un **conducteur**/une **conductrice** [ɛ̃kõdyktœʀ/ynkõdyktʀis] ein Fahrer/eine Fahrerin **V 4B**
conduire [kõdɥiʀ] fahren **III 6E**
la **confiance** [lakõfjɑ̃s] das Vertrauen **IV 1B**
avoir confiance en qn [avwaʀkõfjɑ̃sɑ̃] Vertrauen in jdn. haben **IV 1B**
la **confiture** [lakõfityʀ] die Konfitüre **II 4E**
un **conflit** [ɛ̃kõfli] ein Konflikt **V 8A; V 12B**
être confronté à qc [ɛtʀ(ə)kõfʀõtea] mit etw. konfrontiert sein **V 8A**

les **congés** *(m.)* [lekõʒe] der Urlaub **V 9B**
les congés payés *(m., pl.)* [lekõʒepɛje] der bezahlte Urlaub **V 2A**
conjuguer [kõʒyge] konjugieren **II 4A**, 1; **III 2E**
une forme conjuguée [ynfɔʀmkõʒyge] eine konjugierte Form **II 4B**, 2
la **connaissance** [lakɔnɛsɑ̃s] die Bekanntschaft **IV 2C**
faire la connaissance de qn [fɛʀlakɔnɛsɑ̃sdə] jds. Bekanntschaft machen **IV 2C**
la connaissance [lakɔnɛsɑ̃s] *hier:* die Kenntnis **IV 3A**
connaître qn/qc [kɔnɛtʀ] jdn./etw. kennen **II 6A**
se connecter [səkɔnɛkte] sich einloggen **V 5A**
un **connecteur** [ɛ̃kɔnɛktœʀ] ein Bindeglied **V 1A**, 3
être **connu/connue** pour qc [ɛtʀkɔny/kɔnypuʀ] für etw. bekannt sein **II 6A**, 5
un **conseil** [ɛ̃kõsɛj] ein Rat **III 4A**
conserver qc [kõsɛʀve] etw. aufbewahren **V 5B**
considérer qc comme ... [kõsideʀe] etw. für ... halten **V 11A**
la **consigne** [lakõsiɲ] die Gepäckaufbewahrung **IV 4C**, 4
consister à faire qc [kõsisteafɛʀ] darin bestehen etw. zu tun **V 6A**
une **console** [ynkõsɔl] ein Konsole/Spielkonsole **V 5A**
consoler qn [kõsɔle] jdn. trösten **V 8A; V 9B**
la **consommation** [lakõsɔmasjõ] der Verbrauch **V 8A**
consommer qc [kõsɔme] etw. konsumieren/zu sich nehmen **V 8A**
construire qc [kõstʀɥiʀ] etw. bauen **IV 4C**; etw. konstruieren **III M1**, 1
bien construit/construite [bjɛ̃kõstʀɥi/kõstʀɥit] gut konstruiert **V 3B**, 4
un **contact** [ɛ̃kõtakt] ein Kontakt **II 6A**, 4
prendre contact avec qn [pʀɑ̃dʀkõtaktavɛk] mit jdm. Kontakt aufnehmen **II 6A**, 4
un **conte** [ɛ̃kõt] ein Märchen **IV 4E**
content/contente [kõtɑ̃/kõtɑ̃t] glücklich/zufrieden **II 6C**
être content de qn/qc [ɛtʀkõtɑ̃də] mit jdm./etw. zufrieden sein **II 6C**
contestataire/contestataire [kõtɛstatɛʀ] oppositionell; *(hier: Protest-)* **V 1A**
un **continent** [ɛ̃kõtinɑ̃] ein Kontinent/Erdteil **V 11A**

continu/continue [kɔ̃tiny] anhaltend/fortwährend **V 11B**
continuer [kɔ̃tinɥe] fortfahren **I 4B**
la **contraception** [lakɔ̃tʀasɛpsjɔ̃] die Verhütung **V 8A**
le **contraire** (de) [ləkɔ̃tʀɛʀ] das Gegenteil (von) **III 2C, 5**
contre [kɔ̃tʀ] gegen **II 6A**
cool *(fam.)* [kul] cool *(ugs.)* **I 2B**
 super cool *(fam.)* [sypɛʀkul] supercool *(ugs.)* **I 8B**
un **copain**/une **copine** [ɛ̃kɔpɛ̃/ynkɔpin] ein Freund/eine Freundin **I 1**
une **copie** [ynkɔpi] eine Kopie **V 5B**
copier sur qn [kɔpjesyʀ] *hier:* bei jdm. abgucken/abschauen/abschreiben **III 2B**
un **corps** [ɛ̃kɔʀ] ein Körper **V 8A**
un **correspondant**/une **correspondante** [ɛ̃kɔʀɛspɔ̃dɑ̃/ynkɔʀɛspɔ̃dɑ̃t] ein Brieffreund/eine Brieffreundin/ein Austauschpartner/eine Austauschpartnerin **I 4E**
 un/une corres *(fam.)* [ɛ̃/ynkɔʀɛs] ein Brieffreund/eine Brieffreundin *(ugs.)* **I 4A**
Corrigez ... [kɔʀiʒe] Korrigiert ... I 4B, 2
un **côté** [ɛ̃kote] eine Seite **V 9B**
 à côté de [akotedə] neben **I 8B**
 du côté de [dykotedə] aufseiten *(+ Genitiv)* **V 8A**
se coucher [səkuʃe] ins/zu Bett gehen **III 2A**
la **couleur** [lakulœʀ] die Farbe **II 3A**
un **couloir** [ɛ̃kulwaʀ] ein Flur **I 3A**
un **coup** [ɛ̃ku] ein Schlag **II 6E**
 tenir le coup [təniʀləku] *hier:* durchhalten **V 5A**
 le coup de foudre [ləkudfudʀ] *hier:* Liebe auf den ersten Blick **I 8B**
un **couple** [ɛ̃kupl(ə)] ein (Ehe)Paar **V 2A; V 6A**
le **courage** [ləkuʀaʒ] der Mut **IV 3E**
 avoir le courage de faire qc [avwaʀləkuʀaʒdəfɛʀ] den Mut haben, etw. zu tun **IV 3E**
courageux/courageuse [kuʀaʒø/kuʀaʒøz] mutig **III 4B**
le **courant** [ləkuʀɑ̃] der Strom **III 1B**
courir [kuʀiʀ] laufen/rennen **IV 2B**
le **courriel** [ləkuʀjɛl] die E-Mail **V 5B**
le **courrier** [ləkuʀje] die Post **V 7A**
un **cours** [ɛ̃kuʀ] eine Unterrichtsstunde **II 6A**
 avoir cours *(sg.)* [avwaʀkuʀ] Unterricht haben **III 2C**
 suivre un cours [sɥivʀɛ̃kuʀ] am Unterricht teilnehmen/Unterricht nehmen **V 7A**
 au cours de qc [okuʀdə] im Laufe von etw. **V 12B**
les **courses** *(f.)* [lekuʀs] die Einkäufe **I 7A**
 une liste des courses [ynlistdekuʀs] eine Einkaufsliste/ein Einkaufszettel **I 7A, 5**
 une course [ynkuʀs] ein Lauf/Wettlauf **IV 2B**
court/courte [kuʀ/kuʀt] kurz **IV 2C**
le **couscous** [ləkuskus] das Couscous *(nordafrikanisches Gericht)* **III 3A**
un **cousin**/une **cousine** [ɛ̃kuzɛ̃/ynkuzin] ein Cousin/eine Cousine **II 5E**
le **coût** [ləku] die Kosten **V 10B**
un **couteau**/des **couteaux** [ɛ̃kuto/dekuto] ein Messer/Messer **II 4C**
coûter [kute] kosten **II 3C, 3**
 coûter cher [kuteʃɛʀ] teuer sein/viel (Geld) kosten **II 7**
une **couverture** [ynkuvɛʀtyʀ] eine Decke **IV 5A**
craquer [kʀake] zusammenbrechen; *hier:* ausrasten/ausflippen **III 3B**; schwach werden **V 5A**
créatif/créative [kʀeatif/kʀeativ] kreativ **III 5E**
créer qc [kʀee] etw. schaffen/gründen **IV 1A**
une **crème** [ynkʀɛm] eine Creme **IV 4A, 6**
le **créole** [ləkʀeɔl] Kreolisch/die kreolische Sprache **IV 4A**
une **crêpe** [ynkʀɛp] eine Crêpe **V 12A**
crier [kʀije] schreien **II 5C**
critiquer qn [kʀitike] jdn. kritisieren **V 6A**
croire (que) [kʀwaʀ] glauben (, dass) **III 1B**
croiser qn [kʀwaze] jdm. begegnen **V 8B**
un **croissant** [ɛ̃kʀwasɑ̃] ein Croissant **III 6B**
un **croquant** [ɛ̃kʀɔkɑ̃] ein Croquant *(knackiger Mandelkeks)* **IV 5C**
une **cuillère** [ynkɥijɛʀ] ein Löffel **II 4C, 2**
une **cuisine** [ynkɥizin] eine Küche **I 3A**
 faire la cuisine [fɛʀlakɥizin] kochen **II 4C**
un **cuisinier**/une **cuisinière** [ɛ̃kɥizinje/ynkɥizinjɛʀ] ein Koch/eine Köchin **III 5E**
curieux/curieuse [kyʀjø/kyʀjœz] neugierig **IV 5C**
un **curriculum vitae** *(= un CV)* [ɛ̃kyʀikylɔmvitɛ] ein Lebenslauf **IV 2C**

D

d'abord [dabɔʀ] zunächst/zuerst **I 2E; I 5A**
D'accord. [dakɔʀ] Einverstanden./O.k. **I 2B**
d'ailleurs [dajœʀ] übrigens **IV 1B**
un **danger** [ɛ̃dɑ̃ʒe] eine Gefahr **IV 5E**
 mettre qc/qn en danger [mɛtʀɑ̃dɑ̃ʒe] etw./jdn. in Gefahr bringen **V 10A**
dangereux/dangereuse [dɑ̃ʒ(ə)ʀø/dɑ̃ʒ(ə)ʀøz] gefährlich **II 7**
un **Danois**/une **Danoise** [ɛ̃danwa/yndanwaz] ein Däne/eine Dänin **IV 3C**
dans [dɑ̃] in **I 2A**
dansant/dansante [dɑ̃sɑ̃/dɑ̃sɑ̃t] tanzend **V 1A**
la **danse** [ladɑ̃s] der Tanz/das Tanzen **II 1E**
 faire de la danse [fɛʀdəladɑ̃s] tanzen **II 1E**
danser [dɑ̃se] tanzen **I 8A**
un **danseur**/une **danseuse** [ɛ̃dɑ̃sœʀ/yndɑ̃søz] ein Tänzer/eine Tänzerin **IV 1C**
la **date de naissance** [ladatdənɛsɑ̃s] das Geburtsdatum **IV 1A**
dater de ... [datedə] stammen aus ... **V 4A**
un **dauphin** [ɛ̃dofɛ̃] ein Delfin **V 9B**
d'après [dapʀɛ] nach/laut **IV 3B, 5**
de/d' [də] von **I 1**
 d'où [du] woher **I 2E**
 de loin [dəlwɛ̃] von weitem **II 5C**
 de quoi [dəkwa] wovon **II 6B**
un dé [ɛ̃de] ein Würfel I 3A, 5
un **dealer** [ɛ̃dilœʀ] ein Dealer/Drogenverkäufer **III 4C**
Debout! [dəbu] Aufstehen! **II 3A, 3**
se débrouiller [sədebʀuje] zurechtkommen **III 3A**
le **début** [lədeby] der Anfang **IV 2B**
 au début de ... [odebydə] am Anfang von/vom ... **IV 2B**
décembre *(m.)* [desɑ̃bʀ] Dezember **I 8A, 4**
une **déception** [yndesɛpsjɔ̃] eine Enttäuschung **V 8A**
le **déchet** [ledeʃɛ] der Abfall **V 10B**
 des déchets radioactifs [dedeʃɛʀadjɔaktif] radioaktive Abfälle **V 10B**

décidément [desidemɑ̃] also wirklich V 8B
décider de faire qc [desidedəfɛʀ] entscheiden etw. zu tun **IV 2B**
se décider à faire qc [sədesideafɛʀ] sich entscheiden etw. zu tun **V 9A**
une **décision** [yndesizjõ] eine Entscheidung **III 1A,** 5
prendre une décision [pʀɑ̃dʀyndesizjõ] eine Entscheidung treffen **III 1A,** 5
la **décoration** [ladekɔʀasjõ] die Raumgestaltung **V 9B**
une **découverte** [yndekuvɛʀt] eine Entdeckung **V 8A**
découvrir qc [dekuvʀiʀ] etw. entdecken **III 3A**
décrire qn/qc [dekʀiʀ] jdn./etw. beschreiben **II 6A**
décrire qc à qn [dekʀiʀ] jdm. etw. beschreiben **II 6B**
se défendre [sədefɑ̃dʀ] sich verteidigen **V 6A**
définir qc [definiʀ] etw. bestimmen/definieren **V 9A**
définitivement [definitivmɑ̃] endgültig *(Adv.)* **IV 3A**
un **degré** [ɛ̃dəgʀe] ein Grad **III 6A**
être déguisé/déguisée [ɛtʀdegize] verkleidet sein **IV 4A**
dehors [dəɔʀ] draußen/nach draußen **V 12A**
déjà [deʒa] schon **I 4C**
un **petit-déjeuner** [ɛ̃p(ə)tideʒøne] ein Frühstück **II 2E**
un **délégué**/une **déléguée** [ɛ̃delege/yndelege] ein Delegierter/eine Delegierte/ein(e) Abgeordnete(r) **V 10B,** 5
demain [dəmɛ̃] morgen **I 4A**
demander qc [dəmɑ̃de] etw. fragen **I 8A**
demander qc à qn [dəmɑ̃de] jdn. (nach) etw. fragen **II 6A**
demander si ... [dəmɑ̃de] fragen, ob ... **II 6C**
se demander si ... [sədəmɑ̃desi] sich fragen, ob ... **III 2E**
demander à qn de faire qc [dəmɑ̃de] jdn. bitten etw. zu tun **IV 2B**
déménager [demenaʒe] umziehen **IV 2A**
une **demi-baguette** [yndəmibagɛt] ein halbes Baguette **V 2B**
une **demi-heure** [yndəmiœʀ] eine halbe Stunde **V 12A**
une **demi-sœur** [yndəmisœʀ] eine Halbschwester **V 2A**
démocratique/démocratique [demokʀatik] demokratisch **V 6A**
une **jeune demoiselle** [ynʒœndəmwazɛl] eine junge Frau **V 1B**
une **dent** [yndɑ̃] ein Zahn **II 2A,** 4
le **départ** [lədepaʀ] die Abfahrt/Abreise **II 5A**
un **département d'Outre-mer** [ɛ̃depaʀtəmɑ̃dutʀmɛʀ] ein Überseedepartement **IV 4A,** 5
dépasser qc [depase] etw. überholen/an etw. vorbeifahren/-gehen **V 6B**
se dépêcher [sədepɛʃe] sich beeilen **III 2E**
dépendre de qc [depɑ̃dʀdə] von etw. abhängen **V 10B**
une **dépense** [yndepɑ̃s] eine Ausgabe **V 2A**
un **dépliant** [ɛ̃depliɑ̃] ein Faltblatt **IV 4B,** 5
un dépliant touristique [ɛ̃depliɑ̃tuʀistik] ein Tourismus-Infoblatt **IV 4B,** 5
déposer qc/qn [depoze] etw. abstellen/jdn. absetzen **III 6A**
dépressif/dépressive [depʀesif/depʀesiv] schwermütig/depressiv **V 2B**
déprimé/déprimée [depʀime] **III 3C,** 3
être déprimé/déprimée [ɛtʀdepʀime] deprimiert sein **III 3C,** 3
depuis [dəpɥi] seitdem *(Adv.)* **IV 1A**
depuis [dəpɥi] seit **III 1B**
déranger qn [deʀɑ̃ʒe] jdn. stören **II 2A**
dernier/dernière [dɛʀnje/dɛʀnjɛʀ] letzter/letzte/letztes **III 1B**
le **déroulement** [ləderulmɑ̃] der Ablauf **IV 4A,** 2
se dérouler [səderule] sich ereignen/abspielen **V 6B**
derrière [dɛʀjɛʀ] hinter **II 2B**
être derrière qn [ɛtʀdɛʀjɛʀ] *hier:* hinter jdm. her sein **III 4B**
dès [dɛ] seit/von **V 5A**
descendre [desɑ̃dʀ] aussteigen/hinuntergehen **II 5C**
descendre du train [desɑ̃dʀdytʀɛ̃] aus dem Zug aussteigen **II 5C**
désirer qc [deziʀe] etw. wünschen **II 3C,** 3
Désolé!/Désolée! [dezɔle] Es tut mir leid! **II 7,** 10
un **dessert** [ɛ̃desɛʀ] ein Nachtisch **I 7A**
un **dessin** [ɛ̃dɛsɛ̃] eine Zeichnung **II 1E**
un **dessin animé** [ɛ̃dɛsɛ̃anime] ein Zeichentrickfilm **V 3B,** 4
dessus [dəsy] darauf **V 2B**
une **destination** [yndɛstinasjõ] eine Richtung/ein Ziel **II 5A**
un **détail** [ɛ̃detaj] eine Einzelheit **III 3E**
détester qn/qc [detɛste] jdn./etw. überhaupt nicht mögen/hassen **I 3A**
le/la deuxième ... [lə/ladøzjɛm] der/die/das zweite ... **II 5B,** 5
un **deux-roues** [ɛ̃døʀu] ein Zweirad **V 11B**
devant [dəvɑ̃] vorn/vorne **III 6E**
devant [dəvɑ̃] vor *(örtlich)* **I 4A,** 3
un **développement** [ɛ̃devəlɔpmɑ̃] eine Entwicklung **V 10A**
devenir [dəvəniʀ] werden **III 3E**
Devinez. [dəvine] Erratet. **I 7A,** 3
les **devoirs** *(m., pl.)* [ledəvwaʀ] die Hausaufgaben **I 4A**
les devoirs de français *(m., pl.)* [ledəvwaʀdəfʀɑ̃sɛ] die Französischhausaufgaben **I 4A**
devoir faire qc [dəvwaʀfɛʀ] etw. tun müssen **II 4A**
un **dialecte** [ɛ̃djalɛkt] ein Dialekt **V 11B**
un **dialogue** [ɛ̃djalɔg] ein Dialog **I 2B,** 2
un **dictionnaire** [ɛ̃diksjɔnɛʀ] ein Wörterbuch **III 5C,** 5
diffamer qc [difame] jdn. verleumden/diffamieren **V 6A**
une **différence** [yndifeʀɑ̃s] ein Unterschied **III 2A,** 2
différent/différente [difeʀɑ̃/difeʀɑ̃t] anders/verschieden/unterschiedlich **III 2A**
difficile/difficile [difisil] schwierig **III 6B**
Ne fais pas la difficile! [nəfɛpaladifisil] *hier:* Stell dich (jetzt) nicht so an! **III 6C**
dimanche *(m.)* [dimɑ̃ʃ] (am) Sonntag/am nächsten Sonntag **I 4C**
le **dîner** [lədine] das Abendessen **IV 5E**
dire qc à qn [diʀ] jdm. etw. sagen **II 6B**
Dis donc, ... [didõ(k)] Sag mal, ... **I 8A**
se dire qc [sədiʀ] sich etw. sagen **IV 2A**
c'est-à-dire [sɛtadiʀ] das heißt **V 2A; V 8A**
direct/directe [diʀɛkt] direkt **II 5B,** 5
en direct [ɑ̃diʀɛkt] direkt; *hier:* live **V 3A**
suivre qc en direct [sɥivʀkɛlkəʃozɑ̃diʀɛkt] etw. live verfolgen **V 3A**
un **directeur**/une **directrice** [ɛ̃diʀɛktœʀ/yndiʀɛktʀis] ein Leiter/eine Leiterin; *hier:* ein Geschäftsführer/eine Geschäftsführerin **III 5B**
la **direction** [ladiʀɛksjõ] die Richtung **II 5B**
diriger qn/qc [diʀiʒe] jdn./etw. (an)führen **V 6B**

le **discours (in)direct** [lədiskuʀ(ɛ̃)diʀɛkt] die (in)direkte Rede **III 5B, 3**

discret/discrète [diskʀɛ/diskʀɛt] zurückhaltend **V 1A**

une **discussion** [yndiskysjõ] eine Diskussion **V 5B**

discuter avec qn [diskyteavɛk] mit jdm. reden/diskutieren **I 8A**

disparaître [dispaʀɛtʀ] verschwinden **III 6B**

disponible/disponible [dispɔnibl] frei/abkömmlich **IV 2B, 5**

une **dispute** [yndispyt] ein Streit/eine Meinungsverschiedenheit **II 2A**

se disputer [sədispyte] sich streiten **III 4B**

une **distance** [yndistɑ̃s] eine Entfernung **V 4A**

un **distributeur** [ɛ̃distʀibytœʀ] ein Automat; *hier:* ein Geldautomat **III 6B**

dit/dite [di/dit] so genannt **V 8A**

être divisé(e/s) en … [ɛtʀ(ə)divizeɑ̃] unterteilt sein in … **V 11A**

être **divorcé/divorcée** [ɛtʀ(ə)divɔʀse] geschieden sein **IV 3A**

divorcer [divɔʀse] sich scheiden lassen **V 2A**

un **document administratif** [ɛ̃dɔkymɑ̃administʀatif] ein Verwaltungsdokument **V 11A**

un **documentaliste**/une **documentaliste** [ɛ̃/yndɔkymɑ̃talist] ein Schulbibliothekar/eine Schulbibliothekarin **I 5A**

un **doigt** [ɛ̃dwa] ein Finger **IV 1B**

un **domicile** [ɛ̃dɔmisil] ein Wohnsitz **V 2A**

le domicile familial [lədɔmisilfamiljal] der elterliche Wohnsitz/das Elternhaus **V 2A**

C'est dommage! [sɛdɔmaʒ] Das ist (aber) schade! **I 8A**

donc [dõk] also **III 2C**

donner qc [dɔne] etw. geben **II 4C**

donner son avis [dɔnesɔnavi] seine Meinung sagen **II 6C, 2**

donner des ordres à qn [dɔnedezɔʀdʀ] jdm. Befehle erteilen **III 4B**

dont [dõ] davon **III 5B;** von der/von dem/von denen *(Relativpronomen)* **IV 4A**

dormir [dɔʀmiʀ] schlafen **II 4B**

le **dos** [ldo] der Rücken **II 2A**

une **douche** [ynduʃ] eine Dusche **I 3A**

se doucher [sәduʃe] duschen **III 2A**

la **douleur** [ladulœʀ] der Schmerz **IV 4B**

un **doute** [ɛ̃dut] ein Zweifel **IV 4A**

doux/douce [du/dus] zart **V 1A, 5;** weich **V 8A**

des patates douces [depatatdus] Süßkartoffeln **V 11B, 3**

draguer qn *(fam.)* [dʀage] jdn. anmachen /mit jdm. flirten *(ugs.)* **V 3B**

un **drapeau**/des **drapeaux** [ɛ̃dʀapo/dedʀapo] eine Fahne/Flagge **IV 3B**

une **drogue** [yndʀɔg] eine Droge **V 8A**

un **droit** [ɛ̃dʀwa] ein Recht **IV 3B, 5**

tout droit [tudʀwa] geradeaus **II 5B**

à droite [adʀwat] (nach) rechts **II 5B**

drôle/drôle [dʀol] lustig/witzig **III 3C**

dur/dure [dyʀ/dyʀ] hart **III 5A**

durer [dyʀe] dauern/andauern **IV 4A**

un **DVD** [ɛ̃devede] eine DVD **II 5E**

dynamique/dynamique [dinamik] dynamisch **V 1A; V 9B**

E

l'**eau** *(f.)* [lo] das Wasser **I 9**

un **échange** [ɛ̃neʃɑ̃ʒ] ein Austausch **II 6A, 4**

un échange scolaire [ɛ̃neʃɑ̃ʒskɔlɛʀ] ein Schüleraustausch **II 6A, 4**

échanger qc [eʃɑ̃ʒe] etw. tauschen **V 12B**

éclater [eklate] ausbrechen **V 12B**

une **école** [ynekɔl] eine Schule **I 2A**

une école maternelle [ynekɔlmatɛʀnɛl] ein Kindergarten **IV 1B**

une école de musique [ynekɔldəmyzik] eine Musikschule **I 4E**

un **écolier**/une **écolière** [ɛ̃nekɔlje/ynekɔljɛʀ] ein Schüler/eine Schülerin **V 2A**

un **écolo**/une **écolo** [ɛ̃nekɔlo/ynekɔlo] ein Umweltschützer/eine Umweltschützerin **V 9A**

l'**écologie** *(f.)* [lekɔlɔʒi] die Ökologie **V 10B, 5**

écologique/écologique [ekɔlɔʒik] ökologisch **V 10B, 5**

économique/économique [ekɔnɔmik] wirtschaftlich/Wirtschafts- **V 10A; V 11B**

écouter qc [ekute] etw. hören **I 3B**

écouter qn [ekute] jdm. zuhören **II 4B, 4**

Ecoutez. [ekute] Hört zu. **I 3A, 4**

écrire qc à qn [ekʀiʀ] jdm. etw. schreiben **II 6B**

s'écrouler [sekʀule] zusammenbrechen; *hier:* zerplatzen **III 3A**

effacer qc [efase] etw. löschen **V 5B**

un **effet** [ɛ̃nefɛ] eine Folge/Auswirkung **V 8A**

en effet [ɑ̃nefɛ] tatsächlich/nämlich **V 5B; V 12B**

un effet spécial/des effets spéciaux [ɛ̃nefɛspesjal/dezefɛspesjo] ein Spezialeffekt **V 3B, 4**

l'effet de serre *(m.)* [lefɛdəsɛʀ] der Treibhauseffekt **V 10A**

un gaz à effet de serre [ɛ̃gazaefɛdəsɛʀ] ein Gas, das den Treibhauseffekt bewirkt **V 10A**

un **effort** [ɛ̃nefɔʀ] eine Anstrengung/Mühe **V 12B**

Ça m'est égal. [samɛtegal] Das ist mir egal. **II 1, 4**

également [egalmɑ̃] auch/ebenfalls **V 9A**

une **église** [ynegliz] eine Kirche **I 6B**

une **élection** [ynelɛksjõ] eine Wahl **V 10B, 5**

l'**électricité** *(f.)* [lelɛktʀisite] die Elektrizität **V 10B**

électrique/électrique [elɛktʀik] elektrisch **V 4B; V 10B**

la production électrique [lapʀɔduksjõelɛktʀik] die Stromproduktion **V 10B**

un **électronicien**/une **électronicienne** [ɛ̃nelɛktʀɔnisjɛ̃/ynelɛktʀɔnisjɛn] ein Elektroniker/eine Elektronikerin **IV 3A, 6**

un **élément** [ɛ̃nelemɑ̃] ein Element/Satzteil **II 3B, 1**

un **éléphant** [ɛ̃nelefɑ̃] ein Elefant **I 3A**

un **élève**/une **élève** [ɛ̃nelɛv/ynelɛv] ein Schüler/eine Schülerin **I 4A**

un **e-mail** [ɛ̃nimɛl] eine E-Mail **I 8B**

embarquer pour … [ɑ̃baʀkepuʀ] *hier:* aufbrechen nach … **V 7B**

embrasser qn [ɑ̃bʀase] jdn. umarmen/küssen; *hier:* jdn. lieb grüßen **II 4C**

émetteur/émettrice [emɛtœʀ/emɛtʀis] ausstoßend **V 10A**

émettre qc [emɛtʀ] etw. ausstoßen **V 10A**

émis/émise [emi/emiz] *hier:* abgegeben **V 10A**

une **émission** (de télévision) [ynemisjõ] eine (Fernseh-)Sendung **III 5E**

une émission [ynemisjõ] *hier:* ein Ausstoß **V 10A**

emmener qn [ɑ̃m(ə)ne] jdn. mitnehmen **III 6A**

une **émotion** [ynemosjõ] ein Gefühl III 3C, 3
l'**empire** *(m.)* [lãpiʀ] Kaiserreich **V 4A**
un **emploi** [ɛ̃nãplwa] ein Arbeitsverhältnis **V 11B**
un emploi du temps [ɛ̃nãplwadytã] ein Stundenplan **I 5A**
un **employé**/une **employée** [ɛ̃nãplwaje/ ynãplwaje] ein Angestellter/eine Angestellte **III 5E**
employer qn [ãplwaje] jdn. beschäftigen **IV 3C**
emprunter qc [ãpʀɛ̃te] etw. übernehmen **V 12A**
en [ã] auf **I 2B**; davon **III 5C**
en français [ãfʀãsɛ] auf Französisch **I 2B**
en Allemagne [ãnalmaɲ] in Deutschland **I 4B**
en face de [ãfasdə] gegenüber von **II 5B**
en conclusion *(f.)* [ãkõklyzjõ] zum Schluss **II 6C**, 4
en vélo [ãvelo] mit dem Fahrrad **II 7**
en plus [ãplys] und obendrein/dazu/ außerdem **III 5A**
en bas de [ãbadə] unten/unterhalb von … **IV 1C**
en dessous [ãd(ə)su] darunter **IV 3B**
en bois [ãbwa] aus Holz **IV 4B**
en effet [ãnefɛ] tatsächlich/nämlich **V 5B**; **V 12B**
en ligne [ãliɲ] online **V 5A**
en tête [ãtɛt] an der Spitze **V 5A**
en service [ãsɛʀvis] in Betrieb **V 10B**
en tout cas [ãtuka] jedenfalls/auf jeden Fall **V 7B**
en avoir marre de qc *(fam.)* [ãnavwaʀmaʀdə] die Nase von etw. voll haben *(ugs.)* **II 3C**
encore [ãkɔʀ] noch **I 6B**
ne … pas encore [nə…pa(z)ãkɔʀ] noch nicht **II 2C**
un **endroit** [ɛ̃nãdʀwa] ein Ort **III 3A**, 2; ein Ort/eine Stelle **III 3C**
énergétique/énergétique [enɛʀʒetik] energetisch/die Energie betreffend **V 10B**
l'indépendance énergétique *(f.)* [lɛ̃depãdãsenɛʀʒetik] die Unabhängigkeit in der Energieversorgung **V 10B**
une **énergie** [ynenɛʀʒi] eine Energie **V 10A**
l'énergie nucléaire *(f.)* [lenɛʀʒinykleɛʀ] die Kernenergie **V 10B**
énervé/énervée [enɛʀve/enɛʀve] genervt **II 3A**
énerver qn [enɛʀve] jdn. nerven **II 4C**
s'énerver [senɛʀve] sich aufregen **III 4A**
un **enfant** [ɛ̃nãfã] ein Kind **II 4B**
une **ambiance d'enfer** [ynãbjãsdãfɛʀ] eine Superstimmung **I 8B**
enfin [ãfɛ̃] endlich/schließlich **II 1**
Enfin … si. [ãfɛ̃si] Eigentlich … schon. **II 6A**
engagé/engagée [ãgaʒe] engagiert **V 1A**
un **engagement** [ɛ̃nãgaʒmã] eine Einstellung/ein Engagement/Einsatz **V 9A**
s'engager [sãgaʒe] sich engagieren/einsetzen **V 9A**
enlever qc [ãləve] etw. ausziehen **III 4E**
enlever son chapeau [ãləvesõʃapo] den Hut abnehmen/ziehen **III 3C**
énorme/énorme [enɔʀm] enorm **V 11B**
une **enquête** [ynãkɛt] eine Umfrage **V 5A**; eine Untersuchung/Ermittlung **II 2E**
enregistrer qc [ãʀəʒistʀe] etw. (auf Band) aufnehmen **III 1B**, 5
enrouler qc [ãʀule] etw. einrollen **V 12A**
l'**enseignement** *(m.)* [lãsɛɲ(ə)mã] das Unterrichtswesen **V 11A**
enseigner [ãsɛɲe] unterrichten **III 5E**
l'**ensemble** *(m.)* [lãsãbl] die Gesamtheit **V 11A**
ensemble [ãsãbl] zusammen **I 9**
tous ensemble [tusãsãbl] alle zusammen **I**
ensuite [ãsɥit] dann/danach **III 3A**
entendre qc [ãtãdʀ] etw. hören **II 2E**; **II 5C**
s'entendre avec qn [sãtãdʀavɛk] sich mit jdm. verstehen **III 2B**
entier/entière [ãtje/ãtjɛʀ] ganz **V 1A**; **V 6A**; **V 7AV 11A**;
le monde entier [ləmõdãtje] die ganze Welt **V 6A**
entourer qn [ãtuʀe] jdn. umgeben **V 7B**
s'entraider [sãtʀɛde] sich gegenseitig helfen **V 11B**
s'entraîner [sãtʀɛne] trainieren **IV 1A**
entre [ãtʀ] zwischen **II 2B**
entre toi et moi [ãtʀətwaemwa] zwischen dir und mir **II 2C**
entre parenthèses [ãtʀpaʀãtɛz] in Klammern **III 3E**
entre autres [ãtrotʀ] unter anderen **V 12B**
une **entreprise** [ynãtʀəpʀiz] ein Unternehmen/eine Firma **III 5A**
entrer [ãtʀe] be-/eintreten/hineingehen **I 3B**
entrer en scène [ãtʀeãsɛn] auftreten **III 3C**
faire entrer qn [fɛʀãtʀe] *hier:* jdn. hereinbitten **IV 2C**
un **entretien** [ɛ̃nãtʀətjɛ̃] ein Gespräch **III 5B**
une **enveloppe** [ynãvlɔp] ein Umschlag/Briefumschlag **III 4C**
s'envelopper [sãv(ə)lɔpe] sich einwickeln **V 6B**
avoir envie *(f.)* [avwaʀãvi] Lust haben **I 6A**
avoir envie de faire qc [avwaʀãvidəfɛʀ] Lust haben etw. zu tun **III 5A**
envier qn [ãvje] jdn. beneiden **V 7B**
environ [ãviʀõ] ungefähr **V 4B**; **V 10B**; **V 11B**
l'**environnement** *(m.)* [lãviʀɔnmã] die Umwelt **V 9B**
envoyer qc/qn [ãvwaje] etw./jdn. schicken **IV 4B**
l'**éolien** *(m.)* [leɔljɛ̃] *hier:* die Windenergie **V 10B**
éolien/éolienne [eɔljɛ̃/eɔljɛn] den Wind betreffend **V 10B**
une **épicerie** [ynepisʀi] ein (kleines) Lebensmittelgeschäft **III 6B**
une **époque** [ynepɔk] eine Epoche **V 11A**
à cette époque [asɛtepɔk] zu dieser Zeit **V 11A**
s'épuiser [sepɥize] sich erschöpfen/zu Ende gehen **V 10B**
une **équipe** [ynekip] eine Mannschaft **II 5B**
l'**érable** *(m.)* [leʀabl] der Ahorn(baum) **V 12A**
une **erreur** [ynɛʀœʀ] ein Irrtum/Fehler **V 5B**
faire de l'escalade [fɛʀdəlɛskalad] klettern **IV 1B**
escalader qc [ɛskalade] hinaufklettern **V 9B**
l'**escalier** *(m.)* [lɛskalje] die Treppe **I 6A**
prendre l'escalier [pʀãdʀlɛskalje] die Treppe nehmen **I 6A**
espagnol/espagnole [ɛspaɲɔl] spanisch **IV 3A**
espérer (que) [ɛspeʀe] hoffen (, dass) **III 1B**
l'**espoir** *(m.)* [lɛspwaʀ] die Hoffnung **III 3A**
essayer qc [esɛje] etw. anprobieren/versuchen **II 3A**
l'**essence** *(f.)* [lɛsãs] das Benzin **III 6A**
l'**essentiel** *(m.)* [lɛsãsjɛl] das Wesentliche **V 6B**

pour l'essentiel [puʀlesɑ̃sjɛl] im Wesentlichen **V 6B**
l'**est** *(m.)* [lɛst] der Osten **IV 5C,** 6
Est-ce que ... ? [ɛskə] *(Frageformel)* **I 3A**
et [e] und **I**
Et avec ça? [eavɛksa] Sonst noch etwas? **I 7A**
un **étage** [ɛ̃netaʒ] eine Etage/ein Stockwerk **I 6A**
étaler qc [etale] etw. ausbreiten **V 12A**
une **étape** [ynetap] eine Etappe **IV 4E**
etc. [ɛtsetera] usw. **V 6A**
l'**été** *(m.)* [lete] der Sommer **III 1B**
éteindre qc [etɛ̃dʀ] etw. ausschalten/ausmachen **V 5A**
une **étoile** [ynetwal] ein Stern **IV 3B**
à l'étranger [aletʀɑ̃ʒe] im/ins Ausland **IV 3E**
une **langue étrangère** [ynlɑ̃getʀɑ̃ʒɛʀ] eine Fremdsprache **V 11A**
être [ɛtʀ] sein **I 2B**
être de [ɛtʀdə] sein aus/kommen aus **I 2B**
être d'accord [ɛtʀdakɔʀ] einverstanden sein **I 8B**
être jumelé(e) avec... [ɛtʀʒymleavɛk] eine Städte-/Schulpartnerschaft haben mit ... **II 5A,** 5
être victime [ɛtʀviktim] Opfer sein **II 6B**
être en train de faire qc [ɛtʀɑ̃tʀɛ̃dəfɛʀ] dabei sein etw. zu tun **III 2B**
être en forme *(fam.)* [ɛtʀɑ̃fɔʀm] gut drauf/(gut) in Form sein *(ugs.)* **III 3C,** 3
être à qn [ɛtʀa] jdm. gehören **III 6B**
être au chômage [ɛtʀoʃomaʒ] arbeitslos sein **IV 4A**
être situé(e) [ɛtʀsitɥe] liegen **V 4A; V 11B**
les **études** *(f.)* [lezetyd] das Studium **IV 3A**
un **étudiant**/une **étudiante** [ɛ̃netydjɑ̃/ynetydjɑ̃t] ein Student/eine Studentin **IV 3C**
Euh ... [ø] Äh ... *(Ausdruck des Zögerns)* **I 2B**
euphorique/euphorique [øfɔʀik] euphorisch **V 6B**
un **euro** [ɛ̃nøʀo] ein Euro **I 6A**
européen/européenne [øʀɔpeɛ̃/øʀɔpeɛn] europäisch **IV 2B,** 4
eux *(m., pl.)* [ø] sie *(betont, m., pl.)* **III 1A**
un **événement** [ɛ̃nevɛnmɑ̃] ein Ereignis **V 3A; V 4A; V 6A**
éviter qn/qc [evite] jdn./etw. meiden **V 5A**
éviter de faire qc [evitedəfɛʀ] vermeiden etw. zu tun **V 9A**
évoluer [evɔlɥe] sich (weiter)entwickeln **V 9B**
exactement [ɛgzaktəmɑ̃] genau **II 3C,** 3
exagérer [ɛgzaʒeʀe] übertreiben **III 1B**
un **examen** [ɛ̃nɛgzamɛ̃] eine Prüfung **V 1A**
excellent/excellente [ɛkselɑ̃/ɛkselɑ̃t] hervorragend **II 6B**
excessif/excessive [ɛksɛsif/ɛksɛsiv] exzessiv/übertrieben **V 1A**
l'**excitation** *(f.)* [lɛksitasjɔ̃] die Aufregung **V 7B**
excité/excitée [ɛksite] aufgeregt **II 6A**
s'excuser [sɛkskuze] sich entschuldigen **III 2C**
Excuse-moi./Excusez-moi. [ɛkskyzmwa/ɛkskyzemwa] Entschuldige./Entschuldigen Sie. **III 5B**
un **exemple** [ɛ̃nɛgzɑ̃pl] ein Beispiel **I 1,** 3; **II 6A**
par exemple [paʀɛgzɑ̃pl] zum Beispiel **II 6A**
exercer qc [ɛgzɛʀse] etw. ausüben **V 9A**
un **exercice** [ɛ̃nɛgzɛʀsis] eine Übung **I 1; II 4A,** 4
exiger qc [ɛgziʒe] etw. fordern **V 6A; V 10A**
exiger de qn de faire qc [ɛgziʒedəfɛʀ] von jdm. fordern etw. zu tun **V 10A**
exister [ɛgziste] existieren/geben **V 11A**
Ça n'existe pas. [sanɛgzistpa] Das gibt's nicht. **V 2B**
une **expérience** [ynɛkspeʀjɑ̃s] eine Erfahrung **IV 3E**
expliquer qc [ɛksplike] etw. erklären **I 8B**
expliquer qc à qn [ɛksplike] jdm. etw. erklären **II 3C**
Je vais t'expliquer! [ʒəvɛtɛksplike] Ich kann's dir erklären! **II 3C**
un **explorateur**/une **exploratrice** [ɛ̃nɛksplɔʀatœʀ/ynɛksplɔʀatʀis] ein Entdecker/eine Entdeckerin **V 11B**
un **exposé** [ɛ̃nɛkspoze] ein Referat/Vortrag **II 6B**
une **expression** [ynɛkspʀɛsjɔ̃] ein Ausdruck **II 4A,** 1
exprimer qc [ɛkspʀime] etw. ausdrücken **III 3C,** 3; **IV 3A,** 7
expulser qn [ɛkspylse] jdn. ausweisen/abschieben **IV 2B**
une **expulsion** [ynɛkspylsjɔ̃] eine Ausweisung/Abschiebung **IV 2B**
extraordinaire/extraordinaire [ɛkstʀaɔʀdinɛʀ] außergewöhnlich **IV 4B**
extrême/extrême [ɛkstʀɛm] extrem **V 8A**

F

fabriquer qc [fabʀike] etw. herstellen **IV 4C**
la **fac** *(fam.)* [lafak] die Uni *(ugs.)* **IV 3C**
face à qc [fasa] angesichts einer Sache **V 10B**
facile/facile [fasil] leicht **II 3B**
facilement [fasilmɑ̃] leicht *(Adv.)* **IV 3A**
une **façon** [ynfasɔ̃] eine Art **V 1A**
de toute façon [dətutfasɔ̃] auf jeden Fall; *hier:* sowieso **III 1B**
un **facteur**/une **factrice** [ɛ̃faktœʀ/ynfaktʀis] ein Briefträger/eine Briefträgerin **V 7A**
faible/faible [fɛbl] schwach; *hier:* niedrig **V 10B**
la **faim** [lafɛ̃] der Hunger **I 6B**
avoir faim *(f.)* [avwaʀfɛ̃] Hunger haben **I 6B**
avoir une petite faim *(f.)* [avwaʀynp(ə)titfɛ̃] ein bisschen Hunger haben/bekommen **II 4A**
faire qc [fɛʀ] etw. tun/machen **I 4A**
Faites des phrases. [fɛtdefʀaz] Bildet Sätze. **I 2E**
Mais que faire? [mɛkəfɛʀ] Aber was tun? **I 8B**
faire de l'athlétisme *(m.)* [fɛʀdəlatletism] Leichtathletik machen **II 1E**
faire du cheval [fɛʀdyʃ(ə)val] reiten **II 1E**
faire de la voile [fɛʀdəlavwal] segeln **II 1E**
faire du sport [fɛʀdyspɔʀ] Sport treiben **II 1E**
faire du VTT [fɛʀdyvetete] Mountainbike fahren **II 1E**
faire du camping [fɛʀdykɑ̃piŋ] campen/zelten **II 1**
faire la vaisselle [fɛʀlavɛsɛl] abwaschen **II 4C**
faire la cuisine [fɛʀlakɥizin] kochen **II 4C**
faire de la place [fɛʀdəlaplas] Platz machen **III 2E**
se faire du souci [səfɛʀdysusi] sich Sorgen machen **III 2E**

faire du stop [fɛʀdystɔp] trampen/per Anhalter fahren **III 6E**
faire une affaire/des affaires [fɛʀynafɛʀ/dezafɛʀ] ein Schnäppchen machen/etw. günstig einkaufen **II 3A**
faire le plein [fɛʀləplɛ̃] volltanken **III 6A**
Il fait beau. [ilfɛbo] Es ist schönes Wetter. **III 6A**
Il fait chaud. [ilfɛʃo] Es ist warm. *(Wetter)* **III 6B**
faire du théâtre [fɛʀdyteatʀ] Theater spielen **III 3C**
faire partie de qc [fɛʀpaʀtidə] zu etw. gehören **III 5B**
faire de l'escalade [fɛʀdəlɛskalad] klettern **IV 1B**
faire plaisir à qn [fɛʀplɛziʀ] jdm. gefallen **IV 2E**
faire entrer qn [fɛʀɑ̃tʀe] *hier:* jdn. hereinbitten **IV 2C**
faire une rencontre [fɛʀynʀɑ̃kɔ̃tʀ] eine Begegnung haben **IV 4B**
faire le tour du monde [fɛʀləturdymɔ̃d] *hier:* in die ganze Welt verkauft werden **IV 4C**
faire attention [fɛʀatɑ̃sjɔ̃] auf etw. aufpassen **V 2A**
Ça peut le faire. *(fam.)* Das geht klar. *(ugs.)* **V 8B**
faire une tournée de clopes *(fam.)* eine Runde Kippen/Zichten ausgeben *(ugs.)* **V 8B**
faire sa toilette [fɛʀsatwalɛt] sich waschen **V 9B**
faire + inf. [fɛʀ] veranlassen, dass ... **IV 5E**
faire les courses [fɛʀlekuʀs] einkaufen **I 7A**
un **fait** [ɛ̃fɛ] eine Tatsache/ein Ereignis **V 6A**
une **famille recomposée** [ynfamijʀəkɔ̃poze] eine Patchworkfamilie **V 2A**
une famille [ynfamij] eine Familie **II 4E**
un **fan**/une **fan** [ɛ̃fan/ynfan] ein Fan **II 5B**
fantastique/fantastique [fɑ̃tastik/fɑ̃tastik] toll/fantastisch **II 3A**
fatigué/fatiguée [fatige] müde **II 4B**
il faut qc [ilfo] man braucht etw./wir brauchen etw. **II 4B**
il faut faire qc [ilfofɛʀ] man muss etw. tun/wir müssen etw. tun **II 4B**
il ne faut pas faire qc [ilnəfopafɛʀ] man darf/soll etw. nicht tun **II 4B**, 4
il faut que [ilfokə] man muss/es ist nötig, dass **IV 3E**
un **fauteuil** [ɛ̃fotœj] ein Sessel **IV 1A**
un fauteuil roulant [ɛ̃fotœjʀulɑ̃] ein Rollstuhl **IV 1A**
faux/fausse [fo/fos] falsch **III 2B**, 1
une **femme** [ynfam] eine Frau **II 5B**, 5
une **fenêtre** [ynf(ə)nɛtʀ] ein Fenster **IV 1C**
une **ferme** [ynfɛʀm] ein Bauernhof **IV 5A**
fermé/fermée [fɛʀme] geschlossen **III 1B**
fermer qc [fɛʀme] etw. schließen **II 4B**
refermer qc [ʀəfɛʀme] etw. wieder schließen **II 3B**
les **fesses** *(f.)* [lefɛs] der Po/Hintern **II 2A**, 4
un **festival** [ɛ̃fɛstival] ein Festival **III 6A**
une **fête** [ynfɛt] eine Fete/Party **I 8E**
une fête d'anniversaire [ynfɛtdanivɛʀsɛʀ] eine Geburtstagsfete/Geburtstagsparty **I 8B**, 5
une fête d'adieu [ynfɛtdadjø] eine Abschiedsparty **III 2B**
fêter qc [fɛte] etw. feiern **IV 4A**
un **feu** [ɛ̃fø] ein Feuer **IV 5E**
prendre feu [pʀɑ̃dʀ(ə)fø] Feuer fangen **IV 5E**
un feu de forêt [ɛ̃fødəfɔʀɛ] ein Waldbrand **IV 5E**
un feu d'artifice [ɛ̃fødaʀtifis] ein Feuerwerk **V 12B**
février *(m.)* [fevʀije] Februar **I 8A**, 4
une **fiche** [ynfiʃ] ein Blatt/eine Karteikarte **III 5E**
une fiche-métier/des fiches-métier [ynfiʃmetje/defiʃmetje] ein Berufsinformationsblatt **III 5E**
Fiche-moi la paix. *(fam.)* [fiʃmwalapɛ] Lass mich (bloß) in Ruhe. *(ugs.)* **III 4C**, 4
fidèle/fidèle [fidɛl] treu **IV 1B**
fier/fière [fjɛʀ/fjɛʀ] stolz **II 5C**
fier/fière de qn/qc [fjɛʀ/fjɛʀdə] stolz auf jdn/etw. **III 4B**
un **filet de mots** [ɛ̃filɛdəmo] ein Wortnetz **III 2B**, 3
une **filière d'études** *(f.)* [ynfiljɛʀdetyd] ein Studiengang **V 9A**
une **fille** [ynfij] ein Mädchen **I 4B**; eine Tochter **II 5A**, 1
un **film** [ɛ̃film] ein Film **I 5B**, 4
passer un film sur ... [pasɛ̃filmsyʀ] eine Film ausstrahlen auf ... **V 3A**
un film policier [ɛ̃filmpɔlisje] ein Krimi(nalfilm) **V 3B**, 4
filmer qc [filme] etw. filmen **IV 1C**
un **fils** [ɛ̃fis] ein Sohn **II 2E**
un fils unique/une fille unique [ɛ̃fisynik/ynfijynik] ein Einzelkind **IV 2B**
la **fin** [lafɛ̃] das Ende **I 3E**
une **finale** [ynfinal] ein Finale **IV 1A**
finalement [finalmɑ̃] schließlich **V 9B**
finir qc [finiʀ] etw. beenden/mit etw. aufhören **III 1A**
finir le coca [finiʀləkɔka] *hier:* die Cola austrinken **III 1A**, 5
finir par faire qc [finiʀpaʀfɛʀ] etw. schließlich tun **V 7A**
flamand/flamande [flamɑ̃/flamɑ̃d] flämisch **IV 3C**
une **flamme** [ynflam] eine Flamme **IV 5E**
un **fleuve** [ɛ̃flœv] ein Fluss/Strom **V 11B; V 12B**
flirter avec qn/qc [flœʀteavɛk] mit jdm./etw. flirten/liebäugeln **V 1A**
une **fois** [ynfwa] einmal **II 2C**
folklorique/folklorique [fɔlklɔʀik] volkstümlich/Folklore- **V 1A**
une **fonction** [ynfɔ̃ksjɔ̃] eine Funktion **III 1E**
fonder qc [fɔ̃de] etw. gründen **V 12B**
fonder qc sur qc [fɔ̃desyʀ] etw. auf etw. gründen **V 10A**
être fondé(e/s) par ... [ɛtʀ(ə)fɔ̃depaʀ] von jdm. gegründet **V 11B**
un **terrain de foot** [ɛ̃teʀɛ̃dəfut] ein Fußballfeld **V 4A**
le foot [ləfut] Fußball *(als Sportart)* **I 4A**
une **forêt** [ynfɔʀɛ] ein Wald **IV 4B**
la **formation** [lafɔʀmasjɔ̃] die Ausbildung **III 5E**
une formation [ynfɔʀmasjɔ̃] eine Ausbildung/ein Ausbildungsgang **V 9A**
la formation secondaire [lafɔʀmasjɔ̃s(ə)gɔ̃dɛʀ] die Sekundarstufe II **V 9B**, 2
une **forme** [ynfɔʀm] eine Form **I 9**, 4
une forme qui manque [ynfɔʀmkimɑ̃k] eine fehlende Form **II 3E**
une forme conjuguée [ynfɔʀmkɔ̃ʒyge] eine konjugierte Form **II 4B**, 2
être en forme *(fam.)* [ɛtʀɑ̃fɔʀm] gut drauf/(gut) in Form sein *(ugs.)* **III 3C**, 3
former qc [fɔʀme] etw. bilden **IV 3B**
formuler qc [fɔʀmyle] etw. formulieren **II 3B**, 2

fort/forte [fɔʀ/fɔʀt] stark **V 1A,** 5
un point fort [ɛ̃pwɛ̃fɔʀ] eine Stärke **V 9A**
mettre la radio fort [mɛtʀ(ə)laʀadjofɔʀ] das Radio laut stellen **II 4A**
moins fort [mwɛ̃fɔʀ] leiser **II 4A**
un **forum** [ɛ̃fɔʀɔm] ein Forum **V 5A**
fossile/fossile [fosil] fossil **V 10A**
fou/fol/folle/fous/folles [fu/fɔl/fu/fɔl] verrückt **III 6C;** *hier:* wahnsinnig viel **V 8A**
un **foulard** [ɛ̃fulaʀ] ein Schal/Halstuch **V 6B**
une **fourchette** [ynfuʀʃɛt] eine Gabel **II 4C**
une **fourrure** [ynfuʀyʀ] ein Fell **V 12B**
un **foyer** [ɛ̃fwaje] ein (Wohn)Heim **V 7A**
le **français** [ləfʀɑ̃sɛ] das Französische/die französische Sprache **I 2B**
français/française [fʀɑ̃sɛ/fʀɑ̃sɛz] französisch **IV 3A**
en français [ɑ̃fʀɑ̃sɛ] auf Französisch **I 2B**
les devoirs de français [ledəvwaʀdəfʀɑ̃sɛ] die Französischhausaufgaben **I 4A**
francophone/francophone [fʀɑ̃kofɔn] französischsprachig **IV 4E**
la **francophonie** [lafʀɑ̃kɔfɔni] die Frankofonie **V 11A**
la **fréquentation** [lafʀekɑ̃tasjɔ̃] die Frequentierung/Nutzung **V 4B**
un **frère** [ɛ̃fʀɛʀ] ein Bruder **I 6C**
un **frigo** [ɛ̃fʀigo] ein Kühlschrank **II 4A**
un **frimeur**/une **frimeuse** *(fam.)* [ɛ̃fʀimœʀ/ynfʀimøz] ein Angeber/Schaumschläger/eine Angeberin/Schaumschlägerin *(ugs.)* **III 1A**
les **fringues** *(f., pl., fam.)* [lefʀɛ̃g] die Klamotten *(ugs.)* **III 6B**
des **frites** *(f., pl.)* [defʀit] Pommes frites **I 7C,** 2
froid/froide [fʀwa/fʀwad] kalt **III 2A**
le **fromage** [ləfʀɔmaʒ] der Käse **II 4E**
une **frontière** [ynfʀɔ̃tjɛʀ] eine Grenze **V 7A**
passer une frontière [paseynfʀɔ̃tjɛʀ] eine Grenze passieren **V 7A**
un **fruit** [ɛ̃fʀɥi] eine Frucht **I 7E**
les fruits *(m., pl.)* [lefʀɥi] das Obst **I 7E**
une salade de fruits [ynsaladdəfʀɥi] ein Obstsalat **I 7B**
fumant/fumante [fymɑ̃/fymɑ̃t] rauchend/qualmend **V 6B**
la **fumée** [lafyme] der Qualm/Rauch **V 6B**
fumer qc [fyme] etw. rauchen **V 8A**
furieux/furieuse [fyʀjø/fyʀjøz] wütend **III 4B**
le **futur** [ləfytyʀ] das Futur **IV 1E**

G

un **gagnant**/une **gagnante** [ɛ̃gaɲɑ̃/yngaɲɑ̃t] ein Gewinner/eine Gewinnerin **IV 4C,** 6
gagner qc [gaɲe] etw. gewinnen **IV 1A**
Gagné! [gaɲe] Gewonnen! **I 2B**
gagner de l'argent *(m.)* [gaɲedəlaʀʒɑ̃] Geld verdienen **II 7**
un **garage** [ɛ̃gaʀaʒ] eine Werkstatt/Autowerkstatt **II 7**
un **garçon** [ɛ̃gaʀsɔ̃] ein Junge **I 2B**
garder qc [gaʀde] etw. (fest-)halten/behalten **IV 4B**
garder qn [gaʀde] jdn. beschützen/bewachen **V 3A**
garder qn à la maison [gaʀdekɛlkɛ̃alamɛzɔ̃] jdn. zuhause behalten **V 3A**
une **gare** [yngaʀ] ein Bahnhof **II 5A**
garer qc [gaʀe] etw. parken/abstellen **III 6C**
un **gâteau** [ɛ̃gato] ein Kuchen **III 5C**
un gâteau au chocolat [ɛ̃gatooʃɔkɔla] ein Schokoladenkuchen **III 5C**
à gauche [agoʃ] (nach) links **II 5B**
un **gaz**/des **gaz** [ɛ̃gaz/degaz] ein Gas/Gase **V 10A**
un gaz à effet de serre [ɛ̃gazaefɛdəsɛʀ] ein Gas, das den Treibhauseffekt bewirkt **V 10A**
gelé/gelée [g(ə)le] gefroren/zugefroren **V 12A**
être **gêné/gênée** [ɛtʀʒɛne] verlegen sein **III 1A**
généralement [ʒeneʀalmɑ̃] im Allgemeinen **IV 3A**
une **génération** [ynʒeneʀasjɔ̃] eine Generation **V 1A; V 3A**
génial/géniale/géniaux/géniales [ʒenjal/ʒenjal/ʒenjo/ʒenjal] genial/toll/super **II 3A**
un **genre** [ɛ̃ʒɑ̃ʀ] eine Art **V 1A**
les **gens** *(m., pl.)* [leʒɑ̃] die Leute **II 5B**
gentil/gentille [ʒɑ̃ti/ʒɑ̃tij] nett **II 4C**
C'est gentil! [sɛʒɑ̃ti] Das ist (aber) nett! **I 7C**
gérer qn [ʒeʀe] jdn. führen **V 9B**
une **glace** [ynglas] ein Eis **I 9,** 2; ein Spiegel **II 3B**
glacial/glaciale [glasjal] eiskalt/eisig **V 12A**
le **goût** [ləgu] der Geschmack/die Vorliebe **V 9A**
goûter qc [gute] etw. probieren/kosten **IV 5C**
grâce à [gʀasa] dank **IV 3E**
grand/grande [gʀɑ̃/gʀɑ̃d] groß **II 3B**
un grand magasin [ɛ̃gʀɑ̃magazɛ̃] ein Kaufhaus **I 6A**
le Grand Huit [ləgʀɑ̃ɥit] die Achterbahn **I 9**
les grandes vacances [legʀɑ̃dvakɑ̃s] die großen Ferien **V 7B**
grandir [gʀɑ̃diʀ] aufwachsen **V 7A; V 9B**
la **grand-mère** [lagʀɑ̃mɛʀ] die Großmutter/Oma **I 7A**
le **grand-père** [ləgʀɑ̃pɛʀ] der Großvater/Opa **II 4B**
les **grands-parents** *(m., pl.)* [legʀɑ̃paʀɑ̃] die Großeltern **II 4B,** 1
un **graphique** [ɛ̃gʀafik] ein Schaubild **V 3B,** 5
en **gras** [ɑ̃gʀa] fett gedruckt **II 6E**
gratuit/gratuite [gʀatɥi/gʀatɥit] kostenlos **II 5B**
C'est gratuit. [sɛgʀatɥi] *hier:* Der Eintritt ist frei. **II 5B**
grave/grave [gʀav] schlimm **I 9**
Ce n'est pas grave. [sənɛpagʀav] Das ist (doch) nicht schlimm. **I 9**
Tu me plais grave! *(fam.)* [tyməplɛgʀav] Du gefällst mir tierisch gut. *(ugs.)* **V 8B**
une **grève** [yngʀɛv] ein Streik **IV 2B**
une **grille** [yngʀij] eine Tabelle **I 9,** 1
gris/grise [gʀi/gʀiʒ] grau **II 3E**
un **gris-gris** [ɛ̃gʀigʀi] ein Amulett **I 7C**
gros/grosse [gʀo/gʀos] dick **II 6A,** 3
un **groupe** [ɛ̃gʀup] eine Gruppe **II 1;** eine Band/Musikgruppe **II 5B**
la **guerre** [lagɛʀ] der Krieg **IV 3B**
le **guichet** [ləgiʃɛ] der Schalter **II 5B,** 5
un **guide/une guide** [ɛ̃gid/yngid] ein Reiseführer/eine Reiseführerin/ein Fremdenführer/eine Fremdenführerin **IV 4C**
guillotiner qn [gijotine] jdn. guillotinieren/mit der Guillotine hinrichten **V 4A**
la **guitare** [lagitaʀ] die Gitarre **III 1A**
la guitare basse [lagitaʀbas] die Bassgitarre **III 1A**
un **guitariste**/une **guitariste** [ɛ̃gitaʀist/yngitaʀist] ein Gitarrist/eine Gitarristin **III 1E**
un **gymnase** [ɛ̃ʒimnaz] eine Turnhalle **I 5E**

Liste des mots

H

s'habiller [sabije] sich anziehen **III 2B**
s'habiller en noir [sabijeɑ̃nwaʀ] sich schwarz kleiden **IV 4A**
un **habitant**/une **habitante** [ɛ̃nabitɑ̃/ynabitɑ̃t] ein Einwohner/eine Einwohnerin **III 6A**, 3
habiter [abite] wohnen **I 4B**
une **habitude** [ynabityd] eine Gewohnheit **IV 5A**
avoir l'habitude de faire qc [avwaʀlabityddəfɛʀ] die Gewohneit haben, etw. zu tun **IV 5A**
un **hamburger** [ɛ̃ɑ̃buʀgœʀ] ein Hamburger **II 4A**
le **handball** [ləɑ̃dbal] Handball/das Handballspiel **II 1E**
le **handibasket** [ləɑ̃dibaskɛt] Rollstuhlbasketball *(als Sportart)* **IV 1A**
un **handicapé**/une **handicapée** [ɛ̃ɑ̃dikape/ynɑ̃dikape] ein Behinderter/eine Behinderte **IV 1A**
l'**harmonie** *(f.)* [laʀmɔni] die Harmonie **IV 3B**
haut/haute [o/ot] groß/hoch **IV 5C**, 6
la haute montagne [laotmɔ̃taɲ] das Hochgebirge **V 9B**
une **heure** [ynœʀ] eine Stunde **I 3B**
Il est quelle heure? [ilɛkɛlœʀ] Wie spät ist es? **I 5B**
A quelle heure? [akɛlœʀ] Wann?/Um wie viel Uhr? **I 5B**, 1
une heure de permanence [ynœʀdəpɛʀmanɑ̃s] eine Hohlstunde/Freistunde **II 6B**
pendant des heures [pɑ̃dɑ̃dezœʀ] stundenlang **II 3A**
oublier l'heure *(f.)* [ublijelœʀ] die Zeit vergessen **III 2C**
à quatre heures et quart [akatʀœʀekaʀ] um Viertel nach vier **I 5A**
un quart d'heure [ɛ̃kaʀdœʀ] eine Viertelstunde **III 1B**
avoir une heure de colle [avwaʀynœʀdəkɔl] eine Stunde nachsitzen (müssen) **III 2B**
tout à l'heure [tutalœʀ] vorhin/gerade eben **V 6B**
24 heures sur 24 rund um die Uhr/durchgehend **V 12A**
une **heure supplémentaire** [ynœʀsyplemɑ̃tɛʀ] eine Überstunde **V 9A**
heureusement [øʀøzmɑ̃] glücklicherweise **IV 3A**
heureux/heureuse [øʀø/øʀøz] glücklich **V 7A**
hier [jɛʀ] gestern **II 2E**
une **hiérarchie** [ynieʀaʀʃi] eine Hierarchie **V 6A**
le **hip-hop** [ləipɔp] der Hip-Hop **II 1**, 4
histoire *(f.)* [istwaʀ] Geschichte *(als Schulfach)* **I 5B**, 2
historique/historique [istɔʀik] historisch **V 12B**
le **hit-parade** [ləitpaʀad] die Hitparade **III 6A**, 4
l'**hiver** *(m.)* [livɛʀ] der Winter **IV 5B**
le **hobby** [ləɔbi] das Hobby **I 4B**
un **homme** [ɛ̃nɔm] ein Mann **II 5B**, 5
un homme politique [ɛ̃nɔmpɔlitik] ein Politiker **IV 3B**
la **honte** [laɔ̃t] die Schande **III 5C**
La honte! [laɔ̃t] Oh Schande!/Wie peinlich! **III 5C**
un **hôpital** [ɛ̃nɔpital] ein Krankenhaus **I 2A**
les **horaires** *(m., pl.)* [lezɔʀɛʀ] der Fahrplan **II 5B**, 5
un **hôtel de ville** [ɛ̃notɛldəvil] ein Rathaus *(einer größeren Stadt)* **II 7**, 4
un **hôtel-restaurant** [ɛ̃notɛlʀɛstɔʀɑ̃] ein Hotel mit Gaststätte **II 7**, 2
l'**huile** *(f.)* [lɥil] das Öl/Speiseöl **I 7A**
le **Grand Huit** [ləgʀɑ̃ɥit] die Achterbahn **I 9**
humide/humide [ymid] feucht **V 2B**
humoristique [ymɔʀistik] witzig **V 5B**
l'**humour** *(m.)* [lymuʀ] der Humor **V 1A**
l'**hymne** *(m.)* [limn] die Hymne **IV 3B**
un **hypermarché** [ɛ̃nipɛʀmaʀʃe] ein Einkaufszentrum **V 9B**

I

ici [isi] hier **I 3B**
une **idée** [ynide] eine Idee **I 4C**
Ça, c'est une idée! [sasɛtynide] Das ist eine (tolle) Idee! **I 6B**
se changer les idées [səʃɑ̃ʒelezide] auf andere Gedanken kommen **III 3A**
identique/identique [idɑ̃tik] identisch **V 4A**
idiot/idiote [idjo/idjɔt] idiotisch/blöd/doof **II 3A**
il y a [ilja] es gibt **I 2A**; vor *(zeitlich)* **III 3E**
Il me manque quelque chose. [ilməmɑ̃kkɛlkʃoz] Mir fehlt etwas. **III 5C**
une **île** [ynil] eine Insel **IV 4E**
une **image** [ynimaʒ] ein Bild **IV 2C**
imaginer qc [imaʒine] sich etw. vorstellen **V 7A**
Imaginez d'abord une suite. [imaʒinedabɔʀynsɥit] Denkt euch zunächst eine Fortsetzung aus. **I 8B**, 1
Imagine … [imaʒin] Stell dir … vor. **II 4B**, 5
un **immeuble** [ɛ̃nimœbl] ein Wohnhaus **IV 2E**
un **impact** (sur qc) [ɛ̃nɛ̃pakt] ein Einfluss (auf etw.) **V 10B**
l'**impératif positif/négatif** [lɛ̃peʀatifpozitif/negatif] der bejahte/verneinte Imperativ **III 4E**
l'**importance** *(f.)* [lɛ̃pɔʀtɑ̃s] die Wichtigkeit **V 6A**
une importance [ynɛ̃pɔʀtɑ̃s] eine Wichtigkeit **V 11B**
important/importante [ɛ̃pɔʀtɑ̃/ɛ̃pɔʀtɑ̃t] wichtig **II 6C**
impossible [ɛ̃pɔsibl] unmöglich **V 5A**
une **impression** [ynɛ̃pʀɛsjɔ̃] ein Eindruck **V 8A; V 12A**
avoir l'impression de faire qc [avwaʀlɛ̃pʀɛsjɔ̃dəfɛʀ] den Eindruck haben etw. zu tun **V 2B**
avoir l'impression que … [avwaʀlɛ̃pʀɛsjɔ̃kə] den Eindruck haben, dass … **V 8A**
impressionner qn [ɛ̃pʀɛsjɔne] jdn. beeindrucken **IV 5C**, 5
inaugurer qc [inogyʀe] etw. eröffnen **V 4A**
un **incident** [ɛ̃nɛ̃sidɑ̃] ein Zwischenfall **V 6B**
un **inconvénient** [ɛ̃nɛ̃kɔ̃venjɑ̃] ein Nachteil **III 5A**, 2
l'**indépendance** *(f.)* [lɛ̃depɑ̃dɑ̃s] die Unabhängigkeit **V 10B; V 11A**
l'indépendance énergétique *(f.)* [lɛ̃depɑ̃dɑ̃senɛʀʒetik] die Unabhängigkeit in der Energieversorgung **V 10B**
indien/indienne [ɛ̃djɛ̃/ɛ̃djɛn] indisch **V 1A**
indiquer qc [ɛ̃dike] auf etw. hinweisen **IV 1E**; etw. zeigen **V 5B**
être indispensable à qc [ɛtʀɛ̃dispɑ̃sabl] für etw. unverzichtbar sein **V 10A**
indispensable à la vie [ɛ̃dispɑ̃sablalavi] lebensnotwendig **V 10A**
industrialisé/industrialisée [ɛ̃dystʀialize] industrialisiert **V 10A**
un pays industrialisé [ɛ̃pɛiɛ̃dystʀialize] ein Industriestaat **V 10A**
industriel/industrielle [ɛ̃dystʀijɛl] industriell **V 10A**

inépuisable/inépuisable [inepɥizabl] unerschöpflich **V 10B**
une **infirmerie** [ynɛ̃fiʀməʀi] ein Krankenzimmer *(einer Schule)* **I 5E**
un **infirmier**/une **infirmière** [ɛ̃nɛ̃fiʀmje/ynɛ̃fiʀmjɛʀ] ein Krankenpfleger/eine Krankenschwester **III 5E**
une **influence** [ynɛ̃flyɑ̃s] ein Einfluss **V 3A**
les **infos** *(f., pl.) (= les informations)* [lezɛ̃fo] die Nachrichten **II 4C**
un **informaticien**/une **informaticienne** [ɛ̃nɛ̃fɔʀmatisjɛ̃/ynɛ̃fɔʀmatisjɛn] ein Informatiker/eine Informatikerin **III 5A**
une **information** [ynɛ̃fɔʀmasjɔ̃] eine Information **II 6A**, 4; **I 4B**, 1
une information correcte [ynɛ̃fɔʀmasjɔ̃kɔʀɛkt] eine richtige Information **I 8B**, 1
informer qn [ɛ̃fɔʀme] jdn. informieren **III 5B**
un **ingénieur** [ɛ̃nɛ̃ʒenjœʀ] ein Ingenieur **V 4B**
une **inondation** [yninɔ̃dasjɔ̃] eine Überschwemmung **V 10A**
inquiéter [ɛ̃kjete] beunruhigen **V 8A**
s'inquiéter [sɛ̃kjete] sich Sorgen machen **III 4B**
insister pour faire qc [ɛ̃sistepuʀ] darauf bestehen etw. zu tun **V 6B**
installer qc [ɛ̃stale] etw. anschließen/aufbauen **I 3B**; *hier:* etw. aufbauen **III 1B**
s'installer [sɛ̃stale] Platz nehmen **III 6A**
être bien installé/ée [ɛtʀbjɛ̃nɛ̃stale] (es) sich gemütlich gemacht haben **III 6E**
un **instant** [ɛ̃nɛ̃stɑ̃] ein Augenblick **III 5B**, 4
un **institut** [ɛ̃nɛ̃stity] ein Institut **V 4A**
un **instituteur**/une **institutrice** [ɛ̃nɛ̃stitytœʀ/ynɛ̃stitytʀis] ein Grundschullehrer/eine Grundschullehrerin **IV 5A**
un **instrument (de musique)** [ɛ̃nɛ̃stʀymɑ̃(dəmyzik)] ein (Musik-)Instrument **III 1A**
intégrer qc [ɛ̃tegʀe] etw. aufnehmen **V 11A**
intelligent/intelligente [ɛ̃teliʒɑ̃/ɛ̃teliʒɑ̃t] schlau **III 4B**
intensif/intensive [ɛ̃tɑ̃sif/ɛ̃tɑ̃siv] intensiv **V 7A**
une **intention** [ynɛtɑ̃sjɔ̃] eine Absicht **V 8B**, 1
intéressant/intéressante [ɛ̃teʀesɑ̃/ɛ̃teʀesɑ̃t] interessant; *hier:* günstig **II 3A**
intéresser qn [ɛ̃teʀese] jdn. interessieren **II 1**
s'intéresser à qc [sɛ̃teʀesea] sich für etw. interessieren **III 5E**
international/internationale [ɛ̃tɛʀnasjɔnal] international **V 11A**
(l')**Internet** *(m.)* [ɛ̃tɛʀnɛt] das Internet **I 3B**
sur Internet [syʀɛ̃tɛʀnɛt] im Internet **I 3B**
un **interprète**/une **interprète** [ɛ̃nɛ̃tɛʀpʀɛt/ynɛ̃tɛʀpʀɛt] ein Dolmetscher/eine Dolmetscherin **IV 3C**, 4
interpréter [ɛ̃tɛʀpʀete] interpretieren **IV 3B**, 5
une **interro** *(fam.) (= une interrogation)* [ynɛ̃teʀo] eine Klassenarbeit/Schulaufgabe *(ugs.)* **I 4C**
interroger qn [ɛ̃teʀɔʒe] jdn. befragen/vernehmen **II 2A**
une **interview** [ynɛ̃tɛʀvju] ein Interview **III 5C**
interviewer qn [ɛ̃tɛʀvjuve] jdn. interviewen **V 6B**; **V 11A**
un **journal intime** [ɛ̃ʒuʀnalɛ̃tim] ein Tagebuch **III 4A**, 2
introduire qc [ɛ̃tʀɔdɥiʀ] etw. einführen **IV 3B**
inventer qc [ɛ̃vɑ̃te] etw. erfinden **V 1A**
une **invitation** [ynɛ̃vitasjɔ̃] eine Einladung **I 8A**
un **invité**/une **invitée** [ɛ̃nɛ̃vite/ynɛ̃vite] ein Gast **IV 1E**
inviter qn [ɛ̃vite] jdn. einladen **I 7A**
inviter qn à la fête [ɛ̃vitekɛlkɛ̃alafɛt] jdn. zur Fete/Party einladen **I 8E**
un **Irakien**/une **Irakienne** [ɛ̃niʀakjɛ̃/yniʀakjɛn] ein Iraker/eine Irakerin **V 7A**
italien/italienne [itajɛ̃/italjɛn] italienisch **III 6A**

J

jaloux/jalouse [ʒalu/ʒaluz] eifersüchtig **III 4B**
ne … jamais [nəʒamɛ] nie/niemals **II 7**
la **jambe** [laʒɑ̃b] das Bein **II 2A**
le **jambon** [ləʒɑ̃bɔ̃] der Schinken **II 4E**
janvier *(m.)* [ʒɑ̃vje] Januar **I 8A**, 4
un **jardin** [ɛ̃ʒardɛ̃] ein Garten **IV 5C**
jaune/jaune [ʒon/ʒon] gelb **II 3E**
le **jazz** [lədʒaz] der Jazz **V 1A**
un **jean** [ɛ̃dʒin] eine Jeans **II 3E**
jeter qc [ʒ(ə)te] etw. werfen/wegwerfen **V 2B**
se jeter sur qc [səʒətesyʀ] sich auf etw. stürzen **V 5A**
un **jeu** [ɛ̃ʒø] ein Spiel **I 1**, 7
un jeu de dés [ʒødəde] ein Würfelspiel **I 3A**, 5
un jeu de nombres [ɛ̃ʒødənɔ̃bʀ] ein Spiel mit Zahlen **I 3A**, 4
un jeu de pantomime [ɛ̃ʒødəpɑ̃tɔmim] ein Spiel mit Pantomimen **I 8B**, 3
un jeu de mots [ɛ̃ʒød(ə)mo] ein Wortspiel **I 4E**
un jeu de sons [ɛ̃ʒød(ə)sɔ̃] ein Spiel mit Lauten **I 1**, 7
un jeu de cartes [ɛ̃ʒød(ə)kaʀt] ein Kartenspiel **I 4A**, 5
un jeu/des jeux [ɛ̃ʒø/deʒø] ein Spiel/Spiele **IV 1A**
les Jeux Olympiques [leʒøzɔlɛ̃pik] die Olympischen Spiele **IV 1A**
un jeu/des jeux de société [ɛ̃ʒø/deʒødəsɔsjete] ein Gesellschaftsspiel **V 5A**
jeudi *(m.)* [ʒødi] Donnerstag **I 5B**, 4
un **jeune**/une **jeune**/des **jeunes** [ɛ̃ʒœn/ynʒœn/deʒœn] ein Jugendlicher/eine Jugendliche/Jugendliche **II 1**
jeune/jeune [ʒœn] jung **III 3A**, 6
une jeune demoiselle [ynʒœndəmwazɛl] eine junge Frau **V 1B**
une **jeune fille au pair** [ynʒœnfijopɛʀ] ein Au-pair-mädchen **IV 3C**
une **auberge de jeunesse** [ynobɛʀʒdəʒœnɛs] eine Jugendherberge **III 3A**
un **job** [ɛ̃dʒɔb] ein Job **V 9B**
la **joie** [laʒwa] die Freude **V 7B**
joli/jolie [ʒɔli/ʒɔli] hübsch **III 6B**
un **jongleur** [ɛ̃ʒɔ̃glœʀ] ein Jongleur **I 6C**
jouer avec qn/qc [ʒweavɛk] mit jdm./etw. spielen **I 4C**, 4
Jouez à quatre. [ʒweakatʀ] Spielt zu viert. **I 7E**
jouer de la musique [ʒwedəlamyzik] Musik machen **III 1E**
jouer au caïd [ʒweokaid] sich als Chef aufspielen **III 4A**
un **jouet** [ɛ̃ʒwɛ] ein Spielzeug **IV 4C**
un **jour** [ɛ̃ʒuʀ] ein Tag **II 2C**; eines Tages **III 3E**
un **journal**/des **journaux** [ɛ̃ʒuʀnal/deʒuʀno] eine Zeitung **III 3B**
un **journal intime** [ɛ̃ʒuʀnalɛ̃tim] ein Tagebuch **II 4C**, 3

un/une **journaliste** [ɛ̃/ynʒuʀnalist] ein Journalist/eine Journalistin **V 6A**
une **journée** [ynʒuʀne] ein Tag *(im Verlauf)* **I 9**
une journée portes ouvertes [ynʒuʀnepɔʀtzuvɛʀt] ein Tag der offenen Tür **II 6C**
Joyeux anniversaire! [ʒwajøzanivɛʀsɛʀ] Herzlichen Glückwunsch zum Geburtstag! **I 3B**
le **judo** [ləʒydo] Judo/der Judosport **II 1E**
faire du judo [fɛʀdyʒydo] Judo machen **II 1E**
juif/juive [ʒɥif/ʒɥiv] jüdisch **V 3A**, 3
juillet *(m.)* [ʒɥijɛ] Juli **I 8A**, 4
juin *(m.)* [ʒɥɛ̃] Juni **I 8A**, 4
être jumelé(e) avec… [ɛtʀʒymleavɛk] eine Städte-/Schulpartnerschaft haben mit … **II 5A**, 5
une **jupe** [ynʒyp] ein Rock **II 1**
le **jury** [ləʒyʀi] die Jury **III 3A**
un **jus** [ɛ̃ʒy] ein Saft **I 7B**
le jus de citron [ləʒydsitʀõ] der Zitronensaft **I 7B**
le jus d'orange [ləʒydɔʀɑ̃ʒ] der Orangensaft **I 8A**, 3
jusque [ʒysk(ə)] bis **V 4B; V 7A; V 11A**
juste/juste [ʒyst] richtig **V 6A**
justement [ʒystəmɑ̃] gerade *(Adv.)* **V 8B**

K

kabyle/kabyle [kabil] kabylisch **V 3A**
le **karaoké** [ləkaʀaɔke] das Karaoke **I 4C**
un **kilo** [ɛ̃kilo] ein Kilo **I 7E**
un kilo (de …) [ɛ̃kilɔdə] ein Kilo (…) **I 7A**
un **kilomètre** [ɛ̃kilɔmɛtʀ] ein Kilometer **I 9**
un **kiwi** [ɛ̃kiwi] eine Kiwi **I 7E**

L

là [la] da/dort **I 2A**
là-bas [laba] dort/dorthin **II 5B**
un **lac** [ɛ̃lak] ein See **V 12A**
là-haut [lao] dort oben **V 9B**
laisser qn/qc [lɛse] jdn./etw. lassen/zurücklassen **II 2C**
Bon, je te laisse! [bõʒətəlɛs] Also, so viel für heute! **II 3A**, 5
Ne vous laissez pas faire! [nəvulɛsepafɛʀ] Lasst euch nicht alles gefallen! **III 4C**
laisser tomber qc [lɛsetõbe] etw. fallen lassen **III 3B**
laisser qc à qn [lɛse] jdm. etw. überlassen **III 6C**
le **lait** [ləlɛ] die Milch **II 4E**
lancer qc [lɑ̃se] etw. werfen **III 3B**
une **langue** [ynlɑ̃g] eine Sprache **II 6C**
la langue maternelle [lalɑ̃gmatɛʀnɛl] eine Muttersprache **V 11A**
une langue étrangère [ynlɑ̃getʀɑ̃ʒɛʀ] eine Fremdsprache **V 11A**
la langue de communication [lalɑ̃gdəkɔmynikasjõ] die Verkehrssprache **V 11A**
la langue des affaires [lalɑ̃gdezafɛʀ] die Geschäftssprache **V 11B**
une langue officielle [ynlɑ̃gɔfisjɛl] eine Amtssprache **V 11A; V 12B**
la **langue d'enseignement** [lalɑ̃gdɑ̃sɛɲ(ə)mɑ̃] die Unterrichtssprache **V 11A**
large/large [laʀʒ] breit **IV 5C**, 6
une **larme** [ynlaʀm] eine Träne **V 2B**
latino/latino *(Abkürzung für latino-américain/américaine)* [latino] lateinamerikanisch **V 1A**
la **lavande** [lalavɑ̃d] der Lavendel **IV 5A**
se laver [səlave] sich waschen **III 6B**
le lundi [ləlɛ̃di] montags/jeden Montag **I 5A**
une **leçon** [ynləsõ] eine Lektion **I 1**
un **lecteur**/une **lectrice** [ɛ̃lɛktœʀ/ynlɛktʀis] ein Leser/eine Leserin **V 5A; V 6A**
un **lecteur mp3** [ɛ̃lɛktœʀɛmpetʀwa] ein mp3-Player **V 5A**
la **lecture** [lalɛktyʀ] die Lektüre **III 1A**
avant la lecture [avɑ̃lalɛktyʀ] vor dem Lesen **III 1A**
un **légume** [ɛ̃legym] ein Gemüse **I 7E**
le long de qc [ləlõdə] an etw. entlang **V 12B**
un **lémurien** [ɛ̃lemyʀjɛ̃] ein Lemur **IV 4B**
le **lendemain** [ləlɑ̃dəmɛ̃] am Tag darauf **II 6E**
lent/lente [lɑ̃/lɑ̃t] langsam **V 1A**, 5
lequel/laquelle/lesquels/lesquelles [ləkɛl/lakɛl/lekɛl/lekɛl] welcher/welche/welches **IV 4A**
une **lettre** [ynlɛtʀ] ein Brief **II 2B**
une **boîte aux lettres** [ynbwatolɛtʀ] ein Briefkasten **V 6B**
se lever [sələve] aufstehen **III 2A**
les **lèvres** *(f.)* [lelɛvʀ] die Lippen **IV 2C**
la **liaison** [laljɛzõ] die Bindung **I 3B**, 6
la **liberté** [libɛʀte] die Freiheit **IV 3B**
libre/libre [libʀ] frei **IV 2B**, 5
librement [libʀəmɑ̃] frei *(Adv.)* **IV 3B**
la **licence** [lalisɑ̃s] die *Licence* **V 9B**
être lié à qc [ɛtʀlijea] mit etw. verbunden sein **V 5A**, 4
une **ligne** [ynliɲ] eine Zeile **II 3C**, 1; eine Linie **II 5B**, 4; eine Verbindung/Leitung **III 5B**, 4
en ligne [ɑ̃liɲ] online **V 5A**
mettre qc en ligne [metʀəkɛlkʃozɑ̃liɲ] etw. ins Netz stellen **V 5B**
limiter qc [limite] etw. begrenzen **V 10A**
lire qc [liʀ] etw. lesen **II 6B**
Lisez … [lize] Lest … **I 3E**
Lisez le poème à deux. [lizeləpɔɛmadø] Lest das Gedicht zu zweit. **I 3E**
une **liste** [ynlist] eine Liste **I 7A**, 5
une liste des courses [ynlistdekuʀs] eine Einkaufsliste/ein Einkaufszettel **I 7A**, 5
un **lit** [ɛ̃li] ein Bett **II 4C**
un **livre** [ɛ̃livʀ] ein Buch **I 8B**, 3
local/locale [lɔkal/lɔkal] örtlich/lokal **III 5A**
un référendum local [ɛ̃ʀefeʀɛ̃dɔmlɔkal] ein lokaler Volksentscheid **V 11B**
un **logiciel** [ɛ̃lɔʒisjɛl] ein Computerprogramm **V 5A**, 4
logique/logique [lɔʒik] logisch **V 3B**, 4
une **loi** [ynlwa] ein Gesetz **IV 2C**
loin [lwɛ̃] weit **II 5C**
de loin [dəlwɛ̃] von weitem **II 5C**
les **loisirs** *(m., pl.)* [lelwaziʀ] die Freizeit **II 1**, 5
long/longue [lõ/lõg] lang **IV 2C**
longtemps [lõtɑ̃] lange **IV 2E**
le plus longtemps [ləplylõtɑ̃] am längsten **IV 5A**
le **look** [ləluk] der Look **II 3E**
un look d'enfer [ɛ̃lukdɑ̃fɛʀ] ein Wahnsinnslook **II 3C**
lorsque [lɔʀsk] als/wenn *(Konjunktion)* **IV 2C**
une **loupe** [ynlup] eine Lupe **V 5B**
lourd/lourde [luʀ/luʀd] schwer **III 6E**
le **loyer** [ləlwaje] die Miete **IV 3C**
lundi *(m.)* [lɛ̃di] (am) Montag/am nächsten Montag **I 4C**
à lundi [alɛ̃di] Bis Montag! **I 4C**
lundi après-midi [lɛ̃diapʀɛmidi] Montagnachmittag **I 5B**
le lundi [ləlɛ̃di] montags/jeden Montag **I 5A**
lundi matin [lɛ̃dimatɛ̃] am Montagmorgen **I 5A**

des **lunettes** *(f., pl.)* [delynɛt] eine Brille II 6A, 3
lutter contre qc [lytekõtʀ] gegen etw. kämpfen IV 2B, 2
un **lycée** [ɛ̃lise] ein Gymnasium/Lycée III 2A
un **lycéen**/une **lycéenne** [ɛ̃liseɛ̃/ynliseɛn] ein Gymnasiast/eine Gymnasiastin IV 2B
un **lycée professionnel** [ɛ̃lisepʀɔfɛsjɔnɛl] eine Fachoberschule V 7B

M

une **machine** [ynmaʃin] eine Maschine V 4B
macho [matʃo] machohaft V 1A
madame … [madam] Frau … *(als Anrede)* I 1
Mme … [madam] Frau …*(Abkürzung von* Madame) I 3A, 1
Mademoiselle [madmwazɛl] Frau *Anrede für eine junge Frau* II 3C, 3
un **magasin** [ɛ̃magazɛ̃] ein Geschäft/Laden II 3A
un grand magasin [ɛ̃gʀɑ̃magazɛ̃] ein Kaufhaus I 6A
un **magazine** [ɛ̃magazin] eine Zeitschrift II 5B
magnifique/magnifique [maɲifik] großartig IV 5C
mai *(m.)* [mɛ] Mai I 8A, 4
un **mail** [ɛ̃mɛjl] ein(e) Mail V 7A; V 11A
un **maillot de bain** [ɛ̃majodəbɛ̃] eine Badehose/ein Badeanzug/ein Bikini II 1
une **main** [ynmɛ̃] eine Hand II 2A, 4
tendre la main à qn [tɑ̃dʀlamɛ̃] jdm. die Hand reichen V 2B
serrer la main à qn [sɛʀelamɛ̃] jdm. die Hand schütteln V 2B
maintenant [mɛ̃t(ə)nɑ̃] jetzt I 5B
mais [mɛ] aber I 3B
Mais que faire? [mɛkəfɛʀ] Aber was tun? I 8B
une **maison** [ynmezõ] ein Haus I 5B
rentrer à la maison [ʀɑ̃tʀealamezõ] nach Hause gehen I 5B
garder qn à la maison [gaʀdekɛlkɛ̃alamezõ] jdn. zuhause behalten V 3A
la **majorité** [lamaʒɔʀite] die Mehrheit IV 3B, 5
avoir mal à la tête [avwaʀmalalatɛt] Kopfschmerzen haben I 5B
avoir du mal à faire qc [avwaʀdymalafɛʀ] etw. nur mit Mühe tun können V 7A
mal [mal] schlecht III 5A
Pas mal! [pamal] Ganz gut!/Nicht schlecht! II 2A, 4
mal payé/mal payée [malpeje] schlecht bezahlt III 5A
malade [malad] krank I 5B
tomber malade [tõbemalad] krank werden III 1B
malgache/malgache [malgaʃ] madagassisch/aus Madagaskar IV 4E
malgré qc [malgʀe] trotz etw. V 11A
malheureux/malheureuse [maløʀø/maløʀøz] unglücklich III 4B
malien/malienne [maljɛ̃/maljɛn] malisch V 7A
maman [mamɑ̃] Mama/Mami I 3A
mamie *(fam.)* [mami] Oma/Omi *(ugs.)* I 7E
manger qc [mɑ̃ʒe] etw. essen I 7C
une **mangue** [ynmɑ̃g] eine Mango IV 4A, 6
une **manifestation** [ynmanifɛstasjõ] eine Demonstration IV 2B
manquer [mɑ̃ke] fehlen III 5C
manquer à qn [mɑ̃ke] jdm. fehlen V 7A
un **marché** [ɛ̃maʀʃe] ein Markt I 7E
marcher [maʀʃe] *hier:* funktionieren IV 1C
mardi *(m.)* [maʀdi] Dienstag I 5B, 4
le **mari** [ləmaʀi] der Ehemann IV 4A
se marier [səmaʀje] heiraten III 4B
une **marinade** [ynmaʀinad] eine Marinade *(Soße zum Einlegen von Fleisch und Gemüse)* I 7B
une **marionnette** [ynmaʀjɔnɛt] eine Marionette IV 4A
le **marketing** [ləmaʀkɛtiŋ] das Marketing V 5B
un **Marocain**/une **Marocaine** [ɛ̃maʀɔkɛ̃/ynmaʀɔkɛn] ein Marokkaner/eine Marokkanerin IV 4C
une **marque** [ynmaʀk] eine Marke/ein Label V 5B
marquer qc [maʀke] etw. markieren/kennzeichnen V 4A
marrant [maʀɑ̃] lustig/witzig I 4A
en avoir marre de qc *(fam.)* [ɑ̃navwaʀmaʀdə] die Nase von etw. voll haben *(ugs.)* II 3C
marron [maʀõ] braun IV 4B
mars *(m.)* [maʀs] März I 8A, 4
marseillais/marseillaise [maʀsɛjɛ/maʀsɛjɛz] aus Marseille IV 5C
martiniquais/martiniquaise [maʀtinikɛ/maʀtinikɛz] aus Martinique IV 4E
un **Martiniquais**/une **Martiniquaise** [ɛ̃maʀtinikɛ/ynmaʀtinikɛz] IV 4E
un **match** [ɛ̃matʃ] ein Spiel/eine Runde/Partie I 2B
On fait un match? [õfɛɛ̃matʃ] Spielen wir eine Partie? I 2B
un **matelas** [ɛ̃matla] eine Matratze V 2B
mater qc *(fam.)* [mate] etw. anschauen/anglotzen *(ugs.)* V 8B
le **matériel** [ləmateʀjɛl] die Ausrüstung III 1B
les **maths** *(f., pl.; fam.)* [lemat] Mathe I 5A
une **matière** [ynmatjɛʀ] ein (Schul)Fach V 9A
un **matin** [ɛ̃matɛ̃] ein Morgen I 5A; eines Morgens III 3A
mauvais/mauvaise [movɛ/movɛz] schlecht II 6A
le **maximum** [ləmaksimɔm] das Maximum II 1, 5
la **mayonnaise** [lamajɔnɛz] die Majonäse I 3E
un **mec**/des **mecs** *(fam.)* [ɛ̃mɛk/demɛk] ein Kerl/Kerle *(ugs.)* III 4C
un **mécanicien**/une **mécanicienne** [ɛ̃mekanisjɛ̃/ynmekanisjɛn] ein Kfz-Mechaniker/eine Kfz-Mechanikerin III 5E
méchant/méchante [meʃɑ̃/meʃɑ̃t] böse III 4B
une **médaille** [ynmedaj] eine Medaille IV 1A
une médaille d'or [ynmedajdɔʀ] eine Goldmedaille IV 1A
une médaille d'argent [ynmedajdaʀʒɑ̃] eine Silbermedaille IV 1A
un **médecin** [ɛ̃medsɛ̃] ein Arzt V 12A
les **médias** *(m., pl.)* [lemedja] die Medien III 5B
un **médicament** [ɛ̃medikamɑ̃] ein Medikament V 9B; V 12A
le **meilleur**/la **meilleure**/les **meilleurs**/les **meilleures …** [ləmɛjœʀ/lamɛjœʀ/lemɛjœʀ/lemɛjœʀ] der beste/die beste/das beste/die besten … III 6A
meilleur/meilleure (que …) [mɛjœʀ(kə)] besser (als …) IV 5A
un **mélange** [ɛ̃melɑ̃ʒ] eine Mischung V 1A
mélanger qc [melɑ̃ʒe] etw. mischen V 1A
un **membre** [ɛ̃mɑ̃bʀ] ein Mitglied IV 3B

un pays membre [ɛ̃peimɑ̃bʀ] ein Mitgliedsland **IV 3B**
le **même**/la **même**/les **mêmes** [ləmɛm/lamɛm/lemɛm] derselbe/dieselbe/dasselbe/dieselben **II 3C**
même [mɛm] sogar **III 1A**
même si … [mɛmsi] sogar … wenn **V 1A**
même si [mɛmsi] wenngleich **V 8A**
un **ménage** [ɛ̃menaʒ] ein Haushalt **V 7A**
mener à qc [məne] zu etw. führen **V 8A**
un **menteur**/une **menteuse** [ɛ̃mɑ̃tœʀ/ynmɑ̃tøz] ein Lügner/eine Lügnerin **III 4B**
mentir [mɑ̃tiʀ] lügen **II 4B**
mentir à qn [mɑ̃tiʀ] jdn. anlügen/belügen **II 7**
la **mer** [lamɛʀ] das Meer **II 2B**
Merci. [mɛʀsi] Danke. **I 1**
mercredi *(m.)* [mɛʀkʀədi] Mittwoch **I 5B,** 4
la **mère** [lamɛʀ] die Mutter **I 6E**
un **message** [ɛ̃mɛsaʒ] eine Nachricht **II 4B**
la **messagerie instantanée** [lamɛstaʒ(ə)ʀiɛ̃sɑ̃tane] das Instant-Messaging **V 5A,** 4
mesurer qc [məzyʀe] etw. messen **V 4A**
la **météo** [lameteo] der Wetterbericht/die Wettervorhersage **III 5B**
le bulletin météo [ləbyltɛ̃meteo] der Wetterbericht **III 6C,** 6
météorologique/météorologique [meteɔʀɔlɔʒik] meteorologisch **V 10B**
les conditions météorologiques *(f.)* [lekɔ̃disjɔ̃meteɔʀɔlɔʒik] die Wetterbedingungen **V 10B**
une **méthode** [ynmetɔd] eine Methode **V 5B**
un **métier** [ɛ̃metje] ein Beruf **III 4B**
un **mètre** [ɛ̃mɛtʀ] ein Meter **IV 5C,** 6
le **métro** [ləmetʀo] die Metro/U-Bahn **I 6A**
prendre le métro [pʀɑ̃dʀləmetʀo] die Metro nehmen **I 6A**
une **métropole** [ynmetʀopɔl] eine Großstadt/Weltstadt **V 4A**
mettre qc [mɛtʀ] etw. setzen/stellen/legen; *hier:* etw. hineintun **I 7B;** *hier:* etw. anziehen/anlegen **I 7C**
mettre la table [mɛtʀlatabl] den Tisch decken **I 7C**
mettre la radio fort [mɛtʀ(ə)laʀadjofɔʀ] das Radio laut stellen **II 4A**
mettre de l'ambiance *(f.)* [mɛtʀdəlɑ̃bjɑ̃s] für Stimmung sorgen **III 1A**
se mettre à table [səmɛtʀatabl] zu Tisch/zum Essen kommen **III 2A**
mettre en commun [mɛtʀɑ̃kɔmɛ̃] bekannt geben **V 4B,** 2
se mettre à faire qc [səmɛtʀafɛʀ] beginnen etw. zu tun **IV 2C**
mettre qc en ligne [mɛtʀɔkɛlk(ə)ʃozɑ̃liɲ] etw. ins Netz stellen **V 5B**
mettre du temps à faire qc [mɛtʀdytɑ̃afɛʀ] Zeit brauchen um etw. zu tun **V 7B**
mettre qc/qn en danger [mɛtʀɑ̃dɑ̃ʒe] etw./jdn. in Gefahr bringen **V 10A**
une **meuf** *(fam.)* [ynmœf] eine Frau *(ugs.)* **V 1B,** 2
un **micro** *(= un microphone)* [ɛ̃mikʀo] ein Mikrofon **III 5B**
à midi [amidi] mittags **I 5A**
midi et demie [midied(ə)mi] halb eins **I 6B**
le **miel** [ləmjɛl] der Honig **IV 5B**
le mien/la mienne [ləmjɛ̃/lamjɛn] der/die meinige/meiner/meine **V 2B**
mieux [mjø] besser **II 4C**
mignon/mignonne [miɲɔ̃/miɲɔn] hübsch **V 3A,** 3
un **milliard** [ɛ̃miljaʀ] eine Milliarde **V 4B**
un **millier** [ɛ̃milje] Tausend **V 12B**
un **million** [ɛ̃miljɔ̃] eine Million **IV 2E**
mince/mince [mɛ̃s] dünn **II 6A,** 3
un **minibus** [ɛ̃minibys] ein Kleinbus/Campingbus/Van **III 6A**
une **minijupe** [ynminiʒyp] ein Minirock **II 3E**
au minimum [ominimɔm] mindestens **II 1,** 5
la **minorité** [laminɔʀite] die Minderheit **IV 3B,** 5
minuit [minɥi] Mitternacht **V 8B**
une **minute** [ynminyt] eine Minute **I 3B**
Une minute! [ynminyt] Einen Moment (mal)! **I 6A**
une **mission** [ynmisjɔ̃] eine Mission/Aufgabe **V 5A**
le **mistral** [ləmistʀal] der Mistral **IV 5E**
la **MJC** [laɛmʒise] das MJC **III 4A**
Mme … [madam] Frau …*(Abkürzung von* Madame) **I 3A,** 1
se mobiliser [səmɔbilize] sich mobilisieren/aktiv werden **IV 2B**
une **mobylette** [ynmɔbilɛt] ein Mofa **V 11B**
moche/moche [mɔʃ] hässlich **II 3B**
la **mode** [lamɔd] die Mode **II 3C,** 2
être à la mode [ɛtʀalamɔd] modern sein/sich modisch kleiden **II 3C,** 2
un mode [ɛ̃mɔd] eine Art/Weise **V 10A**
un **mode de vie** [ɛ̃mɔddəvi] eine Lebensweise **V 10A**
un **modérateur**/une **modératrice** [ɛ̃mɔdeʀatœʀ/ynmɔdeʀatʀis] ein Moderator/eine Moderatorin **V 10B,** 2
moderne/moderne [mɔdɛʀn] modern **V 4B; V 11B**
moderniser qc [mɔdɛʀnize] etw. modernisieren **V 4A**
moi [mwa] ich *(betont)* **I**
avec moi [avɛkmwa] mit mir **I 3E**
C'est moi … [sɛmwa] Ich *(betont)* bin … **II 3B,** 4
chez moi [ʃemwa] bei mir **I 4C**
moi-même [mwamɛm] (ich) selbst **V 8A**
moins [mwɛ̃] weniger **I 7A,** 3
au moins [omwɛ̃] wenigstens **II 4E**
moins fort [mwɛ̃fɔʀ] leiser **II 4A**
le moins longtemps [ləmwɛ̃lɔ̃tɑ̃] am kürzesten **IV 5A**
moins … que [mwɛ̃ … kə] weniger … als **III 6E**
un **mois** [ɛ̃mwa] ein Monat **III 1E**
une **moitié** [ynmwatje] eine Hälfte **V 2B; V 11A**
un **moment** [ɛ̃mɔmɑ̃] ein Moment **III 3A**
en ce moment [ɑ̃səmɔmɑ̃] zurzeit **II 3C,** 3
le **monde** [ləmɔ̃d] die Welt **II 7**
le tour du monde [ləturdymɔ̃d] die Weltreise **IV 4C**
le monde entier [ləmɔ̃dɑ̃tje] die ganze Welt **V 6A**
mondial/mondiale [mɔ̃djal] welt- **V 4B;** weltweit **V 10B; V 11A**
la population mondiale [lapɔpylasjɔ̃mɔ̃djal] die Weltbevölkerung **V 11A**
la **monnaie** [lamɔnɛ] das Geld/die Währung **IV 3B**
la monnaie unique [lamɔnɛynik] die einheitliche Währung **IV 3B**
monotone/monotone [mɔnɔtɔn] eintönig **V 9B**
monsieur … [məsjø] Herr … *(als Anrede)* **I 1**
M. … [məsjø] Herr … *(Abkürzung von Monsieur)* **I 3A,** 1
une **montagne** [ynmɔ̃taɲ] ein Berg **IV 5E**
la haute montagne [laotmɔ̃taɲ] das Hochgebirge **V 9B**
monter [mɔ̃te] hinaufgehen/hinaufsteigen **II 2B**

monter (dans qc) [mõte] (in etw.) einsteigen **II 5A**
monter une pièce [mõteynpjɛs] ein Bühnenstück vorbereiten **III 3C**
monter qc [mõte] *hier:* etw. aufstellen/aufbauen **III 6B**
une **montre** [ynmõtʀ] eine Armbanduhr **III 6C**
montrer qc [mõtʀe] etw. zeigen **I 4E**
un **monument** [ɛ̃mɔnymɑ̃] ein Bauwerk **IV 5C**, 2
se moquer de qc/qn [səmɔke] sich über etw./jdn. lustig machen/auf etw./jdn. pfeifen **V 2B**
un **morceau**/des **morceaux** [ɛ̃mɔʀso/demɔʀso] ein Stück/Stücke **III 1A**
un **mort**/une **morte** [ɛ̃mɔʀ/ynmɔʀt] ein Toter/eine Tote **V 8A**
la mort [lamɔʀ] der Tod **IV 4A**
une **mosquée** [ynmɔske] eine Moschee **V 3B**
un **mot** [ɛ̃mo] ein Wort **II 6B; I 1**, 6
un **mot-clé**/des **mots-clés** [ɛ̃mokle/demokle] ein Schlüsselwort/Schlüsselwörter **II 6B**
un moteur de recherche [ɛ̃mɔtœʀdəʀəʃɛʀʃ] eine Suchmaschine **V 5B**
motivant/motivante [mɔtivɑ̃/mɔtivɑ̃t] motivierend **V 9B**
une **motivation** [ynmɔtivasjõ] eine Motivation **V 9A**
mouillé [muje] nass **I 9**
une **mousse au chocolat** [ynmusoʃɔkɔla] eine Mousse au chocolat **III 2A**
un **mouvement** [ɛ̃muvmɑ̃] eine Bewegung **V 1A**
un **moyen** [ɛ̃mwajɛ̃] ein Mittel **V 10A; V 12A**
un moyen de transport [ɛ̃mwajɛ̃dətʀɑ̃spɔʀ] ein Transportmittel **V 4B;** ein Verkehrsmittel **V 10A**
un moyen de communication [ɛ̃mwajɛ̃dəkɔmynikasjõ] ein Kommunikationsmittel **V 5A**
la **moyenne** [lamwajɛn] der Durchschnitt **V 2A**
un **mur** [ɛ̃myʀ] eine Mauer **V 4A;** Mauer **V 9B**
musical/musicale [myzikal] musikalisch **V 1A**
un **musicien** [ɛ̃myzisjɛ̃] ein Musiker **I 6C**
la **musique** [lamyzik] die Musik **I 4E**
une école de musique [ynekɔldəmyzik] eine Musikschule **I 4E**
la musique pop-rock [lamyzikpɔpʀɔk] die Rock-Pop-Musik **III 1E**
un **musulman**/une **musulmane** [ɛ̃myzylmɑ̃/ynmyzylman] ein Muslim/eine Muslimin **V 3A**

N

nager [naʒe] schwimmen **II 1**
un **nageur**/une **nageuse** [ɛ̃naʒœʀ/ynnaʒøz] ein Schwimmer/eine Schwimmerin **V 9B**
naïf/naïve [naif/naiv] naiv **III 4A**, 4
napoléonien/napoléonienne [napɔleɔnjɛ̃/napoleɔnjɛn] napoleonisch **V 4A**
la **natation** [lanatasjõ] das Schwimmen **II 1E**
faire de la natation [fɛʀdəlanatasjõ] schwimmen **II 1E**
national/nationale [nasjɔnal] national **V 11B**
la **nationalité** [lanasjɔnalite] die Nationalität/Staatsangehörigkeit **IV 3C**
la **nature** [lanatyʀ] die Natur **V 9A**
naturel/naturelle [natyʀɛl] natürlich **V 3B**, 4
ne … pas [nə…pa] nicht **I 4B**
ne … pas encore [nə…pa(z)ɑ̃kɔʀ] noch nicht **II 2C**
ne … rien [nə… ʀjɛ̃] nichts **II 2C**
ne … plus [nə…ply] nicht mehr **II 3C**
ne … pas de … [nə…padə] kein/keine/keinen … **II 4A**
ne … plus de … [nə…plydə] kein/keine/keinen … mehr **II 4A**
ne … pas du tout [ne…padytu] überhaupt nicht **II 6C**, 2
ne … jamais [nəʒamɛ] nie/niemals **II 7**
ne … pas non plus [nə…panõply] auch nicht **II 7**
ne … toujours pas [nətuʒuʀpa] immer noch nicht **III 3B**
ne … même pas [nəmɛmpa] nicht einmal **III 3B**
ne … personne [nə…pɛʀsɔn] niemand **III 5B**
Ne quittez pas. [nəkitepa] Bitte bleiben Sie am Apparat. **III 5B**, 4
Ne fais pas la difficile! [nəfɛpaladifisil] *hier:* Stell dich (jetzt) nicht so an! **III 6C**
ne … ni … ni … [nə…ni…ni] weder … noch **IV 2A**
ne … que [nə … kə] nur **IV 4B**
… n'est-ce pas? [nɛspa] … , nicht?/… oder? **IV 5A**
ne rien avoir à voir avec qn [nəʀjɛ̃navwaʀavwaʀavɛkkɛlkɛ̃] mit jdm. nichts zu tun haben **V 6B**
ne … pas assez (de…) [nəpazase(də)] nicht genug (…) **V 8A**
ne … pas … que [nəpakə] nicht nur … **V 8A**
n'importe quoi [nɛ̃pɔʀt(ə)kwa] *hier:* Quatsch/Blödsinn **III 4B**
je **suis né/née** [ʒəsɥine] ich bin geboren **III 4A**
néerlandais/néerlandaise [neɛʀlɑ̃dɛ/neɛʀlɑ̃dɛz] niederländisch **IV 3A**
la **neige** [lanɛʒ] der Schnee **III 6C**, 5
neiger [nɛʒe] schneien **III 6C**, 5
nerveux/nerveuse [nɛʀvø/nɛʀvøz] aufgeregt/nervös **III 5B**
le **net** [lənɛt] das Internet **V 5A**
neuf/neuve [nœf/nœv] neu **V 4B**
le **nez** [lene] die Nase **IV 2C**
n'importe qui [nɛ̃pɔʀtəki] wer auch immer/egal, wer/jeder **V 5B**
noir/noire [nwaʀ/nwaʀ] schwarz **II 3E**
s'habiller en noir [sabijeɑ̃nwaʀ] sich schwarz kleiden **IV 4A**
noircir [nwaʀsiʀ] schwärzen **V 6B**
un **nom** [ɛ̃nõ] ein Name **I 4B**
un **nombre** [ɛ̃nõbʀ] eine Zahl **I 3E**
nombreux/nombreuse [nõbʀø/nõbʀøz] zahlreich **IV 4C**
Non. [nõ] Nein. **I 1**
… , non? [nõ] … , nicht wahr/oder? **I 2B**
Moi non plus. [mwanõply] Ich auch nicht. **IV 1B**
un **non-fumeur** [ɛ̃nõfymœʀ] ein Nichtraucher **II 5B**, 5
le **nord** [lənɔʀ] der Norden **IV 5C**, 6
normal/normale [nɔʀmal/nɔʀmal] normal **III 6B**
une **note** [ynnɔt] eine Note/Schulnote **I 7C**
une super note [ynsypɛʀnɔt] eine Supernote **I 7C**
prendre des notes [pʀɑ̃dʀdenɔt] sich Notizen machen **II 6B**
une note [ynnɔt] eine Rechnung **V 6B**
noter qc [nɔte] etw. notieren **III 3A**
le nôtre/la nôtre [lənotʀ/lanotʀ] der unsere/die unsere **V 8A**
un **nouveau** [ɛ̃nuvo] ein Neuer/neuer Schüler **I 5E**
nouveau/nouvel/nouvelle/nouveaux/nouvelles [nuvo/nuvɛl/nuvɛl/nuvo/nuvɛl] neu **II 3B**

novembre *(m.)* [nɔvɑ̃bʀ] November I 8A, 4
un **nuage** [ɛ̃nɥaʒ] eine Wolke III 6A
le **nucléaire** [lənykleɛʀ] die Kernkraft V 10B
l'**énergie nucléaire** *(f.)* [lenɛʀʒinykleɛʀ] die Kernenergie V 10B
la **nuit** [lanɥi] die Nacht III 2A
Bonne nuit! [bɔnnɥi] Gute Nacht! III 2A
nul/nulle [nyl/nyl] blöd/doof/öde/schlecht II 4B
C'est nul. *(fam.)* [sɛnyl] Das ist doof/blöd/öde. *(ugs.)* II 1
C'est trop nul! [sɛtʀonyl] Das ist zu/total doof! II 3E
un **numéro** [ɛ̃nymeʀo] eine Nummer I 5A, 6
un numéro de téléphone [ɛ̃nymeʀodətelefɔn] eine Telefonnummer I 5A, 6
un numéro de portable [ɛ̃nymeʀod(ə)pɔʀtabl] eine Handynummer I 8A
le numéro de ligne directe [lənymeʀodəliɲədiʀɛkt] die Durchwahl(nummer) III 5B, 4

O

un **objet** [ɛ̃nɔbʒɛ] ein Gegenstand IV 4C
obliger qn à faire qc [ɔbliʒe] jdn. zwingen etw. zu tun V 2B
observer qn/qc [ɔpsɛʀve] jdn./etw. beobachten V 2B
obtenir qc [ɔbtəniʀ] etw. erhalten/bekommen IV 2B
une **occasion** [ynɔkazjõ] eine Gelegenheit V 3A; V 12B
s'occuper de qn/qc [sɔkypedə] sich um jdn./etw. kümmern III 2E
l'**océan** *(m.)* [lɔseɑ̃] der Ozean V 11B
octobre *(m.)* [ɔktɔbʀ] Oktober I 5B, 4
une **odeur** [ynodœʀ] ein Geruch V 11B
un **œil**/des **yeux** [ɛ̃nœj/dezjø] ein Auge/Augen II 6A, 3
Mon œil! *(fam.)* [mõnœj] Wer's glaubt, wird selig!/Von wegen! *(ugs.)* II 4B
l'**office de tourisme** [lɔfisdətuʀism] die Touristeninformation IV 4B, 5
une **offre** [ynɔfʀ] ein Angebot III 3E
offrir qc à qn [ɔfʀiʀ] jdm. etw. anbieten/schenken II 7
offrir un verre à qn [ɔfʀiʀɛ̃vɛʀ] jdn. auf ein Glas einladen II 7, 5
offrir son aide à qn [ɔfʀiʀsõnɛd] jdm. seine Hilfe anbieten II 7
Oh là là! [ɔlala] Ah! *(Ausdruck der Überraschung)* I 8B
un **oignon** [ɛ̃nɔɲõ] eine Zwiebel I 7E
un **oiseau**/des **oiseaux** [ɛ̃nwazo/dezwazo] ein Vogel/Vögel V 2A
O.K. [ɔke] o.k. I 8E
une **olive** [ynɔliv] eine Olive IV 5B
un **olivier** [ɛ̃nɔlivje] ein Olivenbaum IV 5A
on fait [õfɛ] man macht/wir machen I 2B
On sonne. [õsɔn] Es klingelt. II 4A
un **oncle** [ɛ̃nõkl] ein Onkel II 5C, 3
l'**opéra** *(m.)* [lɔpeʀa] die Oper V 4A
une **opinion** [ynɔpiɲõ] eine Meinung V 5B; V 6A
l'**or** *(m.)* [lɔʀ] das Gold IV 1A
un **orage** [ɛ̃nɔʀaʒ] ein Gewitter III 6C, 5
une **orange** [ynɔʀɑ̃ʒ] eine Orange/Apfelsine I 2A
un **ordi** *(fam.)* [ɛ̃nɔrdi] ein Computer *(ugs.)* V 5A
un **ordinateur** [ɛ̃nɔʀdinatœʀ] ein Computer I 3B
un **ordre** [ɛ̃nɔʀdʀ] ein Befehl III 4B; eine Reihenfolge V 6A
un **organisateur**/une **organisatrice** [ɛ̃nɔʀganizatœʀ/ynɔʀganizatʀis] ein Organsisator/eine Organisatorin IV 1E
organiser qc [ɔʀganize] etw. organisieren I 8E
s'organiser [sɔʀganize] sich organisieren III 2E
l'**orientation** *(f.)* [lɔʀjɑ̃tasjõ] die Orientierung V 9A
s'orienter [sɔʀjɑ̃te] sich orientieren V 7B
l'**origine** *(f.)* [lɔʀiʒin] die Herkunft/der Ursprung V 3A
le pays d'origine [ləpeidɔʀiʒin] das Herkunftsland IV 3B
un **oscar** [ɛ̃nɔskaʀ] ein Oskar *(die bekannteste Filmtrophäe)* V 3B, 4
ou [u] oder I 3A, 3
où [u] wo/wohin I 2A
C'est où? [sɛu] Wo ist das? I 2A
d'où [du] woher I 2B
Tu vas où? [tyvau] Wohin gehst du? I 5A, 2
où [u] *(Relativpronomen, Ort)* III 1E
Ouah! [wa] Wau! I
Ouais! *(fam.)* [wɛ] Ja! *(ugs.)* II 3E
oublier qc [ublije] etw. vergessen II 4A
oublier l'heure *(f.)* [ublijelœʀ] die Zeit vergessen III 2C
l'**ouest** *(m.)* [lwɛst] der Westen IV 5C, 6
Ouf! [uf] Uff! I 9
oui [wi] Ja. I 1
Ben oui. [bɛ̃wi] Na klar! I 7C
un **outil** [ɛ̃nuti] ein Werkzeug V 12B
ouvert/ouverte [uvɛʀ/uvɛʀt] offen II 6C
une journée portes ouvertes [ynʒuʀnepɔʀtuvɛʀt] ein Tag der offenen Tür II 6C
ouvrir qc [uvʀiʀ] etw. öffnen II 7; etw. aufmachen/eröffnen V 3A

P

une **page** [ynpaʒ] eine Seite I 4E
une page Internet [ynpaʒɛ̃tɛʀnɛt] eine Internetseite I 4E
le **pain** [ləpɛ̃] das Brot II 4E
la **paix** [lapɛ] der Friede IV 3B
une **palme** [ynpalm] eine (Sieges-)Palme V 3B, 4
paniquer [panike] in Panik geraten II 2C
un **pantalon** [ɛ̃pɑ̃talõ] eine Hose II 1
un **jeu de pantomime** [ɛ̃ʒødəpɑ̃tɔmim] ein Spiel mit Pantomimen I 8B, 3
papa [papa] Papa I 3A
papi *(fam.)* [papi] Opa II 4B
les **papiers** *(m., pl.)* [lepapje] die (Ausweis-)Papiere V 7A
Pâques *(f., pl.)* [pak] Ostern II 5E
un **paquet** [ɛ̃pakɛ] ein Paket/Stapel I 4A, 5
par [paʀ] pro IV 3A
par exemple [paʀɛgzɑ̃pl] zum Beispiel II 6A
par terre [paʀtɛʀ] auf den/dem Boden III 3B
par cœur [paʀkœʀ] auswendig IV 4B
par rapport à … [paʀʀapɔʀa] im Verhältnis zu … V 11B
un **paragraphe** [ɛ̃paʀagʀaf] ein Abschnitt III 3A, 5; III 6C, 4
un **parc** [ɛ̃paʀk] ein Park I 2B
parce que [paʀskə] weil I 8A
le **parcours** [ləpaʀkuʀ] der Werdegang V 9B
Pardon. [paʀdõ] Entschuldigung. I 7A
(être) **pareil/pareille** [paʀɛj/paʀɛj] gleich (sein) III 2A
C'est toujours pareil avec toi. Es ist immer dasselbe mit dir. III 6C

entre parenthèses *(f., pl.)* [ɑ̃tʀpaʀɑ̃tɛz] in Klammern **III 4B**, 3
les **parents** *(m.)* [lepaʀɑ̃] die Eltern **I 8B**
parfait/parfaite [paʀfɛ/paʀfɛt] perfekt **IV 2C**
parfois [paʀfwa] manchmal **III 3C**
un **parfum** [ɛ̃paʀfɛ̃] ein Parfüm **V 7A**
parfumer qc [paʀfyme] etw. parfümieren **IV 5B**
parisien/parisienne [paʀizjɛ̃/paʀizjɛn] aus Paris **IV 3C**
un **parlement** [ɛ̃paʀl(ə)mɑ̃] ein Parlament **IV 3B**
le Parlement européen [ləpaʀl(ə)mɑ̃øʀɔpeɛ̃] das Europaparlament **IV 3B**
parler (de qc) à qn/avec qn [paʀle] mit jdm. (über etw.) sprechen **II 6B**
Tu parles…! [typaʀl] Von wegen!/Was du nicht sagst! **IV 2C**
parmi eux/elles [paʀmiø/ɛl] unter ihnen *(bei Personen)* **III 3C**
les **paroles** *(f.)* [lepaʀɔl] *hier:* der Liedtext **IV 1C**
une **part** [ynpaʀ] ein Anteil **V 10B**
partager qc [paʀtaʒe] etw. teilen **II 2B**
un **partenaire**/une **partenaire** [ɛ̃paʀtənɛʀ/ynpaʀtənɛʀ] ein Partner/eine Partnerin **IV 3B**, 4; **V 3A**
participer à qc [paʀtisipe] an etw. teilnehmen **IV 2B**
une **particularité** [ynpaʀtikylaʀite] eine Besonderheit **V 6A**
particulier/particulière [paʀtikylje/paʀtikyljɛʀ] besonderer/besondere/besonderes **V 11B**
un statut particulier [ɛ̃statypaʀtikylje] ein Sonderstatus **V 11B**
une **partie** [ynpaʀti] ein Teil/Abschnitt **I 6C**, 1
une partie soulignée [ynpaʀtisuliɲe] ein unterstrichener Satzteil **III 4C**, 3
faire partie de qc [fɛʀpaʀtidə] zu etw. gehören **III 5B**
une partie [ynpaʀti] ein Teil/Abschnitt **IV 3E**
partir [paʀtiʀ] weggehen **II 4B**
partir en vacances *(f., pl.)* [paʀtiʀɑ̃vakɑ̃s] in (die) Ferien/in (den) Urlaub fahren **II 5E**
partir de … [paʀtirdə] abfahren/starten in … **IV 5C**
Ça part en vrille! *(fam.)* [sapaʀɑ̃vʀij] Das läuft nicht (rund)! *(ugs.)* **V 8B**
partout [paʀtu] überall **II 6C**
ne … pas [nə…pa] nicht **I 4B**
Pas de problème! [pad(ə)pʀɔblɛm] Kein Problem! **I 7A**, 2
Pas mal! [pamal] Ganz gut!/Nicht schlecht! **II 2A**, 4
Oh non, pas elle! *(fam.)* [onõpaɛl] Oh nein, bloß nicht die schon wieder! *(ugs.)* **II 3A**
ne … pas de … [nə…padə] kein/keine/keinen … **II 4A**
Pas de souci! [padsusi] Keine Sorge! **III 2A**
ne … même pas [nəmɛmpa] nicht einmal **III 3B**
Pas comme toi. [pakɔmtwa] Nicht wie du. **III 5A**
Pas de doute. [padədut] Kein Zweifel. **IV 4A**
ne … pas assez (de…) [nəpazase(də)] nicht genug (…) **V 8A**
un **passage** [ɛ̃pasaʒ] ein Übergang **V 8B**; eine Passage **V 12A**
un **passager**/une **passagère** [ɛ̃pasaʒe/ynpasaʒɛʀ] ein Passagier/Fahrgast **V 4B**
le **passé** [ləpase] die Vergangenheit **III 3E**; **V 11A**
le passé composé [ləpasekõpoze] das Passé composé **II 2E**
un **passeport** [ɛ̃paspɔʀ] ein Pass/Reisepass **IV 3B**
passer (les/ses vacances) [pasele/sevakɑ̃s] (die Ferien) verbringen **II 1**
passer un concours [paseɛ̃kõkuʀ] an einem Wettbewerb teilnehmen **III 5A**
passer qc [pase] etw. geben/reichen **II 4C**, 2
Je vous le/la passe. [ʒəvulə/lapas] Ich gebe ihn/sie Ihnen. **III 5B**, 4
passer dans une (autre) équipe [pasedɑ̃zyn(otʀ)ekip] in eine (andere) Mannschaft kommen **IV 1A**
se passer [səpase] sich ereignen **III 2C**
passer un film sur … [paseɛ̃filmsyʀ] einen Film ausstrahlen auf … **V 3A**
se passer de qc [səpasedə] ohne etw. auskommen **V 5A**
passer une frontière [paseynfʀõtjɛʀ] eine Grenze passieren **V 7A**
passer pour qc [pasepuʀ] als etw. gelten **V 8A**
passif/passive [pasif/pasiv] passiv **III 4A**, 4
des **patates douces** [depatatdus] Süßkartoffeln **V 11B**, 3
un **patient**/une **patiente** [ɛ̃pasjɑ̃/ynpasjɑ̃t] ein Patient/eine Patientin **V 9B**
patiner [patine] Schlittschuh laufen **V 12A**
un **patinoire** [ɛ̃patinwaʀ] eine Eisbahn **V 12A**
patient/patiente [pasjɑ̃/pasjɑ̃t] geduldig **III 4B**
des **patins à glace** *(m.)* [depatɛ̃aglas] Schlittschuhe **V 12A**
un **pâtissier**/une **pâtissière** [ɛ̃patisje/ynpatisjɛʀ] ein Konditor/eine Konditorin **IV 3E**
le **patron**/la **patronne** [ləpatʀɔ̃/lapatʀɔn] der Arbeitgeber/die Arbeitgeberin/der Chef/die Chefin **IV 3E**
une **pause** [ynpoz] eine Pause **IV 2C**
pauvre/pauvre [povʀ] arm **V 8B**; **V 11B**
la **pauvreté** [lapovʀəte] die Armut **V 2B**, 2
payer [peje] bezahlen **III 5A**
un **pays** [ɛ̃pei] ein Land **III 6B**
le pays d'origine [ləpeidɔʀiʒin] das Herkunftsland **IV 3B**
un pays membre [ɛ̃peimɑ̃bʀ] ein Mitgliedsland **IV 3B**
un pays industrialisé [ɛ̃peiɛ̃dystʀijalize] ein Industriestaat **V 10A**
un **paysage** [ɛ̃peizaʒ] eine Landschaft **IV 4B**
avoir la pêche *(fam.)* [avwaʀlapɛʃ] sehr gut drauf sein *(ugs.)* **III 3C**, 3
une **pêche** [ynpɛʃ] ein Pfirsich **IV 5B**
un **pêcheur** [ɛ̃pɛʃœʀ] ein Fischer/Angler **IV 5C**
la **peine** [lapɛn] die Mühe **III 5B**
à peine [apɛn] kaum **V 7A**
un **peintre** [ɛ̃pɛ̃tʀ] ein Maler **I 6B**
un peintre en bâtiment [ɛ̃pɛ̃tʀɑ̃batimɑ̃] ein Maler und Anstreicher **V 9B**
une **peinture** [ynpɛ̃tyʀ] ein Gemälde **V 4A**, 4
la peinture [lapɛ̃tyʀ] *hier:* die Malerei/das Anstreichen **V 9B**
se pencher [səpɑ̃ʃe] sich vorbeugen **V 2B**
pendant [pɑ̃dɑ̃] während **II 3A**
pendant des heures [pɑ̃dɑ̃dezœʀ] stundenlang **II 3A**
pendant ce temps [pɑ̃dɑ̃s(ə)tɑ̃] währenddessen **II 6B**
pendant que [pɑ̃dɑ̃kə] während *(+ Verb)* **III 3B**
penser à qn/qc [pɑ̃sea] an jdn./etw. denken **I 8B**
penser de qc [pɑ̃sedə] über etw. denken **II 6C**
pensif/pensive [pɑ̃sif/pɑ̃siv] nachdenklich **III 4A**
perdre qc [pɛʀdʀ] etw. verlieren **II 5C**

le **père** [lәpɛʀ] der Vater I 6E
permettre à qn de faire qc [pɛʀmɛtʀ] jdm. erlauben etw. zu tun IV 2B
un **personnage** [ɛ̃pɛʀsɔnaʒ] eine Person/Figur V 3B, 1
une **personne (ne ...)** [pɛʀsɔn(nә)] eine Person I 6A
personne [pɛʀsɔn] niemand V 8A
Personne ne ... [pɛʀsɔnnә] Niemand ... *(am Satzanfang)* III 3B
le **personnel** [lәpɛʀsɔnɛl] das Personal V 9B
personnel/personnelle [pɛʀsɔnɛl] persönlich V 11A
personnellement [pɛʀsɔnɛlmɑ̃] persönlich *(Adv.)* V 11A
peser [pәze] wiegen V 4A
une **petite peste** [ynp(ә)titpɛst] eine Nervensäge II 3B
petit/petite [p(ә)ti/p(ә)tit] klein II 3B
un petit/une petite [ɛ̃p(ә)ti/ynp(ә)tit/dep(ә)ti/dep(ә)tit] ein Kleiner/eine Kleine/Kleine III 4E
un petit-déjeuner [ɛ̃p(ә)tideʒøne] ein Frühstück II 2E
le petit copain/la petite copine [lәp(ә)titkɔpɛ̃/lap(ә)titkɔpin] der Freund/die Freundin (mit dem/der man "geht") II 3B, 4
un **petit-fils**/une **petite-fille** [ɛ̃p(ә)tifis/ynp(ә)titfij] ein Enkel/eine Enkelin IV 4A
les **petits-enfants** *(m., pl.)* [leptizɑ̃fɑ̃] die Enkel(kinder) II 5A, 1
le **pétrole** [lәpetʀɔl] das Öl V 10A
un peu [ɛ̃pø] ein bisschen/wenig I 6C, 3
un peu de ... [ɛ̃pødә] ein wenig/bisschen ... *(bei Mengen)* I 7B
peu de ... [pødә] wenig/wenige III 1B
peu de temps après [pødәtɑ̃apʀɛ] kurze Zeit darauf IV 4B
la **peur** [lapœʀ] die Angst II 2C
avoir peur de qn/qc [avwaʀpœʀ] Angst vor jdm./etw. haben II 2C
avoir peur pour qn/qc [avwaʀpœʀpuʀ] Angst um jdm./etw. haben IV 5E
peureux/peureuse [pøʀø/pøʀøz] ängstlich III 6C
peut-être [pøtɛtʀ] vielleicht II 4B
un **pharmacien**/une **pharmacienne** [ɛ̃faʀmasjɛ̃/ynfaʀmasjɛn] ein Apotheker/eine Apothekerin V 7A
un **phénomène** [ɛ̃fenɔmɛn] ein Phänomen V 10A
une **photo** [ynfɔto] ein Foto I 4E
prendre des photos [pʀɑ̃dʀdefɔto] Fotos machen/fotografieren I 6A
une **photocopie** [ynfɔtɔkɔpi] eine Fotokopie III 5A
un **photographe**/une **photographe** [ɛ̃fɔtɔgʀaf/ynfɔtɔgʀaf] ein Fotograf/eine Fotografin IV 5A, 7
une **phrase** [ynfʀaz] ein Satz I 2E
la **condition physique** [lakɔ̃disjɔ̃fizik] die körperliche Verfassung V 9B
un **pickpocket** [ɛ̃pikpɔkɛt] ein Taschendieb V 4B, 3
une **pièce** [ynpjɛs] eine Münze/ein Geldstück III 3B
une pièce (de théâtre) [ynpjɛs] ein (Theater-)Stück III 3C
monter une pièce [mɔ̃teynpjɛs] ein Bühnenstück vorbereiten III 3C
un **pied** [ɛ̃pje] ein Fuß II 2A, 4
à pied [apje] zu Fuß II 5C
un **piercing** [ɛ̃pɛʀsiŋ] ein Piercing II 6A, 3
un **piéton**/une **piétonne** [ɛ̃pjetɔ̃/ynpjetɔn] ein Fußgänger/eine Fußgängerin V 11B
le **ping-pong** [lәpiŋpɔ̃g] (das) Tischtennis *(als Sportart)* I 4B
un **pique-nique** [ɛ̃piknik] ein Picknick I 9
le pire [lәpiʀ] das Schlimmste V 5A
une **pizza** [ynpidza] eine Pizza I 6A, 3
une **place** [ynplas] ein Platz I 6B
prendre place [pʀɑ̃dʀplas] Platz nehmen II 5B
faire de la place [fɛʀdәlaplas] Platz machen III 2E
une place de ... [ynplasdә] ein Platz/eine Stelle als ... IV 3A
une place d'assistant(e) [yneplasdasistɑ̃(t)] eine Assistentenstelle; *hier:* eine Fremdsprachenassistentenstelle IV 3A
une **plage** [ynplaʒ] ein Strand II 2B
porter plainte [pɔʀteplɛ̃t] Anzeige erstatten V 6A
plaire à qn [plɛʀ] jdm. gefallen II 3A
Le sketch m'a plu. [lәskɛtʃmaply] Der Sketsch hat mir gefallen. II 6C
s'il te plaît [siltәplɛ] bitte *(zu jemandem, den man duzt)* I 5B
Tu me plais grave! *(fam.)* [tymәplɛgʀav] Du gefällst mir tierisch gut. *(ugs.)* V 8B
le **plaisir** [lәplɛziʀ] das Vergnügen/die Freude IV 2E
faire plaisir à qn [fɛʀplɛziʀ] jdm. gefallen IV 2E
un **plan** [ɛ̃plɑ̃] ein Plan; *hier:* ein Stadtplan I 2E; ein Plan; *hier:* ein Übersichtsplan I 9
le premier plan [lәpʀәmjeplɑ̃] der Vordergrund III 3B, 3
le second plan [lәsәgɔ̃plɑ̃] der Hintergrund III 3B, 3
la **planète** [laplanɛt] der Planet, *hier:* die Erde/Welt V 11A
une **plante** [ynplɑ̃t] eine Pflanze IV 4B
plein/pleine [plɛ̃/plɛn] voll III 6A
faire le plein [fɛʀlәplɛ̃] volltanken III 6A
plein de ... [plɛ̃dә] viel/viele IV 1B
pleurer [plœʀe] weinen III 3B
Il pleut. [ilplø] Es regnet. III 6A
un **plongeur**/une **plongeuse** [ɛ̃plɔ̃ʒœʀ/ynplɔ̃ʒøz] ein Taucher/eine Taucherin V 11B
Plouf! [pluf] Platsch! I 9
la **pluie** [laplɥi] der Regen III 6A
plus [plys] mehr I 7A, 3
A plus! *(fam.)* [aplys] Bis dann! *(ugs.)*/Tschüs! II 4B, 5
en plus [ɑ̃plys] und obendrein/dazu/außerdem III 5A
Moi non plus. [mwanɔ̃ply] Ich auch nicht. IV 1B
plus ..., plus ... [ply ... ply] je mehr ... desto ... V 2B
de plus en plus [dәplyzɑ̃ply(s)] immer mehr V 8A
plus ..., plus ... [ply ... ply] je mehr ... desto ... V 9B
plus tard [plytaʀ] später I 3B
ne ... plus [nә...ply] nicht mehr II 3C
ne ... plus de ... [nә...plydә] kein/keine/keinen ... mehr II 4A
plusieurs [plyzjœʀ] mehrere II 6C
le **plus-que-parfait** [lәplyskәpaʀfɛ] das Plusquamperfekt III M1, 1
plutôt [plyto] eher III 4A
une **poche** [ynpɔʃ] eine (Hosen-)Tasche II 7
un **poème** [ɛ̃pɔɛm] ein Gedicht I 3E
un **point fort** [ɛ̃pwɛ̃fɔʀ] eine Stärke V 9A
la **pointure** [lapwɛ̃tyʀ] die (Schuh-)-Größe II 3C, 3
Quelle est votre pointure? [kɛlɛvɔtʀ(ә)pwɛ̃tyʀ] Welche Schuhgröße haben Sie? II 3C, 3
un **poisson** [ɛ̃pwasɔ̃] ein Fisch IV 5B
le **poivre** [lәpwavʀ] der Pfeffer I 7B
la **police** [lapɔlis] die Polizei II 2E
un **film policier** [ɛ̃filmpɔlisje] ein Krimi(nalfilm) V 3B, 4

polluant/polluante [pɔlɥɑ̃/pɔlyɑ̃t] umweltverschmutzend **V 11B**
pollué/polluée [pɔlɥe] verschmutzt **IV 3A**
une **pomme** [ynpɔm] ein Apfel **I 7E**
pomper *(fam.)* [pɔ̃pe] abschreiben *(ugs.)* **III 2B**
un **pompier** [ɛ̃pɔ̃pje] ein Feuerwehrmann **IV 5E**
la **population** [lapɔpylasjɔ̃] die Bevölkerung **IV 4C; V 11A**
la population mondiale [lapɔpylasjɔ̃mɔ̃djal] die Weltbevölkerung **V 11A**
un **port** [ɛ̃pɔʀ] ein Hafen **IV 5C**
un **portable** [ɛ̃pɔʀtabl] ein Handy **I 8A**
une **porte** [ynpɔʀt] eine Tür **II 2B**
un **porte-bonheur**/des **porte-bonheurs** [ɛ̃pɔʀtbɔnœʀ/depɔʀtbɔnœʀ] ein Glücksbringer **I 7C**
un **portefeuille** [ɛ̃pɔʀt(ə)fœj] eine Brieftasche **I 9**
porter qc [pɔʀte] etw. tragen **II 3E**
porter plainte [pɔʀteplɛ̃t] Anzeige erstatten **V 6A**
un **portrait** [ɛ̃pɔʀtʀɛ] ein Porträt/Bild *(einer Person)* **I 6B**
se poser sur qc [səpozesyʀ] sich auf etw. richten **V 6B**
poser des questions à qn [pozedekɛstjɔ̃a] jdm. Fragen stellen **II 6E**
posséder qc [pɔsede] etw. besitzen **IV 4B**
une **possibilité** [ynpɔsibilite] eine Möglichkeit **V 6A**
possible/possible [pɔsibl] möglich **III 1B**
Ce n'est pas possible! [sənɛpapɔsibl] Das darf doch (wohl) nicht wahr sein! **III 1B**
la **poste** [lapɔst] die Post **II 7, 10**
un poste [ɛ̃pɔst] eine Stelle/Arbeitsstelle **IV 5A**
poster qc [pɔste] etw. (bei der Post) aufgeben; *hier:* ins Internet stellen **IV 5E**
une **poubelle** [ynpubɛl] ein Mülleimer/eine Mülltonne **V 6B**
un **poulet** [ɛ̃pulɛ] ein Hähnchen **I 1**
une **poupée** [ynpupe] eine Puppe **V 8B**
pour [puʀ] für **I 3E**
pour moi [puʀmwa] für mich **I 6C**
pour qui [puʀki] für wen **I 4A, 3**
pour trouver … [puʀtʀuve] um … zu finden **I 7C**
pour … [puʀ] was … angeht **II 6A**
pour rien [puʀʀjɛ̃] wegen nichts; *hier:* wegen jeder Kleinigkeit **III 3E**
un **pour cent** [ɛ̃puʀsɑ̃] ein Prozent **II 6C**
pour que *(+ subj.)* [puʀkə] damit **V 2A**
Pourquoi …? [puʀkwa] Warum …? **I 8A**
pourtant [puʀtɑ̃] dennoch/trotzdem **V 2A**
pousser qn [puse] jdn. stoßen/schubsen **II 2A**
pousser qc [puse] etw. ausstoßen/hervorbringen **V 6B**
pousser qn à qc [puse] jdn. zu etw. verleiten **V 8A**
la **poussière** [lapusjɛʀ] der Staub **V 9B**
pouvoir [puvwaʀ] können **I 9**
pouvoir faire qc [puvwaʀfɛʀ] etw. tun können **I 9**
pratique/pratique [pʀatik] praktisch **V 12A**
précis/précise [pʀesi/pʀesiz] genau **V 9A**
précisément [pʀesizemɑ̃] genau *(Adv.)* **V 9A**
le **sport préféré** [ləspɔʀpʀefeʀe] die Lieblingssportart **II 1E**
préféré/préférée [pʀefeʀe/pʀefeʀe] Lieblings- **II 5B**
préférer faire qc [pʀefeʀefɛʀ] vorziehen etw. zu tun/etw. lieber tun **I 7C**
le premier/la première/les premiers/les premières… [ləpʀəmje/lapʀəmjɛʀ/lepʀəmje/lepʀəmjɛʀ] der erste/die erste(n)/das erste … **II 5B**
le premier mars [ləpʀəmjemaʀs] der erste März **I 8A, 4**
le premier plan [ləpʀəmjeplɑ̃] der Vordergrund **III 3B, 3**
les **premiers amours** *(m., pl.)* [lepʀəmjezamuʀ] die erste Liebe **V 8A**
prendre qc [pʀɑ̃dʀ] etw. nehmen **I 6A**
prendre des photos [pʀɑ̃dʀdefɔto] Fotos machen/fotografieren **I 6A**
prendre l'escalier [pʀɑ̃dʀlɛskalje] die Treppe nehmen **I 6A**
prendre le métro [pʀɑ̃dʀləmetʀo] die Metro nehmen **I 6A**
Qu'est-ce que vous prenez? [kɛskəvupʀəne] Was darf es sein? **I 6C**
prendre son petit-déjeuner [pʀɑ̃dʀsɔ̃p(ə)tideʒøne] frühstücken **II 2E**
Prenez des notes. [pʀənedenɔt] Macht euch Notizen. **II 4B, 5**
prendre place [pʀɑ̃dʀplas] Platz nehmen **II 5B**
prendre qc à qn [pʀɑ̃dʀ] *hier:* jdm. etw. wegnehmen **II 6E**
prendre une décision [pʀɑ̃dʀyndesizjɔ̃] eine Entscheidung treffen **III 1A, 5**
prendre contact avec qn [pʀɑ̃dʀkɔ̃taktavɛk] mit jdm. Kontakt aufnehmen **II 6A, 4**
se prendre pour … [səpʀɑ̃dʀəpuʀ] sich für … halten **III 4A**
prendre de l'essence [pʀɑ̃dʀdəlɛsɑ̃s] tanken **III 6A**
prendre l'apéritif [pʀɑ̃dʀlapeʀitif] einen Aperitif nehmen **IV 5B**
prendre feu [pʀɑ̃dʀ(ə)fø] Feuer fangen **IV 5E**
un **prénom** [ɛ̃pʀenɔ̃] ein Vorname **I 4B**
préparer qc [pʀepaʀe] etw. vor-/zubereiten **I 3A**
se préparer [səpʀepaʀe] sich vorbereiten **III 2B**
une **préposition** [ynpʀepozisjɔ̃] eine Präposition **II 2B, 4**
près [pʀɛ] nahe **II 5C**
près de qc [pʀɛdə] nahe bei/neben etw. **II 5C**
la **présence** [lapʀezɑ̃s] das Vorhandensein **V 10A**
le **présent** [ləpʀezɑ̃] die Gegenwart/das Präsens **II 2E**
être présent(e/s) [ɛtʀpʀezɑ̃(t)] anwesend/da sein **V 12B**
présenter qc [pʀezɑ̃te] etw. vorstellen/präsentieren **II 1E;** etw. vorstellen **II 5B**
se présenter [səpʀezɑ̃te] sich vorstellen **III 3A**
se présenter à un casting [səpʀezɑ̃teaɛ̃kastiŋ] sich um ein Casting bewerben **III 3A**
présenter qn à qn [pʀezɑ̃te] jdn. jdm. vorstellen **III 5B**
le **président de la République** [ləpʀezidɑ̃dəlaʀepyblik] der (frz.) Staatspräsident **V 4A; V 6A**
presque [pʀɛsk] fast/beinahe **III 1B**
la **presse** [lapʀɛs] die Presse **V 1A; V 6A; V 11A**
être pressé(s)/pressée(s) [ɛtʀpʀɛse] es eilig haben **II 5C**
prêt/prête [pʀɛ/pʀɛt] fertig/bereit **III 1B**
prêter qc [pʀɛte] etw. leihen **III 6B**
une **preuve** [ynpʀœv] ein Beweis **II 3C, 1**
prévoir qc [pʀevwaʀ] etw. vorsehen/vorhersehen **V 11B**
un **principal**/une **principale** [ɛ̃pʀɛ̃sipal/ynpʀɛ̃sipal] ein Rektor/eine Rektorin *(am Collège)* **II 6A**
principal/principale [pʀɛ̃sipal] wichtigster/wichtigste **V 3B, 4; V 6A;** Haupt- **V 10A**

la cause principale [lakozpʀɛ̃sipal] der Hauptgrund **V 10A**
le **printemps** [ləpʀɛ̃tɑ̃] der Frühling **IV 5B**
une **prison** [ynpʀizɔ̃] ein Gefängnis **V 2A; V 4A**
privé/privée [pʀive] privat **V 6A**
se priver de qc [səpʀivedə] auf etw. verzichten **V 5A**
privilégier qn/qc [pʀivileʒje] jdn./etw. bevorzugen **V 9A**
un **prix**/des **prix** [ɛ̃pʀi/depʀi] ein Preis/Preise **II 3A**
un prix d'ami [ɛ̃pʀidami] ein Freundschaftspreis **IV 4A**
un **pro**/une **pro** *(fam.)* [ɛ̃/ynpʀo] ein Profi *(ugs.)* **V 9B**
un **problème** [ɛ̃pʀɔblɛm] ein Problem **I 3B**
prochain/prochaine [pʀɔʃɛ̃/pʀɔʃɛn] nächster/nächste/nächstes **II 5C**
une **production** [ynpʀɔdyksjɔ̃] eine Produktion **V 10A**
la production électrique [lapʀɔduksjɔ̃elɛktʀik] die Stromproduktion **V 10B**
produire qc [pʀɔdɥiʀ] etw. produzieren **V 10B**, 1
un **produit** [ɛ̃pʀɔdɥi] ein Produkt **V 9B**
un/une **prof d'allemand** *(fam.)* [ɛ̃/ynpʀɔfdalmɑ̃] ein Deutschlehrer/eine Deutschlehrerin *(ugs.)* **I 4E**
un/une **professeur** [ɛ̃/ynpʀɔf(ɛsœʀ)] ein Lehrer/eine Lehrerin *(ugs.)* **I 4E**
le professeur principal/la professeur principale [ləpʀɔfɛsœʀpʀɛ̃sipal/lapʀɔfɛsœʀpʀɛ̃sipal] der Klassenlehrer/die Klassenlehrerin **II 6A**
un professeur des écoles [ɛ̃pʀɔfɛsœʀdezekɔl] ein Grundschullehrer **III 5E**
un **professionnel**/une **professionnelle** [ɛ̃pʀɔfɛsjɔnɛl/ynpʀɔfɛsjɔnɛl] ein Profi **V 9A**
professionnel/professionnelle [pʀɔfɛsjɔnɛl] professionell/Berufs- **V 9A**
un **profil** [ɛ̃pʀɔfil] ein Profil **V 9A**
profiter de qc [pʀɔfitedə] von etw. profitieren **IV 3E**
un **programme** [ɛ̃pʀɔgʀam] ein Programm **III 5A**
un **programme informatique** [ɛ̃pʀɔgʀamɛ̃fɔʀmatik] ein Computerprogramm **V 9A**
programmer qc [pʀɔgʀame] etw. programmieren **III 5C**
un **progrès** [ɛ̃pʀɔgʀɛ] ein Fortschritt **IV 3E**
un **projet** [ɛ̃pʀɔʒɛ] ein Projekt **I 4E**
une **promenade** [ynpʀɔmnad] ein Ausflug/Spaziergang **IV 5C**, 2
se promener [səpʀɔmne] spazieren gehen **IV 3C**
promettre à qn de faire qc [pʀɔmɛtʀ] jdm. versprechen etw. zu tun **II 3A**
Promis! [pʀɔmi] Versprochen! **II 3A**
un **pronom tonique** [ɛ̃pʀonɔ̃tɔnik] ein betontes Personalpronomen **III 1A**, 4
proposer à qn de faire qc [pʀɔpoze] jdm. vorschlagen etw. zu tun **IV 3A**, 1
propre/propre [pʀɔpʀ] eigener/eigene/eigenes **V 6A**
la **propreté** [lapʀɔpʀəte] die Sauberkeit **III 5E**
le **propriétaire**/la **propriétaire** [ləpʀɔpʀijetɛʀ/lapʀɔpʀijetɛʀ/] der Eigentümer/Besitzer/die Eigentümerin/Besitzerin **IV 3C**
le **protectorat** [ləpʀɔtɛktɔʀa] das Protektorat **V 11B**
protéger qn/qc [pʀɔteʒe] jdn./etw. schützen **IV 4B**
se protéger [səpʀɔteʒe] sich schützen **V 12A**
protestant/protestante [pʀɔtɛstɑ̃/pʀɔtɛstɑ̃t] protestantisch **V 4A**
un **protocole** [ɛ̃pʀɔtɔkɔl] ein Protokoll **V 10A**
provençal/provençale [pʀɔvɑ̃sal] provenzalisch **IV 5C**
une **province** [ynpʀɔvɛ̃s] eine Provinz **V 12B**
le **proviseur** [ləpʀɔvizœʀ] der Schulleiter **V 8B**
un **psy** *(fam.)* [ɛ̃psi] ein Psycho *(Abkürzung für Psychologe/ Psychiater) (ugs.)* **V 8B**
un/une **psychologue** [ɛ̃/ynpsikɔlɔg] ein Psychologe/eine Psychologin **V 7B**
le **public** [ləpyblik] das Publikum/die Öffentlichkeit **III 3C**
la **publication de qc** [lapyblikasjɔ̃də] die Veröffentlichung von etw. **V 5B**
la **publicité** [lapyblisite] die Werbung **III 4A**
la pub *(fam.)* [lapyb] die Werbung *(ugs.)* **III 4A**
publier qc [pyblie] etw. veröffentlichen **V 6A**
puis [pɥi] dann/danach **I 4B**
un **pull** [ɛ̃pyl] ein Pulli **I 2E**
la **purée** [lapyʀe] das Püree **II 4A**
un **pyjama** [ɛ̃piʒama] ein Schlafanzug **III 2A**
une **pyramide** [ynpiʀamid] eine Pyramide **V 4A**

Q

un **quai** [ɛ̃kɛ] ein Kai **V 3B**
les quais de Seine [lekɛdəsɛn] die Seine-Ufer **V 3B**
la **qualité** [lakalite] die Qualität; *hier:* die (gute) Eigenschaft **III 5E**
quand [kɑ̃] wann **I 6C**, 4
quand [kɑ̃] wenn/als **II 7**
quand même [kɑ̃mɛm] trotzdem **III 2B**
un **quart** [ɛ̃kaʀ] ein Viertel **V 7B**
un quart d'heure [ɛ̃kaʀdœʀ] eine Viertelstunde **III 1B**
un **quartier** [ɛ̃kaʀtje] ein Stadtviertel **I 2A**
un quartier d'affaires [ɛ̃kaʀtjedafɛʀ] ein Geschäftsviertel **V 4A**
moins … que [mwɛ̃ … kə] weniger … als **III 6E**
aussi … que [osi … kə] so … wie **III 6E**
que [kə] *(Relativpronomen, Objekt)* **III 1E**
Que …? [kə] Was … ? **I 3A**
Qu'est-ce que …? [kɛskə] Was …? **I 2B**
Qu'est-ce que c'est? [kɛskəsɛ] Was ist das? **I 2B**
Qu'est-ce que c'est en français? [kɛskəsɛɑ̃fʀɑ̃sɛ] Was heißt das auf Französisch? **I 2B**
Qu'est-ce qu'il y a … ? [kɛskilja] Was ist/gibt es … ? **I 3B**
Qu'est-ce qu'il y a? [kɛskilja] *hier:* Was ist los/Was gibt es? **I 5B**
Qu'est-ce que …? *(Frage nach dem Objekt)* [kɛskə] Was …? **IV 1C**
Qu'est-ce qui …? *(Frage nach dem Subjekt)* [kɛski] Was …? **IV 1C**
que [kə] dass *(Konjunktion)* **II 6C**
(il explique) que … [ilɛksplikkə] er erklärt, dass … **II 6C**
québécois/québécoise [kebɛkwa/kebɛkwaz] aus Quebec **IV 4E**
quel/quelle/quels/quelles [kɛl/kɛl/kɛl/kɛl] welcher/welche/welches **II 5B**
Quel titre va avec quelle partie du texte? Welcher Titel passt zu welchem Textteil? **I 6A**, 1
Quelle est votre pointure? [kɛlɛvɔtʀ(ə)pwɛ̃tyʀ] Welche Schuhgröße haben Sie? **II 3C**, 3

Quelle journée! [kɛlʒuʀne] Was für ein Tag! **II 5C, 5**
quelque chose [kɛlk(ə)ʃoz] etwas **II 6A**
quelque part [kɛlk(ə)paʀ] irgendwo **IV 4B**
quelques [kɛlkə] einige/ein paar **II 5B**
quelques-uns/quelques-unes [kɛlkəzɛ̃/kɛlkəzyn] einige **V 11A**
quelqu'un [kɛlkɛ̃] jemand **III 5B, 5**
une **question** [ynkɛstjõ] eine Frage **I 2B, 4**
poser des questions à qn [pozedekɛstjõa] jdm. Fragen stellen **II 6E**
qui [ki] *(Relativpronomen, Subjekt)* **III 1E**
Qui est-ce? [kiɛs] Wer ist das? **I 1**
Qui …? [ki] Wer …? *(Fragepronomen)* **I 3B**
pour qui [puʀki] für wen **I 4A, 3**
avec qui [avɛk(k)i] mit wem **I 5B, 4**
C'est à qui? [sɛtaki] Wer ist dran? **I 7A**
une **quiche** [ynkiʃ] eine Quiche *(Speckkuchen)* **I 1**
Qui est-ce que …? *(Fragewort nach dem Objekt)* [kiɛskə] Wen …? **IV 1C**
Qui est-ce qui …? *(Fragewort nach dem Subjekt)* [kiɛski] Wer …? **IV 1C**
quitter qn [kite] jdn. verlassen; *hier:* sitzen lassen **II 2C**
se quitter [səkite] sich trennen/Abschied nehmen **III 2C**
Quoi? [kwa] Was? **II 3C**
Vous savez quoi? [vusavekwa] Wisst ihr was? **II 3C**
de quoi [dəkwa] wovon **II 6B**
un **quotidien** [ɛ̃kɔtidjɛ̃] eine Tageszeitung **V 6A**

R

le **racisme** [ləʀasism] der Rassismus **V 1A**
un **racket** [ɛ̃ʀakɛt] eine Erpressung **II 6E**
un **racketteur**/une **racketteuse** [ɛ̃ʀakɛtœʀ/ynʀakɛtøz] ein Erpresser/eine Erpresserin **II 6A**
raconter qc [ʀakõte] etw. erzählen **II 2C**
Racontez. [ʀakõte] Erzählt. **I 5B, 2**
la **radiation** [laʀadjasjõ] die Strahlung **V 10B**
la **radio** [laʀadjo] das Radio **II 4A**
mettre la radio fort [mɛtʀ(ə)laʀadjofɔʀ] das Radio laut stellen **II 4A**
radioactif/radioactive [ʀadjɔaktif/ʀadjɔaktiv] radioaktiv **V 10B**
des déchets radioactifs [dedeʃɛʀadjɔaktif] radioaktive Abfälle **V 10B**
un **radio-réveil** [ɛ̃ʀadjoʀevɛj] ein Radiowecker **V 5A**
le **raï** [ləʀaj] die Rai-Musik **III 1B**
une **raison** [ynʀɛzõ] ein Grund **II 3C, 1**
avoir raison [avwaʀʀɛzõ] Recht haben **II 3B**
ramasser qc [ʀamase] etw. aufsammeln **III 3B**
ramener qc [ʀamne] etw. zurückbringen **V 4B, 3**
une **rando** = une **randonnée** *(fam.)* [ynʀɑ̃do] eine Tour/Wanderung *(ugs.)* **I 8B**
une rando roller [ynʀɑ̃doʀɔlœʀ] eine Skatertour **I 8B**
ranger qc [ʀɑ̃ʒe] etw. aufräumen **II 4A**
le **rap** [ləʀap] der Rap **I 3E**
rapide/rapide [ʀapid] schnell *(Adjektiv)* **IV 5A**
rapidement [ʀapidmɑ̃] schnell *(Adv.)* **V 9B**
rappeler [ʀaple] zurückrufen/wieder anrufen **III 5B, 4**
un **rapport** [ɛ̃ʀapɔʀ] ein Bezug **V 4A, 2; V 11A**
par rapport à qn/qc [paʀʀapɔʀa] im Verhältnis zu jdm./etw. **V 11B**
rapporter qc [ʀapɔʀte] etw. mitbringen/zurückbringen **III 6B;** etw. wiedergeben; *hier:* bringen **V 6A**
se rassembler [səʀasɑ̃ble] sich versammeln **V 12B**
rassurer qn [ʀasyʀe] jdn. beruhigen **IV 5E**
rater qc [ʀate] etw. verpassen **II 5C, 3**
un **réacteur** [ɛ̃ʀeaktœʀ] ein Reaktor **V 10B**
réagir [ʀeaʒiʀ] reagieren **III 3B**
réaliser qc [ʀealize] etw. wahr machen/verwirklichen **IV 4E**
la **réalité** [laʀealite] die Wirklichkeit/Realität **IV 3B**
un/une **rebeu** [ɛ̃/ynʀəbø] ein Beur **V 8B**
une **recette** [ynʀəsɛt] ein Kochrezept **I 7A**
recevoir qc [ʀəsəvwaʀ] etw. erhalten/bekommen **IV 1A**
recevoir qn [ʀəsəvwaʀ] jdn. empfangen **IV 5B, 1**
un **réchauffement** [ɛ̃ʀeʃofmɑ̃] eine Erwärmung **V 10A**
se réchauffer [səʀeʃofe] sich aufwärmen **V 12A;** sich erwärmen/aufwärmen **V 10A**
une **recherche** [ynʀəʃɛʀʃ] eine Recherche/Nachforschung **I 4A**
un moteur de recherche [ɛ̃mɔtœʀdəʀəʃɛʀʃ] eine Suchmaschine **V 5B**
rechercher qn [ʀəʃɛʀʃe] jdn. suchen **V 1B**
Recherchez … [ʀəʃɛʀʃe] Sucht …/Recherchiert **II 5B, 1**
récolter qc [ʀekɔlte] etw. ernten **IV 5B**
recommencer [ʀəkɔmɑ̃se] wieder beginnen/anfangen **IV 4A**
une **famille recomposée** [ynfamijʀəkõpoze] eine Patchworkfamilie **V 2A**
reconnaître qn [ʀəkɔnɛtʀ] jdn wiedererkennen **III 3C**
recopier qc [ʀəkɔpje] etw. kopieren **V 5B**
un **record** [ɛ̃ʀəkɔʀ] ein Rekord **V 4A, 3; V 4B**
un record mondial [ɛ̃ʀəkɔʀmõdjal] ein Weltrekord **V 4B**
la **récré** *(fam.)* [laʀekʀe] die (Schul)-Pause *(ugs.)* **II 4E**
reculer [ʀəkyle] zurückweichen **IV 2C**
un **rédacteur en chef**/une **rédactrice en chef** [ɛ̃ʀedaktœʀɑ̃ʃɛf/ynʀedaktʀisɑ̃ʃɛf] ein Chefredakteur/eine Chefredakteurin **V 6A**
redescendre [ʀədesɑ̃dʀ] hinabsteigen **V 9B**
redoubler [ʀəduble] sitzen bleiben **V 7B**
une **réduction** [ynʀedyksjõ] eine Ermäßigung/ein Rabatt **II 5B, 5**
réduire qc [ʀedɥiʀ] etw. verringern/kürzen **V 6B;** etw. reduzieren **V 10A**
refaire qc [ʀəfɛʀ] etw. renovieren **V 9B**
un **référendum** [ɛ̃ʀefeʀɛ̃dɔm] ein Volksentscheid **V 11B**
un référendum local [ɛ̃ʀefeʀɛ̃dɔmlɔkal] ein lokaler Volksentscheid **V 11B**
refermer qc [ʀəfɛʀme] etw. wieder schließen **II 3B**
réfléchir [ʀefleʃiʀ] (sich) überlegen/nachdenken **III 1A**
reformer qc [ʀəfɔʀme] etw. wiederherstellen **V 2A**
un **refuge** [ɛ̃ʀəfyʒ] ein Tierheim **V 2A**
refuser de faire qc [ʀəfyzedəfɛʀ] ablehnen etw. zu tun **IV 3C**
un **regard** [ɛ̃ʀəgaʀ] ein Blick **V 6B**
regarder qc [ʀəgaʀde] etw. ansehen/anschauen/betrachten **I 4E**

le **reggae** [ləʀɛgɛ] der Reggae **V 1A**
une **région** [ynʀeʒjõ] eine Region/Gegend **I 4B**
une **règle** [ynʀɛglə] eine Regel **I 4E; IV 1B**
réglé/réglée [ʀegle] geregelt **II 6B**
réglementer qc [ʀɛgləmãte] etw. gesetzlich regeln **V 8A**
regretter qn/qc [ʀəgʀete] etw. bedauern/jdn./etw. vermissen **IV 2A**
regrouper qc [ʀəgʀupe] etw. vereinen **V 11A**
régulièrement [ʀegyljɛʀmã] regelmäßig **V 8A**; regelmäßig *(Adv.)* **V 12A**
une **reine** [ynʀɛn] eine Königin **IV 4A**
rejoindre qn/qc [ʀ(ə)ʒwɛ̃dʀ] zu jdm./in etw. zurückkehren **V 7B**
relier qc [ʀəlje] etw. verbinden **V 4B**
Relisez. [ʀəlize] Lest noch einmal. **I 9**, 1
une **remarque** [ynʀəmaʀk] eine Bemerkung **III 4A**
remarquer qc [ʀəmaʀke] etw. bemerken **II 4E**; etw. (be-)merken **III 1A**
rembourser une dette [ʀãbuʀseyndɛt] eine (Geld)Schuld begleichen **V 7A**
remercier qn [ʀəmɛʀsje] jdm. danken/sich bei jdm. bedanken **IV 4B**
remplacer qn/qc [ʀãplase] jdn./etw. ersetzen **II 6E**
remplir qc de qc [ʀãpliʀ] etw. mit etw. füllen **V 7B**
remplir qc [ʀãpliʀ] *hier:* etw. auffüllen **V 9B**
une **rencontre** [ynʀãkõtʀ] ein Treffen/eine Begegnung **IV 1E**
faire une rencontre [fɛʀynʀãkõtʀ] eine Begegnung haben **IV 4B**
rencontrer qn [ʀãkõtʀe] jdn. treffen **I 7A**
un **rendez-vous** [ɛ̃ʀãdevu] eine Verabredung/ein Treffen **I 4C**
avoir rendez-vous avec qn [avwaʀʀãdevu] eine Verabredung mit jdm. haben/sich mit jdm. treffen **I 4C**
rendre [ʀãdʀ] machen **V 9B**
rendre qc à qn [ʀãdʀ] jdm. etw. zurückgeben **III 3B**
rendre [ʀãdʀ] machen **V 8A**
rendre qn sensible [ʀãdʀ(ə)kɛlkɛ̃sãsibl] jdn. sensibel machen **V 8A**
se rendre compte de qc [səʀãdʀkõt] sich einer Sache bewusst werden **IV 2B**
renouvelable/renouvelable [ʀənuvlabl] erneuerbar **V 10B**
les énergies renouvelables *(f.)* [lezenɛʀʒirənuvlabl] die erneuerbaren Energien **V 10B**
un **renseignement** [ɛ̃ʀãsɛɲəmã] eine Information/Auskunft **III 3E**
se renseigner sur qn/qc [səʀãsɛɲesyʀ] sich über jdn./etw. informieren **V 5B; V 9A**
rentrer [ʀãtʀe] zurückkehren/zurückkommen **I 5B**
rentrer à la maison [ʀãtʀealamezõ] nach Hause gehen **I 5B**
se répandre [səʀepãdʀ] sich verbreiten **V 11A**
réparer qc [ʀepaʀe] etw. reparieren **III 5E**
repartir [ʀəpaʀtiʀ] *hier:* wieder anfahren **III 3B**; *hier:* wieder verschwinden **IV 4B**
le **repas** [ləʀəpa] das Essen/die Mahlzeit **III 2A**
répéter qc [ʀepete] etw. wiederholen; *hier:* proben **III 1E**
une **répétition** [ynʀepetisjõ] eine Wiederholung/Probe **III 1A**
un **répondeur** [ɛ̃ʀepõdœʀ] ein Anrufbeantworter **II 4B**
répondre [ʀepõdʀ] antworten **II 5C**
une **réponse** [ynʀepõs] eine Antwort **I 8E**
la bonne réponse [labɔnʀepõs] die richtige Antwort **II 2E**
un **reportage** [ɛ̃ʀəpɔʀtaʒ] eine Reportage **III 1B**, 5
un **reporter**/une **reporter** [ɛ̃ʀəpɔʀtɛʀ/ynʀəpɔʀtɛʀ] ein Reporter/eine Reporterin **I 3B**, 2
se reposer [səʀəpoze] sich ausruhen **III 2C**
représenter qc [ʀəpʀezãte] etw. darstellen **IV 3B**
représenter qc [ʀəpʀezãte] etw. repräsentieren **V 1A**
le **RER** [ləɛʀəɛʀ] *Schnellbahnverbindung nach Paris* **V 4B**
un **réseau** [ɛ̃ʀezo] ein Netz **V 12A**
une **réservation** [ynʀezɛʀvasjõ] eine Reservierung **II 5B**, 5
une **réserve** [ynʀezɛʀv] eine Reserve **V 10B**
réserver qc [ʀezɛʀve] etw. reservieren **IV 1C**
être résigné(e) [ɛtʀəʀeziɲe] resigniert/mutlos sein **V 10A**
le **respect** [ləʀɛspɛ] die Rücksichtnahme **II 6C**
respecter qn/qc [ʀɛspɛkte] jdn./etw. respektieren/achten **II 6C**
la **responsabilité** [laʀɛspõsabilite] die Verantwortung **V 6A**; die Verantwortung/Verantwortlichkeit **V 8A**
la responsabilité [laʀɛspõsabilite] die Verantwortung **V 9A**
ressembler à qc/qn [ʀəsãble] etw./jdm. ähneln **IV 5C**, 6
un **restaurant** = un **resto** *(fam.)* [ɛ̃ʀɛstɔʀã/ɛ̃ʀɛsto] ein Restaurant **IV 3A**
tenir un restaurant [təniʀɛ̃ʀɛstɔʀã] ein Restaurant führen **IV 3A**
rester [ʀɛste] bleiben **I 5B**
il me/te/lui/nous/vous/leur reste qc [ilnuʀɛst] uns bleibt etw./wir haben (noch) etw. **III 1B**
un **résultat** [ɛ̃ʀezylta] ein Ergebnis/Resultat **I 8E; II 6C**
un **résumé** [ɛ̃ʀezyme] eine Zusammenfassung **I 7A**, 1
Résumez. [ʀezyme] Fasst zusammen. **I 6C**, 1
le **retard** [ləʀətaʀ] die Verspätung **II 5A**
être en retard [ɛtʀãʀətaʀ] spät dran sein/zu spät kommen **II 5A**
de retour [dəʀətuʀ] wieder zurück **V 8B**
retourner [ʀətuʀne] zurückkehren **II 4A**
se retourner [səʀəturne] sich umdrehen **III 4C**
retrouver qn [ʀətʀuve] jdn. (wieder) treffen **II 2C**
se retrouver [səʀətʀuve] sich treffen **III 2E**
une **réunion** [ynʀeynjõ] eine Besprechung/ein Treffen **III 5A**
réussir [ʀeysiʀafɛʀ] etw. schaffen **V 5A**
réussir [ʀeysiʀ] Erfolg haben **V 7A**
un **rêve** [ɛ̃ʀɛv] ein Traum **III 2B**, 3
se réveiller [səʀevɛje] aufwachen/wach werden **III 2E**
revendre qc [ʀəvãdʀ] etw. weiterverkaufen **V 5B**
revenir [ʀəvəniʀ] zurückkommen/zurückkehren **III 3E**
rêver de qc [ʀɛvedə] von etw. träumen **I 5B**, 3
réviser qc [ʀevize] etw. wiederholen; *hier:* lernen **III 2B**
revoir qc [ʀəvwaʀ] etw. noch einmal durchsehen **IV 2C**
revoir qn [ʀəvwaʀ] jdn. wiedersehen **IV 5A**
Au revoir! [ɔʀvwaʀ] Auf Wiedersehen! **I 1**
une **révolution** [ynʀevɔlusjõ] eine Revolution **V 4A**
un **riche**/une **riche** [ɛ̃ʀiʃ/ynʀiʃ] ein Reicher/eine Reiche **IV 4C**
riche/riche [ʀiʃ] reich **IV 4C**
ne … rien [nə… ʀjɛ̃] nichts **II 2C**

pour rien [purʀjɛ̃] wegen nichts; *hier:* wegen jeder Kleinigkeit **III 3E**
Ça n'a rien à voir. [sanaʀjɛ̃navwaʀ] Das hat nichts damit zu tun! **IV 3C**
rien ... ne [ʀjɛ̃...nə] nichts **V 8A**
rigoler [ʀigɔle] Spaß haben/herumalbern **I 9**
Tu veux rigoler un peu? *(fam.)* [tyvøʀigɔleɛ̃pø] Willst du mal was zu lachen haben? *(ugs.)* **II 3C**
Tu rigoles! *(fam.)* [tyʀigɔl] Du spinnst wohl! *(ugs.)* **II 4B**
rire [ʀiʀ] lachen **IV 1B**
un **risque** [ɛ̃ʀisk] ein Risiko **V 10B**
risquer de faire qc [ʀiskedəfɛʀ] riskieren etw. zu tun **V 10A,** 1
le **riz** [ləʀi] der Reis **I 7A**
une **robe** [ynʀɔb] ein Kleid **II 3A**
un **rocher** [ɛ̃ʀɔʃe] ein Fels/Felsen **II 2E**
le **rock** [ləʀɔk] der Rock/die Rockmusik **V 1A**
un **rodéo** [ɛ̃ʀɔdeo] ein Rodeo **V 6B**
un **roi** [ɛ̃ʀwa] ein König **IV 4A**
un **rôle** [ɛ̃ʀol] eine Rolle **II 1,** 6; **III 3C,** 1
le **roller** [leʀɔlœʀ] das Inlineskaten *(als Sportart)* **I 4B**
un club de roller [ɛ̃klœbdəʀɔlœʀ] ein Skaterclub **I 8E**
un **roman** [ɛ̃ʀɔmɑ̃] ein Roman **IV 5C**
un **rongeur**/des **rongeurs** [ɛ̃ʀɔ̃ʒœʀ/ deʀɔ̃ʒœʀ] ein Nagetier **V 2A**
rouge/rouge [ʀuʒ/ʀuʒ] rot **II 3E**
rouler [ʀule] fahren **V 4B**
la **route** [laʀut] die Straße; *hier:* der Weg/die Route **III 6E**
la **routine** [laʀutin] die Routine **V 9B**
une **ruche** [ynʀyʃ] ein Bienenstock/Bienenkorb **IV 5A**
une **rue** [ynʀy] eine Straße **I 2A**
le **rugby** [ləʀygbi] das Rugby(-Spiel) **II 1E**
une équipe de rugby [ynekipdəʀygbi] eine Rugbymannschaft **II 5B**
un **RV** *(fam.)* [ɛ̃ʀɑ̃devu] ein Termin/Treffen/Date *(ugs.)* **V 8B**
un **rythme** [ɛ̃ʀitm] ein Rhythmus **V 1A**
rythmé/rythmée [ʀitme] rhythmisch **V 1A**

S

le **sable** [ləsabl] der Sand **V 11B**
un **sac** [ɛ̃sak] eine Tasche/Tüte/ein Rucksack **I 2E**
un **sac à dos** [ɛ̃sakado] ein Rucksack **II 3A,** 4
un **sac en plastique** [ɛ̃sakɑ̃plastik] eine Plastiktüte **V 2B**
une **salade** [ynsalad] ein Salat **I 7B**
une salade de fruits [ynsaladdəfʀɥi] ein Obstsalat **I 7B**
un **salaire** [ɛ̃salɛʀ] ein Lohn/Gehalt **III 5B**
une **salle** [ynsal] ein Saal/Raum **I 5A**
une salle vidéo [ynsalvideo] ein Videoraum **I 5A**
la salle de bains [lasaldəbɛ̃] das Bad/Badezimmer **III 2A**
un **salon** [ɛ̃salɔ̃] ein Wohnzimmer **I 3A**
un **salon de coiffure** [ɛ̃salɔ̃d(ə)kwafyʀ] ein Frisiersalon **V 9B**
Salut! *(fam.)* [saly] Hallo! *(ugs.)* **I**; Tschüs! *(ugs.)* **I 1**
samedi *(m.)* [samdi] (am) Samstag/am nächsten Samstag **I 4C**
un **sandwich** [ɛ̃sɑ̃dwitʃ] ein belegtes Brot **I 6B**
sans [sɑ̃] ohne **II 2B**
sans lui [sɑ̃lɥi] ohne ihn **III 1B**
sans *(+ infinitif)* [sɑ̃] ohne zu *(+ Infinitiv)* **III 3A**
sans doute [sɑ̃dut] vermutlich **V 9A**
un **sans-papiers** [ɛ̃sɑ̃papje] eine Person ohne Papiere/ein Illegaler **IV 2B**
la **santé** [lasɑ̃te] die Gesundheit **IV 2A,** 5
une **sauce** [ynsɔs] eine Soße **IV 5C**
sauf [sof] außer **II 7**
sauf moi [sofmwa] außer mir **II 7**
sauver qn [sove] jdn. retten **IV 4B**
savoir [savwaʀ] wissen **III 5B**
Vous savez quoi? [vusavekwa] Wisst ihr was? **II 3C**
un **savon** [ɛ̃savɔ̃] eine Seife **V 7A**
un **scénario** [ɛ̃senaʀjo] ein Drehbuch **IV 1C**
une **scène** [ynsɛn] eine Szene **II 6C**; *hier:* eine Bühne **III 3C;** eine Szene **I 2B,** 4
la **science-fiction** [lasjɑ̃sfiksjɔ̃] die Science-Fiction **V 3A,** 4
scolaire/scolaire [skɔlɛʀ] schulisch/Schul- **V 9A**
un **scooter** [ɛ̃skutœʀ] ein Roller/Motorroller **II 7E**
un/une **SDF** *(= sans domicile fixe)* [ɛ̃/ynɛsdeɛf] ein Obdachloser/eine Obdachlose **III 3B**
sécher qc [seʃe] etw. trocknen **IV 5B**
faire sécher qc [fɛʀseʃe] etw. trocknen lassen **IV 5B**
sécher les cours *(fam.)* [seʃelekuʀ] Schule schwänzen *(ugs.)* **IV 2B**
la **sécheresse** [lasɛʃʀɛs] die Trockenheit **V 10A**
la **formation secondaire** [lafɔʀmasjɔ̃s(ə)gɔ̃dɛʀ] die Sekundarstufe **II V 9B,** 2
une **seconde** [yns(ə)gɔ̃d] eine Sekunde **IV 4C,** 6
un **secrétaire**/une **secrétaire** [ɛ̃səkʀetɛʀ/ynsəkʀetɛʀ] ein Sekretär/eine Sekretärin **III 5A**
la **sécurité** [lasekyʀite] die Sicherheit **IV 3A,** 6
un **séjour** [ɛ̃seʒuʀ] ein Aufenthalt **III 2B**
le **sel** [ləsɛl] das Salz **I 7B**
selon [səlɔ̃] laut/gemäß **IV 3B,** 5
une **semaine** [yns(ə)mɛn] eine Woche **I 8E**
sembler faire qc [sɑ̃ble] etw. zu tun scheinen **V 6B**
sénégalais/sénégalaise [senegalɛ/senegalɛz] senegalesisch **IV 4E**
une **sensation** [ynsɑ̃sasjɔ̃] ein Gefühl/eine Empfindung **V 8A**
sensibiliser qn à qc [sɑ̃sibilize] jdn. für etw. sensibilisieren **V 8A,** 4
sensible/sensible [sɑ̃sibl] empfindlich/sensibel **V 8A**
rendre qn sensible [ʀɑ̃dʀ(ə)kɛlkɛ̃sɑ̃sibl] jdn. sensibel machen **V 8A**
un **sentiment** [ɛ̃sɑ̃timɑ̃] ein Gefühl **IV 3E**
sentir [sɑ̃tiʀ] riechen **II 4C**
Ça sent bon. [sasɑ̃bɔ̃] Das riecht (aber) gut. **II 4C**
se sentir (bien) [səsɑ̃tiʀ(bjɛ̃)] sich (wohl-/gut) fühlen **III 3A**
sentir qc [sɑ̃tiʀ] *hier:* etw. spüren/fühlen **IV 4A**
être séparé(e/s) [ɛtʀ(ə)separe] getrennt sein **V 11B**
septembre *(m.)* [sɛptɑ̃bʀ] September **I 5A**
une **série** [yns eʀi] eine Serie **III 3E**
sérieux/sérieuse [seʀjø/seʀjøz] ernst (-haft)/seriös **III 4B**
serrer la main [sɛʀelamɛ̃] die Hand schütteln **IV 2C**
serrer la main à qn [sɛʀelamɛ̃] jdm. die Hand schütteln **V 2B**
un **serveur** [ɛ̃sɛʀvœʀ] ein Server **V 5B**
une **voiture de service** [ynvwatyʀdəsɛʀvis] ein Dienstwagen **V 6B**
en service [ɑ̃sɛʀvis] in Betrieb **V 10B**
se servir [səsɛʀviʀ] sich bedienen **III 2A**
servir de qc [sɛʀviʀdə] als etw. dienen **V 4A**
seul/seule [sœl] allein **III 1A**

seul/seule [sœl/sœl] *hier:* einzig IV 3B
tout seul/toute seule [tusœl/tutsœl] ganz allein **III 3A**
seulement [sœlmɑ̃] nur **III 3B**
sévère/sévère [seveʀ] streng **III 2B**
la **sexualité** [lasɛksɥalite] die Sexualität **V 8A**
le **shopping** [ləʃɔpiŋ] das Shoppen/Einkaufen **II 1E**
faire du shopping *(fam.)* [fɛʀdyʃɔpiŋ] einkaufen gehen/shoppen gehen *(ugs.)* **II 1E**
Si. [si] Doch. *(auf eine verneinte Frage)* **II 3C**
si [si] so *(+ Adverb)* **III 2A**
si [si] wenn/falls **I 9**
s'il te plaît [siltəplɛ] bitte *(zu jemandem, den man duzt)* **I 5B**
s'il vous plaît [silvuplɛ] bitte *(zu jemandem, den man siezt)* **I 5B**
si [si] ob **III 5B**
le **SIDA** [ləsida] Aids **V 8A**
un **siècle** [ɛ̃sjɛkl] ein Jahrhundert **V 4A; V 11A; V 12B**
siffler [sifle] pfeifen **III 6A**
un **signal**/des **signaux** [ɛ̃siɲal/desiɲo] ein Signal/Zeichen **V 4A**
signer qc [siɲe] etw. unterschreiben; *hier:* etw. signieren/mit Autogramm versehen **II 5C**
signifier qc [siɲifie] etw. bedeuten **IV 3B**
sinon [sinɔ̃] ansonsten **V 10A**
une **sirène** [ynsiʀɛn] eine Sirene **IV 5E**
un **sirop** [ɛ̃siʀo] ein Sirup **V 12A**
le **sirop d'érable** [ləsiʀodeʀabl] der Ahornsirup **V 12A**
un **site (Internet)** [ɛ̃sit(ɛ̃tɛʀnɛt)] eine Website **III 5C**
une **situation** [ynsitɥasjɔ] eine Situation I 6C, 2; IV 1B
être situé(e) [ɛtʀsitɥe] liegen **V 4A; V 11B**
un **sketch** [ɛ̃skɛtʃ] ein Sketsch **II 6C**
le **ski** [ləski] der Ski/das Skifahren **II 1E**
faire du ski [fɛʀdyski] Ski fahren **II 1E**
la **société** [lasɔsjete] die Gesellschaft **V 8A**
un jeu/des jeux de société [ɛ̃ʒø/deʒødəsɔsjete] ein Gesellschaftsspiel **V 5A**
une **société de veille** [ynsɔsjetedəvɛj] eine Trendscoutfirma **V 5B**
une **sœur** [ynsœʀ] eine Schwester **I 4C**
une demi-sœur [yndəmisœʀ] eine Halbschwester **V 2A**
avoir soif [avwaʀswaf] Durst haben **I 8B**
soigner qn [swaɲe] jdn. pflegen **III 5E**
un soigneur animalier/une soigneuse animalière [ɛ̃swaɲœʀanimalje/ynswaɲøzanimaljɛʀ] ein Tierpfleger/eine Tierpflegerin **V 9B**
un **soir** [ɛ̃swaʀ] ein Abend **I 7B**
une **soirée** [ynswaʀe] ein Abend *(im Verlauf); hier:* eine Party/Fete **I 4C**
le **solaire** [ləsɔlɛʀ] *hier:* die Solarenergie **V 10B**
solaire/solaire [sɔlɛʀ] solar **V 10B**
les **soldes** *(m., pl.)* [lesɔld] der Ausverkauf/Schlussverkauf **II 3A**
le **soleil** [ləsɔlɛj] die Sonne **III 6C**
sous le soleil [suləsɔlɛj] in der Sonne **III 6C**
la **solidarité** [lasolidaʀite] die Solidarität **IV 3B**
une **solution** [ynsɔlysjɔ̃] eine Lösung **III 1B**
le **son** [ləsɔ̃] der Klang **V 1A**
un son [ɛ̃sɔ̃] ein Ton; *(hier: etw. Hörbares)* **V 6B**
sonner [sɔne] klingeln/läuten **I 4C**
sonner chez qn [sɔneʃe] bei jdm. klingeln **I 4C**
On ne t'a pas sonné! *(fam.)* [ɔ̃nətapasɔne] Wer hat dich denn gefragt? *(ugs.)* **V 8B**
une **sorte** (de …) [ynsɔʀt] eine Art … **V 6B; V 12A**
une **sortie** [ynsɔʀti] *hier:* ein Ausflug **V 9A; V 12A**
une sortie surprise [ynsɔʀtisyʀpʀiz] ein Überraschungsausflug **V 12A**
sortir [sɔʀtiʀ] hinausgehen/weggehen **II 4B;** *hier:* herauskommen/erscheinen *(Zeitung)* **IV 1E**
sortir qc [sɔʀtiʀ] *hier:* etw. herausholen **V 6B**
le **souci** [ləsusi] die Sorge **III 2A**
Pas de souci! [padsusi] Keine Sorge! **III 2A**
se faire du souci [səfɛʀdysusi] sich Sorgen machen **III 2B**
soudain [sudɛ̃] plötzlich **V 6B**
souhaiter qc [swɛte] etw. wünschen **IV 3B,** 5
la **soul** [lasɔul] der Soul **V 1A**
souligner qc [suliɲe] etw. unterstreichen **IV 1E**
une partie soulignée [ynpaʀtisuliɲe] ein unterstrichener Satzteil III 4C, 3
la **soupe** [lasup] die Suppe **II 4A**
une **source** [ynsuʀs] eine Quelle **V 10B**
un **sourire** [ɛ̃suʀiʀ] ein Lächeln **V 1B**
sourire [suʀiʀ] lächeln **V 9A**
sous [su] unter **II 5E**
sous le soleil [suləsɔlɛj] in der Sonne **III 6C**
souterrain/souterraine [sutɛʀɛ̃/sutɛʀɛn] unterirdisch **V 12A**
un **souvenir** [ɛ̃suvəniʀ] eine Erinnerung/ein Souvenir **IV 4B,** 5
se souvenir de qc [səsuvəniʀdə] sich an etw. erinnern **IV 1A**
souvent [suvɑ̃] oft **I 7C,** 3
un **effet spécial**/des **effets spéciaux** [ɛ̃nefɛspesjal/dezefɛspesjo] ein Spezialeffekt **V 3B,** 4
spécialisé/spécialisée [spesjalize] spezialisiert **V 1A**
être spécialisé(e/s) en … [ɛtʀspesjalizeɑ̃] sich auf etw. spezialisiert haben **V 6A**
une **spécialité** [ynspesjalite] eine Spezialität **IV 4E**
un **spectacle** [ɛ̃spɛktakl] eine Vorführung **III 3C**
un **sponsor** [ɛ̃spɔnsɔʀ] **IV 2B**
le **sport** [ləspɔʀ] (der) Sport/die Sportart **II 1E**
faire du sport [fɛʀdyspɔʀ] Sport treiben **II 1E**
sportif/sportive [spɔʀtif/spɔʀtiv] sportlich **III 4A,** 2
la **stabilité** [lastabilite] die Stabilität **V 10B**
un **stage** [ɛ̃staʒ] ein Praktikum **III 4A**
une **star** [ynstaʀ] ein Star **III 1B**
une **station** [ynstasjɔ̃] eine Haltestelle/Station **I 6A**
les **statistiques** *(f., pl.)* [lestatistik] die Statistik **II 6C,** 4
une **statue** [ynstaty] eine Statue **V 4A,** 4
un **statut** [ɛ̃staty] ein Status **V 11B**
un statut particulier [ɛ̃statypaʀtikylje] ein Sonderstatus **V 11B**
un **stockage** [ɛ̃stɔkaʒ] eine Lagerung **V 10B**
faire du stop [fɛʀdystɔp] trampen/per Anhalter fahren **III 6E**
une **stratégie** [ynstʀateʒi] eine Strategie/Lerntechnik I 1, 5
le **stress** [ləstʀɛs] der Stress **V 9A**
stressé/stressée [stʀɛse] gestresst **III 3C,** 3
structurer qc [stʀyktyʀe] etw. gliedern **V 1A,** 3
un **studio** [ɛ̃stydjo] ein Studio **III 3E**

stupide/stupide [stypid] blöd **V 5B**
un **style** [ɛ̃stil] ein Stil **IV 5C**
un style musical [ɛ̃stilmyzikal] ein Musikstil **V 1A**
une **subordonnée de cause** [ynsybɔʀdɔnedəkoz] ein kausaler Nebensatz **IV 5E**
une subordonnée de temps [ynsybɔʀdɔnedətɑ̃] ein temporaler Nebensatz **IV 5E**
le **succès** [ləsyksɛ] der Erfolg **III 3C**
le **sucre** [ləsykʀ] der Zucker **II 4C, 2**
suffire [syfiʀ] ausreichen **V 10B**; genügen/ausreichen **V 12A**
Ça suffit! [sasyfi] Das reicht! **III 2E**
il suffit de faire qc [ilsyfidəfɛʀ] es reicht aus, etw. zu tun/man muss nur etw. tun **III 5A**
un **suicide** [ɛ̃sɥisid] ein Selbstmord **V 8A**
se suicider [səsɥiside] sich umbringen **V 8B**
Imaginez d'abord une suite. [imaʒinedabɔʀynsɥit] Denkt euch zunächst eine Fortsetzung aus. **I 8B**, 1
le **suivant**/la **suivante** [ləsɥivɑ̃/lasɥivɑ̃t] der/die Nächste **IV 2C**
suivre qn [sɥivʀ] jdm. folgen **IV 5B**
suivre qc [sɥivʀ] etw. verfolgen **V 1A**; *hier:* etw. verfolgen **V 3A**
suivre un cours [sɥivʀɛ̃kuʀ] am Unterricht teilnehmen/Unterricht nehmen **V 7A**
suivre qc en direct [sɥivʀkɛlkəʃozɑ̃diʀɛkt] etw. live verfolgen **V 3A**
un **sujet** [ɛ̃syʒɛ] ein Thema **II 6C, 4**
super *(fam.)* [sypɛʀ] super/toll *(ugs.)* **I 2A**
une super note [ynsypɛʀnɔt] eine Supernote **I 7C**
super cool *(fam.)* [sypɛʀkul] super-cool *(ugs.)* **I 8B**
un **supermarché** [ɛ̃sypɛʀmaʀʃe] ein Supermarkt **I 2A**
un **supermédia** [ɛ̃sypɛʀmedja] ein Supermedium **V 5A**
une **superstar** [ynsypɛʀstaʀ] ein Superstar **I 4A**
supporter qc [sypɔʀte] etw. ertragen **V 5A**
supprimer qc [sypʀime] etw. löschen **V 5B**
sûr/sûre [syʀ/syʀ] sicher **III 3A**
être sûr/sûre de … [ɛtʀsyʀdə] selbstsicher sein **III 3A**
sur [syʀ] auf **I 2A**
cliquer sur qc [klikesyʀ] auf etw. klicken/etw. anklicken **I 4B**
sur [syʀ] über **I 6A**, 4
sur Internet [syʀɛ̃tɛʀnɛt] im Internet **I 3B**
avoir (un) 19 sur 20 en maths [avwaʀ(ɛ̃)diznœfsyʀvɛ̃] (ein) Sehr gut *(= 19 von 20 Punkten)* in Mathe haben **II 2A**, 3
J'ai son numéro sur moi. [ʒesɔ̃nymeʀosyʀmwa] Ich habe seine (Telefon-)Nummer bei mir. **III 1B**
sur ce ton [syʀsətɔ̃] in diesem Ton **III 4E**
sûrement [syʀmɑ̃] bestimmt/gewiss **III 6B**
le **surf** [ləsœʀf] das Surfen **II 1E**
faire du surf [fɛʀdysœʀf] surfen **II 1E**
surfer [sœʀfe] surfen **I 4A**
une **surprise** [ynsyʀpʀiz] eine Überraschung **III 2C**
une sortie surprise [ynsɔʀtisyʀpʀiz] ein Überraschungsausflug **V 12A**
surtout [syʀtu] vor allem/besonders **II 6C**
surveiller qn/qc [syʀveje] jdn./etw. überwachen **V 3A**; **V 7B**
survivre [syʀvivʀ] überleben **IV 4C**
s.v.p. = **s'il vous plaît.** [silvuplɛ] bitte **II 3C**, 3
un **symbole** [ɛ̃sɛ̃bɔl] ein Symbol **IV 3B**
sympa *(fam.)* [sɛ̃pa] nett *(ugs.)* **I 2B**
sympa/sympa [sɛ̃pa/sɛ̃pa] *hier:* toll/schön **II 3A**
un **synonyme** [ɛ̃sinɔnim] ein Synonym **V 1B**, 2

T

une **table** [yntabl] ein Tisch **I 3B**
mettre la table [mɛtʀlatabl] den Tisch decken **I 7C**
se mettre à table [səmɛtʀatabl] zu Tisch/zum Essen kommen **III 2A**
un **tableau**/des **tableaux** [ɛ̃tablo/detablo] eine Tafel/Tabelle **IV 1E**
une **tâche** [yntaʃ] eine Aufgabe **V 9A**
la **taille** [lataj] die (Körper-)Größe **II 3C**, 3
Quelle est votre taille? [kɛlɛvɔtʀtaj] Welche Größe haben Sie? **II 3C**, 3
se taire [sətɛʀ] schweigen **V 2B**
le **talent** [lətalɑ̃] das Talent **III 3C**
un **Tamoul**/une **Tamoule** [ɛ̃tamul/yntamul] ein Tamile/eine Tamilin **V 7A**
une **tante** [yntɑ̃t] eine Tante **II 5C**, 3
tard [taʀ] spät **I 3B**
le **plein tarif** [ləplɛ̃taʀif] der volle Preis **V 3A**, 4
un **taxi** [ɛ̃taksi] ein Taxi **IV 4B**
un **Tchadien**/une **Tchadienne** [ɛ̃tʃadjɛ̃/yntʃadjɛn] ein Mann/eine Frau aus dem Tschad **IV 4C**, 6
un **technicien**/une **technicienne** [ɛ̃tɛknisjɛ̃/yntɛknisjɛn] ein Techniker/eine Technikerin **III 5B**
la **technique** [latɛknik] die Technik **III 5C**
la **télé** *(fam.)* (= la télévision) [latele] das Fernsehen *(ugs.)* **II 4B**
télécharger qc [teleʃaʀʒe] etw. herunterladen **V 1A**; **V 5A**, 4
une **télécommande** [yntelekɔmɑ̃d] eine Fernbedienung **V 5A**
un **téléfilm** [ɛ̃telefilm] ein Fernsehfilm **V 3A**
le **téléphérique** [ləteleferik] die Seilbahn **III 2B**
le **téléphone** [lətelefɔn] das Telefon **I 4C**
téléphoner à qn [telefɔne a] jdn. anrufen/mit jdm. telefonieren **I 8A**
tellement [tɛlmɑ̃] so (sehr) **III 5C**
la **température** [latɑ̃peʀatyʀ] die Temperatur **V 9B**; **V 10A**
une **tempête** [yntɑ̃pɛt] ein Unwetter **V 10A**
le **temps** [lətɑ̃] die Zeit **I 6B**
avoir le temps [avwaʀlətɑ̃] Zeit haben **I 6B**
un temps du passé [ɛ̃tɑ̃dypase] eine Vergangenheitszeit **III 3E**
mettre du temps à faire qc [mɛtʀdytɑ̃afɛʀ] Zeit brauchen um etw. zu tun **V 7B**
le temps [lətɑ̃] das Wetter **III 6A**
tendre la main à qn [tɑ̃dʀlamɛ̃] jdm. die Hand reichen **V 2B**
tenir qc [təniʀ] etw. halten **IV 3A**
Tiens. [tjɛ̃] Sieh mal einer an. **II 3A**
tenir un restaurant [təniʀɛ̃ʀɛstɔʀɑ̃] ein Restaurant führen **IV 3A**
tenir le coup [təniʀləku] *hier:* durchhalten **V 5A**
s'en tenir à qc [sɑ̃təniʀa] sich auf etw. beschränken **V 6B**
le **tennis** [lətɛnis] das Tennis/der Tennissport **II 1E**
faire du tennis [fɛʀdytɛnis] Tennis spielen **II 1E**
une **tente** [yntɑ̃t] ein Zelt **II 1**
tenter de faire qc [tɑ̃tedəfɛʀ] versuchen etw. zu tun **V 8B**
une **terminaison** [yntɛʀminɛzɔ̃] eine Endung **IV 1E**
terminer qc [tɛʀmine] etw. beenden **V 6B**; **V 7B**

un **terrain de foot** [ɛ̃teʀɛ̃d(ə)fut] ein Fußballfeld **V 4A**
une **terrasse** [ynteʀas] eine Terrasse/Aussichtsplattform **I 6A**
par terre [paʀtɛʀ] auf den/dem Boden **III 3B**
un **territoire** [ɛ̃tɛʀitwaʀ] ein Gebiet **V 11A**
tester qn [tɛste] jdn. testen **V 9B**
une **tête** [yntɛt] ein Kopf **I 5B**
avoir mal à la tête [avwaʀmalalatɛt] Kopfschmerzen haben **I 5B**
en tête [ɑ̃tɛt] an der Spitze **V 5A**
un **texte** [ɛ̃tɛkst] ein Text **I 3A,** 1
un texte en rythme [ɛ̃tɛkstɑ̃ritm] ein rhythmisierter Text **III 4C,** 2
un **TGV** [ɛ̃teʒeve] ein TGV **II 5A**
le **thé** [ləte] der Tee **II 4E**
un **théâtre** [ɛ̃teatʀ] ein Theater **III 3E**
faire du théâtre [fɛʀdyteatʀ] Theater spielen **III 3C**
un **thème** [ɛ̃tɛm] ein Thema **II 1,** 5
un **thermomètre** [ɛ̃tɛʀmɔmɛtʀ] ein Thermometer **V 12A**
un **ticket** [ɛ̃tikɛ] eine Eintrittskarte; *hier:* eine Metrofahrkarte **II 5C**
Tiens. [tjɛ̃] Sieh mal einer an. **II 3A**
un **tiers** [ɛ̃tjɛʀ] ein Drittel **V 5A,** 4
timide/timide [timid] schüchtern **V 3A**
une **tire** [yntiʀ] eine Lage/ein Abzug **V 12A**
se tirer *(fam.)* [sətiʀe] abhauen *(ugs.)* **V 8B**
une **tire sur la neige** [yntiʀsyʀlanɛʒ] ein „Schneeabzug"/eine „Schneelage" **V 12A**
un **titre** [ɛ̃titʀ] ein Titel **II 6A**
Quel titre va avec quelle partie du texte? Welcher Titel passt zu welchem Textteil? **I 6A,** 1
toi [twa] du *(betont)* **I**
... et toi? [etwa] ... und du? **I**
comme toi [kɔmtwa] wie du **I 4B**
les **toilettes** *(f., pl.)* [letwalɛt] die Toiletten **I 5E**
aller aux toilettes [aleotwalɛt] auf die Toilette gehen **I 5E**
faire sa toilette [fɛʀsatwalɛt] sich waschen **V 9B**
un **toit** [ɛ̃twa] ein Dach **V 4A,** 3
une **tomate** [yntɔmat] eine Tomate **I 7E**
tomber [tõbe] fallen **I 9**
tomber malade [tõbemalad] krank werden **III 1B**
laisser tomber qc [lɛsetõbe] etw. fallen lassen **III 3B**
tomber sur qn [tõbesyʀ] (zufällig) auf jdn. stoßen **V 6B**

une **tonne** [yntɔn] eine Tonne **V 4A**
tôt [to] früh **III 2A**
totalement [tɔtalmɑ̃] vollständig/völlig **IV 5A,** 7
touchant/touchante [tuʃɑ̃/tuʃɑ̃t] bewegend/rührend **V 3B,** 4
toucher qc [tuʃe] etw. berühren **IV 2C**
toucher qn [tuʃe] *hier:* jdn. betreffen **IV 4C**
toujours [tuʒuʀ] immer/immer noch **I 8B**
le **tour du monde** [ləturdymõd] die Weltreise **IV 4C**
faire le tour du monde [fɛʀləturdymõd] *hier:* in die ganze Welt verkauft werden **IV 4C**
une **tour** [yntuʀ] ein Turm **I 6A**
le **tourisme** [ləturism] der Tourismus **IV 2B,** 4
un **touriste**/une **touriste** [ɛ̃turist/ynturist] ein Tourist/eine Touristin **I 6B**
un **dépliant touristique** [ɛ̃depliɑ̃turistik] ein Tourismus-Infoblatt **IV 4B,** 5
le **tournage** [ləturnaʒ] die Dreharbeiten **IV 1C**
une **tournée** [ynturne] eine Runde **V 8B**
tourner qc [turne] etw. drehen/umdrehen **II 3C**
tous ensemble [tusɑ̃sɑ̃bl] alle zusammen **I**
tout droit [tudʀwa] geradeaus **II 5B**
tout seul/toute seule [tusœl/tutsœl] ganz allein **III 3A**
tout le, toute la, tous les, toutes les [tulə/tutla/tule/tutle] (der/die/das) ganz(e)/alle ... *(Begleiter)* **II 7E**
toute la journée [tutlaʒuʀne] den ganzen Tag **II 7E**
tous les garçons [tulegaʀsõ] alle Jungen **II 7E**
tout le monde [tul(ə)mõd] jeder/alle (Leute) **II 7**
de toute façon [dətutfasõ] auf jeden Fall; *hier:* sowieso **III 1B**
tout [tu] alles **I 7A**
C'est tout? [sɛtu] Ist das alles? **I 7A**
tout à coup [tutaku] plötzlich **I 6C**
tout à fait [tutafɛ] ganz/völlig/vollkommen **V 2A**
tout à l'heure [tutalœʀ] vorhin/gerade eben **V 6B**
tout de suite [tutsɥit] sofort **I 7C**
une **trace** [yntʀas] eine Spur **V 5B**
une **tradition** eine Tradition **V 1A**
une tradition [yntʀadisjõ] eine Tradition **V 12A**

traditionnel/traditionnelle [tʀadisjɔnɛl/tʀadisjɔnɛl] traditionell **IV 5C**
Traduisez. [tʀadɥize] Übersetzt. **I 4E**
le **trafic** [lətʀafik] der Verkehr **V 11B**
une **tragédie** [yntʀaʒedi] eine Tragödie **V 3B,** 4
un **train** [ɛ̃tʀɛ̃] ein Zug **I 9**
descendre du train [desɑ̃dʀdytʀɛ̃] aus dem Zug aussteigen **II 5C**
être en train de faire qc [ɛtʀɑ̃tʀɛ̃dəfɛʀ] dabei sein etw. zu tun **III 2B**
traîner *(fam.)* [tʀɛne] sich herumtreiben *(ugs.)* **III 4A**
traîner [tʀɛne] herumliegen **IV 4C**
tranquille/tranquille [tʀɑ̃kil] ruhig; *hier:* in Ruhe **III 4E**
transformer qc [tʀɑ̃sfɔʀme] etw. umwandeln **IV 1A,** 5
transmettre qc [tʀɑ̃smɛtʀ] etw. überbringen **V 6A**
transparent/transparente [tʀɑ̃sparɑ̃/tʀɑ̃sparɑ̃t] klar/kristallklar **V 11B**
le **travail** [lətʀavaj] die Arbeit **II 4A**
un travail/des travaux [ɛ̃tʀavaj/detʀavo] eine Arbeit/Arbeiten **IV 1E**
travailler [tʀavaje] arbeiten **II 6A,** 2; **II 4B,** 2
un **travailleur**/une **travailleuse** [ɛ̃tʀavajœʀ/yntʀavajøz] ein Arbeiter/eine Arbeiterin **IV 3A,** 6
traverser qc [tʀavɛʀse] etw. überqueren **II 5C**
très [tʀɛ] sehr **I 4A**
Pas très bien. [patʀɛbjɛ̃] Nicht sehr gut. **II 2A**
très vite [tʀɛvit] sehr schnell **IV 5A**
triste/triste [tʀist] traurig **II 7**
trop [tʀo] zu/zu viel **I 6B**
C'est trop cher! [sɛtʀoʃɛʀ] Das ist zu teuer! **I 6B**
un **trou** [ɛ̃tʀu] ein Loch **V 4B**
une **troupe (de théâtre)** [yntʀup(dəteatʀ)] eine (Theater-)Truppe **III 6E**
trouver qc [tʀuve] etw. finden **I 3E**
pour trouver ... [puʀtʀuve] um ... zu finden **I 7C**
Trouvez les phrases qui vont ensemble. Findet die Sätze, die zusammenpassen. **I 9,** 5
se trouver [sətʀuver] sich befinden **IV 4B**
un **truc** *(fam.)* [ɛ̃tʀyk] ein Ding *(ugs.)* **IV 2A,** 3
un **T-shirt** [ɛ̃tiʃœʀt] ein T-Shirt **II 3E**
un **type** [ɛ̃tip] ein Typ **V 6B;** ein Typ/eine Art **V 11B**
typique/typique [tipik] typisch **IV 5C**

U

un **Ukrainien**/une **Ukrainienne** [ɛ̃nykʀɛnjɛ̃/ynykʀɛnjɛn] ein Ukrainer/eine Ukrainerin **V 7A**
la **une** [layn] die Titelseite **V 6A**
unique/unique [ynik] einzig/einzigartig **IV 2B**
la monnaie unique [lamɔnɛynik] die einheitliche Währung **IV 3B**
unir qc [yniʀ] etw. vereinigen **IV 3B**
l'**unité** *(f.)* [lynite] die Einheit **IV 3B**
l'**uranium** *(m.)* [lyʀanjɔm] das Uran **V 10B**
usé/usée [yze] alt/abgenutzt **III 3B**
utile/utile [ytil] nützlich **II 6C**
utiliser qc [ytilize] etw. gebrauchen/verwenden **V 4A; V 11A;** etw. verwenden **V 12A**
Utilisez ... [ytilize] Gebraucht ... II 4A, 4

V

les **vacances** *(f., pl.)* [levakɑ̃s] die Ferien/der Urlaub **II 1E**
les grandes vacances [legʀɑ̃dvakɑ̃s] die großen Ferien **V 7B**
partir en vacances *(f., pl.)* [paʀtiʀɑ̃vakɑ̃s] in (die) Ferien/in (den) Urlaub fahren **II 5E**
un centre de vacances [ɛ̃sɑ̃tʀdəvakɑ̃s] ein Ferienlager/Urlaubscenter **III 6C**
la **vaisselle** [lavɛsɛl] das Geschirr **II 4C**
faire la vaisselle [fɛʀlavɛsɛl] abwaschen **II 4C**
une **valeur** [ynvalœʀ] ein Wert **V 9A**
valider qc [valide] etw. gültig machen **V 9A**
une **valise** [ynvaliz] ein Koffer **IV 4C**
valoir [valwaʀ] wert sein **V 11B**
un **vélo** [ɛ̃velo] ein Fahrrad **II 1E**
en vélo [ɑ̃velo] mit dem Fahrrad **II 7**
un **vendeur**/une **vendeuse** [ɛ̃vɑ̃dœʀ/ynvɑ̃døz] ein Verkäufer/eine Verkäuferin **I 7A, 6**
une **vendeuse** [ynvɑ̃døz] eine Verkäuferin **I 6C**
vendre qc [vɑ̃dʀ] etw. verkaufen **II 7**
revendre qc [ʀəvɑ̃dʀ] etw. weiterverkaufen **V 5B**
vendredi *(m.)* [vɑ̃dʀədi] Freitag **I 5B, 4**
venir (à) [vəniʀ] kommen (nach) **II 5B**
venir de [vəniʀdə] kommen aus/von **II 5B**
venir de faire qc [vəniʀdəfɛʀ] etw. gerade getan haben **III 2B**
le **vent** [ləvɑ̃] der Wind **III 6B**
le **ventre** [ləvɑ̃tʀ] der Bauch **II 2A, 4**
un verbe [ɛ̃vɛʀb] ein Verb II 5B, 1
un verbe pronominal [ɛ̃vɛʀbpʀɔnɔminal] ein reflexives Verb **III 2E**
vérifier qc [veʀifje] etw. überprüfen **IV 2E; V 6A**
la **vérité** [laveʀite] die Wahrheit **II 2B**
un **verre** [ɛ̃vɛʀ] ein Glas **I 8B**
un verre de coca [ɛ̃vɛʀdəkɔka] ein Glas Cola **I 8B**
offrir un verre à qn [ɔfʀiʀɛ̃vɛʀ] jdn. auf ein Glas einladen **II 7, 5**
vers [vɛʀ] gegen *(zeitlich)* **II 2B;** zu *(in Richtung von ...)* **III 3B**
vert/verte [vɛʀ/vɛʀt] grün **II 3E**
un **vêtement**/des **vêtements** [ɛ̃vɛtmɑ̃/devɛtmɑ̃] ein Kleidungsstück/Kleider **II 3A**
être vexé/vexée [ɛtʀvɛkse] gekränkt/beleidigt sein **II 7**
une **victime** [ynviktim] ein Opfer **II 6B**
être victime [ɛtʀviktim] Opfer sein **II 6B**
une **vidéo** [ynvideo] ein Videofilm **I 5A**
un **vidéoclip** [ɛ̃videɔklip] ein Videoclip **IV 1E**
la **vie** [lavi] das Leben **III 3B**
la vie familiale [lavifamiljal] das Familienleben **V 9A**
indispensable à la vie [ɛ̃dispɑ̃sablalavi] lebensnotwendig **V 10A**
Vie de classe *(f.)* [vidəklas] (eine) Verfügungs-/Klassen(lehrer)stunde **II 6A**
le **vietnamien** [ləvjetnamjɛ̃] das Vietnamesisch(e)/die vietnamesische Sprache **V 11B**
vieux/vieil/vieille/vieux/vieilles [vjø/vjɛj/vjɛj/vjø/vjɛj] alt **III 6C**
un **village** [ɛ̃vilaʒ] ein Dorf **I 9**
une **ville** [ynvil] eine Stadt **II 3E**
en ville [ɑ̃vil] in der/die Stadt **II 3E**
le **vin** [ləvɛ̃] der Wein **III 2A**
une **vingtaine** (de ...) [ynvɛ̃tɛn] um die zwanzig ... **V 9B**
la **violence** [lavjɔlɑ̃s] die Gewalt **II 6A**
violent/violente [vjɔlɑ̃/vjɔlɑ̃t] brutal/gewalttätig **V 1A**
le **visage** [ləvizaʒ] das Gesicht **IV 2C**
une **visite** [ynvizit] eine Besichtigung/ein Besuch **I 6B**
visiter qc [vizite] etw. besichtigen **I 9**
vite [vit] schnell **I 5A**
une **vitrine** [ynvitʀin] ein Schaufenster **II 3C, 3**
vivre [vivʀ] leben **IV 2E**
une **voie** [ynvwa] ein Gleis **II 5A**
de quelle voie [dəkɛlvwa] von welchem Gleis **II 5A**
voilà ... [vwala] da(s) ist/sind ... **I**
La/Le voilà! [la/ləvwala] Da ist sie/er (ja)! **II 5A**
Te voilà! [təvwala] Da bist du ja! **II 6B**
faire de la voile [fɛʀdəlavwal] segeln **II 1E**
un voile [ɛ̃vwal] ein Kopftuch **V 3A**
voir qn/qc [vwaʀ] jdn./etw. sehen **II 3A**
Ça n'a rien à voir. [sanaʀjɛ̃navwaʀ] Das hat nichts damit zu tun! **IV 3C**
ne rien avoir à voir avec qn [nəʀjɛ̃navwaʀavwaʀavɛkkɛlkɛ̃] mit jdm. nichts zu tun haben **V 6B**
un **voisin**/une **voisine** [ɛ̃vwazɛ̃/ynvwazin] ein Nachbar/eine Nachbarin **II 4A**
une **voiture** [ynvwatyʀ] ein Auto **II 2A**
une voiture de service [ynvwatyʀdəsɛʀvis] ein Dienstwagen **V 6B**
une voiture (de train/métro) [ynvwatyʀ] *hier:* ein Waggon **III 3B**
une **voix** [ynvwa] eine Stimme **V 1A**
le **volant** [ləvɔlɑ̃] das Steuer **V 6B**
au volant [ovɔlɑ̃] am Steuer **V 6B**
voler qc [vɔle] etw. stehlen **II 2E**
un **voleur**/une **voleuse** [ɛ̃vɔlœʀ/ynvɔløz] ein Dieb/eine Diebin **II 2C**
le **volley** [ləvɔlɛ] Volleyball *(als Sportart)* **I 4B**
volontiers [vɔlɔ̃tje] gern(e) **IV 2B, 5**
vouloir qc [vulwaʀ] etw. wollen **I 9**
je voudrais [ʃəvudʀɛ] ich möchte **I 7E**
je voudrais bien ... (+ infinitif) [ʒəvudʀɛbjɛ̃] ich möchte gern ... *(+ Infinitiv)* **I 8B**
vouloir faire qc [vulwaʀfɛʀ] etw. tun wollen **I 9**
vouloir dire qc [vulwaʀdiʀ] *hier:* etw. meinen **III 2A**
Je veux bien. [ʒəvøbjɛ̃] Ich möchte gern. **III 5B**
un **voyage** [ɛ̃vwajaʒ] eine Reise **II 5A**
voyager [vwajaʒe] reisen **III 6A**
un **voyageur**/une **voyageuse** [ɛ̃vwajaʒœʀ/ynvwajaʒøz] ein Reisender/eine Reisende **II 5B, 5**
vrai/vraie [vʀɛ/vʀɛ] wahr **II 3C**

Ce n'est pas vrai! [s(ə)nɛpavʀɛ] Das darf doch wohl nicht wahr sein! II 3C
vraiment [vʀɛmɑ̃] wirklich *(Adv.)* I 8B
un **VTT** [ɛ̃vetete] ein Mountainbike II 1E
une **vue** [ynvy] eine Aussicht/ein Blick I 6A

W

wallon/wallonne [walɔ̃/walɔn] wallonisch IV 3C
Waouh! [waɔ] Wow! *(Ausdruck der Begeisterung)* I 8B
un **week-end** [ɛ̃wikɛnd] ein Wochenende I 6E
le **wolof** [ləwɔlɔf] das Wolof V 11A

Y

y [i] dort/dorthin III 6B
un **yaourt** [ɛ̃jauʀt] ein Jogurt II 4E
un **yassa** [ɛ̃jasa] ein Yassa I 7A
le yassa au poulet [ləjasaopulɛ] Yassa mit Huhn I 7B
un **œil**/des **yeux** [ɛ̃nœj/dezjø] ein Auge/Augen II 6A, 3

Z

avoir zéro [avwaʀzeʀo] Null Punkte haben III 2B
un **zombie** [ɛ̃zɔ̃bi] ein Zombie V 8B
Zut! *(fam.)* [zyt] Mist!/Verflixt! *(ugs.)* I 1

Prénoms masculins

Abdou [abdu] I 7B
Abou [abu] V 7A
Adam [adam] V 5A
Alex [alɛks] II 2A
Alexandre [alɛksɑ̃dʀə] I 1, 3
Alexis [alɛksis] I 1, 3
Amadou [amadu] I 7C
Antoine [ɑ̃twan] II 5B
Arthur [aʀtyʀ] II 6A
Aziz [aziz] III 4E
Babakar [babakaʀ] IV 4E
Bastien [bastjɛ̃] V 9B
Benoît [bənwa] I 1, 3
Bruno [bʀyno] IV 5A
Cédric [sedʀik] II 5C, 3
Christian [kʀistjɑ̃] II 6A, 3
Clément [klemɑ̃] I 1, 3
David [david] I 4C
Didier [didje] III 3E
Diego [djego] III 5A
Dom [dɔm] V 8B
Eric [eʀik] II 6B, 5
Farid [faʀid] I 1, 3
François [fʀɑ̃swa] V 3B
Frédéric [fʀedeʀik] I 1, 3
Gerson [ʒɛʀsɔ̃] IV 4E
Grégory [gʀegɔʀi] III 3A, 5
Guillaume [gijom] III 5B
Hakim [hakim] II 5C
Hugo [ygo] II 3A, 3
Jean [ʒɑ̃] I 9
Jean-Pierre [ʒɑ̃pjɛʀ] II 4A
Jérémy [ʒeʀemi] II 6A, 3
Johnny [dʒɔni] III 1E
Jonathan [ʒɔnatɑ̃] III 5B
Joseph [ʒɔzɛf] V 1A
Jules [ʒyl] V 8B
Julien [ʒyljɛ̃] I 1, 3
Karim [kaʀim] I 1, 3
Kévin [kɛvin] II 1, 6
Laurent [lɔʀɑ̃] III 5C
Leopoldo [leopɔldo] IV 2B
Loïc [loik] II 6A
Louis [lui] II 7E
Luc [lyk] III 6A
Lucas [lyka] I 1, 3
Marc [maʀk] I 1, 3
Marcel [maʀsɛl] II 5C, 3
Mathieu [matjø] I 1, 3
Maurice [mɔʀis] II 3B, 4
Max [maks] II 3B, 4
Maxime [maksim] I 1, 3
Mehdi [medi] II 6A, 3
Michel [miʃɛl] I 6C
Nasser [nasɛʀ] IV 1A
Nicolas [nikɔla] I 1, 3
Pablo [pablo] III 1A, 4
Pascal [paskal] II 5C
Patrick [patʀik] II 1
Paul [pɔl] II 6A, 3
Pierre [pjɛʀ] I
Raphaël [ʀafaɛl] V 9B
Rémi [ʀemi] I 1, 3
Roland [ʀolɑ̃] III 1A
Sébastien [sebastjɛ̃] I 8A, 2
Simon [simɔ̃] I 4B
Stanislas [stanislas] II 6C
Steve [stiv] III 6E
Tamoor [tamɔʀ] V 7A
Théo [teɔ] I 1, 3
Thomas [toma] II 5E
Victor [viktɔʀ] I 7A, 2
Wahid [waid] III 5C
Xavier [ksavje] IV 3C
Yann [jan] II 2E
Yannick [janik] IV 3A

Prénoms féminins

Aïcha [aiʃa] II 2A, 3
Aïda [aida] V 11A
Alice [alis] I 1, 3
Aline [alin] III 3E
Amélie [ameli] I
Amina [amina] I 1, 3
Anabelle [anabɛl] II 3A, 3
Anne [an] II 2B
Armelle [aʀmɛl] III 5A
Audrey [ɔdʀɛj] III 5B
Camille [kamij] II 3B, 4
Céline [selin] I 1, 3
Charline [ʃaʀline] V 8B
Charlotte [ʃaʀlɔt] I
Chloé [klɔe] II 3A, 3
Claire [klɛʀ] I 1, 3
Clarisse [klaris] V 2A
Coralie [kɔʀali] II 6A
Dany [dani] III 1A
Despadienne [dɛspadjɛn] IV 2B
Emilie [emili] V 1A
Emma [ɛma] II 5B
Estelle [ɛstɛl] III 1E
Fanny [fani] II 6A
Fatima [fatima] I 1, 3
Fatou [fatu] III 4E
Florence [flɔʀɑ̃s] IV 3A
Isabelle [izabɛl] I 1, 3
Izée [ize] IV 1E
Joséphine [ʒɔzefin] IV 4A
Julie [ʒyli] I 1, 3
Justine [ʒystin] II 6C
Karine [kaʀin] II 2A, 3
Laïla [laila] III 4E
Lara [laʀa] II 1, 4
Lauretta [lɔʀɛta] III 3C
Léa [lea] I 1, 3
Léonie [leoni] III 2E
Lisa [liza] II 7, 4
Lolyta [lɔlita] IV 1A
Lorie [lɔʀi] II 5C, 3
Lucie [lysi] II 4E
Malika [malika] I 1, 3
Manon [manɔ̃] I 1, 3
Manu [manu] III 4A
Margaux [maʀgo] V 1A
Marie [maʀi] I 8B
Marine [maʀin] I 1, 3
Marion [maʀjɔ̃] V 5A
Morgane [mɔʀgan] I 1, 3
Myriam [mirjam] III 5B

Naïma [naima] II 6E
Naomie [naɔmi] I 1, 3
Nassama [nasama] V 8B
Popule [pɔpyl] V 9B
Régine [ʀeʒin] IV 4E
Sarah [saʀa] I 1, 3
Sophie [sofi] I 8E
Valérie [valeʀi] I 5A, 7
Virginie [viʀʒini] V 9B
Zarqa [zaʀka] V 3B

Noms de famille

Bernac [bɛʀnak] II 7E
Boussac [busak] II 6A
Boutal [butal] I 5A, 6
Brunet [bʀynɛ] I 4B
Carré [kaʀe] I 6A, 4
Caseau IV 3E
Cassepieds [kaspje] II 4A
Costa [kɔsta] I 7A, 7
Dufour [dyfuʀ] I 7A, 2
Dupont [dypɔ̃] I 5E
Durand [dyʀɑ̃] III 2C
Duroc [dyʀɔk] III 3A, 5
Garcia [gaʀsia] II 6C, 3
Garnier [gaʀnje] I 3A
Gauthier [gotje] III 3E
Joli [ʒɔli] I 8A
Khadra [kadʀa] III 4B
Labadi [labadi] II 6A, 3
Lacoste [lakɔst] II 6E
Lacour [lakuʀ] I 5A
Lebrun [ləbʀɛ̃] IV 5E
Le Gall [ləgal] II 2E
Legrand [ləgʀɑ̃] III 5A
Lepic [ləpik] II 2B
Lopez [lɔpɛz] III 2E
Marot [maʀo] II 4E
Martin [maʀtɛ̃] II 6A, 3
Mercier [mɛʀsje] II 3A
Moulin [mulɛ̃] II 2A
Pagano [pagano] IV 5A
Pelat [pəla] II 7, 2
Philippe [filip] I 5B
Pommier [pɔmje] I 7A
Portadonnez [pɔʀtadɔne] II 4B, 1
Ravel [ʀavɛl] II 5E
Renaud [ʀəno] I 1
Roques [ʀɔk] II 6A, 3
Rousseau [ʀuso] III 4A
Sakho [sako] I 7A
Sireau [siʀo] I 5B
Vanel [vanɛl] II 2A
Vidal [vidal] II 6A, 3

Noms de villes

Aix-en-Provence [ɛksɑ̃pʀɔvɑ̃s] IV 5E
Antananarivo [ɑ̃tananaʀivo] IV 4B
Antibes [ɑ̃tib] V 9B
Argelès(-sur-Mer) [aʀʒəlɛs] III 6E
Arras [aʀas] III 3E
Avignon [aviɲɔ̃] III 6E
Barcelone [baʀsəlɔn] IV 3C
Belfort [bɛlfɔʀ] III 1E
Berlin [bɛʀlɛ̃] I 2B
Berne [bɛʀn] II 5A, 5
Biarritz [bjaʀits] II 1
Bologne [bɔlɔɲ] II 5A, 5
Bordeaux [bɔʀdo] II 5B
Bordj-Zemmourah [bɔʀdʒizɛmuʀa] IV 1A
Brazzaville [bʀazavil] V 11B
La Bresse [labʀɛs] II 1
Bruxelles [bʀyksɛl] II 5E
Calais [kalɛ] I 2B, 2
Cayenne [kajɛn] IV 1A
Charleval [ʃaʀləval] IV 5E
Choisy-le-Roi [ʃwaziləʀwa] IV 2B
Dakar [dakaʀ] IV 4E
Dax [daks] IV 1A
Dijon [diʒɔ̃] IV 3A
Donneville [dɔnvil] II 7
Fort-de-France [fɔʀdəfʀɑ̃s] IV 4A
Grenoble [gʀənɔbl] II 1
Hambourg [ɑ̃buʀ] II 6A, 4
Hanoi [anɔi] V 11B
Ho Chi Minh-Ville [oʃiminvil] V 11B
Kiev [kjɛf] II 5A, 5
Lahore [laɔʀ] V 7A
Lille [lil] IV 2E
Lyon [ljɔ̃] III 5A
Marseille [maʀsɛj] IV 5B
Méribel [meʀibɛl] II 1
Montréal [mɔ̃ʀeal] V 12A
Munich [mynik] II 6A, 5
Narbonne [naʀbɔn] III 6B
Nouméa [numea] V 11B
Oran [ɔʀɑ̃] V 11A
Paris [paʀi] I
Pont d'Arc [pɔ̃daʀk] II 1
Pont de Sèvres-Mairie de Montreuil [pɔ̃dəsɛvʀ(ə)meʀidəmɔ̃tʀœj] III 3B
Prades [pʀad] III 6C
Prague [pʀag] II 5A, 5
Saint-Malo [sɛ̃malo] II 1
Saint-Martin [sɛ̃maʀtɛ̃] II 1
Salon-de-Provence [salɔ̃dəpʀɔvɑ̃s] IV 5A
Salzbourg [saltsbuʀ] II 5A, 5
Strasbourg [stʀasbuʀ] V 9B
Toulon [tulɔ̃] I 5E
Toulouse [tuluz] I 2B, 2
Tours [tuʀ] III 3A, 5
Vendôme [vɑ̃dom] V 10B, 5

Noms géographiques

l'Afrique *(f.)* [lafʀik] V 11A; V 7A
l'Afrique centrale [lafʀiksɑ̃tʀal] V 11B
l'Algérie *(f.)* [lalʒeʀi] V 11A
l'Allemagne *(f.)* [lalmaɲ] I 4B
l'Amérique *(f.)* [lameʀik] V 11A
l'Amérique du Nord [lameʀikdynɔʀ] V 12B
l'Amérique du Sud [lameʀikdysyd] V 1A
l'Angleterre *(f.)* [lɑ̃glətɛʀ] III 6B, 3
les Antilles [lezɑ̃tij] IV 4E
l'Ardèche *(f.)* [laʀdɛʃ] II 1
l'Asie *(f.)* [lazi] V 11A; V 7A
l'Australie *(f.)* [lɔstʀali] V 11B
l'Autriche *(f.)* [lotʀiʃ] III 6B, 3
Bangladesh [bɑ̃gladɛʃ] V 7A
le Bas-Canada [ləbakanada] V 12B
la Belgique [labɛlʒik] II 6B
la Bretagne [labʀətaɲ] II 2C, 7
le Cambodge [ləkɑ̃bɔdʒ] V 11B
le Canada [ləkanada] V 12B
la Centrafrique [lasɑ̃tʀafʀik] IV 2B
le Chili [ləʃili] IV 2B
la Chine [laʃin] V 7A
la République du Congo [laʀepyblikdykɔ̃go] V 11B
la République démocratique du Congo [laʀepyblikdemɔkʀatikdykɔ̃go] V 11B
le Congo [ləkɔ̃go] V 11B
la Corse [lakɔʀs] IV 5C
le Danemark [lədanmaʀk] III 6B, 3
l'Espagne *(f.)* [lɛspaɲ] III 6B, 3
les Etats-Unis *(m., pl.)* III 6A
l'Europe *(f.)* [løʀɔp] III 6B, 3
la Flandre [laflɑ̃dʀ] IV 3C
la France [lafʀɑ̃s] I 4B
le Gabon [ləgabɔ̃] IV 4C, 6
la Grèce [lagʀɛs] III 6B, 3
la Guadeloupe [lagwad(ə)lup] IV 4A, 5
la Guinée [lagine] IV 4A, 5
la Guyane [lagɥijan] IV 1A
le Haut-Canada [ləokanada] V 12B
la Hongrie [laɔ̃gʀi] III 6B, 3
l'Irlande *(f.)* [liʀlɑ̃d] III 6B, 3
l'Italie *(f.)* [litali] III 6A
Lutèce [lytɛs] V 4A
Madagascar [madagaskaʀ] IV 4E
le Maghreb [ləmagʀɛb] V 1A
le Mali [ləmali] IV 4C, 6
le Maroc [ləmaʀɔk] IV 4C
la Martinique [lamaʀtinik] IV 4E

le Mont-Blanc [ləmɔ̃blɑ̃] V 9B
la Montérégie [lamɔ̃teʀeʒi] V 12A
Montreuil [mɔ̃tʀœj] V 7A
le Niger [ləniʒɛʀ] IV 4C, 6
la Nouvelle-Calédonie [lanuvɛlkaledɔni] V 11B
l'Océanie *(f.)* [lɔseani] V 11A
l'Ontario [lɔ̃tarjo] V 12B
l'Orient [lɔʀjɑ̃] IV 5C
l'océan Pacifique [lɔseɑ̃pasifik] V 11B
le Pakistan [ləpakistɑ̃] V 7A
un **Parisien**/une **Parisienne** [ɛ̃paʀizjɛ̃/ynpaʀizjɛn] V 4A
les Pays-Bas *(m., pl.)* [lepɛiba] III 6B, 3
la Pologne [lapɔlɔɲ] III 6B, 3
le Portugal [ləpɔʀtygal] III 6B, 3; III 6B, 3
Québec [kebɛk] V 12B
le Québec [ləkebɛk] III 6A
la République Tchèque [laʀepybliktʃɛk] III 6B, 3
la Roumanie [laʀumani] V 7A
le fleuve **Saint-Laurent** [ləflœvsɛ̃lɔʀɑ̃] V 12B
Seine-Saint-Denis [sɛnsɛ̃dəni] III 4E
le Sénégal [ləsenegal] I 7A
Sierra Leone [sjɛʀaleəʊn] IV 2B
la Suisse [lasɥis] III 6B, 3
le Tchad [lətʃad] IV 4C, 6
la Tunisie [latynizi] V 7B
la Turquie [latyʀki] V 7A
la Vallée de Chamonix [lavaledəʃamɔni] V 9B
le Vercors [ləvɛʀkɔʀ] III 2B
le Vietnam [ləvjɛtnam] V 11B

Noms divers

Abbesses [abɛs] V 4A
l'Acte constitutionnel [laktəkɔ̃stitysjɔnɛl] V 12B
Action contre la faim [aksjɔ̃kɔ̃tʀlafɛ̃] IV 2B
Airbus [ɛʀbys] II 6A, 5
un **Algonquin**/une **Algonquine** [ɛ̃nalgɔ̃kɛ̃/ynalgɔ̃kin] V 12B
le pont de l'Alma [ləpɔ̃dəlalma] V 4A, 4
l'Arc de Triomphe [laʀkdətʀijɔ̃f] II 5C
ARTE [aʀte] V 3A
Astérix [asteʀiks] I 4C
le Parc Astérix [ləpaʀkasteʀiks] I 9; V 9B
un **Bangladais** /une **Bangladaise** [ɛ̃bɑ̃gladɛ/ynbɑ̃gladɛz] V 10A
Bastille [bastij] III 3B, 3; V 4A
La Bastille [labastij] V 4A
le fort de la Bastille [ləfɔʀdəlabastij] III 2B
l'Opéra Bastille [lɔpeʀabastij] V 4A
la rue de Belfort [laʀydəbɛlfɔʀ] III 1E
la rue Belgrand [laʀybɛlgʀɑ̃] I 5A, 6
la **Belle Province** [labɛlpʀɔvɛ̃s] V 12B
le collège Bellevue [ləkɔlɛʒbɛlvy] II 5B, 3
des **Blacks, Blancs, Beurs** *(fam.)* V 6B
la BNF [labeɛnɛf] V 4A
Bollywood [bɔliwud] V 7A
la rue Brunel [laʀybʀynɛl] III 3A
Bruxelles-Midi [bʀyksɛlmidi] II 5C, 2
le buzz marketing [ləbœzmaʀketiŋ] V 5B
Cadix [kadiks] III 6A
la Canebière [lakan(ə)bjɛʀ(ə)] IV 5C
la place du Capitole [laplasdykapitɔl] III 1B
Casino [kazino] I 2A, 4
les Catacombes *(f., pl.)* [lekatakɔ̃b] III 3A
les Champs-Elysées [leʃɑ̃zelize] II 5B
Charles de Gaulle-Etoile [ʃaʀldəgɔletwal] V 4A
la rue de Charonne [laʀydəʃaʀɔn] III 3B, 3
le Château d'If [ləʃatodif] IV 5C
Château-Rouge [ʃatoʀuʒ] III 3A
Châtelet [ʃatlɛ] II 5C
la rue de la Chine [laʀydəlaʃin] I 2A
le **Cirque du Soleil** [ləsiʀkdysɔlɛj] V 12B
Le Comte de Monte-Christo [ləkɔ̃tdəmɔ̃tekʀisto] IV 5C
le Conseil de l'Europe [ləkɔ̃sɛjdəløʀɔp] IV 3B
Eric Coussau [eʀikkuso] IV 1A
le parc Debrousse [ləpaʀkdəbʀus] I 2B
la Grande Arche de la Défense [lagʀɑ̃daʀʃdəladefɑ̃s] V 4A
Diam's [djams] V 1A
Ecopole [ekopɔle] IV 4C
la tour Eiffel [latuʀɛfɛl] I 6A
Elephant [elefɑ̃] II 5B, 3
Emmanuel [emanyɛl] V 4A
Emmaüs [ɛmays] IV 2B, 3
ENSAM [ɛnsam] V 9B
la place de l'Etoile [laplasdəletwal] V 4A
Europe 2 [øʀɔpdø] V 3A
la Fête de la Musique [lafɛtdəlamyzik] II 7
France Inter [fʀɑ̃sɛ̃tɛʀ] IV 2B, 4
le quartier Gambetta [ləkaʀtjegɑ̃bɛta] I 2A
la place Charles de Gaulle V 4A
Gaulle [ʃaʀldəgol] II 5B
le Grand Splatch [ləgʀɑ̃splatʃ] I 9
les Halles [leal] I 6C
Handicap International [ɑ̃dikapɛ̃tɛʀnasjɔnal] IV 5C
Harkis [aʀkis] V 3A
IAM [aiam] V 1A
ICQ [aisikju] V 5A, 4
Immeubles en fête [imœblɑ̃fɛt] IV 2A
l'Institut du monde arabe [lɛ̃stitydymɔ̃daʀab] V 4A
un **Iroquois**/une **Iroquoise** [ɛ̃niʀokwa/yniʀokwaz] V 12B
le Jardin de Ville [ləʒaʀdɛ̃dəvil] III 2B
«Jeunes-Lyon» [ʒœnljɔ̃] III 5B
les Jeux Paralympiques [leʒøpaʀalɛ̃pik] IV 1A
La Joconde [laʒɔkɔ̃d] V 4A, 4
Lemurs' Park IV 4B
Léo [leo] I
Leonardo da Vinci [leɔnaʀdɔdavintʃi] IV 3E
les Loustiks [lelustik] III 1E
le Louvre [ləluvʀ] V 4A
Maroankatsaka IV 4B
McDo [makdo] V 2B
Médecins Sans Frontières [medsɛ̃sɑ̃fʀɔ̃tjɛʀ] IV 2B, 3
«Mékefer» [mekəfɛʀ] I 8B
Météor [meteɔʀ] V 4B
Métis Ta Zik [metistazik] IV 5C
Milou [milu] I 4E
Minette [minɛt] I 3A
Monplaisir [mɔ̃plɛziʀ] IV 1E
Montmartre [mɔ̃maʀtʀ(ə)] I 2B, 3
la gare Montparnasse [lagaʀmɔ̃paʀnas] II 5A
Montparnasse-Bienvenüe [mɔ̃paʀnasbjɛ̃vəny] II 5C
MSN [ɛmɛsɛn] V 5A
une (Renault) **Nevada** [ynnevada] V 6B
la gare du Nord [lagaʀdynɔʀ] II 5A
Notre-Dame [nɔtʀədam] I 6A
NTM [ɛnteɛm] V 1A
Obélix [ɔbeliks] I 4C
l'OM [lɔɛm] IV 5C
la rue Orfila [laʀyɔʀfila] I 5A, 6
les pages jaunes [lepaʒʒon] II 4C
la rando Pari Roller [laʀɑ̃dopaʀiʀɔlœʀ] I 8B
Paris d'amis [paʀidami] IV 2E
Paris Nord [paʀinɔʀ] II 5C, 2
Passi [pasi] V 1A
Pep's [pɛps] IV 5C
la rue Peyrolières [laʀypeʀɔljɛʀ] III 1B
le Centre Pompidou [ləsɑ̃tʀəpɔ̃pidu] I 6A
Pour l'amour de Dieu [puʀlamuʀdədjø] V 3A

le **PSG** [ləpeɛsʒe] **IV 5C**
la pyramide du Louvre [lapiʀamiddyluvʀ] **V 4A**
Quais de Seine [kɛdəsɛn] **V 3A**
Radio Nova [ʀadjonova] **III 3E**
Susheela Raman [suʃilaʀaman] **V 1A**
la RATP [laɛʀatepe] **V 4B**
l'école Maurice Ravel [lekɔlmoʀisʀavɛl] **I 4B**
la rue du Renard [laʀydyʀənaʀ] **I 6B**
la place de la République [laplasdəlaʀepyblik] **III 3A**
la **République française** [laʀepyblikfʀɑ̃sɛz] **IV 3B**
les Restos du cœur [leʀɛstodykœʀ] **V 1A**
le Sacré-Cœur [ləsakʀekœʀ] **I 6A**
Saint-Michel [sɛ̃miʃɛl] **III 3C**
Saint-Michel-Notre-Dame [sɛ̃miʃɛlnɔtʀədam] **V 4A**
Saint-Paul [sɛ̃pɔl] **V 4A**
la Samaritaine [lasamaʀitɛn] **I 6A**
Savorgnan (= Pierre Savorgnan de Brazza) [savɔʀɲɑ̃] **V 11B**
Sciences et technologies de l'agronomie [sjɑ̃setɛknɔlɔʒidəlagʀonɔmi] **V 9B**
Sheitan V 3A
Skyrock [skaiʀɔk] **V 1A**
la rue Sorbier [laʀysɔʀbje] **I 4C**
la soupe au pistou [lasupopistu] **IV 5C**
Superbus [sypɛʀbys] **III 1A**
l'hôpital Tenon [lɔpitaltənɔ̃] **I 2A**, 4
la place du Tertre [laplasdytɛʀtʀ] **I 6B**
le Théâtre du Renard [ləteatʀdyʀənaʀ] **III 3C**
Titeuf [titœf] **II 7**, 7
Toulouse Invalides Club IV 1A
le Tour de France [tuʀdəfʀɑ̃s] **II 1**
Tragédie [tʀaʒedi] **IV 1C**
le traité de paix de Paris [lətʀetedəpɛdəpaʀi] **V 12B**
Trocadéro [tʀɔkadeʀo] **III 3B**
l'Union européenne [lynjɔ̃øʀɔpeɛn] **IV 3B**
Vaval [vaval] **IV 4A**
le Parc du Vercors [ləpaʀkdyvɛʀkɔʀ] **III 2B**
le Vieux-Port [ləvjøpɔʀ] **IV 5B**
le Virgin [ləvœʀʒin] **II 5B**
la place des Vosges [laplasdevoʒ] **V 4A**
Winston [winstɔn] **V 6B**
la world [lawœʀld] **V 1A**
Zarbi [zaʀbi] **I 3E**
Zay, la pêche! [zelapɛʃ] **III 5B**
Zen Zila [zɛnzila] **III 5C**
le Zouave [ləzuav] **V 4A**, 4
113 [sɑ̃tʀɛz] **V 1A**

Noms de personnes connues

Barbara [baʀbaʀa] **V 1A**
Leïla Bekhti [lɛilabɛkti] **V 3A**
Larbi Benboudaoud [laʀbibɛnbudaud] **IV 1A**
Fulgence Bienvenuë [fylʒɑ̃sbjɛ̃vəny] **V 4B**
Georges Brassens [ʒɔʀʒbʀasɛ̃s] **V 1A**
Jacques Brel [ʒakbʀɛl] **V 1A**
Carla Bruni [kaʀlabʀyni] **V 1A; V 6A**
Geva Caban [ʒevakabɑ̃] **II 6B**, 5
Francis Cabrel [fʀɑ̃siskabʀɛl] **V 1A**
Camille [kamij] **V 1A**
Samuel de Champlain [samyɛldəʃɑ̃plɛ̃] **V 12B**
Vincent Delerm [vɛ̃sɑ̃dəlɛʀm] **V 1A**
Gérald de Palmas [ʒeʀalddəpalmas] **V 1A**
Céline Dion [selindjɔ̃] **V 12B**
Alexandre Dumas [alɛksɑ̃dʀdyma] **IV 5C**
Faudel [fodɛl] **V 1A**
François Ier [fʀɑ̃swapʀəmje] **IV 5C**
Serge Gainsbourg [sɛʀʒgɛ̃sbuʀ] **V 1A**
Charles de Gaulle [ʃaʀldəgɔl] **V 4A**
Jean-Jacques Goldman [ʒɑ̃ʒakgɔldman] **V 1A**
Henri IV [ɑ̃ʀikatʀ] **V 4A**
Jamel (Debbouze) [ʒamɛl] **V 1B**
Louis XVI [luisɛz] **V 4A**
Mano Negra [manɔnegʀa] **V 1A**
Manu Chao [manytʃao] **V 1A**
Marie-Antoinette [maʀiɑ̃twanɛt] **V 4A**
MC Solaar [ɛmsesɔlaʀ] **V 1A**
Merlin [mɛʀlɛ̃] **V 2B**
Malia Metella [maljametɛla] **IV 1A**
Mickey 3D [mikɛtʀwade] **V 1A**
François Mitterrand [fʀɑ̃swamiteʀɑ̃] **V 4A**
Napoléon Ier [napɔleɔ̃pʀəmje] **V 4A**
Maurice Ravel [mɔʀisʀavɛl] **I 4B**
Renaud [ʀəno] **V 1A**
Laurent Ruquier [lɔʀɑ̃ʀykje] **V 5A**
Nicolas Sarkozy [nikɔlasaʀkozi] **V 6A**
Hélène Ségara [elɛnsegaʀa] **III 3C**, 2
Alain Souchon [alɛ̃suʃɔ̃] **V 1A**
Superbus [sypɛʀbys] **V 1A**
Alfred de Vigny [alfʀɛddəviɲi] **V 6B**
Youssou N'Dour [jusunduʀ] **V 1A**
Zazie [zazi] **V 1A**
Zebda [zɛbda] **II 5E**

Wortliste

A

ein Abend un soir **I 7B**
ein Abend (im Verlauf) une soirée **I 4C**
das Abendessen le dîner **IV 5E**
ein Abenteuer une aventure **IV 5E**
aber mais **I 3B**
Aber was (kann/soll man) tun? Mais que faire? **I 8B**
abfahren in … partir de … **IV 5C**
die Abfahrt le départ **II 5A**
Vorsicht bei der Abfahrt! Attention au départ! **II 5A**
radioaktive Abfälle des déchets radioactifs **V 10B**
abgegeben émis/émise **V 10A**
abgenutzt usé/usée **III 3B**
abgucken *(ugs.)* pomper *(fam.)* **III 2B**
von etw. abhängen dépendre de qc **V 10B**
abhauen se casser *(fam.)* **V 7B**
Hau ab. *(ugs.)* Va voir ailleurs. *(fam.)* **III 4C**, 4
das Abi *(ugs.)* le bac *(fam.)* **III 5E**
abkömmlich disponible/disponible **IV 2B**, 5
ablehnen etw. zu tun refuser de faire qc **IV 3C**
den Hut abnehmen enlever son chapeau **III 3C**
die Abreise le départ **II 5A**
jdn. abschieben expulser qn **IV 2B**
eine Abschiebung une expulsion **IV 2B**
Abschied nehmen se quitter **III 2C**
eine Abschiedsparty une fête d'adieu **III 2B**
abschreiben pomper *(fam.)* **III 2B**
jdn. absetzen déposer qc/qn **III 6A**
eine Absicht une intention **V 8B**, 1
sich abspielen se dérouler **V 6B**
jdn./etw. abstellen déposer qc/qn **III 6A**; garer qc **III 6C**
ein Abteilungsleiter un chef de rayon **V 9B**
abwaschen faire la vaisselle **II 4C**
ein Abzug une tire **V 12A**
jdn./etw. achten respecter qn/qc **II 6C**
die Achterbahn le Grand Huit **I 9**
Achtung! Attention! **II 5A**
eine Adresse une adresse **I 4B**
afrikanisch africain/africaine **IV 1E**
ein Agent un agent **V 3A**
eine Agentur une agence **III 4A**
aggressiv agressif/agressive **III 4A**
etw./jdm. ähneln ressembler à qc/qn **IV 5C**, 6
Keine Ahnung. Je ne sais pas. **I 4C**
der Ahorn(baum) l'érable *(m.)* **V 12A**
der Ahornsirup le sirop d'érable **V 12A**
Aids le SIDA **V 8A**
die Aïoli l'aïoli *(m.)* **IV 5C**
ein Akrobat/eine Akrobatin un acrobate/une acrobate **V 12B**
aktiv actif/active **III 4A**, 4
aktiv werden se mobiliser **IV 2B**
eine Aktivität une activité **IV 1E**
aktuell actuel/actuelle **V 11A**
ein Akzent un accent **IV 5A**
etw. akzeptieren accepter qc **V 3A; V 8A**
ein Album un album **V 1A**
ein Algerier/eine Algerierin un Algérien/une Algérienne **V 7A; V 11A**
algerisch algérien/algérienne **V 3A; V 11A**
der Alkohol l'alcool *(m.)* **V 8A**
alle tout le, toute la, tous les, toutes les **II 7E**
alle Jungen tous les garçons **II 7E**
alle zusammen tous ensemble **I**
alle tout le monde **II 7**
allein seul/seule **III 1A**
ganz allein tout seul/toute seule **III 3A**
alles tout **I 7A**
im Allgemeinen généralement **IV 3A**
als comme **I 7E**; quand **II 7**
als *(Konjunktion)* lorsque **IV 2C**
also alors **I 3A**
Also, … Bon, … **II 1**, 2
also donc **III 2C**
also wirklich décidément **V 8B**
alt usé/usée **III 3B**; vieux/vieil/vieille/vieux/vieilles **III 6C**; âgé/âgée **V 7A; V 9A**
das Alter l'âge *(m.)* **I 4B**
die Jungen in meinem Alter les garçons de mon âge **II 7E**
die Ambition l'ambition *(f.)* **III 5B**
eine Amtssprache une langue officielle **V 11A; V 12B**
ein Amulett un gris-gris **I 7C**
sich amüsieren s'amuser **III 2B**
etw. analysieren analyser qc **V 5B; V 6A**
eine Ananas un ananas **I 7E**
jdm. etw. anbieten offrir qc à qn **II 7**
jdm. seine Hilfe anbieten offrir son aide à qn **II 7**
andauern durer **IV 4A**
anderer/andere/anderes autre **II 6C**
andere d'autres **III 2C**
auf andere Gedanken kommen se changer les idées **III 3A**
etw. ändern changer qc **II 6C**
ändern bouger *(fam.)* **V 9B; V 9B**
anders différent/différente **III 2A**
wieder anfahren repartir **III 3B**
der Anfang le début **IV 2B**
am Anfang von/vom … au début de … **IV 2B**
etw. anfangen commencer qc **I 8A**
anfangen etw. zu tun commencer à faire qc **III 3A**
etw. wieder anfangen recommencer **IV 4A**
wieder anfangen reprendre **V 6B**
anfangs au départ **V 1A**
ein Anführer *(ugs.)* un caïd *(fam.)* **III 4A**
ein Angeber/eine Angeberin *(ugs.)* un frimeur/une frimeuse *(fam.)* **III 1A**
ein Angebot une offre **III 3E**
was … angeht pour … **II 6A**
jdn. angehen concerner qn **II 6B**
angehen s'allumer **V 5A**
ein Angeklagter/eine Angeklagte un accusé/une accusée **V 10A**
angenehm agréable/agréable **IV 5B**
angesichts einer Sache face à qc **V 10B**
ein Angestellter/eine Angestellte un employé/une employée **III 5E**
ein Angler un pêcheur **IV 5C**
etw. anglotzen *(ugs.)* mater qc *(fam.)* **V 8B**
jdn. angreifen attaquer qn **V 6A**
angriffslustig agressif/agressive **III 4A**
die Angst la peur **II 2C**
Angst vor jdm./etw. haben avoir peur de qn/qc **II 2C**
Angst um jdm./etw. haben avoir peur pour qn/qc **IV 5E**
ängstlich peureux/peureuse **III 6C**
anhalten s'arrêter **III 6A**
anhaltend continu/continue **V 11B**
per Anhalter fahren faire du stop **III 6E**
jdn. anklagen accuser qn **II 2C**
etw. anklicken cliquer sur qc **I 4B**
ankommen arriver **I 5A**
etw. ankündigen annoncer qc **V 3A; V 7A**
die Ankunft l'arrivée *(f.)* **II 5A**
etw. anlegen mettre qc **I 7C**
etw. wieder anlegen remettre qc **V 3B**
jdn. anlügen mentir à qn **II 7**
jdn. anmachen *(ugs.)* draguer qn *(fam.)* **V 3B**
anonym anonyme **II 2B**
ein Anorak un anorak **II 3E**
etw. anprobieren essayer qc **II 3A**
ein Anrufbeantworter un répondeur **II 4B**

jdn. anrufen téléphoner à qn I 8A; appeler qn III 1B
etw. anschauen regarder qc I 4E
etw. anschauen *(ugs.)* mater qc *(fam.)* V 8B
etw. anschließen installer qc I 3B
etw. ansehen regarder qc I 4E
eine Ansicht un avis II 6C, 2
ansonsten sinon V 10A
anstatt au lieu de III 5C
das Anstreichen la peinture V 9B
eine Anstrengung un effort V 12B
ein Anteil une part V 10B
antworten répondre II 5C
anwesend sein être présent(e/s) V 12B
eine Anzeige une annonce III 3E
Anzeige erstatten porter plainte V 6A
etw. anziehen mettre qc I 7C
sich anziehen s'habiller III 2B
etw. anziehen attirer qc V 6B
Aperitif un apéritif IV 5B
einen Aperitif nehmen prendre l'apéritif IV 5B
ein Apfel une pomme I 7E
eine Apfelsine une orange I 2A
ein Apotheker/eine Apothekerin un pharmacien/une pharmacienne V 7A
ein Apparat un appareil III 5B, 4
am Apparat à l'appareil III 5B, 4
der Appetit l'appétit *(m.)* I 6C
Guten Appetit! Bon appétit! I 6C
jdm. applaudieren applaudir qn III 1A
April avril *(m.)* I 8A, 4
arabisch arabe/arabe IV 4C, 3
die Arbeit le travail II 4A
eine Arbeit/Arbeiten un travail/des travaux IV 1E
arbeiten travailler II 6A, 2
ein Arbeiter/eine Arbeiterin un travailleur/une travailleuse IV 3A, 6
der Arbeitgeber/die Arbeitgeberin le patron/la patronne IV 3E
die Arbeitslosigkeit le chômage IV 4A
arbeitslos sein être au chômage IV 4A
eine Arbeitsstelle un poste IV 5A
ein Arbeitsverhältnis un emploi V 11B
etw. archivieren archiver qc V 5B
arm pauvre/pauvre V 8B; V 11B
ein Arm/Arme un bras/des bras II 2A, 4
eine Armbanduhr une montre III 6C
eine Armee une armée V 11A; V 4A
die Armut la pauvreté V 2B, 2
eine Art … une sorte (de …) V 6B; V 12A; un type V 11B; une façon V 1A; un genre V 1A; un mode V 10A
ein Artikel un article I 4E
ein Arzt un médecin V 12A
ein Assistent/eine Assistentin un assistant/une assistante III 5B
eine Assistentenstelle une place d'assistant(e) IV 3A
die Atmosphäre l'atmosphère *(f.)* V 10A
ein Atomkraftwerk une centrale (nucléaire) V 10B
auch aussi I 2A; également V 9A
auch nicht ne … pas non plus II 7
auf sur I 2A
auf den/dem Boden par terre III 3B
Auf Wiedersehen! Au revoir! I 1
auf Englisch en anglais III 2A
auf etw. hinweisen indiquer qc IV 1E
etw. aufbauen installer qc I 3B; III 1B; III 1B; monter qc III 6B
etw. aufbewahren conserver qc V 5B
hier: aufbrechen nach … embarquer pour … V 7B
ein Aufenthalt un séjour III 2B
etw. auffüllen remplir qc V 9B
eine Aufgabe une tâche V 9A; une mission V 5A
etw. (bei der Post) aufgeben poster qc IV 5E
aufgeregt excité/excitée II 6A; nerveux/nerveuse III 5B
aufhören arrêter I 6C
mit etw. aufhören finir qc III 1A
aufkommen apparaître V 8A
etw. aufmachen ouvrir qc V 3A
aufmerksam attentif/attentive IV 1B
die Aufmerksamkeit l'attention *(f.)* V 6B
die Aufmerksamkeit erregen attirer l'attention V 6B
mit jdm. Kontakt aufnehmen prendre contact avec qn II 6A, 4
etw. aufnehmen intégrer qc V 11A
auf etw. aufpassen faire attention à qc V 2A
etw. aufräumen ranger qc II 4A
die Aufregung l'excitation *(f.)* V 7B
jdn. aufrufen appeler qn III 3A
etw. aufsammeln ramasser qc III 3B
der Aufschnitt la charcuterie III 2A
aufseiten *(+ Genitiv)* du côté de V 8A
sich als Chef aufspielen jouer au caïd III 4A
aufstehen se lever III 2A
Aufstehen! Debout! II 3A, 3
etw. aufstellen monter qc III 6B
auftreten entrer en scène III 3C
aufwachen se réveiller III 2E
aufwachsen grandir V 7A; V 9B
sich aufwärmen se réchauffer V 12A; V 10A
ein Aufzug un ascenseur I 6A
ein Auge/Augen un œil/des yeux II 6A, 3
ein Augenblick un instant III 5B, 4
in diesem Augenblick à ce moment-là III 6B
August août *(m.)* I 8A, 4
ein Au-pair-mädchen une jeune fille au pair IV 3C
sein aus être de I 2B
aus Paris parisien/parisienne IV 3C
die Ausbildung la formation III 5E; V 9A
ein Ausbildungsgang une formation V 9A
ausbrechen éclater V 12B
etw. ausbreiten étaler qc V 12A
etw. ausdrücken exprimer qc IV 3A, 7
ausflippen craquer III 3B
ein Ausflug une promenade IV 5C, 2; une sortie V 9A; V 12A
eine Ausgabe une dépense V 2A
ausgebucht complet/complète IV 4A
ohne etw. auskommen se passer de qc V 5A
eine Auskunft un renseignement III 3E
im/ins Ausland à l'étranger IV 3E
etw. ausmachen éteindre qc V 5A
die Musik ausmachen arrêter la musique I 7C
ausrasten craquer III 3B
ausreichen suffire V 12A; V 10B
es reicht aus, etw. zu tun il suffit de faire qc III 5A
sich ausruhen se reposer III 2C
die Ausrüstung le matériel III 1B
etw. ausschalten éteindre qc V 5A
aussehen avoir l'air *(m.)* III 3B
das Aussehen l'apparence *(m.)* V 8A
außer sauf II 7
außerdem en plus III 5A
das Äußere l'apparence *(m.)* V 8A
außergewöhnlich extraordinaire/extraordinaire IV 4B
jdn./etw. aussetzen abandonner qn/qc V 2A
das Aussetzen l'abandon *(m.)* V 2A
eine Aussicht une vue I 6A
aussteigen descendre II 5C
aus dem Zug aussteigen descendre du train II 5C
ein Ausstoß une émission V 10A
etw. ausstoßen pousser qc V 6B; émettre qc V 10A
ausstoßend émetteur/émettrice V 10A
eine Film ausstrahlen auf … passer un film sur … V 3A
etw. aussuchen choisir qc III 1A

ein Austausch un échange II 6A, 4
ein Austauschpartner/eine Austauschpartnerin un correspondant/une correspondante I 4E; I 4E
die Cola austrinken finir le coca III 1A, 5
etw. ausüben exercer qc V 9A
der Ausverkauf les soldes *(m., pl.)* II 3A
die Ausweispapiere les papiers *(m., pl.)* V 7A
jdn. ausweisen expulser qn IV 2B
eine Ausweisung une expulsion IV 2B
auswendig par cœur IV 4B
eine Auswirkung un effet V 8A
etw. ausziehen enlever qc III 4E
ein Auszubildender/eine Auszubildende un apprenti/une apprentie IV 3E
authentisch authentique/authentique IV 2C, 3
ein Auto une voiture II 2A
eine Autobahn une autoroute III 6A
eine Autobahnraststätte une aire d'autoroute III 6A
ein Autogramm un autographe III 5C
ein Automat un distributeur III 6B
automatisch automatique/automatique V 4B
die Autonomie l'autonomie *(f.)* V 8A
eine Autowerkstatt un garage II 7
ein Autowrack une carcasse V 6B

B

ein Babakoto un babakoto IV 4E
ein Baby un bébé V 8B
ein Babysitter un baby-sitter/une baby-sitter IV 3C
ein Bäcker/eine Bäckerin un boulanger/une boulangère IV 3E
  ein Bäcker und Konditor un boulanger-pâtissier IV 3E
eine Bäckerei une boulangerie I 6B
  eine Bäckerei und Konditorei une boulangerie-pâtisserie IV 3E
das Bad la salle de bains III 2A
ein Badeanzug un maillot de bain II 1
eine Badehose un maillot de bain II 1
das Badezimmer la salle de bains III 2A
eine Bahnfahrkarte un billet de train II 5A
ein Bahnhof une gare II 5A
bald bientôt I 7A, 6
eine Banane une banane I 2E
eine Band un groupe II 5B
eine Bande une bande V 5B; V 6B
ein Bandenchef un caïd *(fam.)* III 4A
der Bandleader le chef III 1A
bangalisch bangladais/bangladaise V 7A
die Bank la banque III 5E
eine Baseballkappe une casquette I 2E
das Basilikum le basilic IV 5C
Basketball le basket IV 1A
ein Bass une basse III 1A
der Bauch le ventre II 2A, 4
etw. bauen construire qc IV 4C
ein Bauernhof une ferme IV 5A
eine Baustelle un chantier V 9B
ein Bauwerk un monument IV 5C, 2
sich bei jdm. bedanken remercier qn IV 4B
etw. bedauern regretter qn/qc IV 2A
etw. bedeuten signifier qc IV 3B
sich bedienen se servir III 2A
eine Bedingung une condition V 6A; V 10B
sich beeilen se dépêcher III 2E
jdn. beeindrucken impressionner qn IV 5C, 5
etw. beenden finir qc III 1A; terminer qc V 6B; V 7B
ein Befehl un ordre III 4B
  jdm. Befehle erteilen donner des ordres à qn III 4B
sich befinden se trouver IV 4B
gut befreundet sein être très ami(e/s) IV 1B
jdm. begegnen croiser qn V 8B
eine Begegnung une rencontre IV 1E
  eine Begegnung haben faire une rencontre IV 4B
etw. beginnen commencer qc I 8A
  beginnen etw. zu tun commencer à faire qc III 3A; se mettre à faire qc IV 2C
  wieder beginnen recommencer IV 4A
  etw. mit etw. beginnen commencer qc par qc IV 5C
jdn./etw. begleiten accompagner qn/qc V 11B
etw. begrenzen limiter qc V 10A
etw. behalten garder qc IV 4B
  jdn. zuhause behalten garder qn à la maison V 3A
ein Behinderter/eine Behinderte un handicapé/une handicapée IV 1A
bei *(+ Personen)* chez I 4C
  Ich habe seine (Telefon-)Nummer bei mir. J'ai son numéro sur moi. III 1B
jdm. etw. beibringen apprendre qc à qn IV 3E
das Bein la jambe II 2A
beinahe presque III 1B
ein Beispiel un exemple II 6A; I 1, 3
die Bekanntschaft la connaissance IV 2C
  jds. Bekanntschaft machen faire la connaissance de qn IV 2C
etw. bekommen recevoir qc IV 1A
gekränkt/beleidigt sein être vexé/vexée II 7
belgisch belge/belge IV 3C
jdn. belügen mentir à qn II 7
etw. bemerken remarquer qc III 1A
eine Bemerkung une remarque III 4A
jdn. beneiden envier qn V 7B
das Benzin l'essence *(f.)* III 6A
jdn./etw. beobachten observer qn/qc V 2B
bereit prêt/prête III 1B
ein Berg une montagne IV 5E
ein Beruf un métier III 4B
  Berufs- professionnel/professionnelle V 9A
ein Berufsinformationsblatt une fiche-métier/des fiches-métier III 5E
sich beruhigen se calmer III 2C
  jdn. beruhigen rassurer qn IV 5E
berühmt célèbre/célèbre IV 5C
etw. berühren toucher qc IV 2C
jdn. beschäftigen employer qn IV 3C
sich auf etw. beschränken s'en tenir à qc V 6B
jdn./etw. beschreiben décrire qn/qc II 6A
  jdm. etw. beschreiben décrire qc à qn II 6B
jdn. beschuldigen accuser qn II 2C
jdn. beschützen garder qn V 3A
etw. besichtigen visiter qc I 9
eine Besichtigung une visite I 6B
etw. besitzen posséder qc IV 4B
der Besitzer/die Besitzerein le propriétaire/la propriétaire IV 3C
besonderer particulier/particulière V 11B
eine Besonderheit une particularité V 6A
besonders surtout II 6C
eine Besprechung une réunion III 5A
besser (als ...) meilleur/meilleure *(que ...)* IV 5A
besser mieux II 4C
darin bestehen etw. zu tun consister à faire qc V 6A
  darauf bestehen etw. zu tun insister pour faire qc V 6B
etw. bestellen commander qc II 4C
etw. bestimmen définir qc V 9A
bestimmt sûrement III 6B

ein Besuch une visite **I 6B**

jdn. besuchen aller voir qn **II 6A**

etw. betrachten regarder qc **I 4E**

jdn. betreffen concerner qn **II 6B;** toucher qn **IV 4C**

betreten entrer **I 3B**

ein Betreuer/eine Betreuerin un animateur/une animatrice **IV 1E**

sich betroffen fühlen se sentir concerné(e/s) **V 8A,** 4

ein Bett un lit **II 4C**

ins/zu Bett gehen se coucher **III 2A**

beunruhigen inquiéter **V 8A**

ein Beur *(ugs.)* un beur/une beur/beurette *(fam.)* **V 3A;** un/une rebeu *(fam.)* **V 8B**

die Bevölkerung la population **IV 4C; V 11A**

bevor avant de *(+ inf.)* **V 1A**

jdn./etw. bevorzugen privilégier qn/qc **V 9A**

bevorzugt préféré/préférée **II 1E**

jdn. bewachen garder qn **V 3A**

sich bewegen bouger **I 9;** circuler **IV 3B**

bewegend touchant/touchante **V 3B,** 4

eine Bewegung un mouvement **V 1A**

sich um ein Casting bewerben se présenter à un casting **III 3A**

ein Bewerbungsgespräch un entretien **III 5B**

sich einer Sache bewusst werden se rendre compte de qc **IV 2B**

bezahlen payer **III 5A**

der bezahlte Urlaub les congés payés *(m., pl.)* **V 2A**

ein Bezug un rapport **V 11A; V 4A,** 2

eine Biene une abeille **IV 5B**

ein Bienenkorb une ruche **IV 5A**

ein Bienenstock une ruche **IV 5A**

ein Bikini un maillot de bain **II 1**

ein Bild une image **IV 2C**

etw. bilden former qc **IV 3B**

ein Billig-Geschäft un bazar **V 7A**

ein Bindeglied un connecteur **V 1A,** 3

eine Biografie une biographie **V 1A,** 3

bis à **I 4B**

Bis dann! A plus! *(fam.)* **II 4B,** 5

bis jusque **V 11A; V 4B; V 7A**

ein bisschen un peu **I 6C,** 3

ein bisschen … *(bei Mengen)* un peu de … **I 7B**

ein bisschen Hunger haben avoir une petite faim *(f.)* **II 4A**

bitte *(zu jemandem, den man siezt)* s'il vous plaît **I 5B**

bitte *(zu jemandem, den man duzt)* s'il te plaît **I 5B**

bitte s.v.p. = s'il vous plaît. **II 3C,** 3

jdn. bitten etw. zu tun demander à qn de faire qc **IV 2B**

eine Blase une bulle *(ugs.)* **III 2B**

ein Blatt une fiche **III 5E**

blau bleu/bleue **II 3E**

ein blauer Fleck un bleu/des bleus **V 12A**

blaugrün bleu-vert **IV 2C**

bleiben rester **I 5B**

mir/dir/ihm/ihr/uns/euch/ihnen bleibt etw. il nous reste qc **III 1B**

Bitte bleiben Sie am Apparat. Ne quittez pas. **III 5B,** 4

ein Blick une vue **I 6A; I 6A;** un regard **V 6B**

blöd idiot/idiote **II 3A;** nul/nulle **II 4B;** stupide/stupide **V 5B**

Das ist blöd. *(ugs.)* C'est nul. *(fam.)* **II 1**

Blödsinn n'importe quoi **III 4B**

ein Blog un blog **IV 5E**

blond blond/blonde **II 6A**

Habt ihr Bock? *(ugs.)* Ça vous branche? *(fam.)* **V 8B**

auf den/dem Boden par terre **III 3B**

ein Boot un bateau **I 9**

böse méchant/méchante **III 4B**

brasilianisch brésilien/brésilienne **V 1A**

man braucht etw./wir brauchen etw. il faut qc **II 4B**

Zeit brauchen um etw. zu tun mettre du temps à faire qc **V 7B**

braun *(Haarfarbe)* brun/brune **II 6A,** 3

braun marron **IV 4B**

braun werden bronzer **V 7B**

Bravo! Bravo! **I 7A,** 3

breit large/large **IV 5C,** 6

brennen brûler (qc) **IV 4A**

ein Brief une lettre **II 2B**

ein Brieffreund/eine Brieffreundin *(ugs.)* un/une corres *(fam.)* **I 4A**

ein Briefkasten une boîte aux lettres **V 6B**

eine Brieftasche un portefeuille **I 9**

ein Briefträger/eine Briefträgerin un facteur/une factrice **V 7A**

ein Briefumschlag une enveloppe **III 4C**

eine Brille des lunettes *(f.)* **II 6A,** 3

etw. bringen apporter qc **I 7C;** rapporter qc **V 6A**

die Bronze le bronze **V 4A**

eine Broschüre une brochure **IV 4C,** 4

das Brot le pain **II 4E**

ein Bruder un frère **I 6C**

brutal violent/violente **V 1A**

ein Buch un livre **I 8B,** 3

ein Budget un budget **V 6B**

das Büfett le buffet **III 2C**

eine Bühne une scène **III 3C**

ein Bund un bouquet **IV 5B**

eine Burg/Burgen un château/des châteaux **IV 5C**

ein Büro un bureau **III 5A**

ein Bus un bus **III 2E**

die Butter le beurre **III 2A**

C

der Cache le cache **V 5E**

ein Café un café **III 6C;** un bar **V 3A,** 3

campen faire du camping **II 1**

ein Campingbus un minibus **III 6A**

ein Campingplatz un camping **II 1**

der Cannabis le cannabis **V 8A**

ein Casting un casting **III 3E**

sich um ein Casting bewerben se présenter à un casting **III 3A**

eine CD un CD **I 3E**

das CDI le CDI **I 5A**

eine CD-ROM un CD-ROM/des CD-ROM **I 3B**

ein Cent un centime **I 7A**

ein Centime un centime **V 4B**

der Charakter le caractère **III 4B,** 2

chatten chatter **V 11A; V 5A**

der Chef le chef **III 1A**

der Chef/die Chefin le patron/la patronne **IV 3E**

sich als Chef aufspielen jouer au caïd **III 4A**

ein Chefredakteur/eine Chefredakteurin un rédacteur en chef/une rédactrice en chef **V 6A**

ein Chinese/eine Chinesin un Chinois/une Chinoise **V 7A**

(Kartoffel-)Chips des chips *(f., pl.)* **I 8E**

ein Clip un clip **V 1A**

eine Clique une bande **V 5B**

ein Clown un clown **II 3B**

ein Club un club **I 8E;** un atelier **III 4A**

eine Cola un coca **I 6C**

ein Collège un collège **I 5E**

ein Comic une BD **I 2E**

ein Comicheft une BD **I 2E**

ein Computer un ordinateur **I 3B;** un ordi *(fam.)* **V 5A**

ein Computerprogramm un logiciel **V 5A,** 4; un programme informatique **V 9A**

cool *(ugs.)* cool *(fam.)* **I 2B**
Cornflakes des céréales *(f., pl.)* **II 4E**
das Couscous le couscous **III 3A**
ein Cousin/eine Cousine un cousin/ une cousine **II 5E**
eine Creme une crème **IV 4A**, 6
eine Crêpe une crêpe **V 12A**
ein Croissant un croissant **III 6B**

D

da(s) ist/sind … voilà … **I**
da là **I 2A**
Da ist sie/er (ja)! La/Le voilà! **II 5A**
da *(Konjunktion)* comme **III 5B**
dabei sein etw. zu tun être en train de faire qc **III 2B**
dabei sein assister à qc **V 6B**
ein Dach un toit **V 4A**, 3
damit pour que *(+ subj)* **V 2A**
danach puis **I 4B;** ensuite **III 3A;** après (ça) **II 6C**, 4
ein Däne/eine Dänin un Danois/une Danoise **IV 3C**
dank grâce à **IV 3E**
Danke. Merci. **I 1**
jdm. danken remercier qn **IV 4B**
dann puis **I 4B;** après (ça) **II 6C**, 4; ensuite **III 3A**
am Tag darauf le lendemain **II 6E**
darauf dessus **V 2B**
etw. darstellen représenter qc **IV 3B**
darunter en dessous **IV 3B**
das *(z. B. in "c'est …" = das ist)* ce/c' **I 1**
das heißt c'est-à-dire **V 2A; V 8A**
(er erklärt,) dass … il explique que … **II 6C**
dauern durer **IV 4A**
davon en **III 5C**
davon dont **III 5B**
davor avant **IV 1C**
dazu en plus **III 5A**
ein Dealer un dealer **III 4C**
eine Decke une couverture **IV 5A**
den Tisch decken mettre la table **I 7C**
etw. definieren définir qc **V 9A**
ein Delegierter/eine Delegierte un délégué/une déléguée **V 10B**, 5
ein Delfin un dauphin **V 9B**
eine Demonstration une manifestation **IV 2B**
an jdn./etw.denken penser à qn/qc **I 8B**
über etw. denken penser de qc **II 6C**
denn car **IV 4B**
dennoch pourtant **V 2A**
deprimiert sein être déprimé/déprimée **III 3C**, 3
derjenige/diejenige/dasjenige/diejenigen celui/celle/ceux/celles **IV 2C**
derselbe/dieselbe/dasselbe/dieselben le même/la même/les mêmes **II 3C**
deshalb *(ugs.)* c'est pour ça que … *(fam.)* **III 6E**
je mehr … desto … plus …, plus … **V 2B; V 9B**
deutsch allemand/allemande **IV 3E**
das Deutsche/die deutsche Sprache l'allemand *(m.)* **I 4C**
Deutsch/Deutschunterricht haben avoir allemand **I 4C**
ein Deutscher/eine Deutsche un Allemand/une Allemande **II 6A**, 5
ein Deutschlehrer/eine Deutschlehrerin *(ugs.)* un/une prof d'allemand *(fam.)* **I 4E**
Dezember décembre *(m.)* **I 8A**, 4
ein Dialekt un dialecte **V 11B**
ein Dialog un dialogue **I 2B**, 2
dick gros/grosse **II 6A**, 3
ein Dieb/eine Diebin un voleur/une voleuse **II 2C**
als etw. dienen servir de qc **V 4A**
Dienstag mardi *(m.)* **I 5B**, 4
ein Dienstwagen une voiture de service **V 6B**
dieser/diese/dieses ce/cet/cette/ces **II 3B;** celui-ci/celle-ci/ceux-ci/ celles-ci **IV 4C**
jdn. diffamieren diffamer qc **V 6A**
ein Ding *(ugs.)* un truc *(fam.)* **IV 2A**, 3
direkt direct/directe **II 5B**, 5
direkt en direct **V 3A**
eine Diskussion une discussion **V 5B**
mit jdm. diskutieren discuter avec qn **I 8A**
Doch. *(auf eine verneinte Frage)* Si. **II 3C**
ein Dolmetscher/eine Dolmetscherin un interprète/une interprète **IV 3C**, 4
ein Dom une cathédrale **V 4A**
Donnerstag jeudi *(m.)* **I 5B**, 4
Das ist doof. *(ugs.)* C'est nul. *(fam.)* **II 1**
doof idiot/idiote **II 3A;** nul/nulle **II 4B**
ein Dorf un village **I 9**
dort là **I 2A;** là-bas **II 5B;** y **III 6B**
dort oben là-haut **V 9B**
dorthin là-bas **II 5B;** y **III 6B**
draußen dehors **V 12A**
die Dreharbeiten le tournage **IV 1C**
ein Drehbuch un scénario **IV 1C**
etw. drehen tourner qc **II 3C**
ein Drittel un tiers **V 5A**, 4
eine Droge une drogue **V 8A**
ein Drogenverkäufer un dealer **III 4C**
dünn mince/mince **II 6A**, 3
durch par **II 6A**
durchgehend 24 heures sur 24 **V 12A**
durchhalten tenir le coup **V 5A;** s'accrocher **V 7A**
der Durchschnitt la moyenne **V 2A**
etw. noch einmal durchsehen revoir qc **IV 2C**
die Durchwahl(nummer) le numéro de ligne directe **III 5B**, 4
Durst haben avoir soif **I 8B**
eine Dusche une douche **I 3A**
duschen se doucher **III 2A**
eine DVD un DVD **II 5E**
dynamisch dynamique/dynamique **V 1A; V 9B**

E

ebenfalls également **V 9A**
eine Ecke un coin **V 12A**
der Ehemann le mari **IV 4A**
eher plutôt **III 4A**
der Ehrgeiz l'ambition *(f.)* **III 5B**
ehrgeizig sein avoir de l'ambition *(f.)* **III 5B**
eifersüchtig jaloux/jalouse **III 4B**
ein Eifersüchtiger/eine Eifersüchtige un jaloux/une jalouse **III 4C**
eigener/eigene/eigenes propre/propre **V 6A**
die (gute) Eigenschaft la qualité **III 5E**
Eigentlich … schon. Enfin … si. **II 6A**
der Eigentümer/die Eigentümerin le propriétaire/la propriétaire **IV 3C**
es eilig haben être pressé(s)/pressée(s) **II 5C**
ein Eindruck une impression **V 12A**
den Eindruck haben etw. zu tun avoir l'impression de faire qc **V 2B**
ein Eindruck une impression **V 8A**
den Eindruck haben, dass … avoir l'impression que … **V 8A**
ein Einfluss une influence **V 3A**
etw einfangen attraper qc **V 2B; V 12A**
ein Einfluss (auf etw.) un impact (sur qc) **V 10B**
etw. einführen introduire qc **IV 3B**
die Einheit l'unité *(f.)* **IV 3B**
die einheitliche Währung la monnaie unique **IV 3B**
einige quelques-uns/quelques-unes **V 11A**

die Einkäufe les courses *(f.)* **I 7A**
etw. einkaufen acheter qc **I 7A**
einkaufen faire les courses **I 7A**
einkaufen gehen faire du shopping *(fam.)* **II 1E**
etw. günstig einkaufen faire une affaire/des affaires **II 3A**
ein Einkaufszentrum un centre commercial/des centres commerciaux **V 12A;** un hypermarché **V 9B**
ein Einkaufszettel une liste des courses **I 7A,** 5
jdn. einladen inviter qn **I 7A**
jdn. auf ein Glas einladen offrir un verre à qn **II 7,** 5
eine Einladung une invitation **I 8A**
sich einloggen se connecter **V 5A**
einmal une fois **II 2C**
etw. einrollen enrouler qc **V 12A**
ein Einsatz un engagement **V 9A**
sich einschalten s'allumer **V 5A**
(in etw.) einsteigen monter (dans qc) **II 5A**
eine Einstellung un engagement **V 9A**
eintönig monotone/monotone **V 9B**
eintreten entrer **I 3B**
eine Eintrittskarte un ticket **II 5C**
Einverstanden. D'accord. **I 2B**
einverstanden sein être d'accord **I 8B**
damit einverstanden sein, etw. zu tun accepter de faire qc **V 5A**
ein illegaler Einwanderer/eine illegale Einwanderin un clandestin/une clandestine **V 7A**
sich einwickeln s'envelopper **V 6B**
eine Einzelheit un détail **III 3E**
ein Einzelkind un fils unique/une fille unique **IV 2B**
einzig unique/unique **IV 2B;** seul/seule **IV 3B**
einzigartig unique/unique **IV 2B**
ein Eis une glace **I 9,** 2
eine Eisbahn un patinoire **V 12A**
eisig glacial/glaciale **V 12A**
eiskalt glacial/glaciale **V 12A**
eislaufen faire du patin **V 12A**
ein Elefant un éléphant **I 3A**
elektrisch électrique/électrique **V 4B; V 10B**
die Elektrizität l'électricité *(f.)* **V 10B**
ein Elektroniker/eine Elektronikerin un électronicien/une électronicienne **IV 3A,** 6
ein Elendsviertel un bidonville **IV 4C**
der elterliche Wohnsitz le domicile familial **V 2A**
die Eltern les parents *(m.)* **I 8B**
das Elternhaus le domicile familial **V 2A**
eine E-Mail un e-mail **I 8B;** un courriel **V 5B**
eine E-Mail-Adresse une adresse e-mail **I 4C,** 2
jdn. empfangen recevoir qn **IV 5B,** 1
empfindlich sensible/sensible **V 8A**
eine Empfindung une sensation **V 8A**
das Ende la fin **I 3E**
am Ende von etw. au bout de qc **IV 5B**
zu Ende gehen s'épuiser **V 10B**
endgültig *(Adv.)* définitivement **IV 3A**
endlich enfin **II 1**
eine Endung une terminaison **IV 1E**
energetisch énergétique/énergétique **V 10B**
eine Energie une énergie **V 10A**
die Unabhängigkeit in der Energieversorgung l'indépendance énergétique *(f.)* **V 10B**
ein Engagement un engagement **V 9A**
sich engagieren s'engager **V 9A**
engagiert engagé/engagée **V 1A**
auf Englisch en anglais **II 6B,** 5
englischsprachig anglophone/anglophone **V 12B; V 1A**
die Enkel(kinder) les petits-enfants *(m., pl.)* **II 5A,** 1
ein Enkel/eine Enkelin un petit-fils/une petite-fille **IV 4A**
enorm énorme/énorme **V 11B**
etw. entdecken découvrir qc **III 3A**
eine Entdeckung une découverte **V 8A**
... km entfernt von ... à ... km de **I 9**
eine Entfernung une distance **V 4A**
an etw. entlang le long de qc **V 12B**
entscheiden etw. zu tun décider de faire qc **IV 2B**
sich entscheiden etw. zu tun se décider à faire qc **V 9A**
eine Entscheidung une décision **III 1A,** 5
eine Entscheidung treffen prendre une décision **III 1A,** 5
sich entschuldigen s'excuser **III 2C**
Entschuldige./Entschuldigen Sie. Excuse-moi./Excusez-moi. **III 5B**
Entschuldigung. Pardon. **I 7A**
entstehen apparaître **V 8A**
eine Enttäuschung une déception **V 8A**
etw. entwerten composter qc **II 5A**
sich entwickeln évoluer **V 9B**
eine Epoche une époque **V 11A**
die Erde la planète **V 11A**
sich ereignen se dérouler **V 6B**
sich ereignen se passer **III 2C**
ein Ereignis un événement **V 3A; V 4A; V 6A;** un fait **V 6A**
etw. erfahren apprendre qc **IV 2B**
eine Erfahrung une expérience **IV 3E**
der Erfolg le succès **III 3C**
Erfolg haben réussir **V 7A**
ein Ergebnis un résultat **II 6C**
etw. erhalten/bekommen recevoir qc **IV 1A**
etw. erhalten obtenir qc **IV 2B; IV 2B**
etw. erhitzen chauffer qc **V 12A**
etw. erhöhen augmenter qc **IV 3C**
sich an etw. erinnern se souvenir de qc **IV 1A**
eine Erinnerung un souvenir **IV 4B,** 5
etw. erklären expliquer qc **I 8B**
jdm. etw. erklären expliquer qc à qn **II 3C**
Ich kann's dir erklären! Je vais t'expliquer! **II 3C**
eine Ermäßigung une réduction **II 5B,** 5
eine Ermittlung une enquête **II 2E**
die erneuerbaren Energien les énergies renouvelables *(f.)* **V 10B**
erneuerbar renouvelable/renouvelable **V 10B**
ernst(haft) sérieux/sérieuse **III 4B**
etw. ernten récolter qc **IV 5E**
etw. eröffnen ouvrir qc **V 3A** inaugurer qc **V 4A**
ein Erpresser/eine Erpresserin un racketteur/une racketteuse **II 6A**
eine Erpressung un racket **II 6E**
die Aufmerksamkeit erregen attirer l'attention **V 6B**
etw. erreichen atteindre qc **V 12A; V 10B**
erscheinen *(Zeitung)* sortir **IV 1E**
sich erschöpfen s'épuiser **V 10B**
etw. ersetzen remplacer qc **II 6E**
Anzeige erstatten porter plainte **V 6A**
der erste/die erste(n)/das erste ... le premier/la première/les premiers/les premières... **II 5B**
die erste Liebe les premiers amours *(m., pl.)* **V 8A**
etw. ertragen supporter qc **V 5A**
ein Erwachsener/eine Erwachsene un adulte/une adulte **V 8A**
sich erwärmen/aufwärmen se réchauffer **V 10A**
eine Erwärmung un réchauffement **V 10A**
etw. erwischen attraper qc **V 2B**
etw. erzählen raconter qc **II 2C**
Es geht mir gut. Ça va. **I 1**
etw. essen manger qc **I 7C**

das Essen le repas **III 2A;** la bouffe *(fam.)* **III 2E**
eine Etage un étage **I 6A**
eine Etappe une étape **IV 4E**
etwas quelque chose **II 6A**
euphorisch euphorique/euphorique **V 6B**
ein Euro un euro **I 6A**
europäisch européen/européenne **IV 2B,** 4
das Europaparlament le Parlement européen **IV 3B**
existieren exister **V 11A**
extrem extrême/extrême **V 8A**
exzessiv excessif/excessive **V 1A**

F

ein (Schul-)Fach une matière **V 9A**
das Fachabitur le bac pro *(= un bac professionnel)* **III 5E**
der Facharbeiterbrief le CAP *(= le certificat d'aptitude professionnelle)* **III 5E**
die Fachhochschulreife le bac pro *(= un bac professionnel)* **III 5E**
der Fachoberschulabschluss le BEP *(= le brevet d'études professionnelles)* **III 5E**
eine Fachoberschule un lycée professionnel **V 7B**
eine Fähigkeit une capacité **V 8A;** une compétence **V 9A**
eine Fahne un drapeau/des drapeaux **IV 3B**
fahren aller **I 5E;** conduire **III 6E;** rouler **V 4B**
Mountainbike fahren faire du VTT **II 1E**
in (die) Ferien/in (den) Urlaub fahren partir en vacances *(f., pl.)* **II 5E**
ein Fahrer/eine Fahrerin un conducteur/une conductrice **V 4B**
ein Fahrgast un passager/une passagère **V 4B**
eine Fahrkarte un billet **II 5A**
eine (einfache) Fahrkarte un aller simple **II 5B,** 5
der Fahrplan les horaires *(m., pl.)* **II 5B,** 5
ein Fahrrad un vélo **II 1E**
mit dem Fahrrad en vélo **II 7**
ein Fahrstuhl un ascenseur **I 6A**
ein Fall un cas **V 8A**
auf jeden Fall de toute façon **III 1B;** en tout cas **V 7B**

fallen tomber **I 9**
etw. fallen lassen laisser tomber qc **III 3B**
falls si **I 9**
ein Faltblatt un dépliant **IV 4B,** 5
eine Familie une famille **II 4E**
das Familienleben la vie familiale **V 9A**
ein Fan un fan/une fan **II 5B;** un/une accro *(fam.)* **V 5A**
Feuer fangen prendre feu **IV 5E**
etw. (ein)fangen attraper qc **V 2B**
fantastisch fantastique/fantastique **II 3A**
die Farbe la couleur **II 3A**
fast presque **III 1B**
Februar février *(m.)* **I 8A,** 4
fehlen manquer **III 5C**
jdm. fehlen manquer à qn **V 7A**
fehlen être absent/absente **V 8B**
ein Fehlen une absence **V 8B; V 10B**
ein Fehler une erreur **V 5B**
etw. feiern fêter qc **IV 4A**
ein Feld un champ **IV 4B**
ein Fell une fourrure **V 12B**
ein Fels/Felsen un rocher **II 2E**
ein Fenster une fenêtre **IV 1C**
die Ferien les vacances *(f., pl.)* **II 1E**
die großen Ferien les grandes vacances **V 7B**
in (die) Ferien fahren partir en vacances *(f.) (pl.)* **II 5E**
ein Ferienlager un camp de vacances **II 1E**
eine Fernbedienung une télécommande **V 5A**
das Fernsehen *(ugs.)* la télé *(fam.)* (= la télévision) **II 4B**
ein Fernsehfilm un téléfilm **V 3A**
ein Fernsehmoderator/eine Fernsehmoderatorin un animateur/une animatrice **III 5E**
eine Fernsehsendung une émission (de télévision) **III 5E**
fertig prêt/prête **III 1B**
ein Festival un festival **III 6A**
jdn. festnehmen arrêter qn **II 2B**
eine Fete une soirée **I 4C;** une fête **I 8E**
feucht humide/humide **V 2B**
ein Feuer un feu **IV 5E**
Feuer fangen prendre feu **IV 5E**
ein Feuerwehrmann un pompier **IV 5E**
eine Figur un personnage **V 3B,** 1
ein Film un film **I 5B,** 4
etw. filmen filmer qc **IV 1C**
ein Finale une finale **IV 1A**
etw. finden trouver qc **I 3E**
ein Finger un doigt **IV 1B**

eine Firma une entreprise **III 5A**
ein Fisch un poisson **IV 5B**
ein Fischer un pêcheur **IV 5C**
eine Flagge un drapeau/des drapeaux **IV 3B**
flämisch flamand/flamande **IV 3C**
eine Flamme une flamme **IV 5E**
eine Flasche une bouteille **I 7A**
ein blauer Fleck un bleu/des bleus **V 12A**
mit etw./jdm. flirten flirter avec qc/qn **V 1A**
mit jdm. flirten *(ugs.)* draguer qn *(fam.)* **V 3B**
ein Flughafen un aéroport **IV 4B,** 3
ein Flugzeug un avion **III 6A**
ein Flur un couloir **I 3A**
ein Fluss un fleuve **V 11B; V 12B**
eine Folge un effet **V 8A**
jdm. folgen suivre qn **IV 5B**
etw. fordern exiger qc **V 6A; V 10A**
von jdm. fordern etw. zu tun exiger de qn de faire qc **V 10A**
eine Form une forme **I 9,** 4
in Form sein *(ugs.)* être en forme *(fam.)* **III 3C,** 3
fortfahren continuer **I 4B**
ein Fortschritt un progrès **IV 3E**
ein Forum un forum **V 5A**
fossil fossile/fossile **V 10A**
ein Foto une photo **I 4E**
ein Fotoapparat un appareil photo **II 5A**
ein Fotograf/eine Fotografin un photographe/une photographe **IV 5A,** 7
fotografieren prendre des photos **I 6A**
eine Fotokopie une photocopie **III 5A**
eine Frage une question **I 2B,** 4
jdm. Fragen stellen poser des questions à qn **II 6E**
etw. fragen demander qc **I 8A**
jdn. (nach) etw. fragen demander qc à qn **II 6A**
fragen, ob … demander si … **II 6C**
sich fragen, ob … se demander si … **III 2E**
Wer hat dich denn gefragt? *(ugs.)* On ne t'a pas sonné! *(fam.)* **V 8B**
die Frankofonie la francophonie **V 11A**
französisch français/française **IV 3A**
das Französische le français **I 2B**
französischsprachig francophone/francophone **IV 4E**
Frau … (*Abkürzung von* Madame) Mme … **I 3A,** 1
eine Frau une femme **II 5B,** 5
Frau *(Anrede für eine junge Frau)* Mademoiselle **II 3C,** 3

ein junge Frau une jeune demoiselle V 1B
eine Frau *(ugs.)* une meuf *(fam.)* V 1B, 2
frei disponible/disponible IV 2B, 5; libre/libre IV 2B, 5
Der Eintritt ist frei. C'est gratuit. II 5B
frei *(Adv.)* librement IV 3B
eine Freistunde une heure de permanence II 6B
Freitag vendredi *(m.)* I 5B, 4
eine Fremdsprache une langue étrangère V 11A
eine Fremdsprachenassistentenstelle une place d'assistant(e) IV 3A
die Frequentierung la fréquentation V 4B
die Freude le plaisir IV 2E; la joie V 7B
Freund un ami/une amie II 2B; un copain/une copine I 1
der Freund/die Freundin (mit dem/der man „geht") le petit copain/la petite copine II 3B, 4
die Freundschaft l'amitié *(f.)* IV 1B
ein Freundschaftspreis un prix d'ami IV 4A
der Friede la paix IV 3B
ein Friseur/eine Friseurin un coiffeur/une coiffeuse III 3A
ein Frisiersalon un salon de coiffure V 9B
eine Frisur une coiffure V 7B
eine Frucht un fruit I 7E
früh tôt III 2A
der Frühling le printemps IV 5B
ein Frühstück un petit-déjeuner II 2E
frühstücken prendre son petit-déjeuner II 2E
etw. fühlen sentir qc IV 4A
sich (wohl-/gut) fühlen se sentir (bien) III 3A
ein Restaurant führen tenir un restaurant IV 3A
jdn./etw. (an)führen diriger qn/qc V 6B
zu etw. führen mener à qc V 8A
jdn. führen gérer qn V 9B
etw. mit etw. füllen remplir qc de qc V 7B
fünf nach fünf cinq heures cinq I 5B
eine Funktion une fonction III 1E
funktionieren marcher IV 1C
für pour I 3E
für etw. unverzichtbar sein être indispensable à qc V 10A
ein Fuß un pied II 2A, 4
zu Fuß à pied II 5C
Fußball *(als Sportart)* le foot I 4A
ein Fußballfeld un terrain de foot V 4A
ein Fußgänger/eine Fußgängerin un piéton/une piétonne V 11B
das Futtern *(ugs.)* la bouffe *(fam.)* III 2E

G

eine Gabel une fourchette II 4C
ganz entier/entière V 11A; V 1A; V 6A; V 7A
Ganz gut! Pas mal! II 2A, 4
ganz allein tout seul/toute seule III 3A
ganz tout à fait V 2A
(der/die/das) ganz(e)/alle … *(Begleiter)* tout le, toute la, tous les, toutes les II 7E
den ganzen Tag toute la journée II 7E
die ganze Welt le monde entier V 6A
ein Garten un jardin IV 5C
ein Gas/Gase un gaz/des gaz V 10A
ein Gas, das den Treibhauseffekt bewirkt un gaz à effet de serre V 10A
ein Gast un invité/une invitée IV 1E
ein Gasthaus une auberge IV 3C
ein Gebäude un bâtiment V 6B
geben exister V 11A
Was gibt es? Qu'est-ce qu'il y a? I 5B
etw. geben donner qc II 4C; passer qc II 4C, 2
Ich gebe ihn/sie Ihnen. Je vous le/la passe. III 5B, 4
Das gibt's doch nicht! Ça alors! II 4B
Das gibt's nicht. Ça n'existe pas. V 2B
ein Gebiet un territoire V 11A
ich bin geboren je suis né/née III 4A
etw. gebrauchen utiliser qc V 11A; V 4A
das Geburtsdatum la date de naissance IV 1A
ein Geburtstag un anniversaire I 3A
ein Geburtstagsgeschenk un cadeau d'anniversaire I 3B
auf andere Gedanken kommen se changer les idées III 3A
ein Gedicht un poème I 3E
geduldig patient/patiente III 4B
eine Gefahr un danger IV 5E
etw./jdn. in Gefahr bringen mettre qc/qn en danger V 10A
gefährlich dangereux/dangereuse II 7
jdm. gefallen plaire à qn II 3A; faire plaisir à qn IV 2E
ein Gefängnis une prison V 2A; V 4A
gefroren gelé/gelée V 12A
ein Gefühl une émotion III 3C, 3; un sentiment IV 3E; une sensation V 8A
gegen *(zeitlich)* vers II 2B
gegen contre II 6A
eine Gegend une région I 4B
ein Gegenstand un objet IV 4C
das Gegenteil (von) le contraire (de) III 2C, 5
im Gegenteil au contraire IV 2A
gegenüber von en face de II 5B
ein Gehalt un salaire III 5B
gehen aller I 5E
Wie geht's? Ça va? I 1
nach Hause gehen rentrer à la maison I 5B
Wohin gehst du? Tu vas où? I 5A, 2
zu jdm. gehen aller voir qn II 6A
einkaufen gehen faire du shopping *(fam.)* II 1E
Es geht. Ça marche bien. III 1A
ins/zu Bett gehen se coucher III 2A
Du gehst mir (echt) auf die Nerven. *(ugs.)* Tu me casses les pieds. *(fam.)* III 4C, 4
Wohin gehst du? Où vas-tu? III 6C
Auf geht's! On y va! IV 4A
an etw. (dran)gehen aller sur qc V 5A
Das geht klar. *(ugs.)* Ça peut le faire. *(fam.)* V 8B
zu etw. gehören faire partie de qc III 5B; appartenir à qc V 1A
jdm. gehören être à qn III 6B
Das gehört mir. C'est à moi. III 6B
gelb jaune/jaune II 3E
das Geld l'argent *(m.)* I 4A; la monnaie IV 3B
Geld verdienen gagner de l'argent *(m.)* II 7
ein Geldautomat un distributeur III 6B
ein Geldstück une pièce III 3B
eine (gute) Gelegenheit une chance III 4B
eine Gelegenheit une occasion V 3A; V 12B
als etw. gelten passer pour qc V 8A
ein Gemälde une peinture V 4A, 4
gemäß selon IV 3B, 5
gemeinsam *(Adj.)* collectif/collective V 6B
ein Gemüse un légume I 7E
genau précis/précise V 9A
genau exactement II 3C, 3; précisément V 9A
die Genehmigung l'autorisation *(f.)* IV 1C
eine Generation une génération V 1A; V 3A

genervt énervé/énervée **II 3A**
genial génial/géniale/géniaux/géniales **II 3A;** génial **I 4A**
genug assez **II 7**
genug … assez de … **II 7**
nicht genug (…) ne … pas assez (de…) **V 8A**
genügen suffire **V 12A**
das Gepäck les bagages *(m., pl.)* **III 6A**
die Gepäckaufbewahrung la consigne **IV 4C**, 4
etw. gerade getan haben venir de faire qc **III 2B**
gerade *(Adv.)* justement **V 8B**
geradeaus tout droit **II 5B**
in Panik geraten paniquer **II 2C**
das Geräusch le bruit **IV 1C**, 4
geregelt réglé/réglée **II 6B**
ein Gerippe une carcasse **V 6B**
jdn./etw. gern mögen aimer qn/qc **I 3E**
Ich möchte gern. Je veux bien. **III 5B**
gern(e) volontiers **IV 2B**, 5
etw. gern tun aimer faire qc **I 4C**
ein Geruch une odeur **V 11B**
die Gesamtheit l'ensemble *(m.)* **V 11A**
ein Geschäft un magasin **II 3A**
ein Billig-Geschäft un bazar **V 7A**
ein Geschäftsführer/eine Geschäftsführerin un directeur/une directrice **III 5B**
die Geschäftssprache la langue des affaires **V 11B**
ein Geschäftsviertel un quartier d'affaires **V 4A**
ein Geschenk un cadeau **I 3E**
Geschenke des cadeaux *(m., pl.)* **II 3B**, 4
Geschichte *(als Schulfach)* histoire *(f.)* **I 5B**, 2
geschickt adroit/adroite **III 5E**
geschieden sein être divorcé/divorcée **IV 3A**
das Geschirr la vaisselle **II 4C**
geschlossen fermé/fermée **III 1B**
der Geschmack le goût **V 9A**
eine Gesellschaft une compagnie **V 11B**
die Gesellschaft la société **V 8A**
ein Gesellschaftsspiel un jeu/des jeux de société **V 5A**
ein Gesetz une loi **IV 2C**
das Gesicht le visage **IV 2C**
gestern hier **II 2E**
gestresst stressé/stressée **III 3C**, 3
die Gesundheit la santé **IV 2A**, 5
getrennt sein être séparé(e/s) **V 11B**
die Gewalt la violence **II 6A**
gewalttätig violent/violente **V 1A**
etw. gewinnen gagner qc **IV 1A**
Gewonnen! Gagné! **I 2B**
ein Gewinner/eine Gewinnerin un gagnant/une gagnante **IV 4C**, 6
gewiss *(Adv.)* sûrement **III 6B**
ein gewisser/eine gewisse/gewisse/einige … un certain/une certaine/certains/certaines … **III 2C**
ein Gewitter un orage **III 6C**, 5
eine Gewohnheit une habitude **IV 5A**
die Gewohneit haben, etw. zu tun avoir l'habitude de faire qc **IV 5A**
die Gitarre la guitare **III 1A**
ein Gitarrist/eine Gitarristin un guitariste/une guitariste **III 1E**
ein Glas un verre **I 8B**
ein Glas Cola un verre de coca **I 8B**
jdn. auf ein Glas einladen offrir un verre à qn **II 7**, 5
glauben (, dass) croire (que) **III 1B**
gleich (sein) (être) pareil/pareille **III 2A**
ein Gleis une voie **II 5A**
etw. gliedern structurer qc **V 1A**, 3
Glück haben avoir de la chance **I 7C**
glücklich content/contente **II 6C;** heureux/heureuse **V 7A**
glücklicherweise heureusement **IV 3A**
ein Glücksbringer un porte-bonheur/des porte-bonheurs **I 7C**
das Gold l'or *(m.)* **IV 1A**
eine Goldmedaille une médaille d'or **IV 1A**
ein Grad un degré **III 6A**
grau gris/grise **II 3E**
eine Grenze une frontière **V 7A**
eine Grenze passieren passer une frontière **V 7A**
groß grand/grande **II 3B;** haut/haute **IV 5C**, 6
großartig magnifique/magnifique **IV 5C**
die (Körper-)Größe la taille **II 3C**, 3
die (Schuh-)Größe la pointure **II 3C**, 3
die Großmutter la grand-mère **I 7A**
eine Großstadt une métropole **V 4A**
grün vert/verte **II 3E**
ein Grund une cause **V 10A**
etw. gründen créer qc **IV 1A;** fonder qc **V 12B**
etw. auf etw. gründen fonder qc sur qc **V 10A**
von jdm. gegründet être fondé(e/s) par … **V 11B**
ein Grundschullehrer/eine Grundschullehrerin un instituteur/une institutrice **IV 5A;** un professeur des écoles **III 5E**
eine Gruppe un groupe **II 1**
jdn. lieb grüßen embrasser qn **II 4C**
jdn. guillotinieren guillotiner qn **V 4A**
etw. gültig machen valider qc **V 4B**
günstig intéressant/intéressante **II 3A**
etw. günstig einkaufen faire une affaire/des affaires **II 3A**
gut bon/bonne **II 4C**
Guten Tag! Bonjour! **I 1**
Guten Morgen! Bonjour! **I 1**
Das ist (schon) gut. C'est bon. **III 1A**
Gute Nacht! Bonne nuit! **III 2A**
Guten Appetit! Bon appétit! **I 6C**
gut *(Adverb)* bien **I 8B**
Gut, … Bon, … **II 1**, 2
sehr gut drauf sein *(ugs.)* avoir la pêche *(fam.)* **III 3C**, 3
gut konstruiert bien construit/construite **V 3B**, 4
ein Gymnasiast/eine Gymnasiastin un lycéen/une lycéenne **IV 2B**
ein Gymnasium un lycée **III 2A**

H

ein Haar/Haare un cheveu/des cheveux **II 6A**
haben avoir **I 4C**
ein Hafen un port **IV 5C**
ein Hähnchen un poulet **I 1**
eine halbe Stunde une demi-heure **V 12A**
ein halbes Baguette une demi-baguette **V 2B**
eine Halbschwester une demi-sœur **V 2A**
halbtags à mi-temps **V 2A**
eine Hälfte une moitié **V 11A; V 2B**
Hallo! *(ugs.)* Salut! *(fam.)* **I**
Hallo? *(am Telefon)* Allô? **I 4C**
ein Halstuch un foulard **V 6B**
sich für … halten se prendre pour … **III 4A**
etw. halten tenir qc **IV 3A**
etw. für … halten considérer qc comme … **V 11A**
etw. (fest-)halten garder qc **IV 4B**
eine Haltestelle une station **I 6A**
ein Hamburger un hamburger **II 4A**
eine Hand une main **II 2A**, 4
die Hand schütteln serrer la main **IV 2C**
jdm. die Hand schütteln serrer la main à qn **V 2B**
jdm. die Hand reichen tendre la main à qn **V 2B**

Handball le handball **II 1E**
der Handel le commerce **V 9A**
handeln agir **IV 2B**
die Handlung l'action *(f.)* **V 3B**, 4
ein Handwerker/eine Handwerkerin un artisan/une artisane **IV 4B**
ein Handy un portable **I 8A**
eine Handynummer un numéro de portable **I 8A**
die Harmonie l'harmonie *(f.)* **IV 3B**
hart dur/dure **III 5A**
jdn./etw. hassen détester qn/qc **I 3A**
hässlich moche/moche **II 3B**
Haupt- principal/principale **V 10A**
ein Hauptdarsteller/eine Hauptdarstellerin un acteur principal/une actrice principale **V 3B**, 4
der Hauptgrund la cause principale **V 10A**
eine Hauptstadt une capitale **IV 3C**, 2
ein Haus une maison **I 5B**
- **nach Hause gehen** rentrer à la maison **I 5B**

die Hausaufgaben les devoirs *(m., pl.)* **I 4A**
ein Haushalt un ménage **V 7A**
ein Heftchen un carnet **IV 4E**
ein (Wohn)Heim un foyer **V 7A**
heiraten se marier **III 4B**
heiß chaud/chaude **III 2A**
heißen s'appeler **III 3C**
eine Heizung un chauffage **V 9B**; **V 10A**
jdm. helfen aider qn **II 4C**
- **sich gegenseitig helfen** s'entraider **V 11B**

etw. herausholen sortir qc **V 6B**
herauskommen *(Zeitung)* sortir **IV 1E**
eine Herberge une auberge **IV 3C**
der Herbst l'automne *(m.)* **IV 5B**
jdn. hereinbitten faire entrer qn **IV 2C**
Kommt herein! Entrez. **I 8B**
die Herkunft l'origine *(f.)* **V 3A**
das Herkunftsland le pays d'origine **IV 3B**
Herr … *(als Anrede)* monsieur … **I 1**
etw. herstellen fabriquer qc **IV 4C**
herumalbern rigoler **I 9**
herumliegen traîner **IV 4C**
sich herumtreiben *(ugs.)* traîner *(fam.)* **III 4A**
etw. herunterladen télécharger qc **V 1A; V 5A**, 4
etw. hervorbringen pousser qc **V 6B**
hervorragend excellent/excellente **II 6B**
hervortreten s'avancer **V 6B**
heute aujourd'hui **I 7E**
hier ici **I 3B**
eine Hierarchie une hiérarchie **V 6A**
die Hilfe l'aide *(f.)* **II 7**
- **jdm. seine Hilfe anbieten** offrir son aide à qn **II 7**

der Himmel le ciel **III 6A**
hinabsteigen redescendre **V 9B**
hinaufgehen monter **II 2B**
hinaufklettern escalader qc **V 9B**
hinaufsteigen monter **II 2B**
hinausgehen sortir **II 4B**
hineingehen entrer **I 3B**
etw. hineintun mettre qc **I 7B**
jdn. mit der Guillotine hinrichten guillotiner qn **V 4A**
hinter derrière **II 2B**
- **hinter jdm. her sein** être derrière qn **III 4B**

der Hintern les fesses *(f.)* **II 2A**, 4
hinuntergehen descendre **II 5C**
etw. hinzufügen ajouter qc **II 4A**
der Hip-Hop le hip-hop **II 1**, 4
historisch historique/historique **V 12B**
die Hitparade le hit-parade **III 6A**, 4
das Hobby le hobby **I 4B**
hoch haut/haute **IV 5C**, 6
hoffen (, dass) espérer (que) **III 1B**
die Hoffnung l'espoir *(m.)* **III 3A**
eine Hohlstunde une heure de permanence **II 6B**
etw. holen (gehen) aller chercher qc **II 1**
das Holz le bois **IV 4B**
- **aus Holz** en bois **IV 4B**

der Honig le miel **IV 5B**
etw. Hörbares un son **V 6B**
etw. hören écouter qc **I 3B**; entendre qc **II 5C**
eine Hose un pantalon **II 1**
ein Hotel mit Gaststätte un hôtel-restaurant **II 7**, 2
hübsch beau/bel/belle/beaux/belles **II 3B**; mignon/mignonne **V 3A**, 3
hübsch joli/jolie **III 6B**
ein Hügel une butte **V 4A**
der Humor l'humour *(m.)* **V 1A**
ein Hund un chien **I 1**
der Hunger la faim **I 6B**
- **Hunger haben** avoir faim *(f.)* **I 6B**
- **ein bisschen Hunger haben** avoir une petite faim *(f.)* **II 4A**

ein Hut/Hüte un chapeau/des chapeaux **III 3C**
die Hymne l'hymne *(m.)* **IV 3B**

I

ich *(betont)* moi **I**
eine Idee une idée **I 4C**
identisch identique/identique **V 4A**
idiotisch idiot/idiote **II 3A**
ein illegaler Einwanderer/eine illegale Einwanderin un clandestin/une clandestine **V 7A**
ein Illegaler un sans-papiers **IV 2B**
im Internet sur Internet **I 3B**
immer noch toujours **I 8B; I 8B**
- **immer noch nicht** ne … toujours pas **III 3B**

in dans **I 2A**
- **in Deutschland** en Allemagne **I 4B**
- **in der/die Stadt** en ville **II 3E**
- **in diesem Ton** sur ce ton **III 4E**
- **in Betrieb** en service **V 10B**

indisch indien/indienne **V 1A**
industrialisiert industrialisé/industrialisée **V 10A**
industriell industriel/industrielle **V 10A**
ein Industriestaat un pays industrialisé **V 10A**
ein Informatiker/eine Informatikerin un informaticien/une informaticienne **III 5A**
eine Information une information **I 4B**, 1; un renseignement **III 3E**
jdn. informieren informer qn **III 5B**
- **sich über jdn./etw. informieren** se renseigner sur qn/qc **V 5B V 9A**

ein Ingenieur un ingénieur **V 4B**
das Inlineskaten le roller **I 4B**
mitten/in/inmitten von etw. au milieu de qc **V 4A**
eine Insel une île **IV 4E**
das Instant-Messaging la messagerie instantanée **V 5A**, 4
ein Institut un institut **V 4A**
ein (Musik-)Instrument un instrument (de musique) **III 1A**
intensiv intensif/intensive **V 7A**
interessant intéressant/intéressante **II 3A**
jdn. interessieren intéresser qn **II 1**
- **sich für etw. interessieren** s'intéresser à qc **III 5E**

international international/internationale **V 11A**
das Internet (l')Internet *(m.)* **I 3B**; le net **V 5A**
- **im Internet** sur Internet **I 3B**

eine Internetseite une page Internet **I 4E**
interpretieren interpréter **IV 3B**, 5

ein Interview une interview **III 5C**
jdn. interviewen interviewer qn **V 11A; V 6B**
ein Iraker/eine Irakerin un Irakien/une Irakienne **V 7A**
irgendwo quelque part **IV 4B**
ein Irrtum une erreur **V 5B**
italienisch italien/italienne **III 6A**

J

Ja. oui **I 1**
  Ja! *(ugs.)* Ouais! *(fam.)* **II 3E**
eine Jacke un blouson **II 6E**
ein Jahr un an **I 4B**
ein Jahrhundert un siècle **V 11A; V 12B; V 4A**
Januar janvier *(m.)* **I 8A, 4**
der Jazz le jazz **V 1A**
eine Jeans un jean **II 3E**
jedenfalls en tout cas **V 7B**
jeder/jede (einzelne) chacun/chacune **III 6C**
  jeden Montag le lundi **I 5A**
  jeder tout le monde **II 7**
  jeder/jede/jedes chaque/chaque **II 6C**
  wegen jeder Kleinigkeit pour rien **III 3E**
  jeder n'importe qui **V 5B**
jemand quelqu'un **III 5B, 5**
jener celui-là/celle-là/ceux-là/celles-là **V 3A**
jetzt maintenant **I 5B**
ein Job un job **V 9B**
  ein Job *(ugs.)* un boulot *(fam.)* **III 3B**
ein Jogurt un yaourt **II 4E**
ein Jongleur un jongleur **I 6C**
ein Journalist/eine Journalistin un/une journaliste **V 6A**
jüdisch juif/juive **V 3A, 3**
Judo le judo **II 1E**
das Jugendalter/die Jugend l'adolescence *(f.)* **V 8A**
eine Jugendherberge une auberge de jeunesse **III 3A**
ein Jugendlicher/eine Jugendliche/Jugendliche un jeune/une jeune/des jeunes **II 1**
  ein Jugendlicher/eine Jugendliche un ado/une ado *(fam.)* **V 5A; V 8A;** un adolescent/une adolescente **V 8A**
Juli juillet *(m.)* **I 8A, 4**
jung jeune/jeune **III 3A, 6**
  ein junge Frau une jeune demoiselle **V 1B**
ein Junge un garçon **I 2B**
Juni juin *(m.)* **I 8A, 4**
ein Junkie un/une accro *(fam.)* **V 5A**
die Jury le jury **III 3A**

K

kabylisch kabyle/kabyle **V 3A**
der Kaffee le café **II 4E**
ein Kai un quai **V 3B**
das Kaiserreich l'empire *(m.)* **V 4A**
der Kakao le chocolat **II 4E**
kalt froid/froide **III 2A**
eine (Video-)Kamera une caméra **IV 1C**
ein Kameramann un cameraman **V 6B**
kämpfen se battre **III 4C**
  gegen etw. kämpfen lutter contre qc **IV 2B, 2**
kanadisch canadien/canadienne **III 6A**
eine Kante un bord **V 2A**
eine Kantine une cantine **I 5E**
der Karamell le caramel **V 12A**
das Karaoke le karaoké **I 4C**
der Karneval le carnaval **IV 4E**
eine Karotte une carotte **I 7E**
eine Karriere une carrière **V 1A; V 3A; V 9A**
  Karriere machen faire carrière **V 9A**
(Süß-)Kartoffeln des patates douces **V 11B, 3**
Kartoffelchips des chips *(f., pl.)* **I 8E**
ein Karton un carton **I 3A**
der Käse le fromage **II 4E**
eine Kasse une caisse **II 3C, 3**
ein Briefkasten une boîte aux lettres **V 6B**
katalanisch catalan/catalane **IV 3C**
eine Katastrophe une catastrophe **I 8B;** une cata *(fam.)* **I 8B**
eine Kathedrale une cathédrale **V 4A**
eine Katze un chat **II 4B, 3**
etw. kaufen acheter qc **I 7A**
  sich etw. kaufen s'acheter qc **III 3A**
ein Kaufhaus un grand magasin **I 6A**
ein Kaugummi un chewing-gum **II 4B, 4**
kaum à peine **V 7A; V 12A**
kein/keine/keinen … ne … pas de … **II 4A**
  Keine Ahnung. Je ne sais pas. **I 4C**
  Kein Problem! Pas de problème! **I 7A, 2**
  Keine Sorge! Pas de souci! **III 2A**
  kein/keine/keinen … mehr ne … plus de … **II 4A**
jdn./etw. kennen connaître qn/qc **II 6A**
etw. kennzeichnen marquer qc **V 4A**
ein Kerl/Kerle *(ugs.)* un mec/des mecs *(fam.)* **III 4C**
die Kernenergie l'énergie nucléaire *(f.)* **V 10B**
die Kernkraft le nucléaire **V 10B**
das Keyboard le clavier **III 1A**
ein Kfz-Mechaniker/eine Kfz-Mechanikerin un mécanicien/une mécanicienne **III 5E**
ein Kilo un kilo **I 7E**
  ein Kilo (…) un kilo (de …) **I 7A**
ein Kilometer un kilomètre **I 9**
ein Kind un enfant **II 4B**
ein Kindergarten une école maternelle **IV 1B**
das Kino le cinéma **I 4B**
Kinodauerkarte un carnet-passeport **V 3A, 1**
eine Kirche une église **I 6B**
eine Kiwi un kiwi **I 7E**
die Klamotten *(ugs.)* les fringues *(f., pl.)* *(fam.)* **III 6B**
der Klang le son **V 1A**
Es klappt gut. Ça marche bien. **III 1A**
Na klar. Ben oui. **I 7C**
  klar transparent/transparente **V 11B;** clair/claire **V 3B, 4**
  Das geht klar. *(ugs.)* Ça peut le faire. *(fam.)* **V 8B**
eine Klasse une classe **I 4E**
eine Klassenarbeit *(ugs.)* une interro *(fam.)* *(= une interrogation)* **I 4C**
der Klassenlehrer/die Klassenlehrerin le professeur principal/la professeur principale **II 6A**
(eine) Klassen(lehrer)stunde Vie de classe *(f.)* **II 6A**
jdm. Beifall klatschen applaudir qn **III 1A**
der Klebstoff la colle **III 2B**
ein Kleid une robe **II 3A**
sich modisch kleiden être à la mode **II 3C, 2**
  sich schwarz kleiden s'habiller en noir **IV 4A**
klein petit/petite **II 3B**
ein Kleinbus un minibus **III 6A**
ein Kleiner/eine Kleine/Kleine un petit/une petite/des petits/des petites **III 4E**
wegen jeder Kleinigkeit pour rien **III 3E**
klettern faire de l'escalade **IV 1B**
  hinaufklettern escalader qc **V 9B**
Klick! Clic! **II 5C**
auf etw. klicken cliquer sur qc **I 4B**

ein Klima un climat IV 4B, 5
klimatisch climatique/climatique V 10A
klingeln sonner I 4C
  bei jdm. klingeln sonner chez qn I 4C
ein Klischee un cliché V 3A
eine (kleine) Kneipe un café III 6C
der Knoblauch l'ail *(m.)* IV 5C
kochen faire la cuisine II 4C
ein Koch/eine Köchin un cuisinier/une cuisinière III 5E
ein Kochrezept une recette I 7A
ein Koffer une valise IV 4C
die Kohle le charbon V 10A
ein Kollege/eine Kollegin un collègue/une collègue II 2A
eine Kolonie une colonie V 11A; V 12B
ein Kolonist un colon V 12B
komisch bizarre II 2A
(an)kommen arriver I 5A
  kommen (nach) venir (à) II 5B
  kommen aus/von venir de II 5B
  zu Tisch/zum Essen kommen se mettre à table III 2A
  in eine (andere) Mannschaft kommen passer dans une (autre) équipe IV 1A
ein Kommentar un commentaire V 5A, 4
ein Kommissar/eine Kommissarin un/une commissaire II 2E
die Kommunikation la communication V 9A
ein Kommunikationsmittel un moyen de communication V 5A
eine Komödie une comédie V 3A, 4
etw. kompensieren compenser qc V 5A
eine Kompetenz une compétence V 9A
kompliziert compliqué/compliquée III 5C
etw. komponieren composer qc V 1A
ein Komponist/eine Komponistin un compositeur/une compositrice V 1A
ein Konditor/eine Konditorin un pâtissier/une pâtissière IV 3E
die Konfitüre la confiture II 4E
ein Konflikt un conflit V 12B; V 8A
mit etw. konfrontiert sein être confronté à qc V 8A
ein König un roi IV 4A
eine Königin une reine IV 4A
können pouvoir I 9
  etw. tun können pouvoir faire qc I 9
ein Konsole une console V 5A
gut konstruiert bien construit/construite V 3B, 4
etw. konsumieren consommer qc V 8A
ein Kontakt un contact II 6A, 4
  mit jdm. Kontakt aufnehmen prendre contact avec qn II 6A, 4
ein Kontinent un continent V 11A
ein Konzert un concert III 1B
ein Kopf une tête I 5B
Kopfschmerzen haben avoir mal à la tête I 5B
ein Kopftuch un voile V 3A
eine Kopie une copie V 5B
etw. kopieren recopier qc V 5B
ein Körper un corps V 8A
die körperliche Verfassung la condition physique V 9B
kosten coûter II 3C, 3
  Was kostet die Ananas? C'est combien, l'ananas *(m.)* ? I 7A
  viel (Geld) kosten coûter cher II 7
etw. kosten goûter qc IV 5C
die Kosten le coût V 10B
kostenlos gratuit/gratuite II 5B
krank malade I 5B
  krank werden tomber malade III 1B
gekränkt/beleidigt sein être vexé/vexée II 7
ein Krankenhaus un hôpital I 2A
ein Krankenpfleger un infirmier/une infirmière III 5E; une aide-soignante V 9B
eine Krankenschwester un infirmier/une infirmière III 5E
ein Krankenzimmer *(einer Schule)* une infirmerie I 5E
kreativ créatif/créative III 5E
ein Kreis un cercle IV 3B
Kreolisch le créole IV 4A
die kreolische Sprache le créole IV 4A
der Krieg la guerre IV 3B
ein Krimi(nalfilm) un film policier V 3B, 4
jdn. kritisieren critiquer qn V 6A
eine Küche une cuisine I 3A
ein Kuchen un gâteau III 5C
ein Kühlschrank un frigo II 4A
ein Kummer un chagrin V 8A
sich um jdn./etw. kümmern s'occuper de qn/qc III 2E
ein Kunde/eine Kundin un client/une cliente I 7A, 6
ein Kunsthandwerker/eine Kunsthandwerkerin un artisan/une artisane IV 4B
ein Künstler/eine Künstlerin un artiste/une artiste III 6B
künstlich artificiel/artificielle V 3B, 4
kurz court/courte IV 2C
  kurze Zeit darauf peu de temps après IV 4B
  am kürzesten le moins longtemps IV 5A
kurz bref V 7B
etw. kürzen réduire qc V 6B
ein Küsschen un bisou V 12A
jdn. küssen embrasser qn II 4C

L

ein Label une marque V 5B
lächeln sourire V 9A
ein Lächeln un sourire V 1B
lachen rire IV 1B
ein Laden un magasin II 3A
eine Lage une tire V 12A
eine Lagerung un stockage V 10B
ein Land un pays III 6B
eine Landschaft un paysage IV 4B
landwirtschaftlich agricole/agricole V 10A
lange longtemps IV 2E
am längsten le plus longtemps IV 5A
langsam lent/lente V 1A, 5
der Lärm/das Geräusch le bruit IV 1C, 4
lassen laisser I 7B
  jdn./etw. lassen laisser qn/qc II 2C
  Lasst euch nicht alles gefallen! Ne vous laissez pas faire! III 4C
  Lass mich (bloß) in Ruhe. *(ugs.)* Fiche-moi la paix. *(fam.)* III 4C, 4
lateinamerikanisch latino/latino V 1A
ein Lauf une course IV 2B
  im Laufe von etw. au cours de qc V 12B
laufen courir IV 2B
  Das läuft nicht (rund)! *(ugs.)* Ça part en vrille! *(fam.)* V 8B
das Radio laut stellen mettre la radio fort II 4A
laut d'après IV 3B, 5; selon IV 3B, 5
läuten sonner I 4C
der Lavendel la lavande IV 5A
leben vivre IV 2E
das Leben la vie III 3B
ein Lebenslauf un curriculum vitae *(= un CV)* IV 2C
ein (kleines) Lebensmittelgeschäft une épicerie III 6B
lebensnotwendig indispensable à la vie V 10A
eine Lebensweise un mode de vie V 10A
etw. legen mettre qc I 7B

eine Lehre un apprentissage **IV 3E**
ein Lehrer/eine Lehrerin *(ugs.)* un/une professeur **I 4E**
leicht facile/facile **II 3B**
leicht *(Adv.)* facilement **IV 3A**
(die) Leichtathletik l'athlétisme *(m.)* **II 1E**
Leichtathletik machen faire de l'athlétisme *(m.)* **II 1E**
Es tut mir leid! Désolé!/Désolée! **II 7**, 10
leiser moins fort **II 4A**
ein Leiter/eine Leiterin un directeur/une directrice **III 5B**
eine Leitung une ligne **III 5B**, 4
eine Lektion une leçon **I 7C; I 1**
die Lektüre la lecture **III 1A**
ein Lemur un lémurien **IV 4B**
etw. lernen apprendre qc **I 7C**; réviser qc **III 2B**
eine Lerntechnik une stratégie **I 1**, 5
etw. lesen lire qc **II 6B**
vor dem Lesen avant la lecture **III 1A**
ein Leser/eine Leserin un lecteur/une lectrice **V 5A; V 6A**
letzter/letzte/letztes dernier/dernière **III 1B**
die Leute les gens *(m., pl.)* **II 5B**
mit etw. liebäugeln flirter avec qc **V 1A**
die Liebe l'amour *(m.)* **IV 3A**
die erste Liebe les premiers amours *(m., pl.)* **V 8A**
Liebe auf den ersten Blick le coup de foudre **I 8B**
jdn./etw. lieben aimer qn/qc **I 3E**
lieben adorer qn/qc **I 4B**
Lieber/Liebe … *(in der Anrede)* Cher/Chère … **II 6A**, 5
etw. lieber tun préférer faire qc **I 7C**
Lieblings- préféré/préférée **II 5B**
die Lieblingssportart le sport préféré **II 1E**
ein Lied une chanson **II 5C**
der Liedtext les paroles *(f.)* **IV 1C**
ein Lieferwagen une camionnette **V 7B**
liegen être situé(e) **V 4A; V 11B**
(nach) links à gauche **II 5B**
die Lippen les lèvres *(f.)* **IV 2C**
eine Liste une liste **I 7A**, 5
live en direct **V 3A**
etw. live verfolgen suivre qc en direct **V 3A**
die Licence la licence **V 9B**
ein Loch un trou **V 4B**
ein Löffel une cuillère **II 4C**, 2
logisch logique/logique **V 3B**, 4
ein Lohn un salaire **III 5B**
Es lohnt sich. Ça vaut la peine. **III 5B**
lokal local/locale **III 5A**
ein lokaler Volksentscheid un référendum local **V 11B**
der Look le look **II 3E**
Los! Allez! **I 7E**; On y va! **IV 4A**
etw. löschen effacer qc **V 5B**; supprimer qc **V 5B**
eine Lösung une solution **III 1B**
lügen mentir **II 4B**
ein Lügner/eine Lügnerin un menteur/une menteuse **III 4B**
eine Lupe une loupe **V 5B**
Lust haben avoir envie *(f.)* **I 6A**
Lust haben etw. zu tun avoir envie de faire qc **III 5A**
lustig drôle/drôle **III 3C**; marrant **I 4A**
sich über etw./jdn. lustig machen se moquer de qc/qn **V 2B**
ein Lycée un lycée **III 2A**

M

etw. machen faire qc **I 4A**
sich Notizen machen prendre des notes **II 6B**
sich Sorgen machen s'inquiéter **III 4B**
machen rendre **V 8A; V 9B**
machohaft macho **V 1A**
madagassisch malgache/malgache **IV 4E**
ein Mädchen une fille **I 4B**
die Mahlzeit le repas **III 2A**
Mai mai *(m.)* **I 8A**, 4
ein(e) Mail un mail **V 11A; V 7A**
das MJC la MJC **III 4A**
die Majonäse la mayonnaise **I 3E**
ein Maler un peintre **I 6B**
ein Maler und Anstreicher un peintre en bâtiment **V 9B**
die Malerei la peinture **V 9B**
malisch malien/malienne **V 7A**
Mami maman **I 3A**
man sagt on dit **I 1**, 4
man darf/soll etw. nicht tun il ne faut pas faire qc **II 4B**, 4
manche certains **V 9A**
manchmal parfois **III 3C**
eine Mandel une amande **IV 5C**
eine Mango une mangue **IV 4A**, 6
ein Mann un homme **II 5B**, 5
eine Mannschaft une équipe **II 5B**
ein Märchen un conte **IV 4E**
eine Marinade une marinade **I 7B**
eine Marionette une marionnette **IV 4A**
eine Marke une marque **V 5B**
das Marketing le marketing **V 5B**
etw. markieren marquer qc **V 4A**
ein Markt un marché **I 7E**
ein Marokkaner/eine Marokkanerin un Marocain/une Marocaine **IV 4C**
März mars *(m.)* **I 8A**, 4
eine Maschine une machine **V 4B**
Mathe les maths *(f., pl.; fam.)* **I 5A**
eine Matratze un matelas **V 2B**
eine Mauer un mur **V 4A; V 9B**
eine Medaille une médaille **IV 1A**
die Medien les médias *(m., pl.)* **III 5B**
ein Medikament un médicament **V 12A; V 9B**
das Meer la mer **II 2B**
mehr plus **I 7A**, 3; plus …, plus … **V 2B; V 9B**
immer mehr de plus en plus **V 8A**
mehrere plusieurs **II 6C**
die Mehrheit la majorité **IV 3B**, 5
jdn./etw. meiden éviter qn/qc **V 5A**
etw. meinen vouloir dire qc **III 2A**
der/die meinige/meiner/meine le mien/la mienne **V 2B**
eine Meinung une opinion **V 5B; V 6A**; un avis **II 6C**, 2
meiner Meinung nach à mon avis **II 6C**, 2
seine Meinung sagen donner son avis **II 6C**, 2
ein Meister/eine Meisterin un champion/une championne **IV 1E**
ein Meisterbrief un BP *(= un brevet professionnel)* **V 9B**
etw. melden annoncer qc **V 6A**
etw. (be-)merken remarquer qc **III 1A**
etw. messen mesurer qc **V 4A**
ein Messer/Messer un couteau/des couteaux **II 4C**
meteorologisch météorologique/météorologique **V 10B**
eine Methode une méthode **V 5B**
die Metro le métro **I 6A**
die Metro nehmen prendre le métro **I 6A**
eine Metrofahrkarte un ticket **II 5C**
die Miete le loyer **IV 3C**
eine Mietgemeinschaft une colocation **IV 3C**
ein Mikrofon un micro **III 5B**
die Milch le lait **II 4E**
eine Milliarde un milliard **V 4B**
eine Million un million **IV 2E**
die Minderheit la minorité **IV 3B**, 5

ein Minirock une minijupe **II 3E**
eine Minute une minute **I 3B**
mit mir avec moi **I 3E**
etw. mischen mélanger qc **V 1A**
eine Mischung un mélange **V 1A**
eine Mission une mission **V 5A**
Mist! *(ugs.)* Zut! *(fam.)* **I 1**
der Mistral le mistral **IV 5E**
mit avec **I 1**
mit mir avec moi **I 3E**
mit dem Kanu en canoë **II 1**
ein Mitbewohner/eine Mitbewohnerin un colocataire/une colocataire **IV 3C**, 1
etw. mitbringen apporter qc **I 7C**; rapporter qc **III 6B**
ein Mitglied un membre **IV 3B**
ein Mitgliedsland un pays membre **IV 3B**
jdn. mitnehmen emmener qn **III 6A**
heute Mittag ce midi **II 4A**
mittags à midi **I 5A**
ein Mittel un moyen **V 12A; V 10A**
mitten in etw. au milieu de qc **V 4A; V 12A**
Mitternacht minuit **V 8B**
Mittwoch mercredi *(m.)* **I 5B**, 4
sich mobilisieren se mobiliser **IV 2B**
die Mode la mode **II 3C**, 2
ein Moderator/eine Moderatorin un modérateur/une modératrice **V 10B**, 2
modern moderne/moderne **V 11B; V 4B**
modern sein être à la mode **II 3C**, 2
ein Mofa une mobylette **V 11B**
jdn./etw. gern mögen aimer qn/qc **I 3E**
jdn./etw. überhaupt nicht mögen détester qn/qc **I 3A**
jdn./etw. mögen adorer qn/qc **I 4B**
ich möchte gern … (+ Infinitiv) je voudrais bien … *(+ infinitif)* **I 8B**
möglich possible/possible **III 1B**
eine Möglichkeit une possibilité **V 6A**
eine Möhre une carotte **I 7E**
Einen Moment (mal)! Une minute! **I 6A**
ein Monat un mois **III 1E**
(am) Montag lundi *(m.)* **I 4C**
Montagnachmittag lundi après-midi **I 5B**
montags/jeden Montag le lundi **I 5A**
morgen demain **I 4A**
Guten Morgen! Bonjour! **I 1**
ein Morgen un matin **I 5A**
eines Morgens un matin **III 3A**
eine Moschee une mosquée **V 3B**
eine Motivation une motivation **V 9A**
motivierend motivant/motivante **V 9B**
ein Motorroller un scooter **II 7E**
ein Mountainbike un VTT **II 1E**
Mountainbike fahren faire du VTT **II 1E**
eine Mousse au chocolat une mousse au chocolat **III 2A**
ein mp3-Player un lecteur mp3 **V 5A**
müde fatigué/fatiguée **II 4B**
die Mühe la peine **III 5B**
eine Mühe un effort **V 12B**
etw. nur mit Mühe tun können avoir du mal à faire qc **V 7A**
ein Mülleimer/eine Mülltonne une poubelle **V 6B**
ein Mund une bouche **V 4A**, 4
eine Münze une pièce **III 3B**
die Musik la musique **I 4E**
die Musik ausmachen arrêter la musique **I 7C**
Musik machen jouer de la musique **III 1E**
musikalisch musical/musicale **V 1A**
ein Musiker un musicien **I 6C**
eine Musikgruppe un groupe **II 5B**
ein Musikinstrument un instrument (de musique) **III 1A**
eine Musikschule une école de musique **I 4E**
ein Musikstil un style musical **V 1A**
ein Muslim/eine Muslimin un musulman/une musulmane **V 3A**
etw. tun müssen devoir faire qc **II 4A**
man muss etw. tun/wir müssen etw. tun il faut faire qc **II 4B**
man muss nur etw. tun il suffit de faire qc **III 5A**
man muss il faut que **IV 3E**
der Mut le courage **IV 3E**
den Mut haben, etw. zu tun avoir le courage de faire qc **IV 3E**
mutig courageux/courageuse **III 4B**
mutlos sein être résigné(e) **V 10A**
die Mutter la mère **I 6E**
eine Muttersprache la langue maternelle **V 11A**
eine Mütze un bonnet **V 12A**

N

Na ja! *(ugs.)* Bof! *(fam.)* **I 4C**
Na klar. Ben oui. **I 7C**
Na/Ja und? Et alors? **II 3C**
nach *(zeitlich)* après **I 5A**; d'après **IV 3B**, 5
zwanzig nach vier quatre heures vingt **I 5B**
nach *(räumlich)* à **I 5E**
ein Nachbar/eine Nachbarin un voisin/une voisine **II 4A**
nachdenken réfléchir **III 1A**
nachdenklich pensif/pensive **III 4A**
eine Nachforschung une recherche **I 4A**
ein Nachmittag un après-midi **I 5B**
heute Nachmittag cet après-midi **II 3B**
eine Nachricht un message **II 4B**
die Nachrichten les infos *(f., pl.)* (= les informations) **II 4C**; les actualités **V 5B**
eine Stunde nachsitzen (müssen) avoir une heure de colle **III 2B**
der/die Nächste le suivant/la suivante **IV 2C**
nächster/nächste/nächstes prochain/prochaine **II 5C**
am nächsten Sonntag dimanche *(m.)* **I 4C**
die Nacht la nuit **III 2A**
Gute Nacht! Bonne nuit! **III 2A**
ein Nachtisch un dessert **I 7A**
ein Nagetier un rongeur/des rongeurs **V 2A**
nahe bei etw. près de qc **II 5C**
sich jdm. nähern s'approcher de qn **III 6A**
naiv naïf/naïve **III 4A**, 4
ein Name un nom **I 4B**
nämlich en effet **V 5B; V 12B**
napoleonisch napoléonien/napoléonienne **V 4A**
die Nase le nez **IV 2C**
die Nase von etw. voll haben *(ugs.)* en avoir marre de qc *(fam.)* **II 3C**
Ich habe die Nase voll. *(ugs.)* J'en ai ras le bol! *(fam.)* **III 4C**, 4
nass mouillé **I 9**
national national/nationale **V 11B**
die Nationalität la nationalité **IV 3C**
die Natur la nature **V 9A**
natürlich naturel/naturelle **V 3B**, 4
Natürlich! Bien sûr! **II 5E**
neben à côté de **I 8B**
neben etw. près de qc **II 5C**
etw. nehmen prendre qc **I 6A**
die Metro nehmen prendre le métro **I 6A**
Platz nehmen prendre place **II 5B**; s'installer **III 6A**
einen Aperitif nehmen prendre l'apéritif **IV 5B**

Unterricht nehmen suivre un cours V 7A
Nein. Non. I 1
Du gehst mir (echt) auf die Nerven. *(ugs.)* Tu me casses les pieds. *(fam.)* III 4C, 4
jdn. nerven énerver qn II 4C
eine Nervensäge une petite peste II 3B
nervös nerveux/nerveuse III 5B
nett *(ugs.)* sympa *(fam.)* I 2B
nett gentil/gentille II 4C
ein Netz un réseau V 12A
etw. ins Netz stellen mettre qc en ligne V 5B
neu neuf/neuve V 4B; nouveau/nouvel/nouvelle/nouveaux/nouvelles II 3B
ein neuer Schüler un nouveau I 5E
neugierig curieux/curieuse IV 5C
nicht ne … pas I 4B
nicht wahr … , non? I 2B
noch nicht ne … pas encore II 2C
nicht mehr ne … plus II 3C
überhaupt nicht ne … pas du tout II 6C, 2
auch nicht ne … pas non plus II 7
nicht einmal ne … même pas III 3B
Nicht wie du. Pas comme toi. III 5A
Sie sagt nicht viel. Elle ne dit pas grand-chose. III 6C
Ich auch nicht. Moi non plus. IV 1B
… , nicht? … n'est-ce pas? IV 5A
nicht genug (…) ne … pas assez (de…) V 8A
nicht nur … ne … pas … que V 8A
ein Nichtraucher un non-fumeur II 5B, 5
nichts ne … rien II 2C
wegen nichts pour rien III 3E
Das hat nichts damit zu tun! Ça n'a rien à voir. IV 3C
mit jdm. nichts zu tun haben ne rien avoir à voir avec qn V 6B
Nichts … Rien … ne V 8A
ein Nicht-Sesshafter/eine Nicht-Sesshafte un/une SDF III 3B
nie/niemals ne … jamais II 7
niederländisch néerlandais/néerlandaise IV 3A
niedrig faible/faible V 10B
Niemand … *(am Satzanfang)* Personne ne … III 3B
niemand personne (ne …) V 8A
noch encore I 6B
der Norden le nord IV 5C, 6
normal normal/normale III 6B
eine Note une note I 7C
eine Supernote une super note I 7C
etw. notieren noter qc III 3A
es ist nötig, dass il faut que IV 3E
sich Notizen machen prendre des notes II 6B
November novembre *(m.)* I 8A, 4
eine Null *(ugs.)* une bulle *(fam.)* III 2B
Null Punkte haben avoir une bulle *(fam.)* III 2B; avoir zéro III 2B
eine Nummer un numéro I 5A, 6
eine Telefonnummer un numéro de téléphone I 5A, 6
nur seulement III 3B; ne … que IV 4B
nicht nur … ne … pas … que V 8A
Nur so. Comme ça. I 8B
nützlich utile/utile II 6C
die Nutzung la fréquentation V 4B

O

ob si III 5B
ein Obdachloser/eine Obdachlose un/une SDF *(= sans domicile fixe)* III 3B
und obendrein en plus III 5A
oberhalb von etw. au-dessus de qc IV 2C
das Obst les fruits *(m., pl.)* I 7E
ein Obstsalat une salade de fruits I 7B
öde nul/nulle II 4B
Das ist öde. *(ugs.)* C'est nul. *(fam.)* II 1
oder ou I 3A, 3
… , oder? … , non? I 2B; … n'est-ce pas? IV 5A
offen ouvert/ouverte II 6C
die Öffentlichkeit le public III 3C
etw. öffnen ouvrir qc II 7
oft souvent I 7C, 3
ohne sans II 2B
ohne ihn sans lui III 1B
ohne zu (+ Infinitiv) sans *(+ infinitif)* III 3A
eine Person ohne Papiere un sans-papiers IV 2B
ohne etw. auskommen se passer de qc V 5A
o.k. D'accord. I 2B; O.K. I 8E
Das ist o.k. C'est bon. III 1A
die Ökologie l'écologie *(f.)* V 10B, 5
ökologisch écologique/écologique V 10B, 5
Oktober octobre *(m.)* I 5B, 4
das Öl l'huile *(f.)* I 7A; le pétrole V 10A
eine Olive une olive IV 5B
ein Olivenbaum un olivier IV 5A
die Olympischen Spiele les Jeux Olympiques IV 1A
die Oma la grand-mère I 7A
Omi *(ugs.)* mamie *(fam.)* I 7E
ein Onkel un oncle II 5C, 3
online en ligne V 5A
die Oper l'opéra *(m.)* V 4A
ein Opfer une victime II 6B
Opfer sein être victime II 6B
oppositionell contestataire/contestataire V 1A
eine Orange une orange I 2A
der Orangensaft le jus d'orange I 8A, 3
ein Organisator/eine Organistorin un organisateur/une organisatrice IV 1E
etw. organisieren organiser qc I 8E
sich organisieren s'organiser III 2E
sich orientieren s'orienter V 7B
die Orientierung l'orientation *(f.)* V 9A
ein Ort un endroit III 3A, 2; III 3C
örtlich local/locale III 5A
ein Oskar un oscar V 3B, 4
der Osten l'est *(m.)* IV 5C, 6
Ostern Pâques *(f., pl.)* II 5E
der Ozean l'océan *(m.)* V 11

P

ein paar quelques II 5B
ein (Ehe)Paar un couple V 2A; V 6A
eine (Sieges-)Palme une palme V 3B, 4
in Panik geraten paniquer II 2C
ein Panzer un char III 6A
Papa papa I 3A
die (Ausweis-)Papiere les papiers *(m., pl.)* V 7A
ein Parfüm un parfum V 7A
etw. parfümieren parfumer qc IV 5B
ein Park un parc I 2B
etw. parken garer qc III 6C
ein Parlament un parlement IV 3B
eine Partie un match I 2B
Spielen wir eine Partie? On fait un match? I 2B
ein Partner/eine Partnerin un partenaire/une partenaire IV 3B, 4; V 3A
eine Party une soirée I 4C; une fête I 8E
ein Pass un passeport IV 3B
eine Passage un passage V 12A
ein Passagier un passager/une passagère V 4B
jdm. passen aller à qn II 3A
Sie passen dir supergut. Elles te vont super bien. *(fam.)* II 3A

eine Grenze passieren passer une frontière V 7A
passiv passif/passive III 4A, 4
eine Patchworkfamilie une famille recomposée V 2A
ein Patient/eine Patientin un patient/une patiente V 9B
pauken *(ugs.)* bosser *(fam.)* V 8B
die (Schul-)Pause *(ugs.)* la récré *(fam.)* *(= la récréation)* II 4E
eine Pause une pause IV 2C
Wie peinlich! La honte! III 5C
perfekt parfait/parfaite IV 2C
eine Person une personne I 6A; un personnage V 3B, 1
das Personal le personnel V 9B
ein Personalausweis une carte d'identité II 5A
persönlich personnel/personnelle V 11A
persönlich *(Adv.)* personnellement V 11A
der Pfeffer le poivre I 7B
pfeifen siffler III 6A
auf etw./jdn. pfeifen se moquer de qc/qn V 2B
ein Pferd/Pferde un cheval/des chevaux II 1E
ein Pfirsich une pêche IV 5B
eine Pflanze une plante IV 4B
jdn. pflegen soigner qn III 5E
ein Phänomen un phénomène V 10A
ein Picknick un pique-nique I 9
ein Piercing un piercing II 6A, 3
ein Pilz un champignon I 7E
eine Pizza une pizza I 6A, 3
ein Plakat une affiche I 8E
ein Plan un plan I 2E; I 9
der Planet la planète V 11A
Platsch! Plouf! I 9
ein Platz une place I 6B
Platz nehmen prendre place II 5B; s'installer III 6A
Platz machen faire de la place III 2E
plötzlich tout à coup I 6C; soudain V 6B
der Po les fesses *(f.)* II 2A, 4
ein Politiker un homme politique IV 3B
die Polizei la police II 2E
ein Polizeirevier un commissariat de police II 2B
eine Polizeistation un commissariat de police II 2B
ein Polizist un agent I 2A
Pommes frites des frites *(f., pl.)* I 7C, 2
ein Porträt un portrait I 6B
die Post la poste II 7, 10; le courrier V 7A
ein Praktikum un stage III 4A
praktisch pratique/pratique V 12A
ein Preis/Preise un prix/des prix II 3A
der volle Preis le plein tarif V 3A, 4
die Presse la presse V 11A; V 1A; V 6A
privat privé/privée V 6A
pro par IV 3A
eine Probe une répétition III 1A
etw. proben répéter qc III 1E
etw. probieren essayer qc II 3A; goûter qc IV 5C
ein Problem un problème I 3B
ein Produkt un produit V 9B
eine Produktion une production V 10A
etw. produzieren produire qc V 10B, 1
professionell professionnel/professionnelle V 9A
ein Profi un professionnel/une professionnelle V 9A; un pro/une pro *(fam.)* V 9B
ein Profil un profil V 9A
von etw. profitieren profiter de qc IV 3E
ein Programm un programme III 5A
etw. programmieren programmer qc III 5C
ein Projekt un projet I 4E
das Protektorat le protectorat V 11B
protestantisch protestant/protestante V 4A
ein Protokoll un protocole V 10A
provenzalisch provençal/provençale IV 5C
eine Provinz une province V 12B
ein Prozent un pour cent II 6C
eine Prüfung un examen V 1A
ein Psychologe/eine Psychologin un/une psychologue V 7B
ein Psychologe un psy *(fam.)* V 8B
ein Psycho *(ugs.)* un psy *(fam.)* V 8B
das Publikum le public III 3C
der Pufferspeicher le cache V 5B
ein Pulli un pull I 2E
eine Puppe une poupée V 8B
das Püree la purée II 4A
eine Pyramide une pyramide V 4A

Q

quadratisch carré/carrée V 4A
die Qualität la qualité III 5E
der Qualm la fumée V 6B
qualmend fumant/fumante V 6B
Quatsch n'importe quoi III 4B
eine Quelle une source V 10B
eine Quiche une quiche I 1

R

ein Rabatt une réduction II 5B, 5
das Radio la radio II 4A
radioaktiv radioactif/radioactive V 10B
radioaktive Abfälle des déchets radioactifs V 10B
ein Radiosprecher/eine Radiosprecherin un animateur/une animatrice III 5E
ein Radiowecker un radio-réveil V 5A
ein Rand un bord V 2A
ein Randalierer/eine Randaliererin un casseur/une casseuse V 6B
der Rap le rap I 3E
der Rassismus le racisme V 1A
ein Rat un conseil III 4A
ein Rathaus un hôtel de ville II 7, 4
der Rauch la fumée V 6B
etw. rauchen fumer qc V 8A
rauchend fumant/fumante V 6B
ein Raum une salle I 5A
die Raumgestaltung la décoration V 9B
reagieren réagir III 5B
ein Reaktor un réacteur V 10B
die Realität la réalité IV 3B
eine Recherche une recherche I 4A
eine Rechnung une note V 6B
Recht haben avoir raison I 3B
ein Recht un droit IV 3B, 5
(nach) rechts à droite II 5B
mit jdm. reden discuter avec qn I 8A
etw. reduzieren réduire qc V 10A
ein Referat un exposé II 6B
eine Regel une règle I 4E; IV 1B
regelmäßig *(Adv.)* régulièrement V 8A; V 12A
etw. regeln arranger qc V 7A
etw. gesetzlich regeln réglementer qc V 8A
der Regen la pluie III 6A
eine Region une région I 4B
Es regnet. Il pleut. III 6A
reich riche/riche IV 4C
Das reicht! Ça suffit! III 2E
etw. reichen passer qc II 4C, 2
jdm. die Hand reichen tendre la main à qn V 2B
ein Reicher/eine Reiche un riche/une riche IV 4C
eine Reihenfolge un ordre V 6A
der Reis le riz I 7A
eine Reise un voyage II 5A

ein Reisebüro une agence de voyages **IV 3A**
ein Reiseführer/eine Reiseführerin un guide/une guide **IV 4C**
reisen voyager **III 6A**
ein Reisender/eine Reisende un voyageur/une voyageuse **II 5B,** 5
ein Reisepass un passeport **IV 3B**
reiten faire du cheval **II 1E**
ein Reitstiefel une botte **III 6C**
die Reklame la publicité **III 4A;** la pub *(fam.)* **III 4A**
ein Rekord un record **V 4A,** 3; **V 4B**
ein Rektor/eine Rektorin *(am Collège)* un principal/une principale **II 6A**
rennen courir **IV 2B**
etw. renovieren refaire qc **V 9B**
etw. reparieren réparer qc **III 5E**
eine Reportage un reportage **III 1B,** 5
ein Reporter/eine Reporterin un reporter/une reporter **I 3B,** 2
etw. repräsentieren représenter qc **V 1A**
eine Reserve une réserve **V 10B**
etw. reservieren réserver qc **IV 1C**
eine Reservierung une réservation **II 5B,** 5
resigniert sein être résigné(e) **V 10A**
jdn./etw. respektieren respecter qn/qc **II 6C**
ein Restaurant un restaurant, un resto *(fam.)* **IV 3A**
ein Resultat un résultat **II 6C**
jdn. retten sauver qn **IV 4B**
eine Revolution une révolution **V 4A**
rhythmisch rythmé/rythmée **V 1A**
ein Rhythmus un rythme **V 1A**
sich auf etw. richten se poser sur qc **V 6B**
richtig juste/juste **V 6A**
  auf dem richtigen Weg sein être sur le bon chemin **IV 3B,** 1
eine Richtung une destination **II 5A**
  der TGV Richtung Paris le TGV à destination de Paris **II 5A**
  die Richtung la direction **II 5B**
riechen sentir **II 4C**
ein Risiko un risque **V 10B**
riskieren etw. zu tun risquer de faire qc **V 10A,** 1
ein Rock une jupe **II 1**
der Rock le rock **V 1A**
  die Rockmusik le rock **V 1A**
  die Rock-Pop-Musik la musique pop-rock **III 1E**
ein Rodeo un rodéo **V 6B**
eine Rolle un rôle **III 3C,** 1
ein Roller un scooter **II 7E**
ein Rollstuhl un fauteuil roulant **IV 1A**
Rollstuhlbasketball *(als Sportart)* le handibasket **IV 1A**
ein Roman un roman **IV 5C**
rot rouge/rouge **II 3E**
die Route la route **III 6E**
die Routine la routine **V 9B**
der Rücken le dos **II 2A**
eine Rückfahrkarte un aller-retour **II 5B,** 5
ein Rucksack un sac **I 2E;** un sac à dos **II 3A,** 4
die Rücksichtnahme le respect **II 6C**
das Rugby(-Spiel) le rugby **II 1E**
eine Rugbymannschaft une équipe de rugby **II 5B**
in Ruhe tranquille/tranquille **III 4E**
  Lass mich (bloß) in Ruhe. *(ugs.)* Fiche-moi la paix. *(fam.)* **III 4C,** 4
ruhig tranquille/tranquille **III 4E**
rührend touchant/touchante **V 3B,** 4
eine Runde un match **I 2B;** une tournée **V 8B**

S

ein Saal une salle **I 5A**
die Sachen les affaires *(f., pl.)* **II 3A**
  eine Sache une chose **III 3A,** 4
ein Saft un jus **I 7B**
jdm. etw. sagen dire qc à qn **II 6B**
  Sag mal, … Dis donc, … **I 8A**
  Also sag mal! Ça alors! **II 4B**
  seine Meinung sagen donner son avis **II 6C,** 2
  sich etw. sagen se dire qc **IV 2A**
ein Skaterclub un club de roller **I 8E**
ein Salat une salade **I 7B**
das Salz le sel **I 7B**
(am) Samstag samedi *(m.)* **I 4C**
der Sand le sable **V 11B**
ein Sandwich un sandwich **I 6B**
ein Sänger/eine Sängerin un chanteur/une chanteuse **III 1A**
ein Satz une phrase **I 2E**
die Sauberkeit la propreté **III 5E**
eine Schachtel une boîte **IV 2C**
etw. schaffen créer qc **IV 1A;** réussir à faire qc **V 5A**
  schaffen etw. zu tun arriver à faire qc **V 5A**
ein Schal un foulard **V 6B**
der Schalter le guichet **II 5B,** 5
die Schande la honte **III 5C**
  Oh Schande! La honte! **III 5C**
ein Schaubild un graphique **IV 3B,** 5
ein Schaufenster une vitrine **II 3C,** 3
schaukeln bouger **I 9**
ein Schauspieler/eine Schauspielerin un acteur/une actrice **III 3E**
sich scheiden lassen divorcer **V 2A**
scheinen avoir l'air *(m.)* **III 3B**
  etw. zu tun scheinen sembler faire qc **V 6B**
jdm. etw. schenken offrir qc à qn **II 7**
etw./jdn. schicken envoyer qc/qn **IV 4B**
ein Schiff un bateau **I 9**
der Schinken le jambon **II 4E**
ein Schlafanzug un pyjama **III 2A**
schlafen dormir **II 4B**
ein Schlafzimmer une chambre **I 2E**
ein Schlag un coup **II 6E**
das Schlagzeug la batterie **III 1A**
schlau intelligent/intelligente **III 4B**
schlecht nul/nulle **II 4B;** mauvais/mauvaise **II 6A**
  schlecht drauf sein *(ugs.)* avoir le cafard *(fam.)* **III 3A**
  Nicht schlecht! Pas mal! **II 2A,** 4
  schlecht mal **III 5A**
  schlechtbezahlt mal payé/mal payée **III 5A**
etw. wieder schließen refermer qc **II 3B**
  etw. schließen fermer qc **II 4B**
schließlich finalement **V 9B**
das Schlimmste le pire **V 5A**
schlimm grave/grave **I 9**
Schlittschuh laufen patiner **V 12A**
Schlittschuhe des patins à glace *(m.)* **V 12A**
ein Schloss/Schlösser un château/des châteaux **IV 5C**
der Schluss la conclusion **II 6C,** 4
  zum Schluss à la fin **I 7B;** en conclusion *(f.)* **II 6C,** 4
ein Schlüssel une clé **II 6B**
ein Schlüsselwort/Schlüsselwörter un mot-clé/des mots-clés **II 6B**
die Schlussfolgerung la conclusion **II 6C,** 4
der Schlussverkauf les soldes *(m., pl.)* **II 3A**
der Schmerz la douleur **IV 4B**
ein Schnäppchen machen faire une affaire/des affaires **II 3A**
ein „Schneeabzug"/eine „Schneelage" une tire sur la neige **V 12A**
schneien neiger **III 6C,** 5
schnell vite **I 5A**
  schnell *(Adjektiv)* rapide/rapide **IV 5A**

schnell *(Adv.)* rapidement **V 9B**
ein Schock un choc **IV 1A**
die Schokolade le chocolat **II 4E**
ein Schokoladenkuchen un gâteau au chocolat **III 5C**
schön sympa/sympa **II 3A;** beau/bel/belle/beaux/belles **II 3B**
Schönes Wochenende! Bon week-end! **I 7A**
schon déjà **I 4C**
jdm. etw. schreiben écrire qc à qn **II 6B**
ein Schreibtisch un bureau/des bureaux **IV 2C**
schreien crier **II 5C**
die Schriftsprache la langue écrite **V 11A**
jdn. schubsen pousser qn **II 2A**
schüchtern timide/timide **V 3A**
ein Schuh une chaussure **II 3E**
Welche Schuhgröße haben Sie? Quelle est votre pointure? **II 3C,** 3
eine Schulaufgabe *(ugs.)* une interro *(fam.) (= une interrogation)* **I 4C**
ein Schulbibliothekar/eine Schulbibliothekarin un documentaliste/une documentaliste **I 5A**
eine (Geld)Schuld begleichen rembourser une dette **V 7A**
eine Schule une école **I 2A**
Schule schwänzen *(ugs.)* sécher les cours *(fam.)* **IV 2B**
ein Schüler/eine Schülerin un élève/une élève **I 4A;** un écolier/une écolière **V 2A**
ein neuer Schüler un nouveau **I 5E**
ein Schüleraustausch un échange scolaire **II 6A,** 4
ein Schulfach une matière **V 9A**
schulisch scolaire/scolaire **II 6A,** 4; **V 9A**
ein Schuljahr une année scolaire **IV 2B**
der Schulleiter le proviseur **V 8B**
eine Schulnote une note **I 7C**
eine Schulpartnerschaft haben mit … être jumelé(e) avec… **II 5A,** 5
jdm. die Hand schütteln serrer la main à qn **V 2B**
jdn./etw. schützen protéger qn/qc **IV 4B**
sich schützen se protéger **V 12A**
schwach werden craquer **V 5A**
schwach faible/faible **V 10B**
Schule schwänzen *(ugs.)* sécher les cours *(fam.)* **IV 2B**
schwarz noir/noire **II 3E**
sich schwarz kleiden s'habiller en noir **IV 4A**
schwärzen noircir **V 6B**
schweigen se taire **V 2B**
schwer lourd/lourde **III 6E**
eine Schwester une sœur **I 4C**
eine Halbschwester une demi-sœur **V 2A**
schwierig difficile/difficile **III 6B**
schwimmen nager **II 1**
das Schwimmen la natation **II 1E**
die Science-Fiction la science-fiction **V 3A,** 4
ein See un lac **V 12A**
segeln faire de la voile **II 1E**
jdn./etw. sehen voir qn/qc **II 3A**
Sieh mal einer an. Tiens. **II 3A**
Ich will/kann dich nicht mehr sehen! Je ne veux plus te voir! **II 3C**
sehr très **I 4A**
sehr schnell très vite **IV 5A**
eine Seife un savon **V 7A**
die Seilbahn le téléphérique **III 2B**
sein être **I 2B**
sein aus être de **I 2B**
Ich bin dran. C'est à moi. **I 7A**
Da bist du ja! Te voilà! **II 6B**
die Seine-Ufer les quais de Seine **V 3B**
seit pendant **II 3A;** depuis **III 1B;** dès **V 5A**
seitdem *(Adv.)* depuis **IV 1A**
eine Seite une page **I 4E**
ein Sekretär un secrétaire/une secrétaire **III 5A**
eine Sekretärin un secrétaire/une secrétaire **III 5A**
die Sekundarstufe II la formation secondaire **V 9B,** 2
eine Sekunde une seconde **IV 4C,** 6
(ich) selbst moi-même **V 8A**
ein Selbstmord un suicide **V 8A**
selbstsicher sein être sûr/sûre de … **III 3A**
selbstständig autonome/autonome **V 8A**
die Selbstständigkeit l'autonomie *(f.)* **V 8A**
seltsam bizarre **II 2A**
eine (Fernseh-)Sendung une émission (de télévision) **III 5E**
senegalesisch sénégalais/sénégalaise **IV 4E**
sensibel sensible/sensible **V 8A**
sensibel machen rendre qn sensible **V 8A**
jdn. für etw. sensibilisieren sensibiliser qn à qc **V 8A,** 4
September septembre *(m.)* **I 5A**
eine Serie une série **III 3E**
seriös sérieux/sérieuse **III 4B**
ein Server un serveur **V 5B**
ein Sessel un fauteuil **IV 1A**
etw. setzen mettre qc **I 7B**
sich setzen s'asseoir **V 2B**
die Sexualität la sexualité **V 3A**
das Shoppen le shopping **II 1E**
shoppen gehen faire du shopping *(fam.)* **II 1E**
sicher sûr/sûre **III 3A**
die Sicherheit la sécurité **IV 3A,** 6
sicherlich certainement **V 9A**
ein Siedler un colon **V 12**
Siedlung la cité **III 4E**
ein Signal un signal/des signaux **V 4A**
eine Silbermedaille une médaille d'argent **IV 1A**
singen chanter **I 3A**
eine Sirene une sirène **IV 5E**
ein Sirup un sirop **V 12A**
eine Situation une situation **I 6C,** 2; **IV 1B**
sitzen bleiben redoubler **V 7B**
jdn. sitzen lassen quitter qn **II 2C**
eine Skatertour une rando roller **I 8B**
ein Sketsch un sketch **II 6C**
der Ski le ski **II 1E**
das Skifahren le ski **II 1E**
so comme ça **I 7C;** ainsi **V 10B**
Nur so. Comme ça. **I 8B**
so *(+ Adverb)* si **III 2A**
so (sehr) tellement **III 5C**
so … wie aussi … que **III 6E**
so genannt dit/dite **V 8A**
so viel/viele … wie … autant de … que de … **V 2A; V 10A**
eine Socke une chaussette **II 3E**
sofort tout de suite **I 7C**
sogar même **III 1A**
sogar … wenn même si … **V 1A**
ein Sohn un fils **II 2E**
solar solaire/solaire **V 10B**
die Solidarität la solidarité **IV 3B**
eine Solokarriere une carrière solo **V 1A**
der Sommer l'été *(m.)* **III 1B**
ein Sonderstatus un statut particulier **V 11B**
die Sonne le soleil **III 6C**
in der Sonne sous le soleil **III 6C**
(am) Sonntag dimanche *(m.)* **I 4C**
Sonst noch etwas? Et avec ça? **I 7A**
die Sorge le souci **III 2A**
Keine Sorge! Pas de souci! **III 2A**
sich Sorgen machen se faire du souci **III 2B;** s'inquiéter **III 4B**

für Stimmung sorgen mettre de l'ambiance *(f.)* **III 1A**
eine Soße une sauce **IV 5C**
der Soul la soul **V 1A**
ein Souvenir un souvenir **IV 4B,** 5
sowie (auch) ainsi que … **V 8A**
sowieso de toute façon **III 1B**
spanisch espagnol/espagnole **IV 3A**
Spaß haben rigoler **I 9**
Spaß haben s'amuser **III 2B**
etw. zum Spaß tun s'amuser à faire qc **V 3B**
spät tard **I 3B**
Wie spät ist es? Il est quelle heure? **I 5B**
spät dran sein être en retard **II 5A**
später plus tard **I 3B**
spazieren gehen se promener **IV 3C**
ein Spaziergang une promenade **IV 5C,** 2
das Speiseöl l'huile *(f.)* **I 7A**
ein Spezialeffekt un effet spécial/des effets spéciaux **V 3B,** 4
spezialisiert spécialisé/spécialisée **V 1A**
sich auf etw. spezialisiert haben être spécialisé(e/s) en … **V 6A**
eine Spezialität une spécialité **IV 4E**
ein Spiegel une glace **II 3B**
ein Spiel/Spiele un jeu/des jeux **IV 1A**
ein Spiel un match **I 2B**
mit jdm./etw. spielen jouer avec qn/qc **I 4C,** 4
Theater spielen faire du théâtre **III 3C**
eine Spielkonsole une console **V 5A**
ein Spielzeug un jouet **IV 4C**
Du spinnst wohl! *(ugs.)* Tu rigoles! *(fam.)* **II 4B**
an der Spitze en tête **V 5A**
(der) Sport/die Sportart le sport **II 1E**
Sport treiben faire du sport **II 1E**
sportlich sportif/sportive **III 4A,** 2
eine Sprache une langue **II 6C**
mit jdm. (über etw.) sprechen parler (de qc) à qn/avec qn **II 6B**
eine Spur une trace **V 5B**
etw. spüren sentir qc **IV 4A**
die Staatsangehörigkeit la nationalité **IV 3C**
der (frz.) Staatspräsident le président de la République **V 4A; V 6A**
ein Stab un bâton **V 12A**
die Stabilität la stabilité **V 10B**
eine Stadt une ville **II 3E**
eine Städtepartnerschaft haben mit … être jumelé(e) avec… **II 5A,** 5
ein Stadtplan un plan **I 2E**
ein Stadtviertel un quartier **I 2A**
ein Stadtzentrum le centre-ville **IV 4C,** 4
stammen aus … dater de … **V 4A**
ein Star une star **III 1B**
stark fort/forte **V 1A,** 5
eine Stärke un point fort **V 9A**
starten in … partir de … **IV 5C**
eine Station une station **I 6A**
die Statistik statistiques **II 6C,** 4
statt au lieu de **III 5C**
stattfinden avoir lieu **IV 2E**
eine Statue une statue **V 4A,** 4
ein Status un statut **V 11B**
der Staub la poussière **V 9B**
jdm. stehen aller à qn **II 3A**
etw. stehlen voler qc **II 2E**
eine Stelle un endroit **III 3C;** un poste **IV 5A**
eine Stelle als … une place de … **IV 3A**
etw. stellen mettre qc **I 7B**
etw. ins Netz stellen mettre qc en ligne **V 5B;** poster qc **IV 5E**
ein Stern une étoile **IV 3B**
das Steuer le volant **V 6B**
ein Stiefel une botte **III 6C**
der Stiefvater le beau-père **V 2A**
ein Stil un style **IV 5C**
Still! Chut! **I 5A**
eine Stimme une voix **V 1A**
Das stimmt. C'est vrai. **I 6E**
eine Stimmung une ambiance **I 8B**
für Stimmung sorgen mettre de l'ambiance *(f.)* **III 1A**
ein Stipendium une bourse **IV 3A**
ein Stockwerk un étage **I 6A**
stolz fier/fière **II 5C**
stolz auf jdn/etw. fier/fière de qn/qc **III 4B**
jdn. stören déranger qn **II 2A**
jdn. stoßen pousser qn **II 2A**
(zufällig) auf jdn. stoßen tomber sur qn **V 6B**
die Strahlung la radiation **V 10B**
ein Strand une plage **II 2B**
eine Straße une rue **I 2A**
die Straße la route **III 6E**
eine Strategie une stratégie **I 1,** 5
ein Strauß un bouquet **IV 5B**
etw. (durch)streichen barrer qc **II 4A**
ein Streik une grève **IV 2B**
Streit une dispute **II 2A**
sich streiten se disputer **III 4B**
streng sévère/sévère **III 2B**
der Stress le stress **V 9A**
ein Strom un fleuve **V 11B; V 12B**
die Stromproduktion la production électrique **V 10B**
ein Strumpf une chaussette **II 3E**
ein Stück/Stücke un morceau/des morceaux **III 1A**
ein (Theater-)Stück une pièce (de théâtre) **III 3C**
ein Student/eine Studentin un étudiant/une étudiante **IV 3C**
ein Studiengang une filière d'études *(f.)* **V 9A**
ein Studio un studio **III 3E**
das Studium les études *(f.)* **IV 3A**
eine Stunde une heure **I 3B**
eine Stunde nachsitzen (müssen) avoir une heure de colle **III 2B**
eine halbe Stunde une demi-heure **V 12A**
stundenlang pendant des heures **II 3A**
ein Stundenplan un emploi du temps **I 5A**
sich auf etw. stürzen se jeter sur qc **V 5A**
ein Sturzhelm un casque **V 11B,** 3
etw. suchen chercher qc **I 3E;** aller chercher qc **II 1**
jdn. suchen rechercher qn **V 1B**
eine Suchmaschine un moteur de recherche **V 5B**
super *(ugs.)* super *(fam.)* **I 2A**
super génial/géniale/géniaux/géniales **II 3A**
supercool *(ugs.)* super cool *(fam.)* **I 8B**
ein Supermarkt un supermarché **I 2A**
ein Supermedium un supermédia **V 5A**
eine Supernote une super note **I 7C**
ein Superstar une superstar **I 4A**
eine Superstimmung une ambiance d'enfer **I 8B**
die Suppe la soupe **II 4A**
surfen surfer **I 4A**
das Surfen le surf **II 1E**
Süßkartoffeln des patates douces **V 11B,** 3
ein Symbol un symbole **IV 3B**
ein Synonym un synonyme **V 1B,** 2
eine Szene une scène **II 6C; I 2B,** 4

T

eine Tabelle un tableau/des tableaux **IV 1E**
eine Tafel un tableau/des tableaux **IV 1E**
ein Tag un jour **II 2C**
ein Tag (im Verlauf) une journée **I 9**

ein Tag der offenen Tür une journée portes ouvertes **II 6C**
den ganzen Tag toute la journée **II 7E**
eines Tages un jour **III 3E**
ein Tagebuch un journal intime **III 4A**, 2; **II 4C**, 3
das Tagesgeschehen l'actualité *(f.)* **III 5E**
eine Tageszeitung un quotidien **V 6A**
das Talent le talent **III 3C**
ein Tamile/eine Tamilin V 7A
tanken prendre de l'essence **III 6A**
eine Tante une tante **II 5C**, 3
der Tanz la danse **II 1E**
tanzen danser **I 8A**
das Tanzen la danse **II 1E**
tanzend dansant/dansante **V 1A**
ein Tänzer/eine Tänzerin un danseur/une danseuse **IV 1C**
eine (Hosen-)Tasche une poche **II 7**
eine Tasche un sac **I 2E**
ein Taschendieb un pickpocket **V 4B**, 3
das Taschengeld l'argent de poche *(m.)* **II 7**
eine Tatsache un fait **V 6A**
tatsächlich en effet **V 12B; V 5B**
ein Taucher/eine Taucherin un plongeur/une plongeuse **V 11B**
etw. tauschen échanger qc **V 12B**
Tausend un millier **V 12B**
ein Taxi un taxi **IV 4B**
die Technik la technique **III 5C**
ein Techniker/eine Technikerin un technicien/une technicienne **III 5B**
der Tee le thé **II 4E**
etw. teilen partager qc **II 2B**
an etw. teilnehmen participer à qc **IV 2B**; assister à qc **V 12B**
am Unterricht teilnehmen suivre un cours **V 7A**
das Telefon le téléphone **I 4C**
am Telefon à l'appareil **III 5B**, 4
mit jdm. telefonieren téléphoner à qn **I 8A**
eine Telefonnummer un numéro de téléphone **I 5A**, 6
ein Teller une assiette **II 4C**
die Temperatur la température **V 9B; V 10A**
das Tennis le tennis **II 1E**
ein Termin/Treffen *(ugs.)* un RV *(fam.)* **V 8B**
eine Terrasse une terrasse **I 6A**
jdn. testen tester qn **V 9B**
teuer cher **I 6A**
Das ist zu teuer. C'est trop cher! **I 6B**
teuer cher/chère **II 3A**
teuer sein coûter cher **II 7**
ein Text un texte **I 3A**, 1
ein TGV un TGV **II 5A**
ein Theater un théâtre **III 3E**
Theater spielen faire du théâtre **III 3C**
ein Theaterstück une pièce (de théâtre) **III 3C**
eine Theatertruppe une troupe (de théâtre) **III 6E**
ein Thema un sujet **II 6C**, 4
ein Thermometer un thermomètre **V 12A**
ein Tier un animal/des animaux **V 2A; V 9A**
ein Tierheim un refuge **V 2A**
Du gefällst mir tierisch gut. *(ugs.)* Tu me plais grave! *(fam.)* **V 8B**
ein Tierpfleger/eine Tierpflegerin un soigneur animalier/une soigneuse animalière **V 9B**
ein Tisch une table **I 3B**
den Tisch decken mettre la table **I 7C**
zu Tisch kommen se mettre à table **III 2A**
(das) Tischtennis *(als Sportart)* le ping-pong **I 4B**
ein Titel un titre **II 6A**
die Titelseite la une **V 6A**
eine Tochter une fille **II 5A**, 1
der Tod la mort **IV 4A**
die Toiletten les toilettes *(f., pl.)* **I 5E**
toll fantastique/fantastique **II 3A**; sympa/sympa **II 3A**; génial/géniale/géniaux/géniales **II 3A**; génial **I 4A**
toll *(ugs.)* super *(fam.)* **I 2A**
eine Tomate une tomate **I 7E**
ein Ton un son **V 6B**
eine Tonne une tonne **V 4A**
ein Topf une casserole **V 12A**
ein Toter/eine Tote un mort/une morte **V 8A**
eine Tour *(ugs.)* une rando *(fam.)* **I 8B**
der Tourismus le tourisme **IV 2B**, 4
ein Tourismus-Infoblatt un dépliant touristique **IV 4B**, 5
ein Tourist/eine Touristin un touriste/une touriste **I 6B**
die Touristeninformation l'office de tourisme **IV 4B**, 5
eine Tradition une tradition **V 12A; V 1A**
traditionell traditionnel/traditionnelle **IV 5C**
etw. tragen porter qc **II 3E**
eine Tragödie une tragédie **V 3B**, 4
ein Trailer une bande-annonce/des bandes-annonces **V 5A**, 4
trainieren s'entraîner **IV 1A**
trampen faire du stop **III 6E**
eine Träne une larme **V 2B**
ein Transportmittel un moyen de transport **V 4B**
ein Traum un rêve **III 2B**, 3
von etw. träumen rêver de qc **I 5B**, 3
traurig triste/triste **II 7**
jdn. treffen rencontrer qn **I 7A**
jdn. (wieder) treffen retrouver qn **II 2C**
sich treffen se retrouver **III 2E**
sich mit jdm. treffen avoir rendez-vous avec qn **I 4C**
eine Entscheidung treffen prendre une décision **III 1A**, 5
ein Treffen un rendez-vous **I 4C**; une réunion **III 5A**; une rencontre **IV 1E**; un RV *(fam.)* **V 8B**
der Treibhauseffekt l'effet de serre *(m.)* **V 10A**
ein Gas, das den Treibhauseffekt bewirkt un gaz à effet de serre **V 10A**
eine Trendscoutfirma une société de veille **V 5B**
sich trennen se quitter **III 2C**
die Treppe l'escalier *(m.)* **I 6A**
treu fidèle/fidèle **IV 1B**
etw. trinken boire qc **III 2A**
die Trockenheit la sécheresse **V 10A**
etw. trocknen sécher qc **IV 5B**
etw. trocknen lassen faire sécher qc **IV 5B**
jdn. trösten consoler qn **V 8A; V 9B**
trotz etw. malgré qc **V 11A**
trotzdem quand même **III 2B**; pourtant **V 2A**
Trübsal blasen avoir le cafard *(fam.)* **III 3A**
Tschüs! *(ugs.)* Salut! *(fam.)* **I 1**
ein T-Shirt un T-shirt **II 3E**
etw. tun faire qc **I 4A**
etw. gern tun aimer faire qc **I 4C**
etw. tun werden aller faire qc **I 8E**
Aber was (kann/soll man) tun? Mais que faire? **I 8B**
Das hat nichts damit zu tun! Ça n'a rien à voir. **IV 3C**
es mit jdm. zu tun haben avoir affaire à qn **V 6B**
etw. tun müssen avoir besoin de faire qc **V 7A**
eine Tür une porte **II 2B**
ein Turm une tour **I 6A**
eine Turnhalle un gymnase **I 5E**
Turnschuhe des baskets *(f., pl.)* **II 5E**

eine Tüte un sac **I 2E**
ein Typ un type **V 11B; V 6B**

U

die U-Bahn le métro **I 6A**
über sur **I 6A**, 4
über etw. au-dessus de qc **IV 2C**
überall partout **II 6C**
etw. überbringen transmettre qc **V 6A**
überhaupt nicht ne … pas du tout **II 6C**, 2
etw. überholen dépasser qc **V 6B**
jdm. etw. überlassen laisser qc à qn **III 6C**
überleben survivre **IV 4C**
(sich) überlegen réfléchir **III 1A**
etw. überqueren traverser qc **II 5C**
eine Überraschung une surprise **III 2C**
ein Überraschungsausflug une sortie surprise **V 12A**
eine Überschwemmung une inondation **V 10A**
ein Überseedepartement un département d'Outre-mer **IV 4A**, 5
ein Übersichtsplan un plan **I 9**
eine Überstunde une heure supplémentaire **V 9A**
übertreiben exagérer **III 1B**
übertrieben excessif/excessive **V 1A**
jdn./etw. überwachen surveiller qn/qc **V 3A; V 7B**
übrigens d'ailleurs **IV 1B**
eine Übung un exercice **I 1; II 4A**, 4
am Ufer (der/des …) au bord de … **II 1**
Um wie viel Uhr? A quelle heure? **I 5B**, 1
rund um die Uhr 24 heures sur 24 **V 12A**
ein Ukrainer/eine Ukrainerin un Ukrainien/une Ukrainienne **V 7A**
um (etw. zu tun) pour (faire qc) **II 2A**
jdn. umarmen embrasser qn **II 4C**
sich umbringen se suicider **V 8B**
sich umdrehen se retourner **III 4C**
etw. umdrehen tourner qc **II 3C**
eine Umfrage une enquête **V 5A**
jdn. umgeben entourer qn **V 7B**
um … herum autour de … **III 1B**
eine Umkleidekabine une cabine **II 3C**, 3
im Umlauf sein circuler **IV 3B**
ein Umschlag une enveloppe **III 4C**
umsteigen changer (de train) **II 5A**
etw. umwandeln transformer qc **IV 1A**, 5
die Umwelt l'environnement *(m.)* **V 9B**
ein Umweltschützer/eine Umweltschützerin un écolo/une écolo *(= un/une écologiste)* **V 9A**
umweltverschmutzend polluant/polluante **V 11B**
umziehen déménager **IV 2A**
die Unabhängigkeit l'indépendance *(f.)* **V 11A; V 10B**
die Unabhängigkeit in der Energieversorgung l'indépendance énergétique *(f.)* **V 10B**
und et **I**
unerschöpflich inépuisable/inépuisable **V 10B**
ein Unfall un accident **II 4A**, 4
ungefähr environ **V 11B; V 4B; V 10B**
unglücklich malheureux/malheureuse **III 4B**
die Uni *(ugs.)* la fac *(fam.) (= la faculté)* **IV 3C**
unmöglich impossible **V 5A**
Unrecht haben avoir tort **III 1B**, 6
unten en bas de **IV 1C**
unter sous **II 5E**
unter ihnen *(bei Personen)* parmi eux/elles **III 3C**
unter anderen entre autres **V 12B**
unterhalb von … en bas de **IV 1C**
unterirdisch souterrain/souterraine **V 12A**
ein Unternehmen une entreprise **III 5A**
Unterricht haben avoir cours *(sg.)* **III 2C**
am Unterricht teilnehmen suivre un cours **V 7A**
unterrichten enseigner **III 5E**
die Unterrichtssprache la langue d'enseignement **V 11A**
eine Unterrichtsstunde un cours **II 6A**
das Unterrichtswesen l'enseignement *(m.)* **V 11A**
ein Unterschied une différence **III 2A**, 2
unterschiedlich différent/différente **III 2A**
etw. unterschreiben signer qc **II 5C**
etw. unterstreichen souligner qc **IV 1E**
jdn. unterstützen assister qn **V 9B**
eine Untersuchung une enquête **II 2E**
unterteilt sein in … être divisé(e/s) en … **V 11A**
ein Unwetter une tempête **V 10A**
das Uran l'uranium *(m.)* **V 10B**
der Urlaub les vacances *(f., pl.)* **II 1E**
in (den) Urlaub fahren partir en vacances *(f., pl.)* **II 5E**
der bezahlte Urlaub les congés payés *(m., pl.)* **V 2A**
der Urlaub les congés *(m.)* **V 9B**
der Ursprung l'origine *(f.)* **V 3A**
usw. etc. **V 6A**

V

ein Van un minibus **III 6A**
der Vater le père **I 6E**
eine Verabredung un rendez-vous **I 4C**
eine Verabredung mit jdm. haben avoir rendez-vous avec qn **I 4C**
etw. verändern changer qc **II 6C**
eine Veränderung un changement **V 8A; V 10A**
veranlassen, dass … faire + inf. **IV 5E**
die Verantwortung la responsabilité **V 6A; V 8A; V 9A**
etw. verbessern améliorer qc **IV 3B**, 3; arranger qc **V 7A**
etw. verbieten condamner qc **V 2A**
etw. verbinden relier qc **V 4B**
eine Verbindung une ligne **III 5B**, 4
verborgen caché/cachée **IV 2C**
der Verbrauch la consommation **V 8A**
sich verbreiten se répandre **V 11A**
etw. verbrennen brûler (qc) **IV 4A**
(die Ferien) verbringen passer (les/ses vacances) **II 1**
mit etw. verbunden sein être lié à qc **V 5A**, 4
Geld verdienen gagner de l'argent *(m.)* **II 7**
ein Verein un club **I 8E;** une association **IV 2E**
etw. vereinen regrouper qc **V 11A**
etw. vereinigen unir qc **IV 3B**
die körperliche Verfassung la condition physique **V 9B**
Verflixt! *(ugs.)* Zut! *(fam.)* **I 1**
etw. verfolgen suivre qc **V 1A; V 3A**
etw. live verfolgen suivre qc en direct **V 3A**
(eine) Verfügungsstunde Vie de classe *(f.)* **II 6A**
die Vergangenheit le passé **V 11A**
etw. vergessen oublier qc **II 4A**
die Zeit vergessen oublier l'heure *(f.)* **III 2C**
das Vergnügen le plaisir **IV 2E**
im Verhältnis zu jdm./etw. par rapport à qn/qc **V 11B**
die Verhütung la contraception **V 8A**

etw. verkaufen vendre qc II 7
in die ganze Welt verkauft werden faire le tour du monde IV 4C
ein Verkäufer/eine Verkäuferin un vendeur/une vendeuse I 7A, 6
der Verkehr le trafic V 11B
ein Verkehrsmittel un moyen de transport V 10A
die Verkehrssprache la langue de communication V 11A
verkleidet sein être déguisé/déguisée IV 4A
jdn. verlassen quitter qn II 2C
jdn./etw. verlassen abandonner qn/qc V 2A
sich auf jdn. verlassen compter sur qn III 1B
im Verlauf von … au cours de … V 10B
verlegen sein être gêné/gênée III 1A
jdn. zu etw. verleiten pousser qn à qc V 8A
sich verletzen se blesser III 2C
ein Verletzter/eine Verletzte un blessé/une blessée II 2E
jdn. verleumden diffamer qc V 6A
etw. verlieren perdre qc II 5C
die Vermarktung la commercialisation V 9B
vermeiden etw. zu tun éviter de faire qc V 9A
jdn./etw. vermissen regretter qn/qc IV 2A
vermutlich sans doute V 9A
jdn. vernehmen interroger qn II 2A
etw. veröffentlichen publier qc V 6A
die Veröffentlichung von etw. la publication de qc V 5B
etw. verpassen rater qc II 5C, 3
etw. verringern réduire qc V 6B
verrückt fou/fol/folle/fous/folles III 6C
sich versammeln se rassembler V 12B
verschieden différent/différente III 2A
verschmutzt pollué/polluée IV 3A
verschwinden disparaître III 6B
wieder verschwinden repartir IV 4B
die Verspätung le retard II 5A
jdm. versprechen etw. zu tun promettre à qn de faire qc II 3A
Versprochen! Promis! II 3A
etw. verstärken amplifier qc V 10A
sich verstecken se cacher IV 4B
versteckt caché/cachée IV 2C
etw. verstehen comprendre qc I 6C
sich mit jdm. verstehen s'entendre avec qn III 2B
etw. versuchen essayer qc II 3A
versuchen etw. zu tun tenter de faire qc V 8B
sich verteidigen se défendre V 6A
das Vertrauen la confiance IV 1B
Vertrauen in jdn. haben avoir confiance en qn IV 1B
etw. verurteilen condamner qc V 2A
ein Verwaltungsdokument un document administratif V 11A
etw. verwenden utiliser qc V 11A; V 12A; V 4A
etw. verwirklichen réaliser qc IV 4E
auf etw. verzichten se priver de qc V 5A
ein Videoclip un vidéoclip IV 1E
ein Videofilm une vidéo I 5A
ein Videoraum une salle vidéo I 5A
viel beaucoup I 7B
viel *(bei Mengen)* **…** beaucoup de I 7B
viel/viele plein de … IV 1B
so viel/viele … wie … autant de … que de … V 2A; V 10A
vielleicht peut-être II 4B
ein Viertel un quartier I 2A
Viertel vor vier quatre heures moins le quart I 5B
eine Viertelstunde un quart d'heure III 1B
das Vietnamesisch(e)/die vietnamesische Sprache le vietnamien V 11B
ein Vogel un oiseau/des oiseaux V 2A
ein Volksentscheid un référendum V 11B
ein lokaler Volksentscheid un référendum local V 11B
volkstümlich folklorique/folklorique V 1A
voll plein/pleine III 6A; complet/complète IV 4A
der volle Preis le plein tarif V 3A, 4
die Nase von etw. voll haben *(ugs.)* en avoir marre de qc *(fam.)* II 3C
Ich habe die Nase voll. *(ugs.)* J'en ai ras le bol! *(fam.)* III 4C, 4
Volleyball *(als Sportart)* le volley I 4B
völlig tout à fait V 2A
vollkommen tout à fait V 2A
vollständig totalement IV 5A, 7; complètement V 2B
volltanken faire le plein III 6A
von d' = de I 2A, 3
von … aus de I 6A
von der/von dem/von denen dont IV 4A
vor *(örtlich)* devant I 4A, 3
vor *(zeitlich)* avant I 8A; il y a III 3E; avant de *(+ inf.)* V 1A
vor allem surtout II 6C
an etw. vorbeifahren dépasser qc V 6B
an etw. vorbeigehen dépasser qc V 6B
etw. vorbereiten préparer qc I 3A
sich vorbereiten se préparer III 2B
ein Bühnenstück vorbereiten monter une pièce III 3C
sich vorbeugen se pencher V 2B
eine Vorführung un spectacle III 3C
das Vorhandensein la présence V 10A
vorher avant IV 1C
vorhin tout à l'heure V 6B
die Vorliebe le goût V 9A
vorn/vorne devant III 6E
ein Vorname un prénom I 4B
der Vorort la banlieue III 4E
jdm. vorschlagen etw. zu tun proposer à qn de faire qc IV 3A, 1
etw. vor(her)sehen prévoir qc V 11B
Vorsicht bei der Abfahrt! Attention au départ! II 5A
ein Vorsprechen une audition III 3E
etw. vorstellen présenter qc II 5B
sich vorstellen se présenter III 3A
jdn. jdm. vorstellen présenter qn à qn III 5B
sich etw. vorstellen imaginer qc V 7A
ein Vorteil un avantage V 10B
ein Vortrag un exposé II 6B
vorziehen etw. zu tun préférer faire qc I 7C

W

wach werden se réveiller III 2E
ein Waggon une voiture (de train/métro) III 3B
eine Wahl un choix III 4C; une élection V 10B, 5
etw. wählen choisir qc III 1A
ein Wahnsinnslook un look d'enfer II 3C
wahr vrai/vraie II 3C
Das darf doch wohl nicht wahr sein! Ce n'est pas vrai! II 3C; Ce n'est pas possible! III 1B
etw. wahr machen réaliser qc IV 4E
während pendant II 3A
während *(+ Verb)* pendant que III 3B
währenddessen pendant ce temps II 6B
die Wahrheit la vérité II 2B
die Währung la monnaie IV 3B
die einheitliche Währung la monnaie unique IV 3B
ein Wald une forêt IV 4B
ein Waldbrand un feu de forêt IV 5E

wallonisch wallon/wallonne **IV 3C**
eine Wanderung une rando *(fam.)* = une randonnée **I 8B**
wann quand **I 6C**, 4
Wann? A quelle heure? **I 5B**, 1
warm chaud/chaude **III 2A**
Es ist warm. *(Wetter)* Il fait chaud. **III 6B**
auf jdn./etw. warten attendre qn/qc **II 5C**
Warum ...? Pourquoi ...? **I 8A**
Was ...? Qu'est-ce que ...? **I 2B**
Was ist das? Qu'est-ce que c'est? **I 2B**
Was? Quoi? **II 3C**
Was gibt es ...? Qu'est-ce qu'il y a ... ? **I 3B**
Was ist los? Qu'est-ce qu'il y a? **I 5B**
Was ...? Qu'est-ce que ...? *(Frage nach dem Objekt)* **IV 1C**; Qu'est-ce qui ...? *(Frage nach dem Subjekt)* **IV 1C**
was ... angeht pour ... **II 6A**
was *(neutrales Relativpronomen, Subjekt)* ce qui **IV 3B**
was *(neutrales Relativpronomen, Objekt)* ce que **IV 3B**
Was für ein Tag! Quelle journée! **II 5C**, 5
sich waschen se laver **III 6B**; faire sa toilette **V 9B**
das Wasser l'eau *(f.)* **I 9**
Wau! Ouah! **I**
ein Weblog un blog **IV 5E**
eine Website un site (Internet) **III 5C**
weder ... noch ne ... ni ... ni ... **IV 2A**
ein Weg un chemin **III 4C**
der Weg la route **III 6E**
wegen jdm./etw. à cause de qn/qc **II 2C**
wegen jeder Kleinigkeit pour rien **III 3E**
weggehen sortir **II 4B**; partir **II 4B**; se casser *(fam.)* **V 7B**
jdm. etw. wegnehmen prendre qc à qn **II 6E**
etw. wegwerfen jeter qc **V 2B**
Das tut mir weh! J'ai mal! **II 2A**
weil parce que **I 8A**; car **IV 4B**
der Wein le vin **III 2A**
weinen pleurer **III 3B**
eine Weise un mode **V 10A**
auf diese Weise comme ça **I 7C**
weiß blanc/blanche **II 3E**
weit loin **II 5C**
von weitem de loin **II 5C**
sich weiterentwickeln évoluer **V 9B**
weitermachen continuer **I 4B**
etw. weiterverkaufen revendre qc **V 5B**
welcher/welche/welches quel/quelle/quels/quelles **II 5B**
Welche Größe haben Sie? Quelle est votre taille? **II 3C**, 3
welcher/welche/welches lequel/laquelle/lesquels/lesquelles **IV 4A**
welt- mondial/mondiale **V 4B**
die Welt le monde **II 7**; la planète **V 11A**
in die ganze Welt verkauft werden faire le tour du monde **IV 4C**
die ganze Welt le monde entier **V 6A**
die Weltbevölkerung la population mondiale **V 11A**
eine Weltraumbasis une base spatiale **V 11B**, 3
die Weltreise le tour du monde **IV 4C**
ein Weltrekord un record mondial **V 4B**
eine Weltstadt une métropole **V 4A**
weltweit mondial/mondiale **V 11A**
Wem ... ? A qui est-ce que... ? **II 6A**
Wen ...? Qui est-ce que ...? *(Fragewort nach dem Objekt)* **IV 1C**
ein wenig un peu **I 6C**, 3
ein wenig ... *(bei Mengen)* un peu de ... **I 7B**
wenig/wenige peu de ... **III 1B**
weniger moins **I 7A**, 3
weniger ... als moins ... que **III 6E**
wenigstens au moins **II 4E**
wenn si **I 9**; quand **II 7**; lorsque **IV 2C**
wenngleich même si **V 8A**
Wer ...? *(Fragepronomen)* Qui ...? **I 3B**
Wer ist dran? C'est à qui? **I 7A**
Wer ...? Qui est-ce qui ...? *(Fragewort nach dem Subjekt)* **IV 1C**
eine Werbeagentur *(ugs.)* une agence de pub **III 4A**
die Werbung la publicité **III 4A**; la pub *(fam.)* **III 4A**
der Werdegang le parcours **V 9B**
werden devenir **III 3E**
braun werden bronzer **V 7B**
etw. werfen lancer qc **III 3B**; jeter qc **V 2B**
eine Werkstatt un garage **II 7**; un atelier **III 4A**; **IV 4C**
ein Werkzeug un outil **V 12B**
ein Wert une valeur **V 9A**
wert sein valoir **V 11B**
das Wesentliche l'essentiel *(m.)* **V 6B**
der Westen l'ouest *(m.)* **IV 5C**, 6
ein Wettbewerb un concours **III 5A**
an einem Wettbewerb teilnehmen passer un concours **III 5A**
das Wetter le temps **III 6A**
die Wetterbedingungen les conditions météorologiques *(f.)* **V 10B**
der Wetterbericht la météo **III 5B**; le bulletin météo **III 6C**, 6
die Wettervorhersage la météo **III 5B**
ein Wettkampf une compétition **IV 1A**
ein Wettlauf une course **IV 2B**
wichtig important/importante **II 6C**
die Wichtigkeit l'importance *(f.)* **V 6A**; **V 11B**
wichtigster/wichtigste principal/principale **V 3B**, 4; **V 6A**
wie comme **I 4B**
wie Hund und Katze comme chien et chat **II 4C**, 4
Wie ... ? Comment ... ? **I 1**
Wie spät ist es? Il est quelle heure? **I 5B**
wie viel combien **I 7A**
wie viel(e) combien de ... **I 7A**
wieder anfangen reprendre **V 6B**
etw. wieder schließen refermer qc **II 3B**
wieder anfahren repartir **III 3B**
wieder anrufen rappeler **III 5B**, 4
wieder beginnen/anfangen recommencer **IV 4A**
wieder verschwinden repartir **IV 4B**
wieder zurück de retour **V 8B**
jdn. wiedererkennen reconnaître qn **III 3C**
etw. wiedergeben rapporter qc **V 6A**
etw. wiederherstellen reformer qc **V 2A**
etw. wiederholen répéter qc **III 1E**; réviser qc **III 2B**
eine Wiederholung une répétition **III 1A**
jdn. wiedersehen revoir qn **IV 5A**
Auf Wiedersehen! Au revoir! **I 1**
wiegen peser **V 4A**
der Wind le vent **III 6B**
die Windenergie l'éolien *(m.)* **V 10B**
der Winter l'hiver *(m.)* **IV 5B**
wirklich *(Adv.)* vraiment **I 8B**
also wirklich décidément **V 8B**
die Wirklichkeit la réalité **IV 3B**
wirtschaftlich/Wirtschafts- économique/économique **V 11B**; **V 10A**
wissen savoir **III 5B**
Ich weiß (es) nicht. Je ne sais pas. **I 4C**
Ich weiß (es). Je sais. **II 2E**
Wisst ihr was? Vous savez quoi? **II 3C**
witzig marrant **I 4A**; drôle/drôle **III 3C**; humoristique **V 5B**
wo où **I 2A**
wo *(Relativpronomen) (Ort)* où **III 1E**
woanders ailleurs **III 4C**, 4
eine Woche une semaine **I 8E**
ein Wochenende un week-end **I 6E**

Schönes Wochenende! Bon week-end! **I 7A**
woher d'où **I 2B**
wohin où **I 2A**
sich wohlfühlen se sentir (bien) **III 3A**
wohnen habiter **I 4B**
Wohngemeinschaft une colocation **IV 3C**
ein Wohnhaus un immeuble **IV 2E**
ein Wohnsitz un domicile **V 2A**
der elterliche Wohnsitz le domicile familial **V 2A**
eine Wohnung un appartement **I 3A**, 8
ein Wohnzimmer un salon **I 3A**
eine Wolke un nuage **III 6A**
etw. wollen vouloir qc **I 9**
etw. tun wollen vouloir faire qc **I 9**
ein Wort un mot **I 1**, 6
ein Wörterbuch un dictionnaire **III 5C**, 5
ein Wortspiel un jeu de mots **I 4E**
wovon de quoi **II 6B**
etw. wünschen désirer qc **II 3C**, 3; souhaiter qc **IV 3B**, 5
ein Würfel un dé **I 3A**, 5
die Wurstwaren la charcuterie **III 2A**
die Wut la colère **II 4B**
wütend furieux/furieuse **III 4B**
wütend sein être en colère **II 4B**

Y

ein Yassa un yassa **I 7A**

Z

eine Zahl un nombre **I 3E**; un chiffre **V 11A**; **V 8A**
etw. zählen compter qc **III 1B**; **IV 1B**
auf jdn. zählen compter sur qn **III 1B**
zahlreich nombreux/nombreuse **IV 4C**
ein Zahn une dent **II 2A**, 4
zart doux/douce **V 1A**, 5
ein Zeichen un signal/des signaux **V 4A**
ein Zeichentrickfilm un dessin animé **V 3B**, 4
eine Zeichnung un dessin **I 7C**, 1; **II 1E**
etw. zeigen montrer qc **I 4E**; indiquer qc **V 5B**
eine Zeile une ligne **II 6A**, 1
die Zeit le temps **I 6B**
Zeit haben avoir le temps **I 6B**
die Zeit vergessen oublier l'heure *(f.)* **III 2C**
Zeit brauchen um etw. zu tun mettre du temps à faire qc **V 7B**
zu dieser Zeit à cette époque **V 11A**
eine Zeitschrift un magazine **II 5B**
eine Zeitung un journal/des journaux **III 3B**
ein Zeitungsartikel un article **I 4E**
ein Zelt une tente **II 1**
zelten faire du camping **II 1**
eine Zentrale une centrale **V 10B**
ein Zentrum un centre **IV 4C**
zerplatzen s'écrouler **III 3A**
das Zeugnis le bulletin de notes **III 2B**
den Hut ziehen enlever son chapeau **III 3C**
ein Ziel une destination **II 5A**; un but **V 12A**
ziemlich assez *(+ adj.)* **III 6B**
eine Zigarette une cigarette **V 8A**; une clope *(fam.)* **V 8B**
ein (Schlaf-)Zimmer une chambre **I 2E**
eine Zitrone un citron **I 7E**
der Zitronensaft le jus de citron **I 7B**
ein Zombie un zombie **V 8B**
zu viel trop **I 6B**
zu *(+ Personen)* chez **I 5E**
zu 30 Euro à 30 euros **II 3E**
zu *(in Richtung von …)* vers **III 3B**
etw. zubereiten préparer qc **I 3A**
der Zucker le sucre **II 4C**, 2
zuerst d'abord **I 2E**; **I 5A**
zufrieden content/contente **II 6C**
mit jdm./etw. zufrieden sein être content de qn/qc **II 6C**
ein Zug un train **I 9**
Zugang zu etw. haben avoir accès à qc **V 12A**
etw. zugeben avouer qc **V 8A**
jdn. zuhause behalten garder qn à la maison **V 3A**
jdm. zuhören écouter qn **II 4B**, 4
Hört zu. Ecoutez. **I 3A**, 4
zunächst d'abord **I 2E**; **I 5A**
zurechtkommen se débrouiller **III 3A**
wieder zurück de retour **V 3B**
etw. zurückbringen ramener qc **V 4B**, 3; **III 6B**
jdm. etw. zurückgeben rendre qc à qn **III 3B**
zurückhaltend discret/discrète **V 1A**
zurückkehren rentrer **I 5B**; retourner **II 4A**; revenir **III 3E**
zu jdm./in etw. zurückkehren rejoindre qn/qc **V 7B**
zurückkommen rentrer **I 5B**; revenir **III 3E**
jdn./etw. zurücklassen laisser qn/qc **II 2C**
zurückrufen rappeler **III 5B**, 4
zurückweichen reculer **IV 2C**
zurzeit en ce moment **II 3C**, 3
zusammen ensemble **I 9**
zusammenbrechen craquer **III 3B**; s'écrouler **III 3A**
eine Zusammenfassung un résumé **I 7A**, 1
zuvor avant **IV 1C**
um die zwanzig … une vingtaine (de …) **V 9B**
ein Zweifel un doute **IV 4A**
Kein Zweifel. Pas de doute. **IV 4A**
ein Zweirad un deux-roues **V 11B**
der/die/das zweite … le/la deuxième … **II 5B**, 5
eine Zwiebel un oignon **I 7E**
jdn. zwingen etw. zu tun obliger qn à faire qc **V 2B**
zwischen entre **II 2B**
ein Zwischenfall un incident **V 6B**

Hören

S1 Hören und verstehen *(écouter et comprendre)*

Vor dem Hören	1. Beachtet genau die Arbeitsanweisung. 2. Gibt es zusätzliche Informationen zum Hörtext (z.B. Einleitung, Bilder)? Welche Hinweise könnt ihr daraus entnehmen? 3. Überlegt, ob ihr euch bereits beim Hören Notizen machen wollt.
Während des Hörens	Es gibt verschiedene Arten des Hörverstehens:
a) Globalverstehen:	Ihr versucht, die allgemeine Aussage des Textes zu erfassen, ohne euch um Einzelheiten zu kümmern.
b) Selektives Verstehen:	Ihr konzentriert euch auf bestimmte Aussagen / Abschnitte, um die Fragen beantworten zu können.
c) Detailverstehen:	Ihr achtet auf Einzelheiten, z.B. Geräusche, Anzahl der Personen, Ort, Zeitpunkt, Atmosphäre / Stimmung.
Nach dem Hören	Überprüft und ergänzt eure Notizen.

S2 Hör-Seh-Verstehen *(compréhension audio-visuelle)*

- Achtet auf Farben, Dekor, Kleidung, einzelne Gegenstände zur Einordnung von Ort, Zeit, Personen und Situation.
- Beobachtet Gesichtsausdruck und Körpersprache der Personen.
- Versucht, Gespräche aus dem Kontext heraus zu verstehen. Die Bilder helfen euch dabei.
- Überlegt, in welcher Beziehung die Personen zueinander stehen.
- Oft werden Stimmungen durch Musik ausgedrückt oder verstärkt.

Lesen

S3 Einen Text lesen und verstehen *(lire et comprendre un texte)*

Bei der Lektüre eines Textes solltet ihr in drei Schritten vorgehen:

Vor dem Lesen	Ihr stellt Vermutungen an zur Art des Textes und zum Inhalt. Achtet auf: – Titel und Untertitel, – Abbildungen (Fotos, Zeichnungen, Grafiken, etc.), Gestaltung.
Während des Lesens	a) Erstes Lesen: zunächst den Text nur überfliegen, b) Zweites Lesen: gründlich abschnittsweise lesen, Schlüsselwörter und wichtige Angaben (Namen, Orte, Jahreszahlen etc.) notieren, c) die wichtigsten Aussagen finden.
Nach dem Lesen	Ihr notiert die Kernaussagen des Textes. Ihr überprüft, ob eure Vermutungen durch den Text bestätigt wurden oder nicht.

Es gibt verschiedene Arten, einen Text zu lesen. Beachtet daher die Aufgabenstellung.

Globales Lesen	Ihr überfliegt den Text, um eine erste Vorstellung vom Inhalt zu erhalten, und ohne jedes Wort verstehen zu wollen.
Selektives Lesen	a) scanning: Ihr lest den Text „diagonal" und sucht dabei nach bestimmten Informationen, z.B. Namen, Jahreszahlen. b) skimming: Ihr überfliegt die einzelnen Abschnitte, um Schlüsselwörter oder jeweils den Hauptgedanken zu finden. Oft steht dieser bereits im ersten Satz.
Detailliertes Lesen	Ihr lest den Text ganz genau, um gezielte Fragen beantworten zu können.

S4 Einem Text Informationen entnehmen *(repérer les informations d'un texte)*

Um herauszufinden, worum es in einem Text geht, solltet ihr diese Fragen beantworten:

Geht es …	
a) um ein **Ereignis** oder eine **Abfolge von Ereignissen** und **Handlungen**?	• **Wo, wann** und **wie** findet das Ereignis statt? **Wer** ist daran beteiligt? **Was** geschieht? Was sind die **Ursachen** bzw. **Folgen** der Handlung?
b) um eine **Person**, einen **Gegenstand**, einen **Ort**?	• Wie werden die Personen / die Gegenstände beschrieben? Wie denken und handeln die Personen? Wie werden sie charakterisiert?
c) um eine **Meinung**, eine **Idee**?	• Wie lautet die Hauptaussage? Welche Argumente gibt es dafür / dagegen? Wie ist die Meinung des Autors / der Autorin?

Sprechen

S5 Einen Vortrag halten *(faire un exposé)*

Vorbereitung	1. Bereitet euren Vortrag gründlich vor. Macht euch Notizen zu Schlüsselbegriffen und Teilthemen.
Gliederung	2. Gliedert den Vortrag in 3 Teile: a) Einleitung: Thema des Textes, Gliederung, *Je vais parler de … / Je vais faire un exposé sur … / Le sujet de mon exposé, c'est …* b) Hauptteil: Überleitungen zwischen den einzelnen Punkten *Maintenant, passons au point suivant: …* c) Schluss: Fazit, abschließende Bewertung, evtl. Dikussionspunkte *En résumé, on peut dire que … / A mon avis, … / Moi, je pense que / trouve que …*
Karteikarte(n)	3. Fertigt eine Kartei-Karte mit Stichpunkten an und notiert euch, wann ihr welche Medien einsetzen wollt (z.B. OHP, Beamer).
Einstieg	4. Überlegt euch einen interessanten Einstieg, um die Zuhörer für das Thema zu gewinnen.

Ausführung	5. Sprecht laut und deutlich, dass alle euch verstehen. Klebt nicht an euren Notizen, sondern wendet euch direkt an euer Publikum (Blickkontakt!). Gestaltet euren Vortrag abwechslungsreich und anschaulich. Macht Pausen und fragt nach, ob die Zuhörer alles verstanden haben.

S6 Argumentieren/Diskutieren *(donner des arguments/discuter)*

1. Teilnehmer
In jeder Gruppe vertreten jeweils 2 – 3 Schüler die Pro- und ebensoviele Schüler die Contra-Position.
2. Vorbereitung
Sammelt in jeder Gruppe Argumente und ordnet sie nach Wichtigkeit.
3. Durchführung
Vertretet euren Standpunkt und geht auch auf die Argumente eurer Dikussionspartner ein.

Pro	?	Contra
Je suis d'accord avec toi/vous/X parce que … *Je suis de ton avis/de votre avis/du même avis que …* *A mon avis …* *C'est vrai/juste.* *Moi, je pense que …* *L'avantage, c'est que …*	*Ça dépend.* *D'une part…, d'autre part …* *Je ne sais pas.* *Je n'ai pas d'avis sur ce sujet.*	*Je ne suis pas d'accord avec toi/vous/X parce que …* *Je ne suis pas du même avis que …* *Je trouve que c'est faux …* *Ce que je critique, c'est que …* *L'inconvénient, c'est que …*

4. Moderation
Bei einer **Debatte** sorgt ein Schüler als Moderator für die Einhaltung der Regeln (Reihenfolge, Redezeit, Fairness, Rückfrage bei Unklarheiten, Zusammenfassung):
Attends, ce n'est pas encore à toi de parler. Maintenant, c'est à X de parler/de donner son opinion.

Schreiben

S7 Einen Text zusammenfassen *(résumer un texte)*

Bei einem Resümee solltet ihr unbedingt folgende Punkte beachten:

Beschränkung auf **das Wesentliche**:	Keine Nebensächlichkeiten, Details, Beispiele.
Formulierung **in eigenen Worten**:	Keine Übernahmen oder Zitate aus dem Originaltext.
Einfacher, **klarer Stil**:	Keine Ausschmückungen.
Neutrale Position:	Keine Kommentare oder persönliche Meinung.
Formulierung **in der 3. Person.**	
Formulierung **im Präsens,**	selbst wenn der Originaltext in der Vergangenheitsform steht.

In der **Einleitung** solltet ihr in ein oder zwei Sätzen die **Hauptaussage** des Textes formulieren. Bei einem **literarischen Text** wird üblicherweise auch Autor/in, Quelle (Titel des Buches oder der Zeitschrift) und Erscheinungsjahr genannt.
Im **Hauptteil** solltet ihr die **Reihenfolge** der Ereignisse/Aussagen beibehalten.
Der **Umfang** eures Resümees sollte höchstens **1/3 des Originaltextes** betragen.

S8 Einen Text verfassen *(rédiger un texte)*

Brainstorming	Notiert alle Ideen, die euch zum Thema einfallen.
Strukturierung	Strukturiert eure Ideen in Form einer **Mindmap**.
Gliederung	**Einleitung:** Hier stellt ihr das Thema vor. **Hauptteil:** Hier entwickelt ihr eure Ideen / Argumente in einer logischen oder zeitlichen Reihenfolge. **Schluss:** Hier zieht ihr Bilanz oder gebt eine persönliche Stellungnahme ab.
Logische Verknüpfung	Achtet darauf, dass eure Gedanken logisch aufeinanderfolgen und verwendet die passenden Verknüpfungen: *D'abord, ensuite, après, enfin / d'un côté, de l'autre / pendant ce temps ...*
Stil	Formuliert einfach, aber abwechslungsreich. Vermeidet Wiederholungen. Verwendet themenspezifisches Vokabular.

S9 Einen Bewerbungsbrief schreiben *(écrire une lettre de motivation)*

– Informiert euch über das Unternehmen, bei dem ihr euch bewerben wollt.
– Gebt genau an, für welche Arbeit / welches Praktikum ihr euch bewerbt.
– Legt euren Lebenslauf bei.

Adresse des Absenders:	
Adresse des Empfängers:	
Ort / Datum:	Berlin, le 2 avril 2009
Betreff:	Objet: Demande de stage
Anrede:	Mesdames, Messieurs, Madame, / Monsieur, /
Gründe für die Bewerbung:	Suite à votre annonce du ..., je me permets de poser ma candidature pour ... / Cette année, je voudrais faire un stage qui corresponde à mon projet professionnel.
Zur Person:	Je suis élève en (classe) au collège X. / Je viens de terminer ...
Ausbildung / Kenntnisse:	J'ai déjà fait un stage en tant que ... / dans ... J'ai fait des séjours en France / à l'étranger. J'aime les langues étrangères et je parle anglais et français / espagnol / italien / turc / russe ... J'ai travaillé en tant que ...
Zukunftspläne	Comme j'ai l'intention de travailler dans / avec ...
Schlussformel:	Dans l'attente de votre réponse / Dans l'espoir d'une réponse positive, je vous prie d'agréer Madame / Monsieur, mes salutations distinguées.
Unterschrift:	
Anlage:	P.J.: CV, Copie de mes références

S10 Seinen Lebenslauf schreiben *(écrire son CV)*

1. Nom, prénom, adresse, date de naissance	**2. Formation scolaire**	**3. Expérience(s) professionnelle(s), (Stage(s)**
4. Langues étrangères (niveau, portfolio)	**5. Séjours à l'étranger**	**6. Points forts, autres compétences**

S11 Einen Privatbrief schreiben *(écrire une lettre privée)*

Ort/Datum:	Berlin, le 13 mars 2009
Anrede:	Cher Julien, / Chère Caroline, / Chers amis, / Salut, Aïcha … Cher Monsieur, / Chère Madame, / Cher Monsieur X, / Chère Madame Y,
Briefbeginn:	Merci pour votre / ta lettre que j'ai lue avec plaisir …
Schlussformel:	A bientôt ! / Je t'embrasse. / Grosses bises. Cordialement. / Amicalement. / Amitiés.
Unterschrift:	

S12 Vokabeln lernen und behalten *(apprendre et réviser le vocabulaire)*

Benutzt eine Vokabelkartei oder legt einen Ordner in eurem Computer an.

Ihr könnt die Vokabeln auf verschiedene Arten ordnen:
- nach Sachfeldern *(champs thématiques)*,
- als Mindmap *(filet de mots)*,
- nach Wortfamilien *(familles de mots)*,
- nach Wörtern mit gleicher *(synonymes)* oder gegenteiliger Bedeutung *(antonymes)*.

Ergänzt jede Vokabel mit den wichtigen Informationen, z.B.
- Substantiv mit Artikel: *un examen,*
- Adjektiv maskulin und feminin: *cher, chère,*
- Verb mit Präposition: *apprendre à.*

Bildet jeweils kleine Sätze.

Wiederholt regelmäßig kleine Pensen (10 Minuten täglich bringen mehr als 1 Stunde pro Woche).

Methode

S13 Wörter erschließen *(retrouver le sens des mots)*

Bevor ihr zum Wörterbuch greift, solltet ihr überlegen, ob ihr die Bedeutung des unbekannten Wortes auch auf andere Weise herausfinden könnt, z.B.:
– Ähnlichkeit mit einem Wort einer anderen Sprache: *la grippe* = die Grippe
Vorsicht bei *faux amis* (falschen Freunden): *une infusion* = ein Kräutertee
– Zugehörigkeit zu einer Wortfamilie: *une patinoire – des patins à glace – patiner*
– Ableitung aus dem Zusammenhang: *En hiver, il ne pleut pas, il neige.*

S14 Umgang mit dem zweisprachigen Wörterbuch *(utiliser le dictionnaire bilingue)*

1. Ein Wort kann verschiedene Bedeutungen haben. Lest daher alle Einträge im Wörterbuch. Achtet genau auf den Inhalt eures Textes, damit ihr die richtige Übersetzung findet. Zum Beispiel muss man beim Satz *La peinture est belle* wissen, ob es sich um ein Gemälde oder um einen Anstrich handelt.

2. Redewendungen kann man meistens nicht wortwörtlich übersetzen, z. B.: *Je ne peux pas la voir en peinture.*

peinture [pɛ̃tyʀ] *f* ❶ *(coleur)* Farbe *f*; ~ **à l'eau/à l'huile** Wasser-/Ölfarbe ❷ *(couche, surface peinte)* Anstrich *m*; ~ **fraiche!** frisch gestrichen! ❸ *sans pl (action)* [An]streichen *nt*; ~ **au pistolet** Spritz[lackier]en *nt* ❹ ART Malen *nt*; *(technique)* Malerei *f* ❺ *(toile)* Gemälde *nt*, Bild *nt*; ~ **murale** Wandmalerei *f*; ~ **à l'huile** Ölbild ❻ *sans pl (école, genre)* Malerei *f*; *(courant)* Schule *f* der Malerei; **école de** ~ Malschule *f* ❼ *sans pl (description, évocation)* Schilderung *f*, Darstellung *f*; **faire la** ~ **de qc** etw darstellen ▶ **ne pas pouvoir voir qn/qc en** ~ *fam* jdn/etw nicht ausstehen können

Definition aus Schülerwörterbuch PONS

S15 Im Internet recherchieren *(s'informer sur Internet)*

Suchen
Bevor ihr mit eurer Recherche beginnt, solltet ihr das Thema genau eingrenzen, indem ihr z.B. eine **Liste mit Suchbegriffen** zusammenstellt.
Wählt eine **französische Suchmaschine**, z.B. www.google.fr oder www.yahoo.fr und gebt einen oder mehrere Suchbegriffe ein. Ihr könnt die **Suchbegriffe** folgendermaßen **kombinieren**:
– *Pasteur, Paris* (mit Komma): Die Suchergebnisse enthalten mindestens einen der beiden Begriffe.
– *Pasteur + Paris* (mit Pluszeichen): Die Suchergebnisse enthalten beide Begriffe.
– *Pasteur – Paris* (mit Minuszeichen, Wortzwischenraum): Die Suchergebnis enthalten den Begriff Pasteur aber nicht den Begriff Paris.
– *«Pasteur à Paris»* (mit Anführungszeichen): Das Suchergebnis enthält genau diese Wortfolge.

Finden
Wichtig ist, die Menge der **Informationen** zu **filtern** und **Wichtiges von Nebensächlichem** zu unterscheiden. Meistens erkennt man bereits beim kurzen Überfliegen einer Webseite, ob diese die gesuchten Informationen enthalten könnte. Diese Webseite kann man den **„Favoriten“** hinzufügen und später gründlicher lesen.

Verwenden
Diese Punkte solltet ihr beim Lesen einer Webseite beachten:
– Ist die Seite **seriös** oder geht es um Werbung und Verkauf?
– Enthält die Seite brauchbare **Informationen** und werden diese **klar, überzeugend** und **neutral** präsentiert?
– Ist der Urheber der Seite **vertrauenswürdig**.
Gebt die **Quelle** eurer Information an (Webadresse und Datum).

Kompetenzübergreifend

S16 Eine Person beschreiben/charakterisieren *(décrire/caractériser un personnage)*

Aussehen	*Il/Elle est grand(e), petit(e), gros(se), mince. Il/Elle a les yeux bleus/marron, les cheveux bruns/blonds/roux/noirs.*
besondere Merkmale	*Il a une barbe/moustache et porte des lunettes. Elle a un piercing au nez.*
Kleidung	*Il/Elle porte un jean chic, un long T-shirt blanc, un …*
Äußerer Eindruck	*Il/Elle a l'air sympa, sérieux/sérieuse. Il est beau, elle est belle/jolie …*
Verhalten **Charakter**	*Il/Elle parle vite, marche lentement, regarde les gens bizarrement, est naturel(le), spontané(e), ouvert, gentil, triste, timide, pessimiste/optimiste, rit souvent …*

S17 Ein Bild beschreiben *(décrire une image/photo)*

1. Bildtyp (Foto, Zeichnung etc.) und Thema	*La photo* *Le dessin* *Le tableau* *L'image*	*représente …* *montre …* *met en scène …* *illustre …*
2. Ort und Zeit	*La scène se passe/se déroule à …/en …*	
3. Beschreibung von Gegenständen/Personen und evtl. Charakterisierung	*Au milieu/Au centre de …,* *A droite/A gauche de …,* *En haut/En bas de …,* *Devant/Derrière …,* *Au premier/second plan* *A côté de/Près de …,*	*on voit …* *on reconnaît …* *on découvre …* *on distingue …* *il y a …* *on (re)trouve …*
4. Botschaft	*Cette photo s'adresse à …* *Le dessinateur veut montrer/dire que …*	
5. Persönlicher Eindruck	*Ce qui me plaît/déplaît c'est (que) …* *Je trouve que … est intéressant/étonnant/ bizarre/curieux Je ne comprends pas pourquoi …*	

S18 Erzählen *(raconter)*

1. Überlegt zuerst, in welcher Zeitform ihr die Geschichte erzählen wollt: Vergangenheit *(passé composé /imparfait)* oder Gegenwart *(présent)*.
2. Gebt eurer Erzählung einen zeitlichen Rahmen (z.B. Jahr, Jahreszeit, Tag) und eine räumliche Zuordnung (z.B. Land, Stadt), damit man weiß, wann und wo die Geschichte spielt.
3. Erzählt die Ereignisse in der richtigen Reihenfolge und verbindet sie miteinander durch passende Formulierungen (z.B. *peu après, le lendemain, huit jours plus tard*).

Dossier 2

A 3 Nos vacances

1. Moi, j'aimerais qu'on **parte** à la mer. – 2. Mais ma mère a peur que ce **soit** trop tard …
3. Elle veut qu'on **aille** à la campagne. – 4. Il faut que nous la **fassions** changer d'avis.
5. Je voudrais que ma copine **vienne** avec nous en vacances. – 6. C'est dommage que nous ne **puissions** pas partir plus souvent. – 7. Pour ça, il faudrait qu'on **ait** plus d'argent.

B 4 Après avoir retiré son livre …

1. **Après être descendu** devant le McDo, il retrouve Merlin dans sa cabane.
2. Thomas observe Merlin **sans parler**.
3. Les gens passent à côté de Merlin **sans le regarder**.
4. **Après avoir trouvé** une demi-baguette, il rentre dans sa cabane.
5. **Après avoir mangé** sa baguette, il boit du vin rouge.
6. Thomas et Merlin se regardent **sans parler**.

Dossier 3

A 4 Un week-end à la Fête du Cinéma

1. … nous **sommes allés** … 2. Qu'est-ce que vous **avez fait**? 3. D'abord on **a visité** …
4. Ensuite, on **a pris** … 5. Vous **êtes allés** … 6. Nous **avons acheté** … et on **a reçu** …
7. Quels films est-ce que vous **avez vus**? 8. Les copains de mon correspondant **ont choisi** …
9. Quand est-ce que vous **êtes rentrés**?

B 5 Bon ou bien?

1. Leïla est une **bonne** actrice, elle joue très **bien**. J'ai **bien** aimé son dernier film.
2. A Cannes, le **meilleur** film reçoit la palme d'or. Leïla joue **mieux** que Lola. Elle est **meilleure**.
3. Dans ce film, les scènes s'enchaînent **vite**. Les dialogues sont **rapides**.
4. Ce scénario est **mauvais**. Il est mal **écrit**. Le film n'est pas **mauvais**, mais l'acteur joue très **mal**.

Dossier 4

A 3 Les records de Paris

Mögliche Lösungen

1. L'arbre **le plus vieux** de Paris …
2. La maison **la moins large** …
3. La maison **la plus ancienne** est …
4. … le 2e arrondissement est **le plus petit** de Paris …
5. Mais le 15e arrondissement est **le plus grand** …
6. La rue **la plus courte** est …
7. La rue **la plus longue** est …
8. La rue **la moins large** est …
9. La rue **la plus large** est …
10. Le toit **le plus beau**, c'est …
11. Les toilettes publiques **les plus chic** de Paris …

A 4 Historiettes parisiennes

Le Zouave du pont de l'Alma
… la Seine **est sortie** … **arrivait** … on **a compris** … il y **avait** … Les Parisiens **circulaient** …

On a volé la Joconde!
… la Joconde **a disparu** … on **a retrouvé** … qui **voulait** … La Joconde **est retournée** …

Les petits de Poulbot
Francis Poulbot **était** un artiste qui **vivait** … Il **est devenu** célèbre … où on **laissait** …

Dossier 6

A 4 Trouvons des slogans.

1. Battons-nous/Battez-vous pour … 2. Faisons/Faites changer les choses. 3. Ayons/Ayez du courage. 4. Ensemble, soyons/soyez forts 5. N'acceptons pas/N'acceptez pas …6. Critiquons-la./Critiquez-la. 7. Ne faisons pas/Ne faites pas confiance … 8. Ecoutons-le./Ecoutez-le. 9. Ne le croyons pas./Ne le croyez pas. 10. Répondons-lui./Répondez-lui. 11. Organisons/Organisez une pétition. 12. Signons-la./Signez-la.

B 3 Le passé simple

a arrivèrent; interviewèrent; montèrent; attira son attention; dépassèrent; contournèrent; poussèrent; sortit; offrit; toisa; s'avança; se posa; posa; essaya; insistèrent; réapparut; s'enveloppèrent; rentrèrent.

b sont arrivés; ont interviewé; sont montés; a attiré son attention; ont dépassé; ont contourné; ont poussé; a sorti; a offert; a toisé; s'est avancé; s'est posé; a posé; a essayé;
ont insisté; a réapparu; se sont enveloppés; sont rentrés.

Dossier 7

A 4 L'histoire de Djamila

1. **j'avais ... était** 2. il **était parti** d'Algérie parce qu'il **avait perdu** son travail. 3. Il **avait cherché** … n'**avait** rien **trouvé**.
4. …deux de ses frères **vivaient** … ils **ont pu** … 5. … mon père **a commencé** …
6. Ses frères l'**ont aidé** … 7. … nous **sommes arrivées** … 8. Mon père **avait** déjà **demandé** …
9. Comme je **parlais** … j'**ai pu** aller …

A 5 Nous n'avions pas de papiers.

1. Abou **ne** parlait **pas** très bien le français …
2. Il **ne** comprenait **rien.**
3. … **personne ne** vient du Bangladesh …
4. La famille de Tamoor ne se retrouve **jamais.**
5. Yan Yu **n'**est **jamais** allée en Chine …
6. Elle **n'**est **plus** la seule à pouvoir …
7. Les immigrés clandestins **n'**ont **pas** de papiers.

Dossier 9

A 3 Ma vie future

... elle passera … elle pourra passer … qui lui permettra … elle pourra commencer … J'irai … je serai … où nous continuerons … je ne vivrai plus … j'aurai … et je serai … vous trouverez …

Dossier 12

A 3 Rencontrons-nous à Montréal!

1. y, me, m'
2. te
3. leur, vous, la, y, vous
4. nous leur
5. en, moi, vous
6. lui, l', nous

Bildquellen

AKG-images, Berlin: 30.2; 31.1 – Alamy Images, Abingdon, Oxon: U1.2 RF (IS831); 45.1 RM (Directphoto.org); 47.3 RM (Directphoto.org); 62.1 RM (INSADCO Photography); 78.1 RM (Ben Pipe); 79.1 RM (Neil Farrin) – Avenue Images GmbH, Hamburg: 66.1(Corbis RF / Kelly Redinger/Design Pics); 66.2 (Corbis RF / Ralf Schultheiss / zefa) – Bamboo Edition, Charnay-lès-Mâcon: 64.1 (Les Profs © Bamboo Edition – Pica & Erroc) – Cinetext (Richter), Frankfurt: 21.5 – Corbis, Düsseldorf: 8.1 (Sébastien Dolidon); 9.1 (Christian Simonpietri); 27.3 (Stefano Bianchetti); 60.1 (Markus Moellenberg) – defd, Hamburg: 21.4 – Dummy Cumulus, Stuttgart: 27.1 (Archiv für Kunst- un); 28.2 (Guignard, Paris F) – Editions Anne Carrière, Paris: 55.1-1, 56.1-8, 57.1-9, 58.1-6, 59.1 – Editions Nathan, Paris: 18.1 – FNCF, Paris: 20.1 – Fotolia LLC, New York: 30.1 (martine wagner) – Fotosearch RF, Waukesha, WI: 33.1 (Photodisc / Getty RF) – Getty Images, München: 79.2, 79.3; 11.1 (KAMBOU SIA); 17.3 RF (Plush Studios); 33.2 (MIGUEL MEDINA); 33.3 (James L. Stanfield); 34.1 (STEPHANE DE SAKUTIN / AFP); 51.1 (Ulf Andersen/Kontributor); 65.1 (JACQUES MUNCH / AFP); 65.2 (Joos Mind); 65.3 (Theo Barth); 66.3 (PatitucciPhoto); 77.3 (Jean-Bernard Caillet); 77.4 (Pete Atkinson); 80.3 (Kay Chernush); 81.1 (Philippe Henry); 81.2:Getty Images; 83.1 (AFP) – Hachette Litteratures, Paris: 50.1 – Imago Stock & People, Berlin: 8.2 (Stefan M Prager); 26.3 (Herb Hardt); 43.1 (UPI Photo); 47.1 (Xinhua); 80.2 (imagebroker/strigl) – Internet / Screenshot: 21.2 (Verleih); 21.3 (Canal+) – iStockphoto, Calgary, Alberta: 26.2 (David Crowther); 29.1 (Alexander Hafemann); 47.2 (Willie B. Thomas); 71.1 (Hans F. Meier) – Klett-Archiv, Stuttgart: 31.2, 52.1-2, 88.4 (Patrick Dembski); 75.1 (Edouard Hannoteaux); 88.1 (Pierre Javelle) – laif, Köln: 17.1, 44.1 (REA); 17.2 (H. De Oliveira/ REA); 27.2, 28.1 (hemis), 77.1-2 (QUIDU NOEL); 78.2 (gamma / FONLUPT GILLES); U1.1, 80.1 (Hemispheres) – Catherine Lasnier, Paris: 76.1 – Logo, Stuttgart: 21.1, 54.2, 73.1 – Mary Evans Picture Library: 30.3 – Mauritius, Mittenwald: 46.2 (Oxford Scientific) – Ministère de l'Ecologie, La Défense, Paris: 54.1, 54.3 – Picture-Alliance, Frankfurt: 49.1 (epa AFP); 70.2 (epa Ahmed Jallanzo); 85.1 (epa Keystone Campardo) – Senator Film Verleih GmbH, Berlin: 23.1-6, 24.1-4 Paris je t'aime (DVD TF1 VIDEO) – shutterstock, New York, NY: 26.1 (Franck Chazot); 70.1 (Armin Rose)

LA FRANCOPHONIE